国家社会科学基金一般项目：
中国三官信仰的谱系与文化认同研究 (17BZJ059)

中国三官文化谱系与认同研究

雷伟平　著

上海交通大学出版社
SHANGHAI JIAO TONG UNIVERSITY PRESS

内容提要

本书从民俗学的视角出发,以历史文献和田野调查资料为基,从文化多元一体探讨三官文化的时空谱系,从不同民族间、1949年以来不同地区、城镇化三个方面分别探究中国三官文化的谱系与认同,挖掘闽台三官文化的谱系与认同,以及三官文化在东南亚东亚国家的谱系与认同。本书有利于增强中华民族的凝聚力,促进"一带一路"东亚国家、东南亚国家对中华文化的再认同,对于我国与周边各国的文化交流以及地区间的和平发展具有重要的现实意义。本书可作为民俗文化研究者、文化产业研究者的参考用书,也可作为高校民俗学、文化资源学、文化遗产学等相关课程教师的参考用书,也适合文化爱好者使用。

图书在版编目(CIP)数据

中国三官文化谱系与认同研究/雷伟平著. —上海:
上海交通大学出版社,2024.9—ISBN 978 - 7 - 313 - 31480
- 2

Ⅰ. K892

中国国家版本馆 CIP 数据核字第 2024K7N192 号

中国三官文化谱系与认同研究
ZHONGGUO SANGUAN WENHUA PUXI YU RENTONG YANJIU

著　者:雷伟平

出版发行:上海交通大学出版社　　　　　地　　址:上海市番禺路 951 号

邮政编码:200030　　　　　　　　　　　电　　话:021 - 64071208

印　制:上海景条印刷有限公司　　　　　经　　销:全国新华书店

开　本:710mm×1000mm　1/16　　　　印　张:24.75

字　数:428 千字

版　次:2024 年 9 月第 1 版　　　　　　印　次:2024 年 9 月第 1 次印刷

书　号:ISBN 978 - 7 - 313 - 31480 - 2

定　价:98.00 元

序 一

　　雷伟平的国家社科基金项目"中国三官信仰的谱系与文化认同研究"完成，其项目成果修改为一本专著就要出版了。这对她的学术生涯来说是一件大事，对于中国三官文化研究来说，也是一件大事。这两件事其实是一件事。因为到目前为止，三官文化研究的国家社科基金项目就这一个。而三官文化研究的专著，目前有两部，一部是她的博士论文，一部是她与别人的合著。迄今为止，对于三官文化研究投入最多的就是雷伟平博士。她将三官文化的意义揭示出来，提高了人们对于这种独特的民间文化的认识，而三官文化也成就了她的学术事业。

　　三官文化是道教起源意义上的重要文化，发生于东汉末年。张鲁作为三官文化起源的核心人物，把五斗米教做大了，也把早期道教文化从在野民间带向了官方正统地位，是道教发展历史上的关键人物之一。据传《老子想尔注》一书为张鲁所撰，这样道教就有了理论根底。作"三官手书"，上达天、地、水三官，则形成了标准化的仪式，并符号化为文化的标志性行为。三官文化由此成为道教文化的核心内容。这个理论经典与仪式文化的双重融合，远比一般民间文化要有章法，中规中矩，且有理论支撑，所以三官文化走入了官方道教的坛台。至于后来出现道派之争，被北天师道斥为"伪法"，也不能动摇三官文化在道教中的地位。

　　于是我们看到，扩展三官文化影响力的是正统道教、民俗、民间文化的合流与合力。三官文化进入民间文化世界，就像鸟儿展开翅膀，飞向辽阔的天空。首先是民间文化的语言叙事，从自然的世界转到人文的世界，有国家、民族的整体英雄也覆盖到地方英雄。对于三官的诠释，遂有极为丰富的资源。而民间叙事又反过来与正统道家的叙事交织在一起，丰富道教的内涵。我们看到，无论是天、地、水，还是国家英雄、民族圣人尧、舜、禹，地方英雄之唐宏、葛雍、周武，都表现出民间社会与道教文化并轨的趋向。三官文化影响社会最为深远的是节日，上元节与元宵节同步，七月半中元节，十月十五下元节，特别是前二者，有力促进了三官文化的世俗化。我们也同样看到,三官文化的节日,不仅仅是老百姓在过,道教本身也很积极地参与这三个节日。正因为如此,三官文化在中国民间文化中,具有十分独特的地位。

这种民间文化与正统宗教合流的情形,可能给研究者带来一些困难。对于道教研究者来说,三官文化是民间文化,所以没有予以太多的关注;而对于民间文化研究者来说,又觉得三官文化是正统宗教。所以,针对这样一种影响广泛的中华传统文化,其研究是不足的。但是在雷伟平博士进入这个领域的研究后,情况就发生了改变。

雷伟平在华东师范大学读博士期间,就确立了研究中国三官文化的目标。在上海道协张振国先生的牵线和支持下,她与上海三元宫合作,完成了《三元文化研究》一书。这是三官文化研究的第一部概论性著作,具有开拓性的意义。随后,雷伟平完成了以上海三官文化为主要研究对象的博士论文,出版了《上海三官神话与信仰研究》一书,这是揭示三官文化与一座大都市文化传统关系的研究,因此具有独特的学术意义。该书是以叙事为中心讨论三官文化,从语言文字的叙事形式、仪式行为的叙事形式,以及图像景观的叙事形式入手,立体地展现这种文化在上海地方的实践。该书也把民俗学研究的特点展示出来,即以民俗叙事为中心的文化研究,具有鲜明的海派特色。民俗叙事概念的思路来自神话叙事的思路,都是强调文化形态的叙事性,而这种叙事应该从语言文字、仪式行为和图像景观三个层面展开。民俗叙事观认为文化即叙事,文化实践只是叙事的一种呈现方式。

2017年,雷伟平的国家社科基金项目"中国三官信仰的谱系与文化认同研究"立项了。这是中国三官信仰研究的第一个国家社科基金项目。此前雷伟平是以民俗叙事为主要研究视角,到了该项目,民俗谱系学的研究方法开始成熟。很自然,这个题目一看就是谱系学说的视角。本书就是在这个项目成果上进行修改的。

民俗谱系研究此前有近十年的酝酿。2014年的时候,我们申报"东海海岛民间信仰的谱系研究"了,入选国家社科基金重点项目,正式确定了民俗学谱系观的民间信仰研究视角。由民俗谱系到民间信仰的谱系,整体思路是相同的,即注重文化的整体性、联系性、多样性和互动性,并将互动性作为谱系的存在方式。后来我们在文化谱系的讨论中,加入了秩序性的表达。由于注重文化整体性,我们看到本书将三官文化的视野从上海扩展到全国,扩展到海外。这一切是不是要将三官文化写成一个面面俱到的全球性的概述性的东西呢?显然不是。谱系是一个自然与社会的构成秩序,它的范围与我们的思维和认识能力有关,也与我们的研究目标有关。这样我们就在无限和有限之间找到了一种平衡。该书的目的是通过三官文化探索中华文化的认同问题,问题意识是明确的。本书同时表明中国民间信仰并不都是所谓的"弥散性"的,是有序的,是成谱系的存在。

谱系研究的入口是时间谱系、空间谱系、族群谱系、内容与形式的谱系,所以信仰谱系研究是有轨可循的。本书呈现的中国三官文化,内容一下子就丰富了。而其对于中华多元一体文化格局的认识,对于人类文明互鉴的意义,也就可以看得更加明白。所以我认为本书在研究对象和研究思路方面,都有很大的拓展。

本书的材料来自文献,来自田野。前不久,雷伟平作为第二作者参与编纂了一本《三官碑刻辑录》,已经出版,是雷伟平与其团队的又一成果。因此,在历史文献方面,本书掌握得比较丰富。在田野方面,本书的调查资料也很厚实。本书书写几乎没有废话,一是一,二是二。这是本书的优点。当然也可以展开讨论,挖掘更丰富的内涵。三官文化内容厚实,值得付出毕生的精力。已经出版的《三官碑刻辑录》以及本书,是雷伟平在三官文化领域独家完成的多本著作,这是了不起的成绩。这也告诉我们在一个学术研究领域深耕,其地位就不可替代。

祝贺雷伟平及其团队!在其新书出版之际,写以上文字,希望雷伟平及其团队在三官文化与民俗文化的领域,做出更多的学术贡献,为三官文化与民俗文化的文化传承、文化传播、文化认同做出更多的贡献。

2024.4.7　海上南园

序 二

雷伟平老师在她主持并完成的国家社科基金项目"中国三官信仰的谱系与文化认同研究"成果的基础上,修改而成的书稿《中国三官文化谱系与认同研究》即将付梓,她曾经的博士导师——我国著名的民俗学专家田兆元教授嘱我为该书写一篇序言。虽说我是做宗教研究的,但是对三官文化素无深入了解。尚在犹豫之间,雷老师已经把她的书稿发给了我。于是,抱着学习的心态,我将书稿认真读了一遍,许多地方还引起了我的一些共鸣,有了一些心得,算作读书体会。

三官文化历史悠久、源远流长。长期以来,学术界大体是将其作为道教和民间信仰的表现形态或者组成部分加以研究。作者独辟蹊径,紧紧围绕"谱系"和"认同"两个关键词,将三官文化作为一个自身具备清晰边界的研究对象,对其产生和流布,以及在此过程中形成的各种文化现象,展开了全面、系统的研究,这无疑是一种颇具挑战性的尝试。

首先,作者广泛收集历朝历代三官文化的文献,将散落在史籍、笔记、方志、碑铭里面的相关记载汇集一处。古籍整理研究为作者所擅长的"独门绝技"。之前她和宋军朋合作辑录的《三官碑刻辑录(初编)》,收录157篇具有代表性的碑刻文献;既是"初编",当有"二编",乃至"三编"问世,未来可期。但就本书而言,以前期收集和整理的大量文献为基础,便能在地域和时序上大体固定三官文化的"点位",形成对三官文化的起源、历史演变和空间布局的整体观。

其次,作者从民俗学视角,对三官文化的信仰、庙宇、节日、习俗等做了系统阐述,由此建构了三官文化的道教和民间信仰的两大谱系。作者认为,三官文化具有"一体多元"的特点。"一体"即为道教的天、地、水崇拜,"多元"则是天、地、水崇拜与地方文化的"结合"。

但是,作者并未止步于这两大谱系叙事,而是从多元文化视角,进一步探索其相互"融合"的一面。这种"融合"体现在两个方面:一方面是"道教"谱系内的"融合"。明段一元的《重修三官庙记》,便是一例。她将唐、葛、周融入宋真宗封其号为"天、地、水三官大帝"的"道教叙事":"盖生为直臣,周庭名震;没为正神,宋世德彰；称帝立庙，万代奉祀，顾不显哉！"。另一方面则是道教谱系和民间信仰谱系之间的"融合"，如"三界公""商三官""宋末三杰""水府三官"等。我认为，作者在这里所说的"融合"，对于宗教学而言，其重要性远胜过三官文化的道教和民间信仰在谱系上的分类。因为，正如不能简单地将"天、地、水"视为"自然崇拜"(naturism)一样，不论属于哪一个谱系的"三官"，天地万物、名臣将军、地方英雄，都是所谓超自然的"神圣"的表现形式。作者高度评价了三官文化的民间形态，她生动地指出，它"就像是道教三官的蓄水池，是道教三官谱系进一步扩大的基础"。这一观点亦为道教"收编"民间信仰提供了理论依据。

再次，作者还从"文化认同理论"出发，探讨三官文化形成与发展的内在逻辑。文化认同归根结底是生活在一定社会处境中的具体的人对于某种文化的认同。本书作者实际上探讨了两种类型的文化认同。第一种是帝王、官绅、道士，以及不同职业群体如商人和军人的认同，这种认同对三官文化形成和发展起到了某种具有决定性意义的推动作用。事实上，对三官文化的认同实为时空谱系得以延续的"第三维"。这方面的研究所见不少。我个人认为，作者对三官文化认同研究的价值，更加集中于第二种类型的文化认同，即少数民族地区、闽台地区，以及海外华人的三官文化认同。这种类型的认同研究，在极大地延伸和拓展三官文化研究的地理空间的同时，也令人更加清楚地看到，三官文化在民族"三交史"、闽台文化交流，以及东南亚华人的人文交流互鉴方面具有的独特作用。

最后，第二种类型的认同研究，必然牵扯出一个更大的、更为复杂的话题，即当今社会活态三官文化的延续性问题。对于这个具有重大现实意义的问题，作者将其置于三官文化的"断裂和延续"范式中加以研究，为此还展开了大量的民俗学田野调查。事实上，本书大部分内容都是在讨论这个问题。除了梳理中华人民共和国成立以来三官文化的"断裂和延续"外，作者主要聚焦改革开放以来，尤其是城镇化语境下三官文化的"延续"的各种表达形式，同时也深刻反思了"断裂"给三官文化的谱系和认同带来的问题和挑战，充分体现了作者的学术勇气和探索精神。

近年来，我国宗教研究在研究范式上发生了许多变化，而民俗学和神话学的相关研究和叙事，可以为我国宗教学的"三大体系"建设提供助力。这正是我在拜读了本书以后最大的感想。

晏可佳

上海社会科学院宗教研究所

目　　录

绪　　论

本书从民俗学的视角出发,探讨中国三官文化谱系与认同,以期为中华传统文化的认同、传播奠定学术基础,为"一带一路"国家的民心相通开拓更多的文化视野,为构筑人类命运共同体提供学术参考。所谓三官文化是指以天、地、水三官崇拜为中心,在不同的历史时期、不同地区的人们中所形成的多元化的文化表现形态,具体包括语言叙事如碑刻、诗词、楹联、神话传说故事、谚语、戏曲等,物象叙事如不同地区神圣空间的建筑模式,天、地、水三官的指代物,楹联景观等,行为叙事如仪式等。三官文化呈现出多元一体的典型特征。

第一节　研究背景与研究对象

一、研究背景

2013 年,习近平主席提出"丝绸之路经济带"和"21 世纪海上丝绸之路"(简称"一带一路")的重大倡议,[①]"丝绸之路经济带重点畅通中国经中亚、俄罗斯至欧洲(波罗的海);中国经中亚、西亚至波斯湾、地中海;中国至东南亚、南亚、印度洋。21 世纪海上丝绸之路重点方向是从中国沿海港口过南海到印度洋,延伸至欧洲;从中国沿海港口过南海到南太平洋"。[②]"一带一路"的实现与发展,离不

---

① 国家发展改革委、外交部、商务部经国务院授权发布《推动共建丝绸之路经济带和 21 世纪海上丝绸之路的愿景与行动》,新华网,http://www.xinhuanet.com/world/2015-03/28/c_1114793986.htm,2015 年 3 月 28 日。

② 国家发展改革委、外交部、商务部经国务院授权发布《推动共建丝绸之路经济带和 21 世纪海上丝绸之路的愿景与行动》,新华网,http://www.xinhuanet.com/world/2015-03/28/c_1114793986.htm,2015 年 3 月 28 日。

开沿线人们的民心相通。"民心相通是'一带一路'建设的社会根基"。① 要达成民心相通就需要文化的涵养,而中华传统文化又在东亚、东南亚国家的华人中有着较好的流传,中华传统文化所具有的大爱、诚信、善良、勇敢、奉献等精神品质具有普适价值,不仅为"一带一路"国家的华人所认同,也能够为"一带一路"国家的非华人所认同。

三官文化是以天、地、水自然崇拜为中心,内涵为祖先崇拜与英雄崇拜,是与地方文化结合最多的信仰之一,其与不同地区、不同民族文化相结合,是中华文化多元一体的典型代表之一。它是中国道教文化、民间文化谱系重要的组成部分,其从东汉诞生以来,至今已经遍布全国各地,甚至传播到东亚、东南亚诸国。其所蕴涵的生态思想、优秀的道德品质在当下有着重要的价值。我们个人不可能对传统文化中所有的文化要素进行研究,但是我们可以对其中的某个部分进行深挖研究,把众多的个人研究结果聚集在一起就会形成合力,促进人们对中华传统文化的认知与理解,实现更多华人对传统文化的倾向性认可,实现非华人对中华文化的理解与尊重。因此,基于以上的思考,我们展开对中国三官文化谱系与认同的研究。

二、研究对象

本书的研究对象是中国三官文化谱系与认同。从时间上看是从东汉至今,从地域上看是从国内到国外,即东亚、东南亚地区,如日本、新加坡、马来西亚、泰国、越南等;从主题上看是探讨三官文化谱系与认同;从视角上看,以民俗学为视角。

首先,从时间上看,三官文化迄今已有近两千年的历史,三官是道教产生初期重要的神灵,是天、地、水自然崇拜,祖先崇拜和英雄崇拜的现实表现。它起源于古代天、地、水自然崇拜,到东汉时张鲁"作三通"开始称为天、地、水三官,即"三官手书":"请祷之法,书病人姓名,说服罪之意。作三通,其一上之天,著山上,其一埋之地,其一沉之水,谓之三官手书"。② 魏晋南北朝时与"三元日"相结合,形成上元天官赐福、中元地官赦罪、下元水官解厄之说;隋唐五代十国到宋朝

① 国家发展改革委、外交部、商务部经国务院授权发布《推动共建丝绸之路经济带和 21 世纪海上丝绸之路的愿景与行动》,新华网,http://www.xinhuanet.com/world/2015-03/28/c_1114793986.htm,2015 年 3 月 28 日。
② (西晋)陈寿《三国志·魏书》卷 8,《张鲁传》引《典略》,中华书局,1982 年,第 264 页。

三官文化繁荣发展,三官文化内容更加丰富;元朝时三官文化逐渐衰败;明清则呈现复苏并再次兴盛的状态,到明朝中后期,在皇家的推动下,三官庙宇遍布全国主要地区,历经清朝康熙、乾隆、光绪几朝之后,三官庙宇已林立于全国各地;1911 年到 1976 年走向衰败;1976 年以后随着宗教政策的贯彻实施,三官文化逐步恢复与发展。

其次,从地域上看,三官文化遍布全国各地,并传播到东亚、东南亚国家。以国内、东亚、东南亚国家为地域范围有利于我们清楚地理解三官文化谱系的形成与发展,以及认同发展的过程。国内的分区为西北(陕西、甘肃、青海、宁夏、新疆)、西南(重庆、四川、云南、西藏、贵州)、东北(黑龙江、辽宁、吉林)、华北(天津、山西、河北、北京、内蒙古)、华中(河南、湖南、湖北)、华东(上海、浙江、江苏、江西、山东、安徽、福建)、华南(广东、广西、海南)及香港、澳门、台湾地区。①

再次,从主题上看,我们研究三官文化谱系与认同。分别从历史与现实出发,关注中国各民族间三官文化,厘清西北、西南、东北各民族间三官文化谱系与实现认同的过程;关注全国各地的时空谱系,有选择地探讨一些地区的族群谱系和形式谱系,厘清地区间三官文化的联系与认同的方式与过程;关注台湾地区的三官文化,厘清三官文化的谱系与认同的方式,尤其关注闽台三官文化谱系与认同;厘清"一带一路"东亚、东南亚各国与中国三官文化谱系与认同的可能性,为构建东亚、东南亚三官文化谱系,实现周边各国对中华文化的再认同提供学理支持。

最后,从民俗学的视角探讨中国三官文化谱系与认同。三官文化有两大系列,即道教系列与民间系列,道教系列以天地水三官为中心,强调天官赐福、地官赦罪、水官解厄,在天、地、水系列之外又发展出多个系列;民间系列内容更为丰富,不仅讲述天、地、水三官的赐福,赦罪,解厄,更将天、地、水三官与地方乡贤、英雄相结合形成多样化的三官文化系列,包括祖先崇拜、英雄崇拜。因此需要从民俗学的视角出发,来看三官文化谱系与文化认同。

综上可见,本书的研究对象是从东汉至今的中国三官文化谱系与认同,以民俗学为视角探讨在我国各民族之间、各地区之间、"一带一路"沿线区域的三官文化谱系与认同。

---

① 厉以宁主编《区域发展新思路:中国社会发展不平衡对现代化进程的影响与对策》,经济日报出版社,2000 年,第 75 - 76 页。

第二节　文　献　综　述

谱系与认同不仅是本书的研究问题,还具有方法论层面的意义,因此在文献综述时,一是对谱系与认同进行梳理,①二是关于三官文化相关研究的综述。

一、关于谱系的研究

谱系的概念有两种来源:一是源于传统谱系观念,认为谱系有族群、物群的联系之意,其中"谱"还有同一事象的不同地理分布之意;二是源于法国米歇尔·福柯的谱系学,他认为谱系具有时间上的断裂性与偶然性等特征,强化历史事件在共时性上的相互关联。

如此,在传承传统谱系思想并吸收西方谱系理论的基础上,国内关于谱系的研究就分为三个方面:传统谱系观念的应用、西方福柯谱系观念的应用、传统与福柯谱系学的结合。

(一) 传统谱系观念的应用

首先,文章中较少解释谱系的概念,直接使用"谱系"一词。如探讨传承关系的论文有黄勇强《崆峒笑谈传承谱系》、肖红《宝鸡西山酒歌的传承谱系研究》、林继富《同质异形的神灵谱系:藏族湖神与水神关系透视》等。

其次,以地理分布为谱系的内涵,强调民俗事象的地理分布,指在同一名称、同一内涵下的民俗事象,只是神灵的具体名称或具体的行为有所不同。如于云洪、王明德《盐业神祇谱系与盐神信仰》一文中的盐神谱系是指在盐神这一名称下,不同地区不同时代不同身份不同姓名的盐神的分布。

(二) 福柯的谱系理论在民俗学中的应用

在这一方面最重要的研究成果是林继富的《民俗谱系解释学论纲》,他将福柯谱系学的方法引入民俗学,对民俗事象进行谱系学的解释,认为民俗谱系解释学理论具体包括亲缘谱系、姻缘谱系、地缘关系、族缘关系、乡邻关系和语言谱系等涵盖民俗生成的土壤和流传的地域。该文是当代中国民俗谱系研究的先锋。之后有专文针对福柯谱系学的民俗学应用的理论探讨,如谭萌(2018)强调将福

---

① 这部分内容已形成论文发表,在此有所删减:雷伟平《谱系与文化认同的研究综述——以民俗学为中心》,《楚雄师范学院学报》,2019 年第 2 期。

柯谱系学的方法应用于民俗事象解释。^① 福柯谱系的应用还有如赵冬(2010)以福柯谱系学为基础,"探究清明节话语的文化和社会变迁"。^②

(三) 中国传统谱系观念的传承与福柯谱系学的结合

在中国传统谱系观念与福柯谱系学相结合的方面,有田兆元的理论与实践,即具有中国话语的民俗谱系理论。

田兆元一方面继承了传统的谱系观念,如《论中华民族神话系统的构成及其来源》,他"从部族战争中发现图腾信仰,认为这些正处于部族向民族过渡时期的人们,他们相信共同建构起来的血统联盟有着'共同的神话来源',也就呈现出'神的谱系'"。^③ 田兆元将福柯谱系学中强调的断裂和偶然性融入自己的研究中。他从散落在各处的相同的民俗事象中发现彼此之间的联系,它们虽然是断裂的,是偶然发生的历史事件,但从整体上看,这些断裂在各处的点之间有了共同的意义。随着族群的迁徙,形成族群谱系;随着民俗叙事的发生发展形成形式谱系;纵向、横向的发展形成时空谱系。田兆元撰写多篇论文阐述民俗谱系理论,如《论端午节俗与民俗舟船的谱系》,认为在结构方面,谱系观照整体与多元;在功能方面,谱系又有互动与认同。

田兆元在《民俗研究的谱系观念与研究实践:以东海海岛信仰为例》论文中,详细阐述了民俗谱系理论。田兆元将民俗谱系理论应用于楚文化、节日民俗、创世神话等方面,如《楚文化的空间谱系及其重构》《高校联盟模式下的节日文化谱系建构——以清明祭祀为例》《建构中国寒食——清明节祭祀文化的谱系》《创世神话的概念、类型与谱系》等。还有其他学人关于民俗谱系理论应用研究的论文,如吴玉萍的《羊的民俗信仰谱系研究》(2017),雷伟平的《立春习俗中"春牛"的民俗谱系》(2018),宋军朋、雷伟平的《功能与效用:三官文化谱系的成因研究》(2020)等。

另有对民俗谱系理论的总结性研究,如邱爱园、郭腾飞撰写的《"'海上风'民俗谱系学研讨会"综述》(2018),孙正国的《历史原点·神话谱系·文化建构——民俗谱系学理论的三重逻辑》(2019)。

因此,本书的三官文化是从整体观出发,只要是在道教与民间文化体系内以

① 谭萌《作为民俗学方法论的谱系学》,《湖北民族学院学报》(哲学社会科学版),2018 年第 2 期,第 20 - 24 页。
② 赵冬《中国清明节话语的谱系考辨》,《南阳理工学院学报》,2010 年第 3 期,第 68 - 72 页。
③ 田兆元《论中华民族神话系统的构成及其来源》,《史林》,1996 年第 2 期,第 1 - 8 页。

三官或三元为名的神灵,都是本书关注的对象,在此基础上,再从时空谱系、族群谱系、形式谱系出发,探讨三官文化谱系。

二、关于认同的研究

本书所指的认同是文化认同。在我国学术界,对文化认同较早进行论述的是郑晓云,他认为"文化认同是人类对于文化的倾向性共识与认可",①提出全球文化认同包括两个层面:"文化理解和文化共识",②并对其作以解释,文化理解强调不同文化之间的尊重与理解,③文化共识则强调对有利于人类共同发展的具有普适价值的文化因子的认同。④

关于文化认同的研究论文也非常丰富,以"文化认同"与"民俗"为主题,中国知网上有论文 40 多篇,与本题研究相关的有 12 篇论文,简述如下:

从节日民俗入手探讨文化认同的,如张祖群《端午节:基于文化认同的民俗转型意义》,指出政府对文化传承的实践应与民间文化认同相结合;梁川《论元宵灯民俗的文化认同特征》,强调元宵灯民俗的当代认同;还有如刘博、朱竑《新创民俗节庆对地方认同的影响研究——基于广府庙会的结构方程模型分析》等。

从民间俗信角度探讨文化认同的,如李秋香《论秦汉时期西王母信仰民俗的构建——兼论异地文化认同》,认为民众在得到异地神灵的佑护后,才能实现对其的认同。⑤ 还有王岁孝《论社火民俗在关陇乡村社会中的道德宣化及文化认同作用》,马华明《社区信仰的变迁与文化认同的重构——以漳州教子桥社镇安庙为例》等。

在中华文化体系下探讨我国不同民族之间的文化认同。如阙岳的《民族地区的民间文化认同——明清以来洮州地区汉民俗的传播与传承》,认为人们在庙会的交往互动中,共享民间文化,最终实现文化认同。

海外华人对所在国文化的认同以及对自身文化身份的认同。如张举文在《龙信仰与海外华人认同符号的构建和重建》一文中,以美国一个唐人街的龙雕

---

① 郑晓云《文化认同论》,中国社会科学出版社,2008 年,第 1 页。
② 郑晓云《文化认同论》,中国社会科学出版社,2008 年,第 35 页。
③ 郑晓云《文化认同论》,中国社会科学出版社,2008 年,第 35 页。
④ 郑晓云《文化认同论》,中国社会科学出版社,2008 年,第 36 页。
⑤ 李秋香《论秦汉时期西王母信仰民俗的构建——兼论异地文化认同》,《世界宗教研究》,2013 年第 5 期,第 90 页。

塑为例,探讨美国华人对美国的文化认同,以及异文化的艺术家在为社区服务时民俗文化认同,认为符号是构建文化的重要因素。

三、关于谱系与文化认同的研究

以谱系与文化认同为题研究的论文在中国知网上查到 5 篇,与本文相关的论文是钱梦琦的《广泽尊王传说的谱系建构与中华文化认同价值》,该论文与本书的理论基础相同,均应用了田兆元的谱系理论。

在专著方面,既研究谱系又研究认同的学术著作较少,搜集到的有肖起清、张意柳著的《文化认同与传承——西江流域神谱研究》,其以社会变迁、文化生态学、文化社会学等理论为指导,以西江流域信仰文化神谱的研究为中心,构建西江流域文化层面的信仰与神灵体系,同时揭示民间信仰与制度宗教在神灵体系方面的互化与互动作用。①

四、关于三官文化的研究综述

学术界在三官文化研究方面取得一些成果,有专著也有论文。

在专著方面,有范诚凤主编,雷伟平、张振国撰写的《三元文化研究》,从三官文化的历史出发,探讨三官文化的发生发展的过程,并以上海浦东三元宫坤道院为中心,分析该三元宫的发生发展过程,以及上中下三元节仪式过程等。雷伟平的《上海三官神话与信仰研究》,以叙事理论等为指导,探讨上海三官神话与信仰的变迁。还有于国庆编著的《〈三官经〉注释义说》,是迄今为止第一部关于《三官经》阐释的著作,具有填补当下研究空白的价值,是进一步研究三官经的学术基础。

在论文方面,截至 2023 年 11 月,在中国知网上有关于三官文化的期刊论文 43 篇,硕士论文 1 篇,博士论文 1 篇;关于上元节的论文 9 篇,中元节的论文 71 篇,硕士论文 5 篇,三元节的论文 3 篇。下面对与本题相关的研究予以综述:

各民族间三官文化的关系研究。有学者认为汉族的三官文化源于少数民族,如尹邦志(1999)认为三官源于巴蜀地区少数民族的鱼凫图腾,钱安靖(1982)认为汉族借用少数民族的民间俗信形成三官文化,持相同观点的还有覃光广与

---

① 肖起清、张意柳《文化认同与传承——西江流域神谱研究》,广西师范大学出版社,2017 年,第 3 页。

石衍年。有学者认为少数民族的三官文化源于汉族,如张泽洪(2002)认为瑶族的三元信仰源于汉族;张泽洪、蒚蕊(2020)认为瑶族唐葛周三元信仰源于道教的三元神崇拜,"是中华民族多元一体格局下文化涵化的结果"。① 还有赖全(2010)认为各民族间三官文化传承关系处于模糊状态。

地区间三官文化的关系研究。仅一篇论文提到台湾地区与福建三官文化的关系,如段凌平的《试论闽南与台湾神明的构架系统》。有日本学者对中国中元节展开地区间的对比研究,如川口幸大撰写,毕雪飞翻译的《盂兰节与中元节——以广东省、珠江三角洲事例为中心》,认为盂兰盆节与中元节祭祀的对象不同,前者供奉的是祖先、鬼,后者供奉的是神。②

国际间三官文化的比较研究。有专文进行中日中元节的研究,如胡孟圣(2002)通过比较中日中元节,认为日本的中元节源于中国并进行了适应性的改变;还有李明华的《中日中元节民俗仪式比较》。

三官文化的地区分布研究。如徐贵荣(2018)从客家三官文化的地理分布出发,分析客家崇拜三官的原因及其相关民俗。③ 田金昌的硕士论文《台湾三官大帝信仰——以桃园地区为中心(1683—1945)》,认为台湾地区三官信仰的发展一方面与来自闽粤等地区的移民有关,还与清朝到 1912—1949 年时期的土地开垦相联系。雷伟平(2013)认为元朝时三官文化传入上海,明朝时进一步发展,在上海各区的主要市镇建有三官庙宇。清朝时期三官文化进入繁荣期,形成村村建造三官庙的状态。④

关于三官文化的叙事研究。如雷伟平、宋军朋(2018)认为上海青浦 A 村的先贤以神圣叙事体系为基础引入尧舜禹三官神话,代替原有的女三官神话,最终重构新的三官传统。⑤

其他方面的研究。有仪式研究,如李卫青(2015)分析了三官文化的仪式与精神内涵。还有于赓哲、杨会宾的《从三官书到投龙:祛病及长生行为的阶层变

---

① 张泽洪、蒚蕊《瑶族与道教三元神的比较研究》,《宗教学研究》,2020 年第 4 期,第 138 页。
② (日)川口幸大文,毕雪飞译《盂兰节与中元节—以广东省、珠江三角洲事例为中心》,《节日研究》,2019 年第 2 期,第 43 - 54 页。
③ 徐贵荣《台湾客家三官大帝信仰及其民俗探讨》,《嘉应学院学报》,2018 年第 9 期,第 25 - 30 页。
④ 雷伟平《元明清时期上海三官文化的地理分布》,《杭州师范大学学报》(社会科学版),2013 年第 4 期,第 113 - 120 页。
⑤ 雷伟平《上海青浦区 A 村三官神话的重构研究》,《宗教学研究》,2018 年第 1 期,第 246 - 251 页。

迁〉;张梦茹硕士论文《唐代水官信仰的仪式与文学研究》,姜启梅的硕士论文《临沂三官庙村龙灯扛阁仪式展演及变迁的调查研究》等。

中元节节日内涵研究,如黄燕群《民俗文化与古镇旅游的发展——以广西贺州市黄姚古镇中元节柚子灯活动为例》等;下元节节日习俗研究,如林亦修的《三官文化与杨府信仰:道教文化与民间信仰相结合的范式——基于温州地区林家塔村下元节习俗的考察》等。对国外中元节的研究,如曾玲《创造传统:当代新加坡中元节研究》,康海玲《马来西亚槟城中元节普度戏田野调查》,李东辉《浅析日本人的赠答习俗与"义理"——以中元节为例》等。

三官与社会政治经济的关系研究,如卫小将、尚立富《民俗宗教与村庄政治:山西义村"三官大帝"供奉之考察》,王丽的《论清初盛京"皇家道院"三官庙》,田金昌在《台湾三官大帝信仰—以台北、台南地区为中心》,张玉兴的《张春及其不二歌——兼论沈阳三官庙与皇宫的关系》,雷伟平的《文化政策视野下上海三官文化习俗的当代变迁》等。

文献研究,如姜守诚《国家图书馆藏〈三元经〉版本考述》,屈燕飞《〈三官经〉篇名、年代与历史流播影响考》,张红志的《三官宝号变迁问题辨析》,吕鹏志的《灵宝三元斋和道教中元节——〈太上洞玄灵宝三元品戒经〉考论》。

艺术研究,如司丽丽《宅门纳福神祇画探析——以天长天官画和灵璧钟馗画为例》、程波涛《天长天官画的俗信主题与文化阐释》等。

综上所述,学界虽然对民族间、地区间以及国际间三官文化关系的研究有一定的开拓,虽然对三官文化的地理分布、叙事等问题有一定的研究,但仍然存在以下五个问题:第一,在分析各民族间三官文化关系时,目前的研究仅考察局部地区民族间的互相借鉴,缺乏全局性的观照,没有谱系观念;第二,在分析地区间三官文化的关系时,缺少对全国各地区尤其是福建和台湾地区间的谱系研究;第三,仅见中日比较研究,缺少中韩、中越、中新、中马等的关系研究;第四,对全国三官文化分布的研究较为宏观,还没有具体将全国的时空谱系呈现出来,仅见关于某个地区的空间的分布,缺乏对全国乃至于整个东南亚三官文化分布的具体观照;第五,还未见关于民族间、地区间文化认同的研究,未见关于东亚、东南亚对三官文化认同的研究。因此,本书以历史文献、田野调查等资料为基础,以民俗谱系、文化认同等理论为指导,探讨中国各民族间、各地区间、"一带一路"沿线的东亚、东南亚三官文化谱系与认同。

第三节　研究理论与研究方法

本书以谱系与文化认同理论为中心，还将其他理论如"中华民族一体多元""中华民族共同体意识""人类命运共同体"等融入其中。在研究方法方面，强调多种方法的使用，如图谱法、文献搜集法、文献考证法、田野调查法以及访谈法等。

一、研究理论

1. 民俗谱系理论

民俗谱系的内容包括族群谱系、时间谱系与空间谱系、形式谱系。时间谱系是"考察民俗的发生、发展和演变的历史过程的结构形式"，[1]时间谱系不仅关注民俗事象的持续性，而且强调其断裂性，从全局看具有整体性的意义，这是纵向的研究；空间谱系考察民俗事象在特定地域的分布状况，是横向的研究。除此之外，时空谱系的交互结构也是谱系的一个重要方面，包括以时间为本位来看民俗事象的发展演变规律，以空间为本位看民俗事象的空间分布。[2]

形式谱系是从叙事出发，包括语言叙事、物象叙事以及行为叙事，阐述民俗事象得以发生的内在机理。

语言叙事以口头和书面形式为中心；物象叙事包括图画、雕塑以及与民俗事象相关的物件等；行为叙事即以神祇为中心所展开的一系列活动，如节日、慈善活动等。三大叙事紧密联系，是形式谱系的重要表现。

时空谱系、族群谱系、形式谱系之间呈现互为支撑的关系。没有族群谱系就不会有时空谱系，时空谱系是族群谱系在现实中的体现，形式谱系以三大叙事为基础，巩固、扩大族群谱系，促进时空谱系的延续与发展。谱系的形成离不开认同，因此，除了谱系理论之外还需要文化认同理论。

2. 文化认同理论

关于文化认同在文献综述中已有所阐述，对本文具有指导意义的是学者郑

---

[1] 田兆元《民俗研究的谱系观念与研究实践——以东海海岛信仰为例》，《华东师范大学学报》（哲学社会科学版），2017 年第 3 期，第 71 页。

[2] 蔡丰明主编《非物质文化遗产图谱编制理论与方法》，上海社会科学院出版社，2020 年。

晓云的文化认同理论。他认为文化认同不仅强调人们对文化的倾向性共识与认可,①还包括文化理解。在探讨不同文化间的认同时,郑晓云指出,不同文化之间可能实现相互认同,这种文化认同的基点和表现形式就是文化之间的互相尊重、理解、沟通以及在此基础上的相互吸收,从而达到和平共处的状态。② 该理论对于研究中国各民族间、各地区之间,东亚、东南亚与中国间的三官文化的认同具有指导意义。

文化认同在不同的历史阶段有不同的内涵,既有普遍性又有特殊性。在一个国家内部,在和平时期,当矛盾尚可调和时,不同民族间的文化认同有倾向性共识与认可、尊重、理解的内涵,不同地区间能够形成谱系联系,并展开一定的互动与交流;在矛盾较难调和的时期,不同民族间的文化认同则仅指尊重;当矛盾继续发展,到无法调和的时期,不同民族间的文化认同则缺失。文化认同是随着社会的变化而呈现不同的状态。在文化发源国之外,在不同国家,文化认同不仅指相关族群对母国文化的倾向性认可,还表示族群所在国其他民众的尊重理解式认同。

3. 一体多元的文化格局

当代著名社会学家费孝通先生首先提出"中华民族一体多元"的理论,他认为"中华民族作为一个自觉的民族实体,是近百年来中国和西方列强对抗中出现的,但作为一个自在的民族实体则是几千年的历史过程所形成的。中华民族的主流是许许多多分散孤立存在的民族单位,经过接触、混杂、联结和融合,同时也有分裂和消亡,形成一个你来我去、我来你去、我中有你、你中有我,而又各具个性的多元统一体"。③ 可见,"一体多元的文化格局是中国文化长期延续发展的保障"。④ 正是有了多元化,才有了文化的多样性。一体与多元形成一种稳定的结构,也形成和谐的文化生态,这样就避免了尖锐的文化冲突。文化是多元共生的,又是统一的。多元的前提是统一,没有一体就没有多元,那就只有无休止的纷争。⑤ 该

---

① 郑晓云《文化认同论》,中国社会科学出版社,2008 年,第 1 页。
② 郑晓云《文化认同论》,中国社会科学出版社,2008 年,第 35 页。
③ 孙秋云《费孝通"中华民族多元一体格局"理论之我见》,见何海涛、程萍、马旭编《〈中南民族大学学报〉人类学民族学文存》,云南人民出版社,2017 年,第 39 页。
④ 田兆元《"龙的传人"文化符号形成的历史依据》,见田兆元《叙事谱系与文化传承:神话学民俗学文集》,上海文艺出版社,2018 年,第 79 页。原载于《北京日报》2017 年 11 月 27 日第 019 版"理论周末月刊"。
⑤ 田兆元《"龙的传人"文化符号形成的历史依据》,见田兆元《叙事谱系与文化传承:神话学民俗学文集》,上海文艺出版社,2018 年,第 79 页。原载于《北京日报》2017 年 11 月 27 日第 019 版"理论周末月刊"。

理论对于我们认识三官文化的多元系统有着重要的指导意义。

4. 共同体意识

首先是中华民族共同体意识。习近平总书记在党的十九大报告中提出要铸牢中华民族共同体意识,认为这一意识关系到国家和中华民族的未来,铸牢这一意识需要国家和社会的共同努力,不同领域不同工作都应体现该意识;同时指出铸牢中华民族共同体意识是面向所有人,包括少数民族和汉族;目标是形成民族凝聚力,实现中华民族的共同发展。① 铸牢中华民族共同体意识对于研究三官文化在不同民族间、不同地区、闽台之间的谱系与认同具有启发意义。

其次是人类命运共同体。构建人类命运共同体是习近平总书记在党的十九大报告中提出的理论思想。"人类命运共同体,顾名思义,就是每个民族、每个国家的前途命运都紧紧联系在一起,应该风雨同舟,荣辱与共,努力把我们生于斯、长于斯的这个星球建成一个和睦的大家庭,把世界各国人民对美好生活的向往变成现实"。② "文化上,要尊重世界文明多样性,以文明交流超越文明隔阂、文明互鉴超越文明优越"。③ 三官文化在东亚、东南亚各国的发展是文明多样性的体现。由此,人类命运共同体的理论思想对于研究三官文化在"一带一路"沿线的东亚、东南亚国家的谱系与认同具有指导意义。

二、研究方法

采用的方法有图谱法、文献搜集法、文献考证法、田野调查法等四种,具体如下:

图谱法:图谱法是通过各种图、表的绘制以展示要素之间联系的一种方法,是研究谱系的重要手段与方法。可以应用图谱法呈现中国古代三官文化的时空分布,呈现三官文化的多元系统,体现中华文化的多元一体。

文献搜集法:主要用于在各地的地方志、碑刻、庙记,文人笔记、志怪小说、神仙传记,图像资料等文献中搜集三官文化资料。

---

① 《铸牢中华民族共同体意识》,《人民日报》图文数据库,2020 年 11 月 3 日 09 版。

② 《十九大精神百问·什么是人类命运共同体》,中央纪委监察部网站,https://www.ccdi.gov.cn/special/zmsjd/zm19da_zm19da/201801/t20180116_161970.html,2018 年 1 月 17 日。

③ 《十九大精神百问·什么是人类命运共同体》,中央纪委监察部网站,https://www.ccdi.gov.cn/special/zmsjd/zm19da_zm19da/201801/t20180116_161970.html,2018 年 1 月 17 日。

文献考证法：主要用于两个方面，一是当查询到的文献具有不确定性时，借助其他文献进行考证；二是遇到重要问题和资料时，需要做进一步考证。

田野调查法：调查全国三官文化的现状，挖掘散落在民间的三官文化资料。在国内已经调查了 13 个省的 34 个城市，2 个直辖市，共计 133 座三官庙，具体为：北京 2 座，上海 13 座，陕西省西安周至 1 座、户县 1 座，福建省漳州 25 座、泉州 5 座，四川省成都 3 座、绵阳市的三官庙村 1 座，河南郑州 2 座、洛阳 2 座、开封 2 座、焦作 5 座，山西太原 3 座、临汾 4 座、运城新绛 2 座，山东济南 2 座、泰山 1 座，江苏连云港 1 座、句容 1 座，浙江杭州 2 座、台州 6 座、温州 6 座，辽宁沈阳 2 座、喀左 1 座、凤城 1 座、鞍山 1 座，广东广州 3 座，云南临沧 5 座，甘肃兰州 3 座、临夏 1 座、天水 2 座，台湾地区桃园 5 座、台中 8 座、台南 6 座、新北 1 座、高雄 4 座。

在国外共调查 3 个国家中的 5 个城市，即马来西亚吉隆坡、槟城 2 座，新加坡 3 座，越南的胡志明市 1 座、河内市 1 座。

第四节　研究内容与研究价值

一、研究内容

本书的主要目标是在三官文化谱系与认同的基础上，提出重建中国三官文化谱系的构想，重塑中华文化的认同，为"一带一路"国家民心相通等奠定学理基础。因此，本书分为三大部分，第一部分包括第一、二、三章，时间范围为东汉末至 1949 年；第二部分是 1949 年至今，包括第四、五、六章；第三部分讲三官文化在国外的谱系与认同，即第七章。

第一、二章，从历史出发，在文化多元一体下探讨从三官文化诞生即东汉末期至 1949 年中华人民共和国成立这一段时间三官文化的时空谱系。第一章在文化一体下，探讨三官文化的时空谱系，以及三官文化谱系的空间、时间结构以及时空交互结构；第二章则在文化多元下探讨三官文化谱系的多元文化结构。

第三章从民族间三官文化的历史渊源入手，以西南、西北、东北为地域范围，探究中国不同民族间三官文化谱系与认同。首先，在西南地区三官文化的传播经历了从少数民族到汉族再到少数民族的过程，是三官文化变迁的过程也是文化认同的过程；其次，在西北地区，不同民族对三官文化的文化理解值得深究；最后,在东北地区,满族对三官的认同曾经促进了三官文化的发展。

第四章是 1949 年以来中国三官文化谱系与认同,一方面从政策层面看中国三官文化谱系与认同,分为三个部分,即 1949 年至 1976 年,1977 年至 2001 年,2002 年至今;另一方面看 1949 年以来中国港澳台三官文化谱系。

第五章是城镇化背景下中国三官文化谱系与认同。选取代表性的地区和典型的案例分别探讨在土地城镇化下三官文化谱系的断裂与认同的缺失,在新型城镇化下分析三官文化谱系的延续与认同的发生。

第六章是中国闽台三官文化谱系与认同。以福建、台湾三官文化谱系为基础,分析闽台三官文化谱系与认同。

第七章以"一带一路"为中心,分析三官文化在东亚、东南亚地区的发展过程,探究越南、新加坡、马来西亚三官文化谱系与认同,探究日本、朝鲜半岛、泰国、印度尼西亚等三官文化谱系与认同。

二、研究价值

1. 学术价值

本书是对中国三官文化的整体性与系统性的研究,有利于进一步深化三官文化谱系问题的研究,开拓地区间文化认同的研究视野,拓展道教文化与民间俗信等相关领域的学术问题研究。

促进国内外学者对三官文化的研究,并就此展开学术对话。通过学术对话,可能增强东亚、东南亚国家的华人对中华文化的倾向性认同,促进非华人对中华文化的尊重式认同,形成共同发展的文化共识,为"一带一路"沿线国家实现民心相通奠定学理基础,促进人类命运共同体的构建。

2. 应用价值

本书通过谱系与认同的研究修复或重建三官文化谱系,巩固中国各民族、各地区对中华文化的认同,增强中华民族的凝聚力;促进东亚、东南亚对中华文化的再认同,对于我国与周边各国的文化交流以及地区间的和平发展具有重要的现实意义。

三官文化历经近两千年的历史,已形成谱系。对这一谱系与认同的研究将有助于我们认识与理解道教文化与民间文化的价值。

第一章
文化一体下三官文化的时空谱系

对于三官文化来说,"一体多元"中的"一体"是指文化的共性,即三官文化的核心——天、地、水崇拜,"多元"则是三官文化与不同地域文化相结合的产物,具有地方特色。由此形成三官文化的普遍与特殊的复合体,并产生更大范围的文化认同。

本章和第二章以三官形态为基础,时间上从东汉末期至 1949 年,运用图谱的方法,探讨三官文化的时空谱系。本章分为三节内容,第一节探讨三官文化的时间谱系,专注于三官文化发生、发展、演变的过程;第二节分析三官文化的空间谱系,关注三官文化在空间上的分布与联系;第三节探讨三官文化的时空谱系的交互结构,即以时间为本位的空间谱系,以空间为本位的时间谱系。

第一节　三官文化的时间谱系

三官文化的时间谱系是指三官文化的发生、发展以及演变过程。在历史文献中有很多关于三官文化的资料,本节就以东汉、魏晋南北朝、隋唐五代十国、宋元明清、1912—1949 年为时间线索,从道教文献、史书资料[①]、岁时民俗文献三个方面分别进行分析。

一、从道教文献看三官文化的发生、发展与演变

在道教产生过程中及产生后,诞生了很多文献,[②]其中有一些是关于三官文化的,通过研读这些文献,发现了三官文化发生、发展与演变的时间谱系。我们从三个方面来分析:三官文化的发生及"三官手书"仪式的传承与演变、三官在称

---

① 主要以二十五史为中心。
② 以《道藏》《中华道藏》为基础,来探讨三官文化的发展变化。

谓上的变化、三官文化功能的变化。

　　1. 三官文化的发生及"三官手书"仪式的传承与演变

　　张道陵在其创建的天师道内,大行"三官手书"之仪。所谓"三官手书",即"书病人姓字,说服罪之意。作三通,其一上之天,著山上,其一埋之地,其一沉之水"。① 其中"作三通"是对先秦时期官方天地山川仪式的继承与发展,"祭天,燔柴。祭山川陵,升。祭川,沉。祭地,瘞",②"瘞"即埋藏之意。到东汉灵帝时,张道陵的后代张鲁继续传承这一仪式。该仪式的思想基础为生病是由于做了不好的事情而受到神灵的惩罚,需要行一定的仪式来祈求神明解除病痛。"三官手书"作为三官文化的主要仪式之一,在东汉以后的唐、宋、元、明、清各朝均得到进一步传承。

　　在唐朝杜光庭的《太上宣慈助化章》中,有《道士天地水三官手书篆状章》,是向天地水三官呈上的章文。③ 章文摘录如下:

　　　　某奉法违科,以某月某日,卒得疾病苦厄云云。至今不差,恐不生活,谨操手术录状。一旦违负手书,以身口数谢天地水三官,不敢自怨。愿乞典者,案其簿状,下天官、地官、水官一百二十曹,随事原赦。④

　　该章文是对"三官手书"思想的继承,认为生病是人做了不该做的事情,有违规矩、法令等,通过章文上告天地水三官以求赦罪,解除疾病的痛苦。

　　在杜光庭的《太上黄箓斋仪》中有《投龙璧仪》,杜光庭解释道:"大道以一炁化生三才,陶钧万有。故分三元之曹,以主张罪福。即天地水三官,实司于三元也。人之生死寿夭,罪善吉凶,莫不系焉。三箓简文格,亦三元之典格也。修斋之法,当投三简,以告三元。故山简投诸洞天洞府,奏天官,上元也。水简投灵泉水府,告水官,下元也。土简投于坛宅,告地官,中元也。详简文之中,真灵位号,事理显然。近代以来,只投山水简。二淮浙江,表有三简之仪。不独受经,即投三简。修斋迁拔,全系三元。若三简俱行,即诠举善功,皆达三官之府矣。修奉

────────────

① (南朝宋)范晔《后汉书》卷75,《刘焉传》引《典略》,中华书局,1965年,第2436页。

② (清)阮元校刻《十三经注疏》上册,《仪礼注疏》,中华书局,1980年,第1094页。

③ 卿希泰、詹石窗《中国道教思想史(第一卷)》,人民出版社,2009年,第302页。

④ 杜光庭《太上宣慈助化章》卷2,《道藏》第11册,文物出版社、上海书店、天津古籍出版社,1988年,第320页。

之士,幸无致疑也。"①可见,《投龙璧仪》不仅继承了传统的天地水崇拜,而且是对"三官手书"思想及仪式的继承与发展。中国古代就有祭祀天地水的传统,道教将天地水崇拜纳入体系内,投龙仪式即是天地水崇拜仪式发展的结果。将写有消罪、祈愿的文简和玉璧、金龙、金钮一起,用青丝捆扎,举行醮仪后,投入名山大川、岳渎水府,以祈求保安宗社。② 祭天仪式,是在五岳等名山投放山简,以祷告天官;祭地仪式,要将土简埋于祭坛地下,以祷告地官;祭水仪式,要将水简投放江河湖海,以祷告水官。③

《投龙璧仪》上承陆修静和张承光,在《投龙璧仪》中有传承谱系:"张承光曰:余昔遇师陆君,通神入妙,言事当理,无不感应。禀妙在心,而文无仪轨。若依经本文,谩书投之,则山水宅神将非可诚录,皆幽显孟浪,甚乖玄宗。故撰此三处关启文,各指告其仙司。又别出三简立成诀。光庭曰:今检寻本末,得张承光法师所述之文,奏告三元,颇为的当,投奠信无惑焉。"④即形成了陆修静—张承光—杜光庭的传承谱系。⑤

到北宋时期,北宋张商英编《金箓斋投简仪》,仪式包括建坛、祝香、净坛、敕水、五方卫灵咒、五星都咒、发炉、复炉、山简式、水简式和土简式等。该《投龙简仪》是在前朝《投龙璧仪》等基础上修订而成的,与唐朝的《投龙璧仪》相比,多强调仪式过程。

元朝关于投龙的碑记说明其传承,如《济渎投龙简记》《大朝投龙记》《济祠投龙简灵应记》《大元投奠龙简之记》《周天大醮投龙简记》。⑥

根据易宏的研究,投龙简仪在明清也有传承,不过变化较少,因此,这里不进行论述。总之,从东汉的三官手书、《道士天地水三官手书箓状章》到唐朝的《投龙璧仪》再到宋朝的《投龙简仪》,到元明清时期的传承,时间谱系较为清晰。

---

① 《太上黄箓斋仪》卷 55,《道藏》第 9 册,文物出版社、天津古籍出版社、上海书店,1988 年,第 365 页。
② 张泽洪《道教斋醮科仪研究》,巴蜀书社,1999 年,第 8 页。
③ 张泽洪《道教斋醮科仪研究》,巴蜀书社,1999 年,第 190 页。
④ 《太上黄箓斋仪》卷 55,《道藏》第 9 册,文物出版社、天津古籍出版社、上海书店,1988 年,第 365 页。
⑤ 易宏《金龙驿传,上达九天——道教投龙简仪源流略考》,《中国本土宗教研究》第一辑,2018 年,第 171 页。
⑥ 易宏《金龙驿传,上达九天——道教投龙简仪源流略考》,《中国本土宗教研究》第一辑,2018 年,第 171 页。

2. 三官在称谓上的变化

三官是天、地、水三官等的总称,在后来被称为三官帝君、三官大帝、三元大帝等,其演变的时间谱系为:东汉时期天地水三官—魏晋南北朝、隋唐时期三元三官—宋朝三元三官帝君、三官大帝。

天地水三官在张道陵时即汉顺帝时已流行于世,张鲁在汉中时继续传承。到南北朝时期有道经《赤松子章历》,其中《疾病困重收灭灾邪拔命保护章》中有"请告天、地、水三官。"[1]《为先王言功章》称:"臣今章奏告下天、地、水三官"。[2]《为天地神祇言功章》称:"天官、地官、水官,受功事讫,各还本位。"[3]同时,魏晋南北朝产生的与三官有关的经书,如《太上洞玄灵宝三元品戒功德轻重经》《太上大道三元品戒谢罪上法》《三元斋仪》《三元斋品》《洞真三元品诫仪》,已有"三元"之称。三元与三官并称是在《太上洞玄灵宝三元品戒功德轻重经》中。据《中华道藏》载,《太上洞玄灵宝三元品戒功德轻重经》的作者不详,大约撰于东晋时期,该经"具述三官大帝分设九宫二十七府一百二十曹以考校世人之事",[4]经文中已经将上元、中元、下元分别与天官、地官、水官互称,即上元一品天官、中元二品地官、下元三品水官,并指出在正月十五、七月十五、十月十五,三官都要考核管辖范围内得道者与未得道者的功过。三元并未与三官合称的有《太上大道三元品戒谢罪上法》《三元斋品》《洞真三元品诫仪》。《太上大道三元品戒谢罪上法》也出于东晋,但作者不详。该经强调在农历正月十五、七月十五、十月十五日沐浴焚香并向不同方向的神灵敬拜,以求免除自身的罪过。其中"三元"出现 17 次,"三官"出现 8 次,将三元与三官联系起来的叙述有"修行三元品诫谢罪之法,则三官九府右别录籍",这里似乎有着因果关系。《无上秘要》卷五十二《三元斋品》,"以正月十五日、七月十五日、十月十五日平旦、正中、夜半三时沐浴身形"。[5] 其中没有专门关于天地水三官的讲述,提到"三官"6 处,提到"三元"6 处,其中"三元削罪于黑簿,北帝落死而上生,三官保举于学功,太玄记录于

---

① 《赤松子章历》卷 3,《道藏》第 11 册,文物出版社、上海书店、天津古籍出版社,1988 年,第 199 页。

② 《赤松子章历》卷 5,《道藏》第 11 册,文物出版社、上海书店、天津古籍出版社,1988 年,第 213 页。

③ 《赤松子章历》卷 5,《道藏》第 11 册,文物出版社、上海书店、天津古籍出版社,1988 年,第 213 页。

④ 范诚凤主编,雷伟平、张振国《三元文化研究》,上海文艺出版社,2010 年,第 150 页。

⑤ 张继禹主编《中华道藏》第 28 册,华夏出版社,2014 年,第 197 页。

上仙"。① "触犯三元百八十条,三官九府百二十曹,阴阳水火左右中宫考吏之罪"。② 这两处三元与三官有了联系,二者都是神灵。《无上秘要》卷五《洞真三元品诫经》,三元分别是"上元神字威成,中元神字黄子,下元神字命光子"③;卷四十四《洞真三元品诫仪》,"上元品诫。右六十条罪,由天官一宫中府十三曹,地官一宫中府十四曹,水官一宫中府十四曹,风刀考官主之",④"中元品诫。右六十条罪,由天官左宫左府十二曹,地官左宫左府十四曹,水官左宫左府十四曹,太阳水官考吏主之",⑤"下元品诫。右六十条罪,由天官右宫右府十二曹,地官右宫右府十四曹,水官右宫右府十四曹,太阴水官考吏主之"。⑥ 可见,在上元、中元、下元时,天地水三官都要根据所列罪过对相关人等进行考校。此时,天地水三官出现在以三元为中心的经文或科仪中。

到唐朝时,在经文《太上太玄女青三元品戒拔罪妙经》以及《太上洞玄灵宝三元玉京玄都大献经》中,三元与三官同时出现。《太上太玄女青三元品戒拔罪妙经》作者未知,产生时间可能是隋唐时期,其中"上元一品九炁天官紫微帝君、中元二品地官清虚真君、下元三品水官,乃洞元风泽之炁,晨浩之精"。⑦《太上洞玄灵宝三元玉京玄都大献经》,唐玄嶷《甄正论》称此经为道士刘无待造,以拟《盂兰盆》。⑧ "言一切众生,生死命籍,善恶簿录,普皆系在三元九府,天、地、水三官,考校功过,毫分无失。所言三元者,正月十五日为上元,即天官检勾;七月十五日为中元,即地官检勾;十月十五日为下元,即水官检勾。一切众生,皆是天、地、水三官之所统摄"。⑨ "所以正月十五日为上元,天官校录者。十一月一阳生,正月三阳生,三阳成乾。乾者,天之用也。正月天道数成,故一切天官主当校录。所以七月十五日为中元,地官检录者。五月一阴生,六月二阴生,七月三阴生,三阴成坤。坤者,地之用也。七月坤气王周,故一切地官主当校录。所以十月十五日为下元,水官校录者。十月建亥,亥属北方,北方是坎,坎是水位,正是

① 张继禹主编《中华道藏》第 28 册,华夏出版社,2014 年,第 197 页。
② 张继禹主编《中华道藏》第 28 册,华夏出版社,2014 年,第 197 页。
③ 张继禹主编《中华道藏》第 28 册,华夏出版社,2014 年,第 200 页。
④ 张继禹主编《中华道藏》第 28 册,华夏出版社,2014 年,第 200 页。
⑤ 张继禹主编《中华道藏》第 28 册,华夏出版社,2014 年,第 200 页。
⑥ 张继禹主编《中华道藏》第 28 册,华夏出版社,2014 年,第 200 页。
⑦ 张继禹主编《中华道藏》第 3 册,华夏出版社,2014 年,第 785 页。
⑧ 张继禹主编《中华道藏》第 4 册,华夏出版社,2014 年,第 167 页。
⑨ 张继禹主编《中华道藏》第 4 册,华夏出版社,2014 年,第 168 页。

水司建王之时,故一切水官主当校录。又三元者,元本也。但此上三官,为万物之行本,故曰三元"。① 由上可见,唐朝是三元与三官完全结合在一起的关键时期,且形成了正月十五上元日天官考校功过、七月十五中元日地官考校功过、十月十五下元日水官考校功过的信仰文化形态。

宋朝的《预修黄箓谢恩醮仪》中,已称"三元三官帝君",②《三官醮仪》中,天官称上元一品天官大帝君,地官称中元二品地官大帝君,水官称下元三品水官大帝君,"真都元阳七宝紫微宫总主上真自然大圣上元一品赐福天官大帝君,中元太阳洞曜元君二品赦罪地官元虚洞灵大帝君,下元金灵洞阴大帝三品解厄水官洞真太皇元光大帝君"。③ 又如"上启三官大帝"④"臣向来所启,速达倥御太上无极大道三元三官大帝御前"。⑤ 另外在《上清灵宝大法》中也有多处三官帝君的称谓,如卷十《谢过仪》"天地水三官帝君",⑥卷十九"上启天地水三官帝君",⑦卷五《朝元人靖品》"北斗七元星君,天地水三官大帝"⑧等。

宋朝的经文将上中下三界与三元、三官联系起来,如《上清灵宝大法》卷五《三界宫曹品》中"上界,上元天官宫。上元九府,三十六曹三宫。中界,中元地官宫。中元九府,共四十二曹三宫。下界,下元水官宫,下元三宫九府四十二曹"。⑨ 在此,将上中下三界与上中下三元以及天、地、水三官联系在一起。在福建、台湾地区调查时,三官被称为"三界公"。由《三界宫曹品》来看,三界、三元、三官的互称可能是三官被称为三界公的基础。

宋朝经文中,还有对三会日、三元日进行解释的,如《上清灵宝大法》卷九中指出三会日是三官考检功过,到三元日三官进奏上官:"三元:正月十五日,七月十五日,十月十五日。天地水三官,二十七府,百二十曹,凡三会日考校罪福,三元日奏御上宫。可以行道建斋,修身谢过。三会:正月七日举迁赏会,七月七日庆生中会,十月五日建生大会。三会上,三官考严功过,三魂攒送生人善恶,又谓

① 张继禹主编《中华道藏》第4册,华夏出版社,2014年,第168页。
② 张继禹主编《中华道藏》第40册,华夏出版社,2014年,第120页。
③ 张继禹主编《中华道藏》第40册,华夏出版社,2014年,第122页。
④ 张继禹主编《中华道藏》第40册,华夏出版社,2014年,第122页。
⑤ 张继禹主编《中华道藏》第40册,华夏出版社,2014年,第122页。
⑥ 张继禹主编《中华道藏》第33册,华夏出版社,2014年,第220页。
⑦ 张继禹主编《中华道藏》第33册,华夏出版社,2014年,第320页。
⑧ 张继禹主编《中华道藏》第33册,华夏出版社,2014年,第200页。
⑨ 张继禹主编《中华道藏》第33册,华夏出版社,2014年,第200页。

之三魂会日。"①

综上可见，到宋朝时，三官的名称、三元日等完全固定下来，在之后各个时期，三官的名称、三元日几乎没有发生变化。

3. 三官文化功能的变化

三官作为人们崇拜的对象，信众看重的是其解除人间痛苦的功能。最早的功能在于治病，早期道教认为生病的原因是人们做了不该做的事情，所以会以"三官手书"为中心，为信众治病。之后进一步发展，直到出现天官赐福、地官赦罪、水官解厄为止。

南北朝时期南朝刘宋道士陆修静的《洞玄灵宝五感文》中，有三元斋，"学士一年三过，自谢涉学犯戒之罪。法以正月、七月、十月，皆用月半日，一日三时沐浴，三时行道，于斋堂中礼谢二十一方也"。② 继承了三官手书中的"服罪之意"，并提出自谢罪过，分别在正月十五、七月十五、十月十五时进行。另外在刘宋太极太虚真人编撰的《洞玄灵宝道学科仪》中有上元斋合药修仙、中元斋修身谢过、下元斋拔救九祖，有上元六直斋、中元请七十二君斋、下元三十二天斋，有三元斋谢过。可见也专注于修身谢过。

唐朝杜光庭《太上黄箓斋仪》的《投龙璧仪》"请投玉简，乞削罪名"，③"祈恩谢罪，请福消灾"。④ 这时的功能在于削罪、谢罪、请福消灾。

到了宋朝，三官各自的功能开始定型，《灵宝领教济度金书》的《三官醮仪》中，提到了上元一品赐福天官大帝君、中元二品赦罪地官大帝君、下元三品解厄水官大帝君。在《太上三洞表文》的《三官表》中强调了三官的功能，"上元赐福天官，中元赦罪地官，下元解厄水官"，⑤即天官赐福、地官赦罪、水官解厄。但是，还有一种可能是尽管三官的功能呈现定型的趋势，但是强调"消愆灭罪"的功能仍与赐福、赦罪、解厄三大功能并行于世，如《太上灵宝三元三官消愆灭罪忏》包括上元天官消愆灭罪忏、中元地官消愆灭罪忏、下元水官消愆灭罪忏三个部分。

元朝的《太上洞神三元妙本福寿真经》内有《开明三景章》《天官诚运章》《地官厚本章》《水官归元章》《三元体妙章》《三元慈誓章》共六章。该经"原不题撰

---

① 张继禹主编《中华道藏》第33册，华夏出版社，2014年，第210页。
② 张继禹主编《中华道藏》第8册，华夏出版社，2014年，第562页。
③ 张继禹主编《中华道藏》第43册，华夏出版社，2014年，第315页。
④ 张继禹主编《中华道藏》第43册，华夏出版社，2014年，第315页。
⑤ 张继禹主编《中华道藏》第44册，华夏出版社，2014年，第521页。

人。据后序称,系元代道士苗善时据古本改编,书成于泰定元年(1324)"。① 《开明三景章》解释三官管理人间一切事务的原因;《天官诚运章》《地官厚本章》《水官归元章》分别阐述天地水三官所考校的范围;《三元体妙章》讲述三元三官能够释一切罪厄,消除一切灾难;《三元慈誓章》则阐述诵经的不可思议的功德。

另有《元始天尊说三官宝号经》,约出于宋元时期,作者不详,我们以可能出现的最后下限元朝为准。经中指出老百姓可能会经历各种厄运和灾难,"下界人民,或有水火刀兵,疾病生产,鬼魅精邪,天罗地网,一切厄难,何由救免"?② 元朝时,三官经文的内容中不再仅仅针对自身的罪过,进一步扩大为世间所有的来自内在的与外在的痛苦。

如果说《元始天尊说三官宝号经》强调消一切厄难,那么明朝时的《太上三元赐福赦罪解厄消灾延生保命妙经》则将厄难具体化。至此,信众面临的一切困难都在经文中具体化。也因此在后世的流传中,该经比较少发生变化。

明朝《天皇至道太清玉册》中的《朝修吉辰章》延续了天官赐福、地官赦罪、水官解厄的功能,"正月十四日,三官下降。十五日,上元节,天官赐福之,混元上德皇帝降现,西斗帝君下降,天地水三官,朝天翊圣保德真君降,十八日,三元内奏之辰",③"七月十一日,消灾解厄天尊下降。十五日,中元地官赦罪之辰,天真乾元之节,其日十令威真人救母于北酆,是日奉道者设坛,令道士设坛,令道士建醮,荐拔相称,上升天界",④"十月十一,消灾解厄天尊下。十五日,下元日,可行道建斋,修身谢过,九江水帝。十二河源溪谷大神与旸谷神王、水府灵官同下人间,校定罪福,下元水官下降检察善恶事,西斗下降"。⑤

可见,三官功能有着相应的发展演变过程,有两条线,一是:东汉服罪治病—魏晋南北朝的自谢罪过—唐时的谢罪请福—宋时的赐福、赦罪、解厄—明时的赐福、赦罪、解厄,二是:东汉服罪治病—魏晋南北朝的自谢罪过—唐时的谢罪请福—宋时的消愆灭罪。两条线的共同点在于从服罪治病向道德约束转变,对厄难的描述从抽象走向具体。

---

① 张继禹主编《中华道藏》第 6 册,华夏出版社,2014 年,第 235 页。
② 张继禹主编《中华道藏》第 6 册,华夏出版社,2014 年,第 235 页。
③ 张继禹主编《中华道藏》第 28 册,华夏出版社,2014 年,第 740 页。
④ 张继禹主编《中华道藏》第 28 册,华夏出版社,2014 年,第 743 页。
⑤ 张继禹主编《中华道藏》第 28 册,华夏出版社,2014 年,第 745 页。

二、从史书看三官文化的发生、发展与演变

在史书①中，三元有多种用法，如历法、道教、科举等，②"三元在历法中应用逐渐广泛，到东晋时，已经被借用到道教中"，③与三官合称。本书是以道教的三元为中心，其他用法不是关注的重点。在各个朝代的史书中大多有对三官文化的记录，将这些记录集中起来会发现三点：一是统治阶层对于三官文化态度的发展变化；二是三元节节日的发展变化；三是三官宫观、画像的发生发展。

1. 统治阶层对于三官文化态度的发展变化

一般来说，讲到三官文化的源头，基本都会引用《典略》中关于张修、张鲁的"三官手书"来进行说明：

> 《典略》曰：光和中，汉中有张修。修为五斗米道。修法略与角同，加施静室，使病者处其中思过。为鬼吏，主为病者请祷。请祷之法，书病人姓名，说服罪之意。作三通。其一上之天，著山上，其一埋之地，其一沉之水，谓之三官手书。使病者家出米五斗以为常，故号曰五斗米师。实无益于治病，但为淫妄，然小人昏愚，兢共事之。④

该材料一方面记录了"三官手书"，另一方面也表现了《典略》作者鱼豢对"三官手书"的观点。鱼豢，三国时人，在当时的魏国任郎中，是京兆（今陕西西安）人。他认为这种"著山、埋地、沉水"根本不能治病，是一种荒诞的行为，不过老百姓不懂这些，他们虔诚地对待这一仪式。他的表述有可能代表了当时官员的观点。另外《三国志》的作者陈寿、《后汉书》的作者范晔在撰写张鲁的传记时都引用了该资料。可以看出，两位作者是认同《典略》作者鱼豢对三官文化的态度的。陈寿是西晋史学家，蜀汉时为观阁凌史，入晋，历任著作郎、治书侍御史。⑤ 范晔是南朝刘宋时人，曾为宣城太守、左卫将军、太子詹事。⑥ 两位均是朝廷的官员，从他们对鱼豢观点的认可，可见当时不同地区的部分官员对于三官文化的态度

---

① 这里的史书是指二十五史，以二十五史为中心，来看三官文化的发展变化。
② 范诚凤主编，雷伟平、张振国《三元文化研究》，上海文艺出版社，2010 年，第 15－16 页。
③ 范诚凤主编，雷伟平、张振国《三元文化研究》，上海文艺出版社，2010 年，第 16 页。
④ （西晋）陈寿《三国志·魏书》卷 8，《张鲁传》引《典略》，中华书局，1982 年，第 264 页。
⑤ 陈振鹏、章培恒主编《古文鉴赏辞典》（上），上海辞书出版社，2014 年，第 513 页。
⑥ 陈振鹏、章培恒主编《古文鉴赏辞典》（上），上海辞书出版社，2014 年，第 603 页。

基本上是一致的。

不过当时还有一些官员接受了三官文化。如汉献帝建安六年(201),任时称交州(即今越南)刺史的张津,"好鬼神事,常著绛帕头巾,鼓琴烧香,读道书"。① 绛巾是天师道的标志,可见张津所信仰的是天师道。②

由上可知,在东汉末期,三官文化不可能得到当权者的认可,之后的魏晋南北朝时期,随着道教的贵族化,统治阶层中官员对三官文化的态度还有争议,有接受也有拒绝的。

由前述,三元、三官至迟在东晋时期互称,因此,到唐朝时,文献中出现的三元日与三元斋中的三元多是指三官,如"三元斋:正月十五日天官,为上元;七月十五日地官,为中元;十月十五日水官,为下元"。③ 这则材料出自《唐六典》,该文献是唐玄宗时期官修的我国现有的第一部行政法典,内容包含官制源流,时间从唐初到开元时期。其中对三元斋的阐述体现了唐时统治阶层对三官文化接受的态度。正因为如此,出现了少数民族政权与唐政府启请天、地、水三官以盟誓的政治事件,"《与中国誓文》,贞元十年(公元794年)岁次甲戌正月乙亥五日己卯,云南诏异牟寻及清平官大军将与剑南西川节度使巡官崔佐时,谨诣点苍山北上请天地水三官、五岳四渎,及管内川谷诸神灵,同请降临,永为证据。右:异牟寻乃祖乃父,忠赤附汉"。④ 这不仅说明三官文化已经为统治者所接纳,还体现了少数民族对三官文化的认同。再看唐朝史书,上元降福,三元日放假、断屠、诵经等规定都说明了三官文化在唐朝得到了统治者的支持。

宋朝时政府规定了祭祀三官时的仪式:

《政和新仪》:"立春日祀东太一宫;立夏、季夏土王日祀中太一宫。立秋日祀西太一宫。立冬日祀中太一宫,三皇、五方帝、天地水三官、五行等,并为从祀。"⑤

《政和五礼新仪》中规定祭祀三官时所使用的祭器以及数量:"凡从祀祭器之数天地水三官九曜,每位笾八,豆八,簠一,簋一,爵一。"⑥"前祀一日有司帅其属

---

① 宇汝松《道教南传越南研究》,齐鲁书社,2017年,第60页。
② 宇汝松《道教南传越南研究》,齐鲁书社,2017年,第61页。
③ (唐)张九龄等原著,袁文兴、潘寅生主编《唐六典全译》,甘肃人民出版社,1997年,第153页。
④《续修四库全书》,集部,第1650册,《全唐文》卷999,上海古籍出版社,1995年,第656页。
⑤ (元)脱脱《宋史》卷103,志第56,礼志六·吉礼六·朝日夕月。
⑥ (宋)郑居中《政和五礼新仪》卷5,清文渊阁四库全书本。

扫除宫之内外,光禄设礼馔于殿之东南,南向,太常设省馔供版于礼馔之南,献官在南北向,分献官位其后,西上,监察御史在西东向,光禄卿奉礼郎,太祝太官令在东西向,北上。凡奉礼以下位皆稍却祀日,丑前五刻,礼直官赞者诸司职掌各服,其服太常,设币筐,各于神位之左。立春日币以青,立夏日币以赤,立秋日币以白,立冬日币以黑。祝版于五福太一神位之右,置于坫次,设祭器。天地水三官九曜每位左八笾,为三行,以右为上。第一行形盐在前,梨次之,第二行榛实在前,干桃干藤次之,第三行干枣在前,芡栗次之。右八豆,为三行,以左为上。第一行芹菹在前,笋菹次之,第二行葵菹在前,菁菹松脯次之,第三行荐脯在前,瓜蕰酱次之。"①这是宋廷对祭祀天地水三官时的仪式做出的详细规定。

明朝时期成化年间皇家敕建的大慈延福宫是明政府对三官文化的认同与传承。大慈延福宫亦称三官庙,建造于成化十七年(1481),主祀天地水三官,明宪宗为其撰写碑文,明武宗赐封该庙住持严天容为真人。② 明宪宗当时御制的碑文为《御制大慈延福宫碑》,该碑刻于"成化十八年十月初六日"③,其中有"朕闻有天地水三界之名,即有天、地、水三元"。④ 大慈延福宫地位之所以非同一般,还与宪宗皇帝的母亲有关,孝宗(弘治)"命户部以近赐大慈延福宫地六百余顷,召民佃种。先是上以宫为太皇太后所建,因赐地为香火田。既而科道有言,太皇太后亦自以为不可,遂有此命"。⑤ 孝宗因为它是太皇太后所建,赐地六百多顷以供香火。到弘治十年,孝宗再次赐地一百五十顷,"命以昌平县庄地赐大慈延福宫,凡一百五十顷"。⑥ 皇家对三官的膜拜,带动了三官庙宇宫观的建造,明成化以后,各地开始建造三官庙,庙宇的数量与统治阶层对三官文化的接纳以及皇家建庙正相关。

到清朝时期,三官文化进一步发展,首先延续了皇家对三官文化的认同。沈阳三官庙是重要的认同空间。该庙建于明代,在万历丙戌年(1586)重修立碑,此后成为沈阳城中较有名气的庙宇。三官庙正殿供奉天、地、水三官。⑦ 天命九年

① (宋)郑居中《政和五礼新仪》卷5,清文渊阁四库全书本。
② 田瑾《大慈延福宫述略》,《中国道教》,2001年第3期,第57页。
③ 田瑾《大慈延福宫述略》,《中国道教》,2001年第3期,第57页。
④ 田瑾《大慈延福宫述略》,《中国道教》,2001年第3期,第57页。
⑤ 《大明实录》,《大明孝宗敬皇帝实录》卷9,弘治元年正月。
⑥ 《大明实录》,《大明孝宗敬皇帝实录》卷129,弘治十年九月。
⑦ 王丽《论清初盛京"皇家道院"三官庙》,《中国紫禁城学会论文集》(第八辑)(下),故宫出版社,2014年,第612页。

(1624)，努尔哈赤决定迁都沈阳，之后在三官庙北侧创建盛京宫殿，后清太宗皇太极在拓建宫殿时，避开寺庙，在其西北侧及南侧，续建了崇政殿、凤凰楼、大清门及文德坊、武功坊等建筑。这样，三官庙被包围在皇宫区域内，从此成为非常特殊的道院，隐藏于皇家建筑群中。① 由此，三官庙成为"皇家道院"。在努尔哈赤创建盛京宫殿、皇太极扩建宫殿时没有拆除三官庙，而是将其包围其中，是对三官文化的认同。以后各朝延续了这一认同，"顺治九年和十四年，世祖曾两次降旨重修庙院，增道士、置钟磬，并且为其立碑，颂扬保佑大清江山的功绩。康熙十年，圣祖驾幸庙中，赐银千两。康熙二十一年，驾庙幸焉，御书'昭格'二字匾额，恭悬大殿，并赐名三官庙为'景祐宫'。据其碑文所说：'大清门东三官庙，尤神，最显赫，而及民功德为最著者。盖神既佑民以福国，则国必崇祀以报神'"。②

其次延续了在唐朝时期启请天地水三官盟誓的政治互信功能，"太宗崩后五日，睿亲王多尔衮诣三官庙，召索尼议册立。索尼与谭泰、图赖、巩阿岱、锡翰、鄂拜盟于三官庙，誓辅幼主，六人如一体"。③ 清政府要员在新旧皇帝更替的紧要关头，选择在三官庙盟誓，说明当时清政府对三官文化有着很高的认同度。

再次，清政府祠祭制度规定在求雨时，要在三官庙行香、祈祷。如在康熙朝："祈祷雨雪：凡祈雨，礼部题请行顺天府设坛于真武庙，又诣东岳庙、城隍庙、三官庙、关帝庙四处行香，祈祷三日，王以下各官及民间俱致斋，不理刑名，不宰牲。部院各官素服办事，闲散官素服照常上朝。二十年题准，礼部堂官，分诣真武庙、东岳庙、城隍庙、三官庙、关帝庙五处，同顺天府官率领僧道熏坛一日、祈祷三日，斋戒禁例，俱照前行。"④在雍正朝："凡祈雨，定例礼部题请，行顺天府设坛于真武庙，又诣东岳庙、城隍庙、三官庙、关帝庙四处行香，祈祷三日，王以下各官及民间俱致斋，不理刑名、不宰牲，部院各官，素服办事；闲散官，素服，照常上朝。"⑤到嘉庆朝亦是如此，"奉旨祭黑龙潭，龙神祠及饬僧道诣显佑宫、东岳庙、城隍庙、三官庙、关帝庙诵经，得雨均行报祀"。⑥ 光绪朝与嘉庆朝祈雨的仪式相

---

① 王丽《论清初盛京"皇家道院"三官庙》，《中国紫禁城学会论文集》（第八辑）（下），故宫出版社，2014 年，第 613 页。

② 王丽《论清初盛京"皇家道院"三官庙》，《中国紫禁城学会论文集》（第八辑）下，故宫出版社，2014 年，第 613 页。

③ 赵尔巽《清史稿》卷 249，列传第 36。

④《清会典》，康熙朝，《大清会典一》卷 71，礼部·祠祭清吏司，祈祷雨雪。

⑤《清会典》，雍正朝，《大清会典二》卷 102，礼部·祠祭清吏司，祈祷雨雪。

⑥《清会典》，嘉庆朝，《钦定大清会典二》卷 28，礼部·祠祭清吏司一。

同,也要到三官庙诵经:"祈雨,三坛、社稷坛,雨均报祀;如未及,常雩,奏请于关帝庙、城隍等庙祈祷;或奉旨祭黑龙潭、龙神祠,及饬僧道诣显佑宫、东岳庙、城隍庙、三官庙、关帝庙诵经,得雨均行报祀。"①由此可见,三官崇拜在清政府较为盛行。

最后,清政府对三官庙的管理。对三官庙的管理体现在清朝的各个时期,尤以乾隆时期为代表,"谕:朝阳门内之三官庙,现已□旧,其中闲房多有赁给商民居住者,着交内务府、提督衙门会同礼部查办,其京城内所有官管各庙,如有似此者,着一并查明办理"。② 朝阳门内的三官庙,年久失修,有些闲置空房被出租给商民居住,这一出租行为是不被允许的。还有为匪徒所破坏者,"谕:临清旧城房屋,经贼焚毁者甚多,其大寺则为逆匪王经隆梵伟等所占,自亦不免残破,因忆旧城河西岸有三官庙,皇祖赐额无为观。旧城三官庙,大殿、后殿并御书扁对,均已被毁。现俱购料照式兴修"。③ 可见,在三官庙被毁损后,乾隆要求对三官庙进行重新修缮。由此可知,清朝统治者对三官文化有一定的重视度。

清时三官庙一直得到政府的重视,并屡屡出现在政府的相关文献中。在清政府崇敬三官的背景下,三官文化得到了空前的发展。也是到了清朝,三官文化才遍布全国,几乎村村镇镇都有三官庙宇宫观。

在1911年辛亥革命后,1928年,当时的国民党政府颁布《神祠存废标准》,三官文化因其道教属性成为可保存的神明之一。④

从政府层面看,三官文化经历了东汉时期的不认同,到唐朝时在政府的支持下呈现多方面发展的局面,宋时规定了祭祀三官的仪式,到明朝时在皇家建庙的影响下,多地开始建造三官庙宇宫观。清朝时随着清政府对三官的进一步认同,三官文化呈现兴盛的局面。在此,三官文化的时间谱系,呈现出从东汉的不认同到唐朝、宋朝、明朝、清朝认同的态势,到1911年辛亥革命后,当时的政府对三官神明有一定的容忍度,允许其存在。

2. 三元节节日的发展变化

三元指称三官至迟在东晋时期,二者结合称为三元三官。本书关注二者结合后的三元三官,即以天地水为中心的三元三官,三元节则是三官的生日,即正

---

① 《清会典》,光绪朝,《钦定大清会典三》卷35,礼部·祠祭清吏司一。
② 《清实录》,《大清高宗纯皇帝实录》,乾隆三十五年三月上。
③ 《清实录》,《大清高宗纯皇帝实录》,乾隆三十九年十一月下。
④ 《中华民国史档案资料汇编》(第5辑第1编),江苏古籍出版社,1994年,第495-503页。

月十五上元天官、七月十五中元地官、十月十五下元水官。

唐朝三元节的内容最为丰富，当时称为三元日、三元斋，一般都是指"正月十五日天官，为上元；七月十五日地官，为中元；十月十五日水官，为下元"，①而且唐朝关于三元日的规定对后世三元节俗产生深远影响。首先，在皇帝、官员创作的文章中，会提到上元降福、中元校戒、下元大庆等关键词，如李渊的《答太宗陈让表手诰》"上元降福，神器安宁"，②张说的《贺彩云见状》"上元降福，感而遂通"，③李商隐的《为马懿公郡夫人王氏黄箓斋第三文》"今谨因中元大庆之辰，地官校箓之日，辄于灵地，敢献微诚"，④《为马懿公郡夫人王氏黄箓斋第二文》"因下元大庆之日，水官校籍之辰，稽首求哀"。⑤ 从李渊、张说、李商隐的行文中，可见唐朝上中下三元分别形成了一定的节日习俗，而且这些习俗得到了从皇帝到官员的认可。在上元节时，唐朝政府下《许百官游宴诏》"属献岁芳春，上元望日，既当行庆之序式，广在镐之恩"，⑥将上元望日的活动推向高潮，上元望日允许百官游玩。

其次，三元日活动的规定趋于具体化。三元日要修金录、明真等斋，如"凡三元诸斋日，修金录、明真等斋"。⑦ 礼部规定："凡道观三元日、千秋节，凡修金录、明真等斋及僧寺别敕设斋，应行道官给料。"⑧三元日修金录斋、明真斋等，所需费用全由官方供给。唐玄宗在《追尊元元皇帝父母并加谥远祖制》中指出，"自今以后，每至三元日，宜令崇玄馆学士讲《道德》《南华》等诸经，群公百辟，咸就观礼"。⑨ 玄宗时提出在三元日，要宣讲《道德》《南华》等经。唐玄宗还对三元日

---

① （唐）张九龄等原著，袁文兴、潘寅生主编《唐六典全译》，甘肃人民出版社，1997年，第153页。
② 《续修四库全书》，集部，第1634册，《全唐文》卷3，高祖（三），上海古籍出版社，1995年，第122页。
③ 《续修四库全书》，集部，第1637册，《全唐文》卷224，张说（四），上海古籍出版社，1995年，第526页。
④ 《续修四库全书》，集部，1647册，《全唐文》卷780，李商隐（十），上海古籍出版社，1995年，第250页。
⑤ 《续修四库全书》，集部，1647册，《全唐文》卷780，李商隐（十），上海古籍出版社，1995年，第250页。
⑥ 《续修四库全书》，集部，第1634册，《全唐文》卷33，元宗（十四），上海古籍出版社，1995年，第486页。
⑦ （后晋）刘昫《旧唐书》卷43，志第23，职官二。
⑧ （唐）张九龄等原著，袁文兴、潘寅生主编《唐六典全译》，甘肃人民出版社，1997年，第153页。
⑨ 《续修四库全书》，集部，第1634册，《全唐文》卷24，元宗（五），上海古籍出版社，1995年，第390页。

"断屠"做出了规定："道家三元,诚有科诫,朕尝精意,祷亦久矣,而初未蒙福,念不在兹。自今以后,两都及天下诸州,每年正月、七月、十月元日起,十三至十五,兼宜禁断。"①"三元日,非供祠不采鱼"。② 到唐武宗时,继续强调"断屠",在《除斋月断屠敕》中这样规定："正月以万物生植之初,宜断三日,列圣忌断一日,仍准开元二十二年敕三元日各断三日,余月不禁。"③还有在三元日,可以赦免一些罪犯,如宣宗时,"乘此三元之庆,宜宏肆眚之恩,可大赦天下。唯十恶叛逆故杀人官典犯赃,不在此限"。④ 可见,三元日的活动及规定有官方出资修斋、讲经、断屠、非供祠不采鱼、有条件地赦免罪犯等。

上中下三元日到宋朝时称为上中下三元节。在宋太祖下诏编写的《旧五代史》中,已将上元日、中元日称为上元节、中元节,"是日上元节,六街诸寺燃灯,御乾明门观之,夜半还宫",⑤"法云寺里中元节,又是官家降诞辰"。⑥ 在《宋史》中,多称为"上中下三元节":"太祖建隆二年(961)上元节,御明德门楼观灯,召宰相、枢密、宣徽、三司使、端明、翰林、枢密直学士、两省五品以上官、见任前任节度观察使饮宴,江南、吴越朝贡使预焉。四夷蕃客列坐楼下,赐酒食劳之,夜分而罢。"⑦"雍熙五年(988)上元节,不观灯,躬耕籍田故也。后凡遇用兵及灾变、诸臣之丧,皆罢。"⑧"至道元年(995)上元节,京城张灯。"⑨"真宗二年(999)上元节,赐明提钱,令与占城、大食使观灯宴饮,因遣工部员外郎邵晔充国信使。"⑩"仁宗天圣二年(1024),明年上元节,乃朝谒景灵上清宫、启圣院、相国寺,还御正阳门,宴从官,观灯。次日,太后召命妇临观。及春秋大宴,岁为常。"⑪也有称为上元

---

① 《续修四库全书》,集部,第 1634 册,《全唐文》卷 35,元宗(十六),上海古籍出版社,1995 年,第 512 页。

② 《二十五史·新唐书》卷 48,志第 38,上海古籍出版社、上海书店,1986 年,第 4266 页。

③ 《续修四库全书》,集部,1635 册,《全唐文》卷 77,武宗(二),上海古籍出版社,1995 年,第 300 页。

④ 《续修四库全书》,集部,1635 册,《全唐文》卷 82,宣宗(四),上海古籍出版社,1995 年,第 363 页。

⑤ (宋)薛居正《旧五代史·晋书》卷 80,高祖纪第六。

⑥ (宋)薛居正《旧五代史·僭伪列传第三》卷 136,《孟知祥传附昶传》。

⑦ (元)脱脱《宋史》卷 113,志第 66。

⑧ (元)脱脱《宋史》卷 113,志第 66。

⑨ (元)脱脱《宋史》卷 470,列传第 229。

⑩ (元)脱脱《宋史》卷 488,列传第 247。

⑪ (元)脱脱《宋史》卷 113,志第 66。

日的,如"会上元日张灯,士民扶老携幼,往来不绝",①但是称为上元日的比较少见。中元节与下元节亦是如此,"太平兴国二年(977)七月中元节,御东角楼观灯,赐从官宴饮。后凡遇用兵及灾变、诸臣之丧,皆罢",②"太平兴国五年(980)十月下元节,依中元例,张灯三夜。后凡遇用兵及灾变、诸臣之丧,皆罢"。③ 哲宗时,元祐元年(1086)"旧制,车驾上元节以十一日诣兴国寺、启圣院,朝谒太祖、太宗、神宗神御,下元节诣景灵宫朝拜天兴殿,朝谒真宗、仁宗、英宗神御"。④ 多称中元下元节,较少见到中元、下元日。在上述这些材料中,再现了唐朝三元日的盛况,三元节观灯宴饮,已成惯例。在遇到兵变、灾难、丧事的时候也会禁止观灯宴饮。"淳化元年(990)六月丙午,罢中元、下元张灯"。⑤ 另外,上元节时会在宫中烧香,如"政和六年(1116)正月七日,御笔:'今岁闰余候晚,犹未春和。暑短气寒,于宴集无舒缓之乐。景灵宫朝献,移十四日东宫、十五日西宫,毕,诣上清储祥宫烧香。十六日诣醴泉观等处烧香。上元节移于闰正月十四日为始'",⑥再现了皇家对于三元节的认同与重视。

宋朝对一年中的四次祭祀做出规定,将中元、下元纳入其中,即神宗时,元丰五年(1082)"诏自今朝献孟春用十一日,孟夏择日,孟秋用中元日,孟冬用下元日,天子常服行事",⑦使得中元与下元成为朝廷祭祀系统中非常重要的两个日子。

另外宋朝也继承并发展了唐朝三元日断屠的规定,即"淳化二年(991)三元日,上元天官,中元地官,下元水官,各主录人之善恶。皆不可以断极刑事",⑧强调三元日不可以有杀伐。

由此,宋朝一是继承了唐朝三元日的盛况,二是将三元日改为三元节,三是将中元、下元纳入朝廷的祭祀系统,最后继承并发展了唐朝三元日断屠的规定,强调不可杀伐。

---

① (元)脱脱《宋史》卷430,列传第189。
② (元)脱脱《宋史》卷113,志第66。
③ (元)脱脱《宋史》卷113,志第66。
④ (元)脱脱《宋史》卷109,志第62。
⑤ (元)脱脱《宋史》卷5,本纪第5。
⑥ (元)脱脱《宋史》卷113,志第66。
⑦ (元)脱脱《宋史》卷109,志第62。
⑧ (元)脱脱《宋史》卷461,列传第220,方技传上·苗训传附子守信传。

在辽、金的文献中也有关于中元的记载："七月十五日中元,动汉乐,大宴"。① "金因辽旧俗,以重五、中元、重九日行拜天之礼。"② "重五于鞠场,中元于内殿,重九于都城外。"③ 有文化认同的成分,也有与自我文化融合的成分,即认同中元之祭。

在元朝的正史中尚未搜集到关于上中下三元的资料。而到了明朝,上元、中元有所继承,"成祖七年春正月癸丑,赐百官上元节假十日,著为令"。④ 同时又出现一些新的变化,假期增多到十天。除此之外,还有停止上元节活动的,如明孝宗时,"减供御品物,罢明年上元灯火,四年(1491)春正月癸未,以修省罢上元节假。冬十月丙寅,以灾伤罢明年上元灯火。丁亥,敕群臣修省,求直言,罢明年上元灯火。冬十月癸卯,罢明年上元灯火。冬十一月甲戌,罢营造器物及明年上元烟火"。⑤ 以各种原因停止上元节的活动,与当时的社会现状有关。

明朝继承了宋时期的朝廷祭祀,对宗庙之祭做出规定,即"洪武元年定宗庙之祭。每岁四孟及岁除,凡五享。二年定时享之制,春以清明,夏以端午,秋以中元,冬以冬至,岁除如旧"。⑥ 与宋朝相比,四时之祭中包括中元与下元,而明朝只保留了中元,下元已经为冬至所代替,如洪武时"每岁正旦、清明、中元、冬至及每月朔望,本署官供祭行礼。清明、中元、冬至,俱祭祀。懿文太子陵在孝陵左,四孟、清明、中元、冬至、岁暮及忌辰,凡九祭。凡清明、中元、冬至,俱分遣驸马都尉行礼,文武官陪祭。恭让章皇后陵,清明、中元、冬至、忌辰内官行礼"。⑦ "永乐三年(1405)以中山王勋德第一,又命正旦、清明、中元、孟冬、冬至遣太常寺官祭于大功坊之家庙,牲用少牢"。⑧ "嘉靖十四年(1535)定内殿之祭并礼仪,清明、中元、圣诞、冬至、正旦,有祝文,乐如宴乐"。⑨ 如此,中元成为明政府每年秋季祭陵时的重要日子。

明朝时,下元节已经不在官方的史书中出现,更多的是上元与中元,且中元

① (元)脱脱《辽史》卷53,志第22,礼志六·嘉仪条下。
② (元)脱脱《金史》卷35,志第16,礼志八·拜天条。
③ (元)脱脱《金史》卷35,志第16,礼志八·拜天条。
④ (清)张廷玉《明史》卷6,本纪第6,成祖二。
⑤ (清)张廷玉《明史》卷15,本纪第15。
⑥ (清)张廷玉《明史》卷51,志第27。
⑦ (清)张廷玉《明史》卷60,志第36,礼志十四·凶礼三·谒祭陵庙条
⑧ (清)张廷玉《明史》卷50,志第26,礼志四·吉礼四·功臣庙条
⑨ (清)张廷玉《明史》卷52,志第28。

成为朝廷祭祀中重要的部分之一。

清朝三元节的发展,一方面延续了前朝的节日活动,如"上元节,赐廷臣宴,观灯,用柏梁体赋诗"。① 同时上元成为平常节日,"唯立春、上元、四月八日、端阳、重阳皆寻常节,国忌、清明、霜降、十月朔属哀慕期,亲祭,不赞礼、作乐"。② 也出现不同的声音,"上元夜,赐诸王大臣观烟火,慎修上疏谏,以为玩物丧志",③"疏请酌减上元灯火声乐,略言:'人君一日万几,一有暇逸之心,即启怠荒之渐。每岁上元前后,灯火声乐,日有进御,愿酌量裁减,豫养清明之体'"。④ 有些官员认为上元节的活动玩物丧志、铺张浪费,他们上奏皇帝,希望能够改变这种情况。还有表现民族间文化认同的阐述:"三十六年春正月,谕曰:'时当上元令节,众蒙古及投诚厄鲁特等齐集畅春园,适阿南达疏至,众皆喜悦,尔独居边塞,不得在朕左右,故以疏示,并问尔无恙,即如与尔相见也。'"⑤

中元节延续了明朝的祭祀活动,皇太极时,"崇德元年(1636),建太庙成,凡四孟时飨,每月荐新,圣诞、忌辰、清明、中元、岁暮俱致祭。七月朔,秋祭太庙、四祖庙,中元祭陵,并用牛、羊。岁以清明、中元、冬至、岁暮为四大祭。是后清明、中元、冬至、忌辰遣王公致祭,饼果增至六十五器"。⑥ 中元为四大祭之一。"四月八日、七月望日陈素果。月荐新,帝亲献"。⑦ 中元节在清朝的正史中已经成为一个祭祀祖先的日子,是对明朝时期中元祭祀的继承。

由此可见,从唐朝到清朝,三元节成为主流。至清时上元节活动过于繁华,遭到一些官员的反对;中元节已成为每年祭祀祖先的重要日子之一;明朝以后下元节已经不见于正史中。

3. 三官宫观、画像的发生发展

三官宫观、画像是三官文化非常重要的指代符号。三官文化能够历经近两千年的时间,这两个要素起着重要的基础性作用。

首先看三官宫观的发展演变。据唐玄宗时期的文献《唐六典》载:"凡天下观总一千六百八十七所(一千一百三十七所道士,五百五十所女道士)。斋有七名:

---

① 赵尔巽等《清史稿》卷7,本纪第7,圣祖本纪二。
② 赵尔巽等《清史稿》卷85,志第60,礼志四·吉礼四·奉先殿条。
③ 赵尔巽等《清史稿》卷306,列传第93,《李慎修传》。
④ 赵尔巽等《清史稿》卷306,列传第93,《仲永檀传》。
⑤ 赵尔巽等《清史稿》卷281,列传第68,《费扬古传》。
⑥ 赵尔巽等《清史稿》卷86,志第61。
⑦ 赵尔巽等《清史稿》卷85,志第60。

其一曰金录大斋,其二曰黄录斋,其三曰明真斋,其四曰三元斋(正月十五日天官,为上元;七月十五日地官,为中元;十月十五日水官,为下元,皆法身自忏愆罪焉)。"①这些道观都会做"三元斋","凡道观三元日、千秋节日,凡修金录、明真等斋及僧寺别敕设斋,应行道官给料",②而且道观在三元日修金录、明真等斋,是由官方出资的。这里注意到既然每个道观都会修三元斋,那么这一千六百八十七所道观中,应该有主祀或配祀三官的,"明皇朝,崇尚玄元圣主之教,故以道举入仕者,岁岁有之。诏天下州府立紫极宫,度道流,为三元朝醮之会,长安重建太清宫,琢玉石为玄元皇帝真像"。③ 可能在紫极宫、太清宫有三官的供奉。据统计,在唐朝约有 7 座三官庙宇宫观。宋朝时也有三官的神圣空间,据《文献通考》"诏择地建泰一宫,先是命礼官考典故,十月癸卯上之曰:吴分苏州,请建宫,都城东南苏村以应,苏台之名乃建东泰一宫。八年宫成,合千一百区,凡十殿,四廊,图三皇五帝、九曜七元、天地水三官、南斗"。④ 据统计宋朝约有 19 座,元朝约有 25 座,明朝约有 766 座,清朝约有 2 916 座,1912—1949 年约有 948 座。

其次看三官画像的发展。从唐朝开始有了三官画像,主要收集在宋朝的《宣和画谱》中,该画谱"记宋徽宗朝内府所藏诸画",⑤其中收藏 29 幅三官画像(范琼 3 幅,孙位 3 幅,张素卿 1 幅,杜龆龟 3 幅,朱繇 1 幅,曹仲元 3 幅,孙知微 6 幅,周昉 6 幅),3 幅天官画像(张素卿 1 幅,左礼 1 幅,陆晃 1 幅),1 幅地官画像(左礼 1 幅),1 幅水官画像(左礼 1 幅)。将画家按照时间排序:周昉,中唐时人;范琼,唐文宗时人;孙位、张素卿,唐僖宗时人;朱繇,唐末时人;曹仲元、陆晃五代南唐时人;左礼,五代后唐时人;杜龆龟,五代后蜀时人;孙知微,五代后蜀及宋太宗、真宗时人。由此来看,唐朝以后,三官画像逐渐兴盛起来,三官成为画工摹画的重要对象之一。宋朝产生了《三官大帝出巡图》,"此画无题款和年号,从构图和风格上看,应该是南宋时期的作品"。⑥ 张明学认为该作品是南宋高级画师所作。还有一幅《天地水三官图》,根据中国美术馆的标示该画是元朝时的作品。

① (唐)张九龄等原著,袁文兴、潘寅生主编《唐六典全译》,甘肃人民出版社,1997 年,第 153 页。
② (唐)张九龄等原著,袁文兴、潘寅生主编《唐六典全译》,甘肃人民出版社,1997 年,第 153 页。
③ (唐)高彦休《唐阙史》卷下,《太清宫玉石像》。
④ (元)马端临《文献通考》卷 80,中华书局,1986 年,第 734 页。
⑤ 余嘉锡《四库提要辨证 2》,湖南教育出版社,2009 年,第 681 页。
⑥ 张明学《道教与明清文人画研究》,巴蜀书社,2008 年,第 93 页。

明孝宗的张皇后崇拜三官,有《张皇后篆牒图卷》,其中有天地水三官的画像,由于是为皇家所绘,画作精良。该图卷现收藏于美国圣迭戈艺术博物馆。清朝时期,"时有严弘滋者,南巡两次献画,所作三官神像,秀发飞扬,称为绝作,屡命画院诸人摹之"。① 严弘滋在乾隆南巡时向乾隆献画,且乾隆还屡次命令画院摹仿,可见乾隆对此画的欣赏与认可。

从三官宫观的建造看,三官宫观的建造数量呈抛物线状,在经历了从东汉末期到唐朝的积淀期后,开始有了以三官为中心的文化空间,之后在清朝达到顶峰,1911 年以后迅速减少。三官画像在唐、五代、宋比较多,之后在元朝、明朝、清朝三朝较少。

综上,当我们从官方史料来看三官文化的发生、发展、演变时,我们发现统治阶层的态度决定着三官文化的发展态势——波浪式前进,在每朝每代都有认同和不认同存在,起伏不定,但总的趋势是在积累中三官文化愈加丰富。

三、从岁时民俗文献看三官文化的发生、发展与演变

所谓岁时民俗文献是指记录民众在一年四季中特定节气和约定俗成的节日中的民俗生活的文字,以及学者对各种岁时民俗的研究和评议。② 在历史中有很多部记录岁时民俗的文献,如《梦粱录》《荆楚岁时记》《岁华纪丽》《岁华纪丽谱》《初学记》《燕京岁时记》《东京梦华录》《清嘉录》等,还有一些关于岁时的类书,如《玉烛宝典》《月令粹编》《节序日考》《古今类传岁时部》《北堂书钞》《艺文类聚》《白孔六帖》等。除此之外,在地方志中也有关于岁时民俗的记载。由此,我们将通过"民间对三官文化的认同、三官题材的年画"两个方面来探讨三官文化的发生、发展与演变。

1. 民间对三官文化的认同

三官文化在民间的认同是在三元节的发展过程中呈现的。

首先,民间对上元节的认同。在《初学记》中尚未出现上元正月十五日,"《玉烛宝典》曰正月十五日,作膏粥以祠门户。《荆楚岁时记》曰:今州里风俗,望日祭门"。③《初学记》的编撰目的"是帮助皇太子及诸王子学习'缀文',方便'检事及

---

① 赵尔巽等《清史稿》卷 504,列传第 291,《唐岱传附金廷标传》。
② 刘礼堂、李文宁《中国古代岁时民俗文献研究》,《武汉大学学报》(人文科学版),2014 年第 3期,第 104 页。
③ (唐)徐坚辑《初学记》卷 4,岁时部下。

看文体'"。① 既然是帮助皇家子弟学习的书,那么为什么未录入道经中"上元日为正月十五日"的说法呢? 该书是在唐玄宗的倡议下编撰的,在玄宗朝也有三元日禁屠以及非祭祀不能采鱼的诏令,在宫观也有三元斋醮,但是可能在民间尚未对正月十五上元节形成完全的认同。即使到了宋朝,据《东京梦华录》,这种情况在民间,名称也还没有发生变化,但习俗已经发生变化,以前祭祀门户祠太一转变为正月十五元宵节,"元宵:正月十五日元宵,大内前自岁前冬至后,开封府绞缚山棚。十四日车驾幸五岳观:正月十四日,车驾幸五岳观迎祥池,有对御,十五日驾诣上清宫:十五日诣上清宫,亦有对御"。② 但是也注意到十四日、十五日,皇帝、官员要去道观如五岳观、上清宫,或许跟上元节有关系。

这种不书"上元天官"的情况发生改变或许要到唐玄宗时,"盖自唐玄宗开元年间,谓天官好乐,地官好人,水官好灯。上元时分,乃三官下降之日,故从十四至十六夜,族三夜元宵灯烛。至宋朝开宝年间,有两浙钱王献了两夜浙灯,展了十七八两夜,谓之五夜元宵"。③ 而在《事林广记》中,记载"正月十五为上元"。④《事林广记》是宋元时期的日用类书,作者陈元靓,南宋末年至元初时人。该书共四集,其中的道教集中有对上元的阐述:"正月十四三官下界日,正月十五日天官赐福。"⑤南宋时的《梦粱录》中记载:"正月十五日,元夕节乃上元天官赐福之辰。"⑥在记录四川风俗的《岁华纪丽谱》中载,上元节有放灯习俗。⑦"《岁华纪丽谱》是研究唐宋时期蜀中风土人情的有用资料。"⑧明朝时正月十五日为灯市,"正月八日至十八日,集东华门外,曰灯市"。⑨ 到清朝时正月十五日称为灯节,"自正月十三以至十七均谓之灯节,惟十五日谓之正灯耳。每至灯节,内廷筵宴,放烟火,市肆张灯。而六街之灯以东四牌楼及地安门为最盛,工部次之,兵部又次之,他处皆不及也"。⑩ 由"上元""天官赐福"可见时人对于三官文化的认同。

① 王燕华《中国古代类书史视域下的隋唐类书研究》,上海人民出版社,2018 年,第 126 页。
② (宋)孟元老撰《东京梦华录》卷 6,商务印书馆,1936 年,第 108 页。
③ (宋)不著撰人《宣和遗事》,亨集。
④ (宋)陈元靓《事林广记》,前集,卷 2。
⑤ (宋)陈元靓《事林广记》,道教,正月圣降。
⑥ (宋)吴自牧《梦粱录》卷 1。
⑦ (宋)元费《岁华纪丽谱》,中华书局,1991 年。
⑧ 张定亚主编《简明中外民俗词典》,陕西人民出版社,1992 年,第 37 页。
⑨ (明)刘侗、于奕正《帝京景物略》卷 2,城东内外,春场。
⑩ (清)富察敦崇《燕京岁时记》,灯节。

　　根据地方志资料，提到"天官赐福"的时间大约是明朝，如福建南平、漳州、沙县、浙江嘉兴等；到清朝时地域范围逐渐扩大，如浙江、四川、台湾、湖北、福建、海南等地。

　　将两种资料所得结果综合起来看，人们对上元节的认同呈现出地域特征，有着时间上的延续性。

　　其次，民间对中元节的认同情况。在南朝梁时的《荆楚岁时记》中尚无中元地官的记载。到唐朝时有两种说法，一是盂兰盆，与《目连救母》的传说有关。二是中元地官校勾，"《道经》云：七月十五日，中元之日，地官校勾搜选众人，分别善恶，诸天圣众，普诣宫中，简定劫数，人鬼传录。饿鬼囚徒，一时俱集。以其日作玄都大献于玉京山，采诸花果。世间所有奇异物，幡幢宝盖，庄严供养之具，清膳饮食，百味芬芳，献诸众圣。及与道士，于其日夜讲诵是经。十方大圣，齐咏灵篇；囚徒饿鬼，当时解脱，一切俱饱满，免于众苦，得还人中。若非如斯，难可拔赎"。① 均收录在《初学记》中，说明这两种情况均行于世，"道门宝盖，献在中元。释氏兰盆，盛在此日"，②但并没有强调中元赦罪。

　　宋时中元节不仅是盂兰盆，还是祭祀祖先的节日，如《东京梦华录》所载，"七月十五日中元节，便般《目连救母》杂剧，道至十五日止，观者增倍，享祀时铺衬桌面，又卖麻谷窠儿，亦是系在桌子脚上，乃告祖先秋成之意，十五日供养祖先素食。城外有新坟者，即往拜扫，禁中亦出车马，诣道者院谒坟，本院官给祠部十道，设大会，焚钱山，祭军阵亡殁，设孤魂之道场"。③《梦粱录》载：七月十五日又值中元地官赦罪之辰，诸宫观设普度醮，与士庶祭拔宗亲，贵家有力者于家设醮，饭僧荐悼或拔孤爽，僧寺亦于此日建盂兰盆会。④《事林广记》中也分别记载了中元地官、盂兰盆以及祭祀祖先，"七月十五谓之中元，道藏云：中元地官检搜人间分别善恶"，⑤"《大藏经》云：目连以母生饿鬼中，佛令作盂兰盆会"，⑥"《梦华录》云：中元备素食供养先祖，城外有坟既往拜扫"。⑦《岁华纪丽谱》中仅记录了

————————

① （唐）徐坚撰《中国古典名著选·初学记》（上），京华出版社，第 127 页。

② 故宫博物院编，（唐）韩鄂《岁华纪丽》，故宫珍本丛刊第 484 册，海南出版社，2001 年，第 20 页。

③ （宋）孟元老《东京梦华录》卷 6，商务印书馆，1936 年，第 161 页。

④ （宋）吴自牧《梦粱录》，浙江人民出版社，1980 年，第 25 页。

⑤ （宋）陈元靓《事林广记》，前集，卷 2，中华书局，1963 年。

⑥ （宋）陈元靓《事林广记》，前集，卷 2，中华书局，1963 年。

⑦ （宋）陈元靓《事林广记》，前集，卷 2，中华书局，1963 年。

盂兰盆,"七月十八日,大慈寺散盂兰盆,宴于寺之设厅。宴已,就华严阁下散"。① 该书记录的是唐宋时期四川的风土人情,②说明当时至少在四川的部分地区中元地官赦罪尚未深入人心。明朝时《帝京景物略》中仅见盂兰盆会的记载:"七月十五日,诸寺建盂兰盆会,夜于水次放灯,曰放河灯。"③未见有中元地官赦罪的记录。到清朝时,据《燕京岁时记》载:"中元不为节,惟祭扫坟茔而已。"④中元更多的是祭扫坟茔。《旧京琐记》载"清明、中元与十月一日必扫墓,男妇皆往焉"。⑤ 1911年辛亥革命至新中国成立前,"江浙诸省,值中元节,杭例有盂兰盆会之举"。⑥ 由此,从南朝梁至1949年新中国成立前,盂兰盆较早得到百姓的认可,而中元赦罪,要到宋以后才得到人们的认可。

从地方志的岁时资料来看,提到"中元赦罪"的记载,明朝有河北张家口,福建福州,浙江乌程、嘉兴;清朝有浙江钱塘、湖州、嘉兴、永明,广东潮州的饶平,台湾地区的台南、台北,江苏的苏州,四川的资阳、雅州、成都、遂宁,湖南的芷江、岳阳等,山西的沁源,重庆,湖北的房县、孝感,江西武宁,河北唐山,安徽定远,福建的福安、南平,云南的宣威,上海的嘉定等。与"天官赐福"在地方志中的情况相比,中元赦罪的分布较为广泛。

将民俗文献与地方志资料的分析结果结合起来看,中元地官赦罪的内涵为人们所接受并得到广泛传播是在清朝时期。

最后,下元节在民间认同的情况。下元节的情况与上元节、中元节有所不同,资料较少。在《事林广记》中有关于下元日地官检校的记载:"下元:十月十五日为下元,道藏经云:下元日水官检查人间善恶。明皇实录云:三元日,宜令崇元学士讲道德南华等经,群公咸就观礼,此乃衡岳真人钟离先生飞升日。"⑦"十月十五日水官解厄之日,宫观士庶设斋建醮,或解厄或荐亡。"⑧而在地方志的岁时资料中,关于下元解厄的记录出现在明朝的地方志中,如河北张家口,浙江乌程、

① (宋)元费《岁华纪丽谱》,中华书局,1991年。
② 张定亚主编《简明中外民俗词典》,陕西人民出版社,1992年,第37页。
③ (明)刘侗、于奕正《帝京景物略》,北京古籍出版社,1980年,第69页。
④ (清)潘荣陛、(清)富察敦崇《帝京岁时纪胜 燕京岁时记》,北京出版社,1961年,第71页。
⑤ (明)史玄、(清)夏仁虎、(清)阙名《旧京遗事 旧京琐记 燕京杂记》,北京古籍出版社,1986年,第37页。
⑥ 徐一士《一士类稿》,王国平主编《西湖文献集成·第13册·历代西湖文选专辑》,杭州出版社,2004年,第836页。
⑦ (宋)陈元靓《事林广记》,前集,卷2,中华书局,1963年。
⑧ (宋)吴自牧《梦粱录》,浙江人民出版社,1980年,第46页。

嘉兴;在清朝有更多的记载,如广东惠州、潮州的饶平,四川的雅州、资阳、遂宁,山西的沁源,浙江的湖州、长兴、嘉兴,湖北的孝感,福建南安、宁德、福州;1912—1949年的浙江杭州。明朝三省,清朝六省,1912—1949年一省。由上可见,下元解厄在民间得到认同要到宋朝时期,在明朝时进一步认同,在清朝有了较为广泛的传播。

综上,三官文化在民间得到认同均是在宋朝实现的,明朝时得到进一步发展,清朝时得到更大范围的传播。

2. 三官题材的年画

年画所包含的内容非常丰富,其中宗教信仰是重要的一部分,三官中的天官或为天官赐福,或与寿星、财神的三位一体,在不同地区的年画中多有表现。

以"天官赐福"之名的年画出现于清朝时期,源于人们对福寿观念的认知与追求,影响较大的有江苏苏州桃花坞年画、北京年画、山西平阳年画等。① 百姓因天官的赐福功能而将其与其他神灵结合在一起,形成福、寿、财三星。赐福天官在中间,两边分别是财神和寿星。招财利市仙的形象也进入年画系统,形成了具有不同地域特色的招财利市年画,如河南朱仙镇年画、天津杨柳青年画等,这是人们美好愿望的表达。另外,产生了戏曲《天官赐福》,在每次正戏开始前,先演一场《天官赐福》,不仅有着热场的作用,更是对观众的美好祝福。

地方文化在表现天地水三官文化方面又有着独特的手法,如清代潍坊杨家埠的木版年画《天下第一大景·登州海市大图》,宋方昊的博士论文《杨家埠木版年画〈登州海市图〉的图像学研究》认为《海市图》讲述了三个故事,即"八仙庆寿""春月燎猎""八仙过海",与天地水三官崇拜相对应,该图借助年画这种艺术表现形式,将人们对三官的崇拜纳入其中,体现了传统的天人感应思想,以及道德教化与积极追求得道成仙的人生理想。可见三官崇拜已经深入人心。

从岁时民俗文献来看,三官文化发生、发展以及演变的过程表现在三个方面,一是民间百姓对三官文化的认同是一个缓慢的发展过程,经历魏晋南北朝、唐朝,到宋朝时民间逐渐认同,明朝进一步发展,清朝时范围进一步扩大到全国;二是天官的独立发展,在清朝时天官与财神、寿星结合,形成具有经济功能的招财利市仙,该形式在戏曲、年画等方面都有所呈现;三是杨家埠木版年画《登州海市大图》,体现了天地水三官文化在民间有着较好的传播力,其蕴含的天地水三界、天人感应思想引导着人们积极向善、遵守道德规范。

---

① 张晨霞《帝尧创世神话图像谱系》,上海人民出版社,2022年,第215页。

综上所述,在道教文献中,"三官手书"作为最早的三官科仪,发展为唐朝的《投龙璧仪》,宋朝时简化为《投龙简仪》。三官称谓从东汉的三官到魏晋时的三元三官,再到宋朝的三元三官帝君、三官大帝、三界等,从单一走向多元。三官在功能上表现为:服罪治病向赐福赦罪解厄发展,服罪治病向消愆灭罪发展,均在宋朝时固定下来。在官方史料中,统治阶层对三官文化的认同在唐朝已有更多发展;明朝后期在皇家的推动下进一步传播,全国大部分地区都有了三官文化;到清朝时,随着清朝前几任皇帝对三官的认同,三官文化在清朝得以传遍全国。三元日在唐朝兴盛发展,到五代以及宋朝,三元日成为三元节;明清时,上元节继续发展,中元节以祭祖为核心;明以后下元节已少见于正史。在三官庙宇宫观方面,从唐至清,呈现缓慢发展的态势,到清朝遍布全国。三官画像的发展呈现出点状分布态势,即唐、五代、宋有较多画像,元明清数量较少。在岁时民俗文献中,民间百姓对三官文化的认同发展缓慢,至清朝完成全国的认同;在年画中三官有着较为持续的传承。

总之,官方对三官文化的认同带动了民间的认同,同时为三官文化诸方面的发展奠定了较好的政治与社会基础。可见,三官文化的形成、发展、演变受主流意识形态的影响,它们在一定程度上构建着三官文化发展、演变的时间谱系。

第二节　三官文化的空间谱系

三官文化的空间谱系是以三官庙宇宫观的分布为基础的。三官庙宇宫观是道教宫观的组成部分,可以从道教宫观的发展过程中发现三官庙宇宫观的演变,即由早期道人们用于修炼的山中石室发展为汉末五斗米道的二十四治,到魏晋时期的靖室,再到南北朝时期的道观和道馆,最后到隋唐国家祭祀与祀神的宫观。① 除了庙宇的建造之外,还有神像的塑造,只有当庙宇中供奉其神像之后,才能够进一步巩固人们对其的信仰。不过道教开始并不供奉神像,只有神位或壁画,约在魏晋南北朝时期才开始供奉神像,但普遍度不高。② 三官文化的空间谱系离不开三官庙宇的建造与三官神像的塑造,二者是三官文化得以传承发展

① 王鲁辛《论道教宫观建筑的衍变脉络》,《湖南大学学报》,2019 年第 5 期,第 41 页。
② 石永松、梁晋恺《武当道教塑像造型研究——以武当山元和观六甲神像为例》,《艺术评鉴》,2021 年第 17 期,第 22 页。

的重要基础。因此,我们要从两个方面来看三官文化的空间谱系:有空间无塑像、有庙有塑像。

一、有祭祀空间无塑像的三官文化空间谱系

有祭祀空间无塑像的三官文化空间谱系是以张道陵的二十四治为主线的。在分析张道陵的二十四治之前,有必要对一则材料予以辨析。该则材料来自1912—1949 年周宗颐的《崂山太清宫志》,①其中记载了迄今为止最早的三官庙,由西汉张廉夫②创建:"崂山太清宫系于西汉建元元年(前 140)辛丑张公讳廉夫所创建也。公字静如,号乐山,江西瑞州府高乐县人。仕至上大夫,因碍权要,于中元三年(前 147)甲午弃职入道。精研玄学,不涉世俗。嗣入终南山,遁迹数载,得师传道来崂山之阳,临海之滨,修茅庵一所,供奉三官大帝神名,名为三官庙。至始元二年(前 85)丙申,委弟子刘方清、赵冲虚、冯若修等继续庙事,自回江西,潜居鬼谷山三元宫,而后屡来崂山,云游东海诸名胜,年逾百龄,精神不衰,仍鹤发童颜,行路如飞,后不知其所终。"③对于这条史料,学者刘怀荣认为可信,"张廉夫供奉'三官'之说,大致还是可信的。五斗米道是从秦汉方仙道和汉代黄老道直接演化而来的早期道教组织,它形成的东汉末年距张廉夫入崂山的年代不过一百余年。'三官'信仰完全有可能在西汉即已萌芽"。④ 材料中提到的三官庙、三元宫,在西汉时期还不可能有此类称呼,道教的宫观最早称为"治",即张道陵所设的二十四治,《广弘明集》卷一二《决对傅奕废佛僧事并表》称:张陵时,"杀牛祭祀二十四所,置以土坛,戴以草屋,称二十四治。治馆之兴,始乎此也"。⑤ 因此,材料中三官庙、三元宫的称谓还是有问题的。尽管该材料得到学者的支持,但是笔者多方考证,均未获得直接证据证明西汉已有三官文化。为了谨慎起见,在下文讨论全国的三官庙宇时暂时未将其列入。

东汉末的二十四治由张道陵创制,是三官文化传播的主要区域。五斗米道

①　原书名为《劳山太清宫志》。
②　张廉夫到达崂山的时间亦见于:孙守信、王玉华编著《青岛崂山》,青岛出版社,2002 年,第110 页。
③　刘怀荣《崂山道教及其在中国道教史上的地位》,见詹石窗总主编《百年道学精华集成　第1 辑　历史脉络　卷6》,上海科学技术文献出版社,2018 年,第 237 - 238 页。
④　刘怀荣《崂山道教及其在中国道教史上的地位》,见詹石窗总主编《百年道学精华集成　第1 辑　历史脉络　卷6》,上海科学技术文献出版社,2018 年,第 237 - 238 页。
⑤　任继愈主编,卿希泰、唐大潮《道教史》,江苏人民出版社,2006 年,第 397 页。

即天师道源于巴蜀,创立者张道陵设二十四治,具体包括"阳平治、鹿堂治、鹤鸣治、离沅山治、葛瑰山治,以上在蜀郡界,更除治、秦中治、真多治、昌利治、隶上治,以上在广汉郡界,涌泉治,在遂宁郡界;稠粳治、北平治、本竹治、平盖治、平刚治,以上在犍为郡界;蒙秦治,在越西郡界;云台治在巴西郡界;泜口治、后城治、公幕治,以上在汉中郡界;主簿治、玉局治,在成都南门左;北邙治,在东汉都城洛阳"。[①]其中阳平治(今四川彭县)、鹿堂治(今四川绵竹)和鹤鸣山治(今四川大邑)三治最为重要,阳平治最大。[②]由此,三官文化已经在这二十四治中得到传播。另外,据研究,张道陵的活动范围主要在成都及其周围蜀郡一带。[③]由此,二十四治就形成了三官文化传播的空间谱系。

张道陵去世后,其孙张鲁继续传承五斗米道。张鲁据于汉中形成以五斗米道为中心的政权,后来降于曹操,被曹操封为阆中侯,后汉中政权瓦解,曹操将五斗米道的教民迁出。此后,天地水三官作为五斗米道的供奉对象随着教民的迁徙逐渐向南、向北传播。

二、有庙有塑像的三官文化空间谱系

据上一节的论述,到魏晋南北朝时,已有了三官的画像,到唐宋时期,有更多的三官画像问世。同时,三官塑像也在这一时期得到发展。这样就使得三官文化不仅有了神圣空间,而且三官也具体化、形象化了。因此从唐朝时起,三官庙宇宫观逐渐发展起来。

根据所搜集的资料总结,从唐朝时开始有专门供奉三官的庙宇,至1949年,全国共有4677座三官庙宇宫观。[④]其中华东有1856座(上海126座、江苏653座、浙江222座、福建91座、安徽203座、山东436座、江西125座),华南有180座(广东120座、广西54座、海南6座),华中有376座(河南218座、湖北55座、湖南103座),华北有1231座(河北725座、北京97座、天津47座、山西359座、内蒙古3座),西北有480座(陕西279座、甘肃171座、青海7座、宁夏17座、新疆6座),西南有383座(四川88座、重庆8座、西藏1座、云南176座、贵州110

---

① 卿希泰主编《中国道教》第一卷,四川人民出版社,1996年,第183页。
② 卿希泰主编《中国道教》第一卷,四川人民出版社,1996年,第183页。
③ 卿希泰主编《中国道教》第一卷,四川人民出版社,1996年,第182页。
④ 在统计数据时,已充分考虑了当下地域划分与古代地域划分的不同之处,以及由此而引起的数量上的重复。同时,数据中均将主祀、配祀三官的庙宇计算在内。

座),东北有 93 座(吉林 3 座、辽宁 83 座、黑龙江 7 座),港澳台①地区 78 座(台湾地区 78 座)。

其中华东地区三官庙的数量占总量的 39.68%,华北地区三官庙的数量占总量的 26.32%,两个地区共占总量的 66%。三官庙数量排名前五的有河北、江苏、山东、山西、陕西,占总数的 52.42%。在 200～270 之间的有安徽、浙江、河南,占总量的 13.7%;在 100～200 之间的有江西、上海、广东、湖南、甘肃、云南、贵州,占总量约 20%;在 0～100 之间的有福建、广西、海南、湖北、天津、内蒙古、青海、宁夏、新疆、四川、重庆、黑龙江、吉林、辽宁、台湾地区,占总量的 14.1%。可见,在东部、中部、西部、北部、南部均有三官庙数量较多的地区。根据"书同文"上的"西藏史料"数据库,以"三元宫"为关键词搜索到 9 条史料,以"三官庙"为关键词,搜集到资料 21 条,以"三官堂""三官阁"分别为关键词,各搜集到 1 条资料,但是由于很多图书馆尚未购买该数据库,因此只能存疑。也因为没有看到具体的条目,无法了解详细情况,所以尚不能将这些数据并入全国的分布中。香港、澳门的资料尚缺。

总之,自三官文化诞生至 1949 年中华人民共和国成立之前,全国形成了广泛的分布,形成了每个地区的镇村都有了三官庙宇宫观的局面。

第三节　三官文化时空谱系的交互结构

在分别对三官文化的时间谱系、空间谱系进行探讨之后,我们对三官文化的发生、发展与演变以及总体分布有了进一步的认识,但这样还是不够的,还需要分析时空谱系的交互结构。原因在于:离开时间去谈空间谱系或者离开空间去谈时间谱系都不能全面反映时空谱系,况且任何事件都是在一定的时空下发生的。因此我们将在本节探讨三官文化时空谱系的交互结构。时空谱系的交互结构是指在对文化事象整体性的观照下,强调时间序列中的空间状态,以及空间下的时间序列,由此而形成的时间序列与空间状态的联系性。② 即以时间为本位的

---

① 台湾地区数据来源:田金昌《台湾三官大帝信仰——以桃园地区为中心(1683—1945)》,台湾硕士论文,2005 年,第 55、62 页,再加上课题组搜集的资料。

② 时空谱系交互结构的提出源于对非遗资源的时空交互结构的学习与思考:"根据历史地理学的相关理论,非遗资源的时空交互结构表达了同一非遗资源在其历史流传的纵向脉络中会在不同空间出现的状态,同时也表达了同一非遗资源在其传播区域的横向脉络(转下页)

空间谱系以及以空间为本位的时间谱系。

一、以时间为本位的空间谱系

以时间为本位的空间谱系是指在不同的时间段内,分别来看文化事象的空间分布状态,并由此形成时间与空间上的联系。在此将三官文化作为文化事象,分别从唐朝、宋朝、元朝、明朝、清朝、1912—1949 年来看它的空间分布。为什么从唐朝开始呢? 有三方面的原因:第一,三官文化产生于东汉时期,在魏晋南北朝、隋朝时期虽然有一定的发展,但是因文献不足,尚无法确定三官文化的空间分布;第二,唐朝官方已经对三官文化表现出了认同,三官文化的各要素都得到了发展,且有文献可资利用;第三,唐朝有了关于三官文化的神圣空间——三官庙,成为我们确定空间分布的依据。在这部分探讨空间谱系时,是以三官庙宇宫观的分布为中心的。

三官文化经过了东汉、魏晋南北朝时期的发展,在道教传播的同时,已嵌入道民的丧葬观念中,成为丧葬系统中的重要神灵之一。如在隋朝丧葬习俗中有买地券的行为,湖南湘阴出土的大业六年(610)陶智洪买地券:"维大业六年太岁在庚午二月癸巳朔廿一日癸丑斩草。殁故道民陶智洪,今居长沙郡临湘县都乡吉阳里,今寄巴陵郡湘阴县治下里中东冈太阳山,买地百亩。东南西北界域,斩草葬下灵柩,上无泪落,下无众石。生属皇天,死属地泉,生死异域,勿使山神土地、五道游君,葬送之日,不得更相障碍。天地水三官,克石为券,张兼固、李定度,明如奉行。"[1]该地券中提到天地水三官,这将三官文化的考古实物证据提前到了隋朝。另据现代学者的研究,认为这则地券是"从南朝延续下来的隋朝买地券",[2]可能南朝时期的地券也有天地水三官的阐述,但是因为这方面的文献证据不足,所以还是只能说在隋朝墓葬的买地券中有关于天地水三官的讲述。

(接上页)中会体现出先后不同的时间序列,这是非遗资源的空间结构与时间结构共同作用的结果,解释了非遗资源的时空演变轨迹。据此,我们大体上可以将非遗资源的时空交互结构分为两大类型:第一,以时间维度为本位的非遗资源时空交互结构;第二,以空间维度为本位的非遗资源时空交互结构。"蔡丰明主编《非物质文化遗产图谱编制理论与方法》,上海社会科学院出版社,2020 年 4 月,第 227 页。

① 黄景春《中国宗教性随葬文书研究》,上海人民出版社,2018 年,第 411 页。注:其中涉及的无法输入的文字,均使用了所引原材料括号中的文字。

② 黄景春《中国宗教性随葬文书研究》,上海人民出版社,2018 年版,第 411 - 412 页。

到了唐朝,开始出现供奉三官的庙宇。下面就从唐朝开始,分别看唐宋元明清以及 1912—1949 年的三官文化空间谱系。

(一) 谱系的发展、扩大与延伸:唐宋元时期三官文化空间谱系

如果说二十四治是三官文化空间谱系形成的开端,那么唐朝以后,随着三官庙的建造,三官文化的空间谱系得以继续发展。在唐宋元时期,唐朝约有 7 座三官庙,宋朝约有 19 座三官庙,元朝约有 25 座三官庙。

1. 空间谱系的发展:三官庙在唐朝的初建

唐朝时有 7 座三官庙,具体分布在江苏东台县、宝应县,浙江丽水,陕西华阴县,重庆丰都,安徽含山县,江西南昌。

按照时间顺序进行排列:陕西华阴、重庆丰都、江西南昌。其他如江苏东台县、宝应县,浙江丽水,安徽含山县,资料仅显示为唐时,没有具体时间。为什么这些地方会在唐朝时产生三官庙呢? 逐一来看。

首先看陕西华阴县的三官院。该三官院在唐代宗时敕修,"华山之西有一山名曰罗敷山,大历五年(代宗)(770)有天地水府三官降现,又感代宗皇帝梦中,后敕修三官院"。[1] 三官院建造于罗浮山——华山的一个分支,建造的原因是代宗时三官降现以及代宗梦见三官,故命建三官院。这不仅与唐朝的皇帝崇道相关,还与华山的道教氛围有关。唐朝皇帝对道教崇奉有加,到唐代宗李豫即位后,也崇拜道教。华山是唐朝的道教圣地,各种祠庙遍布华山上下,尤以道教的宫观最多,[2]形成浓厚的崇道氛围。

其次看重庆丰都三官堂。"唐丰都三官堂碑,唐中和元年(881)忠州刺史陈佽撰。"[3]丰都属重庆市,在重庆市的东部。通过查询资料,仅见该碑题的记载,在燕京大学编纂的《引得　特刊第 15 号　六艺之一录目录》中,有"唐丰都三官堂碑 8b"的记载,在王象之的《舆地碑记目》中,也有"唐丰都三官堂碑"的记载,但始终没有找到该碑的碑文,无法知晓其中的内容。材料中的中和元年(881)即是唐僖宗时,"唐僖宗李儇在位期间,崇道尤多"。[4] 在这样的背景下,建造三官堂,由官员即忠州刺史陈佽撰写碑记说明了上行下效的力量。关于忠州刺史陈佽还没有找到相关的资料。再看为什么要在丰都这个地方建三官堂呢? 原因在

---

[1] (清)《(乾隆)华阴县志》卷 5,1928 年铅印本。

[2] 王森《秦汉至明清华山祠庙地理分布与空间变迁》,广西师范大学硕士论文,2013 年,第 30 页。

[3] (明)《(嘉靖)四川总志》卷 52,明嘉靖刻本。

[4] 卿希泰《中国道教史》第 2 卷,四川人民出版社,1996 年,第 377 页。

于丰都有着较好的文化基础,"据《丰都县志》载:'东汉张道陵在此建立道教平都治',从而使丰都成为道教的传习中心"。① 之后,到西晋时丰都的平都山上有了殿宇,"西晋时(265—317)在平都山顶盖起了殿宇"。② 唐代产生了丰都第一座寺观"仙都观"即"仙楼"。唐大和庚戌年(830)宰相段文昌进行了修葺,以后又陆续盖起了玉皇殿、三清殿等十几座庙宇。③ 三官堂可能是这十几座庙宇之一。由此看来,在崇道基础好的微观环境下,在皇帝以及朝廷崇道的宏观环境下,在五斗米道崇拜天地水三官的传统的延续下,丰都产生了三官庙并由官员撰写碑记。

最后,江西洪都信果观有三官殿一座,洪都即南昌,信果观在南昌,"厉归真唐末道士,游洪都信果观,三官殿内功德塑像,是元宗时夹纻制作,甚妙,多被雀鸽粪秽其上,归真遂于殿壁画一鹞,笔迹奇绝,自是雀鸽无复栖止。尤能画折竹野鹊,后传归真于罗浮山上升。《玉堂闲语》"。④ 该段材料出于清同治时期,据学者研究,元宗即玄宗,清人为避清圣祖康熙爱新觉罗·玄烨名讳改"玄"为"元"。⑤《玉堂闲语》在有的方志中被称为《玉堂闲话》,《玉堂闲话》由唐朝末年的王仁裕(880—956)撰写,其"偏记晚唐、五代事,又不乏怪异之事。不过,他还是广泛反映了当时的社会生活"。⑥ 该条关于洪都信果观的资料具有被撰写方志者认同的广泛性,为多个地方志的撰写者所引用,如清朝康熙时宋广业纂的《罗浮山志会编》,雍正时谢旻修《江西通志》,同治时承霈修、杜友棠纂的《新建县志》,光绪时曾国藩修、刘绎纂的《江西通志》,光绪时刘溎年修、邓抡斌纂的《惠州府志》。这样就可以确定地说唐朝末年的江西南昌信果观确实有三官殿。这则材料重点是在讲道士厉归真对道的崇拜与真诚之心,以及他精湛与高超的画工。但从另一个侧面说明了当时信果观三官殿的存在。为什么会在南昌出现三官殿呢? 一是唐朝统治者对道教在南昌发展的支持态度。"唐贞观十一年(637),太

① 刘大祥《丰都道教与佛教史略》,中国人民政治协商会议四川省丰都县委员会文史资料研究委员会《丰都文史资料选辑》第 4 辑,1987 年,第 178 页。
② 刘大祥《丰都道教与佛教史略》,中国人民政治协商会议四川省丰都县委员会文史资料研究委员会《丰都文史资料选辑》第 4 辑,1987 年,第 179 页。
③ 刘大祥《丰都道教与佛教史略》,中国人民政治协商会议四川省丰都县委员会文史资料研究委员会《丰都文史资料选辑》第 4 辑,1987 年,第 179 页。
④ (清)许应鑅《(同治)南昌府志》卷 63,刻本。
⑤ (清)冯敏昌、李寅生、杨年丰校注《广西地方古籍整理研究丛书　第 2 辑　小罗浮草堂诗钞校注》,上海古籍出版社,2018 年,第 144 页。
⑥ 姚继荣、姚忆雪《唐宋历史笔记论丛》,民族出版社,2016 年,第 203 页。

宗颁诏推崇道士,使以游帷观为重点的道教在南昌得到振兴。唐高宗永淳元年(682),中兴教主天师胡惠超重新兴建游帷观,再度发展道教"。① 二是许逊在南昌的传教活动,促进了人们对道教神灵的认同。"东晋时,在南昌的广润门和西山的逍遥山,建起了纪念许逊的宫观,道教在当时群众中已有相当的影响"。② 随着许逊影响的增强,道教也在为百姓所接受,进而三官的供奉也随之为人们所接纳。这是南昌出现三官殿的可能原因。

　　除 3 座有具体时间的三官庙③之外,还有 4 座仅书"唐时建"的三官庙,江苏东台县 1 座:"三元宫在富家滩,唐时建,后圮。"④宝应 1 座:"三官庙在白水新集,唐建。"⑤浙江丽水 1 座:"榅样山石灵峰三元真君庙为宣邑祖庙,最为灵显,祷雨多应,庙始于唐,继修无考。"⑥安徽含山县 1 座:"三元观,在运漕镇,吴赤乌中建,原名太白龙王庙,至唐重建,改今名。"⑦这四处之所以在唐时出现三官庙(因文献不足,只能推测),可能是因为崇拜地有着较浓厚的崇道氛围。江苏东台在唐朝时属于扬州海陵,唐朝改为宝应县,一直延续至今,属于扬州。早期道教之一太平道在产生之初就已到扬州活动。到隋朝,"晋王杨广镇扬州时,建有玉清道观和金洞道观,并迎请茅山道士王远知(528—625)和天台山道士徐则到扬州居住"。⑧ 到唐朝时,道士王远知多次受到朝廷的封赠。从魏晋南北朝到唐朝,江苏有很多著名的道士,如葛洪、许谧、马朗、陆修静、陶弘景、王远知等。这样看来,江苏有着很好的崇道建宫观的氛围。另外当时的扬州是除长安与洛阳之外的重要的经济中心,"'扬州地当冲要,多富商大贾,珠翠珍怪之产。'这是由于扬州居大运河要冲,为货物集散地,例如《太平广记》载:豫章诸县尽出良材求利者采之,将至广陵(扬州),利则数倍"。⑨ 经济发展与繁荣的同时会带动文化的发展,这也是三官文化在扬州传播的原因之一。浙江丽水的三元庙,在榅样

---

① 谢军《江西省宗教志》,方志出版社,2003 年,第 170 页。
② 南昌市地方志编纂委员会《南昌市》志 7,方志出版社,1997 年,第 56 页。
③ 只要涉及三官文化的神圣空间的,在本书中均简称为三官庙。
④ (清)周古《(嘉庆)东台县志》卷 35,刊本。
⑤ 冯煦《宝应县志》卷 2,铅印本。
⑥ (清)皮锡瑞《(光绪)宣平县志》卷 9,铅印本。注:据 1994 年的《丽水市志》载,宣平县已于1958 年撤销,并入丽水市。《丽水市志》编纂委员会《丽水市志》,浙江人民出版社,1994 年,第 16 页。
⑦ (清)梁栋修、唐辉纂《(乾隆)含山县志》卷 3,刊本。
⑧ 江苏省地方志编纂委员会《江苏省志·宗教志》,江苏古籍出版社,2001 年,第 90 页。
⑨ 侯家驹《中国经济史》上,新星出版社,2010 年,第 448 页。

山。根据清光绪年间的《楒样山三元真君庙碑》，因当时大旱，老百姓设坛求雨，三元真君唐宏葛雍周武降临并赐雨，当地百姓感念三元真君的功德，遂建庙供奉。另外道教在晋时开始在丽水传播，到唐朝时道教兴盛起来，此时建造的宫观有龙兴观、紫虚观、崇道观等。[①] 可见丽水也有着较好的崇道氛围。安徽含山县早在三国时就有道教的传播，三元观的前身是太白龙王庙，建于吴赤乌年间。安徽还有其他地方，如巢县，紫微宫建于晋咸康年间。[②] 由此说明含山县乃至于安徽都已经有道教的传播。

另外在《全唐文》中有两篇关于三官庙的记：《灵宝院记》《灵台三官堂文》。《灵宝院记》中有关于三官堂的记载，根据撰文者王栖霞的生平，该文应在唐末，具体时间暂时还无法确定；《灵台三官堂文》的作者是司空图（837—907），属于晚唐时期。但是这两座道院已无法确定具体地点。

由此可见，将上述三官庙建造的可能原因结合起来看，共同之处一方面在于官方甚至皇帝对道教的认同与偏好，尤其是唐朝皇帝对道教的热衷；另一方面在于建庙的地点有着较好的崇道基础。

唐时三官文化空间分布的特点是：东多西少格局的初步形成；东部、西北、西南传播中心形成，是之后谱系形成的基础，传播的特点是统治者对道教的认同，促进了道教的发展，形成了较好的崇道氛围；道士的推进，官员的支持，合力带动了三官文化的传播；经济发展带来人员流动，也是三官文化得以传播的又一特点；还有非常重要的特点是三官多元化的文化形态开始形成，如唐葛周以三元之名进入三官文化谱系中。

2. 空间谱系的延续：五代后梁末期的三官文化

在五代后梁龙德时期，在杭州有三官院一座，"玉虚观：在龙山久圮，《咸淳临安志》旧为三官院，钱武肃王龙德三年置"。[③] 咸淳即南宋度宗的年号，临安即杭州。龙德三年（923）是后梁末年，钱武肃王即钱镠建造三官院。虽然很多资料都在讲述钱镠受到佛教影响，建造多处寺庙，如灵隐寺等。但是事实上，钱镠对道教也有一定的崇拜，他曾行投龙简仪，"据《道家金石略》记载，清朝顺治元年（1644）夏天，吴中大旱太湖干涸，村民在湖底拾得武肃王龙简一枚，有 179 字，楷法颇似麻姑坛记，略有剥蚀，四边有一龙环之，银质，重达二十四两。这是吴越王

---

① 《丽水市志》编纂委员会《丽水市志》，浙江人民出版社，1994 年，第 16 页。
② 安徽省地方志编纂委员会编《安徽省志·民族宗教志》，方志出版社，1997 年，第 213 页。
③ （清）李卫修《西湖志》第 1 册，海南出版社，2001 年，第 233 页。

钱镠曾在太湖举行道教斋醮仪式并投龙简的有力证据"。[1] 说明他对道教并不排斥。另外他还在唐朝末年改吴山紫极宫为真圣观。这些都说明他对道教的认同。因此,他也完全有可能创建三官院。

3. 空间谱系的发展:宋时三官庙创建地域范围的扩大

唐宋两朝三官庙地理分布有着地区间的联系性,即山东与江苏相接,福建与浙江相接,江西与福建相接,江西与湖南相接,湖北与陕西、重庆、湖南、江西分别相接,四川与重庆、陕西相接,形成了 U 型的空间分布。可见,宋朝三官是对唐朝三官的继承与发展。宋朝时,三官庙向东、向南传播网络逐渐形成。当时有 19 座三官庙:江苏 3 座、江西 4 座、安徽 1 座、山东 1 座、浙江 4 座、福建 1 座、湖北 1 座、湖南 1 座、陕西 2 座、四川 1 座。其中山东、湖北、湖南、福建、四川等地首次出现三官庙。三官庙地点的增多,说明人们对三官文化的认同在增加,进而地理范围也进一步扩大。在此分析两个问题:山东、湖北、湖南、福建、四川出现三官庙的原因;江苏、浙江、陕西、安徽三官庙进一步增多的原因。

首先,山东、湖北、湖南、福建、四川出现三官庙的原因。逐一来看:

在山东,"三元阁,在旧府治内,宋寇准典郡日建,今废"。[2] 寇准曾经被贬到青州,这是史实,可能因为寇准在朝廷的实力以及被贬的事件比较令人震惊,故以其作为时间的标志。青州的道教在唐以后有所发展,"唐以后,青州道教兴盛,佛道之争日显"。[3] 说明青州有着崇拜道教的氛围。另外在经济层面,隋唐时期的青州治在益都,其经济繁荣:"'凭负山海,擅利盐铁',农商簇拥,织业发达,尤其以丝绫衣物的华丽和丰足称雄海内。《隋书》卷三十《地理志》称其'织作冰纨绮绣纯丽之物,号为冠带衣履天下'。"[4]青州更是重要的港口,"青莱诸州海岸船只亦往来如梭,异常繁忙"。[5] 其中的"青"即青州。到宋朝时发展为五大(青州、莱州、登州、淄州、兖州)生产中心之一。由此,在道教传入且进行传播的情况下,经济的繁荣引起人们交流的增多,促进了人们对三官文化的认同以及谱系的发展。

---

① 罗争鸣《吴越国钱镠、钱俶崇道简论》,见李最欣主编《吴越钱氏家族文化研究》,齐鲁书社,2010 年,第 345 页。

② (明)杜思《(嘉靖)青州府志》卷 7,刻本。

③ 青州市志编纂委员会编《青州市志》,南开大学出版社,1989 年,第 963 页。

④ 逄振镐、江奔东主编《山东经济史·古代卷》,济南出版社,1998 年,第 304 页。其中"凭负山海,擅利盐铁"出于《通典》卷 180《青州》。

⑤ 逄振镐、江奔东主编《山东经济史·古代卷》,济南出版社,1998 年,第 312 页。

湖南平江县志载:"寿九十有八者,曰:(宋)徐纲,生真宗天禧二年,好善乐施,造紫清崇真观三官殿,齿德具备,闾里慕之。"①宋真宗时期的长寿老人徐纲捐建三官殿,说明到宋真宗时,平江县人开始对三官文化表现出认同。平江从东晋开始才有了道教的传播,"至宋代以后,道教发展较快,宫观分布全县,道士遍及各地"。②另外,平江还是湖南与江西之间从南到北的重要的军事道路之一,"湘赣之间,修水平江夹道,有修水和汩罗江流贯,是古代军事要道"。③有人员的流动就会产生文化的交流,在交流中可能会形成文化的认同。因此,在平江县,除了道教的发展外,还有作为军事要道而形成的人员流动,由此,带来三官文化的认同与发展。

湖北的江陵有三元观,"江陵县三元观,在上四十八都,宋咸淳间建"。④该观建于宋咸淳间(1265—1274)。该地有着较好的崇道氛围,据《湖北省志·宗教志》载,江陵是唐朝时湖北的道教中心,有道观20多座。由此可见,在宋朝出现三官庙,是道教在江陵发展的结果。

在福建漳州的漳浦县有一座三官庙,"埔阳三官大帝庙,坐落在埔阳炉飞社附近炉飞岭南麓宽阔的坡地上,庙始建于南宋年间"。⑤在该三官庙内有碑记称(碑在三官大帝庙院内),该三官庙建于宋朝,"三官大帝祖庙及九落庵始建于宋朝年间,坐落于漳浦县赤土乡埔阳村炉飞岭上"。⑥但是在所搜集的资料中未见该三官大帝祖庙。目前尚无法确定该庙创建的渊源,不过可从道教在福建的发展来看当时的崇道氛围。在魏晋南北朝时期,福建的南部、东部、北部各建有一座道观,到唐代时福建各地共兴建成规模的道教宫观有31座。宋时,福建的道教得到空前发展,北宋天禧五年(1021),福建道士的总数为569人,武夷山的冲佑观为南宋九大名观之一。⑦说明漳州的漳浦县产生三官大帝庙是有道教基础的。

四川成都有三官堂,在玉局观内,据彭乘的《修玉局观记》载,三官堂在玉局

---

① (清)张培仁等修、李元度纂《(同治)平江县志》卷48,刻本。
② 湖南省平江县志编纂委员会编《平江县志》,国防大学出版社,1994年,第670页。
③ 胡兆量《湖南省经济地理》,湖南人民出版社,1956年,第3页。
④ (清)倪文蔚、蒋铭勋修,顾嘉蘅等纂《(光绪)荆州府志》卷28,刊本。
⑤ 漳浦县地方志编纂委员会编《漳浦寺庙志》,中国文史出版社,2015年。
⑥ 田野调查资料:采访人课题组,被采访人是赤土三官大帝庙庙公,采访时间2018年3月2日,采访地点赤土三官大帝庙。
⑦ 福建省地方志编纂委员会编《福建省志·宗教志》,厦门大学出版社,2014年。

观内,建于大中祥符年间,"知府谏议大夫集贤学士,凌公以命世之才,布移风之政,尽易象黄裳之美,公以国家,诏被溥天,诚归真教,聿遵虔奉,将务增修,飞章上闻,诏允其请,揆之以日,作于此宫"。① 可见,玉局观为知府所倡建,该观的建造还得到了皇帝的许可。四川本为蜀地,张道陵的二十四治大多分布于此,成都自然属于二十四治之内,有着较好的崇道传统,而且四川与重庆相接,在成都出现三官堂是崇道的必然,加上官员的推动、皇帝的许可,使得北宋时在成都有了三官庙。可见,三官庙的出现可能与政府的崇道引领、当地崇道的氛围、人口的流动、经济的发展具有相关性。另外地方神灵正在进入三官系统,与天地水三官一起形成三官文化。

其次,唐朝已经出现三官庙,且宋朝又建庙的省份,有浙江、江苏、江西以及陕西。浙江在唐朝时有 2 座三官庙,分别在杭州和丽水。宋朝时的三官庙在杭州 1 座、台州 3 座,在唐朝时,有龙德三年(923)建的三官院,据乾隆《杭州府志》载,该院到淳祐十一年(1251)时称为玉虚观。由此可以说明该庙在宋朝时仍然存在,也就是说应该有一定的影响力,因此在宋乾德三年产生的供奉天地水三官的玉虚观可能与其有关,"康熙《钱塘志》:三官庙,《西湖志》称,承天灵应庙,在吴山城隍庙之东。旧为天地水府三元堂,即宋乾德三年(965)建,名玉虚观"。② 在《咸淳志》中有类似的记载:"承天灵应观,在吴山。俗称三官庙,旧为天地水府三官堂,绍兴间改冲天观。"③唐时的三官院与承天灵应庙的三官堂之间有时间上的先后,可能有一定的联系。由于文献不足,目前还无法将二者的联系呈现出来。除了杭州之外,台州有 3 座三官庙,按照时间顺序:1 座是在台州天庆观所建的三官堂,建于"宋大中祥符三年(1010)"④;2 座在天台山,即宋政和六年(1116)的三元院,宋乾道四年(1168)的三官殿。天庆观的三官堂为道士张日损所建,"张日损,生卒年代及里籍不详,居台州天庆观,从道士黄永乾得道"。⑤ 当时有官员撰记,"台州通判夏竦为之记"。⑥ 从撰记中可以发现三官堂在新建时获得了地方乡贤的捐助:"乃有石湛求俊等献直三十万,请新三官之堂,以列塑

① 傅增湘原辑,吴洪泽补辑《宋代蜀文辑存校补 1》,重庆大学出版社,2014 年,第 127 页。
② (清)丁丙辑《武林坊巷志》第 6 册,浙江人民出版社,1987 年,第 2043 页。
③ (清)丁丙辑《武林坊巷志》第 3 册,浙江人民出版社,1987 年,第 272 页。亦见(清)郑沄《(乾隆)杭州府志》卷 28,刻本。
④ 任林豪、马曙明《台州编年史》第 2 卷,五代、北宋卷,浙江古籍出版社,2017 年,第 85 页。
⑤ 任林豪、马曙明《台州编年史》第 2 卷,五代、北宋卷,浙江古籍出版社,2017 年,第 85 页。
⑥ 任林豪、马曙明《台州编年史》第 2 卷,五代、北宋卷,浙江古籍出版社,2017 年,第 85 页。

像,以广焚修。"①石湛其人任地方助教,曾捐钱修瑞像寺,"宋天圣年间,邑人石湛及董遂良修宝相寺"。② 更有较为详细的记载:"钱惟演碑中记:州助教石湛舍钱百万,重修宝阁。县令唐白,因感灵梦,冀率邑人加檀施,石氏与进士董遂良德,共舍钱八万,粉绘真相,兀工如素。"③石湛乐于捐助修建佛寺道观,这或许可以说明地方乡贤对三官已经有一定的认同。而在官方,时任通判的夏竦也就是撰写三官堂记的作者似乎对三官并不熟悉,"既就予往观之,而不知其何神"。④ 道士张日损解释道:"道家之说,太虚之上,虚皇在焉,分命元卿,治于紫微丰都清泠之宫。而三元按籍考察天下,有猾黠诡异,苛忍暴慢,险诐隐慝,偕佞欺伪者,可杀可夺,可贫可贱;有信厚仁惠,恭逊和易,谨愿端方、孝悌正介者,可安可寿,可富可贵。故上天有命,宥密无声,疏而不漏,如合符契者,三官之职。"⑤由此可见,三官圣诞三元节、三官崇拜尽管已在唐朝有所发展,但是地方官员对于三官的认知以及认同尚未完全形成。由这座三官堂建造的始末以及夏竦的记可知:道士是三官文化谱系形成的重要宗教力量,地方乡贤是三官文化谱系形成的重要经济支撑的民间力量,地方官员则是提供重要支持的官方力量。

再看在天台山的2座三官庙。一方面可能与张日损在天庆观建的三官堂有关,但是这里还没有证据说明二者的关系,根据夏竦的庙记,其中提到张日损与黄永乾、叶后已的关系,关于他们的记录很少,仅找到叶后已是浙江永嘉的道士,曾在唐懿宗时求雨成功而在昭宗时得到朝廷的敕封;另一方面与天台山上的崇道氛围有关。天台山曾经有高道在此学道或传道,如司马承祯、叶藏质、冯惟良、杜光庭等,尤其是司马承祯,曾传南岳天台一派。"此派是以居住于南岳、天台,或在南岳、天台受道而得名。"⑥司马承祯受到唐朝多位皇帝的敕封建观,《天台山志》记载过桐柏崇道观:"唐睿宗景云二年(711),敕为司马承祯真人建观。"⑦在宋

① (宋)黄㽦《(嘉定)赤城志》卷31,台州丛书本。
② 中国人民政治协商会议新昌县委员会文史资料工作委员会《新昌文史资料　第5辑　石城、穿岩专辑》,内部资料,1999年,第33页。
③ 费泳《南北朝佛教艺术研究》,四川美术出版社,2006年,第131页。类似的表述亦见于:政协新昌县第五届文史资料委员会编《新昌大佛寺》,1997年,第43页。
④ (宋)黄㽦《(嘉定)赤城志》卷31,台州丛书本。
⑤ (宋)黄㽦《(嘉定)赤城志》卷31,台州丛书本。
⑥ 卿希泰主编《中国道教史》(第2卷),四川人民出版社,1996年,第422页。
⑦ (元)不著撰人《天台山志》,一卷本,宫观。

政和六年(1116),建三元院。① 又有宋乾道四年(1168)创建的三官殿。② 这两座三官庙与台州三官堂形成了有时间先后的以及同处台州一地的时空谱系。但是注意到从天庆观的三官堂到三元院之间有100多年的时间差,三元院到三官殿有50多年的时间差,可以说明人们对其认同的发展,也进一步说明谱系形成的缓慢性。

　　江苏常熟有三元堂1座,"三元堂在县治西北一里,元祐己未道士刘通建"。③ 该资料中有几个信息,一是地点离县治不远,说明为官方所认同;二是建造时间在宋哲宗元祐己未时;三是建造人为道士刘通。这说明三官文化由道士传播,而且为官方所认同。江苏在唐朝时有2座三官庙,分别在东台县和宝应县。到宋朝,东台县出现第2座三官庙,"三官殿,在县治西分司署右,宋时建"。④ 或许与唐朝的东台县三官庙有着联系,但是因文献不足,无法进行考证。还有如皋县的三元宫,"三元宫,在石家甸东,宋代建"。⑤ 常熟、东台县、宝应县、如皋县都位于江苏的南部,且东台县、如皋县距离较近,由此形成了地域传播的三官文化谱系,不过谱系形成的路线尚不清楚。

　　江西浮梁县有三官堂,"三官堂,在下梅田都,宋宣和六年(1124)道士李山房创"。⑥ 该三官堂为道士所创,但是关于李山房其人,目前尚无法找到关于其建庙的资料。浮梁县在晋时有道观为双溪观,到宋朝宣和年间朝廷敕封为大清源观,是道教在浮梁县的起源。⑦ 另外大华山位于乐安县城东北部,是天下著名的道教圣地,有着很好的道教崇拜传统。在宋朝庆元年间,有三官殿1座,"至宋庆元年间(1195—1200)对自晋元康年间兴建的殿阁楼亭进行大规模的重修,整整花了10年的时间。重修的殿阁楼亭雄伟壮观,古香古色,主要包括三仙殿、玉皇阁、三官殿、九皇宫、天官坛、宾仙阁、园光亭等"。⑧ 在新建县的逍遥山上有西山万寿宫,亦称玉隆万寿宫,是宋徽宗下诏令重建,建成后有玉皇阁、紫薇阁、三官阁等六大阁。⑨ 同

① (元)不著撰人《天台山志》,一卷本,宫观。
② (元)不著撰人《天台山志》,一卷本,宫观。
③ (清)高士鹚《(康熙)常熟县志》卷13,刻本。
④ (清)周古《(嘉庆)东台县志》,卷35,刊本。
⑤ (清)刘焕修、沙元炳纂《如皋县志》卷3,铅印本。
⑥ (清)乔溎《(道光)浮梁县志》卷20,刻本。
⑦ 浮梁县地方志编纂委员会编《浮梁县志》,方志出版社,1999年,第770页。
⑧ 谢军《江西省宗教志》,方志出版社,2003年,第214页。
⑨ 谢军《江西省宗教志》,方志出版社,2003年,第225页。

样是在新建县,"三官殿在二十都一图,宋时建"。① 浮梁县 1 座、大华山 1 座、新建县 2 座,这些三官庙之间的联系以及各自建庙的渊源目前还无法弄清楚,但是可以肯定的是在江西三官文化的谱系已经形成,它们成为三官文化继续在江西发展的"星星之火"。

陕西有 2 座三官庙,一在长安县,"三官庙,在城东十五里田家湾,创自宋"。② 二在今周至县终南镇,该镇有上清太平宫,建于北宋开宝九年(976),有 13 座大殿,东区有 4 座大殿,天地水三官殿是其中之一。③ 前文曾述唐朝时华阴的罗敷山上有 1 座三官庙,到宋朝时有了上述的 2 座三官庙,3 座三官庙因文献不足,无法弄清楚它们之间的联系。有两点能够说明的是:一是唐宋时期统治者对道教的崇拜;二是罗敷山、长安县、终南镇都有着浓厚的崇道氛围。

在安徽阜阳太和县有三官庙,"三官庙在旧县集西,宋时建"。④ 唐朝时的三元观在含山县,二者相距较远,目前还没有证据表明二者之间有相关性,但是在宋朝,安徽有比较多的道观,如各州县的天庆观,休宁县的新安道院、六安的佑圣观等,这说明道教在唐朝发展的基础上,到宋朝时继续在安徽传播。

由此,宋朝三官庙分布的特点有四个:第一,点状式与网状式分布并存,在山东、湖南、湖北、福建、四川等首次出现三官文化的区域形成点状式分布,在浙江、江苏、江西、陕西、安徽等已有三官文化的区域形成网状式分布;第二,宋廷的崇道政策、皇帝对道教的痴迷、道士的身体力行、地方乡贤的推动与经济上的支持等是修建三官庙的原因;第三,华东地区的三官庙数量所占比率为 73.68%。宋朝共有三官庙 19 座,其中华东地区 14 座(山东 1 座,福建 1 座,浙江 4 座,江苏 3 座,江西 4 座,安徽 1 座),占总数的 73.68%;华中地区有 2 座(湖南 1 座,湖北 1 座),占总数的 10.52%;西北 2 座(陕西 2 座),占总数的 10.52%;西南 1 座(四川 1 座),占总数的 5.28%;第四,三官文化从华东向华中、华南地区传播,西北在陕西境内继续传播,西南从重庆向四川境内发展。

4. 空间谱系的延伸:元时三官庙地域范围的扩大

元朝时有 25 座三官庙,三官文化认同范围进一步扩大,空间谱系延伸到上海、海南、河南、北京、山西、广西等地区,除此之外,福建、江苏、山东、浙江等地的

① (清)承霈修、杜友棠等纂《(同治)新建县志》卷 70,刻本。
② (清)高廷法修、陆耀通纂《(嘉庆)咸宁县志》卷 12,1936 年重印本。注:咸宁县已并入长安区。
③ 张宁岗主编《陕西省志　第 74 卷 2　宗教志》,陕西人民出版社,2012 年,第 320 页。
④ 丁炳烺《太和县志》卷 1,1925 年铅印本。

三官文化继续发展。

三官文化向北方发展，如北京、山西；向华东传播，如上海；向华中扩张，如河南。下面我们首先看元朝首次出现三官庙的地区，其次看唐宋已有三官庙的地区。

首先，河南、上海、海南、山西、北京、广西这些地区首次出现三官庙。

河南有 4 座三官庙，分布在浚县（鹤壁市）、孟县（孟州市属于焦作市）、河内县（沁阳市属于焦作市）、济源市。在鹤壁市的浚县，"三元真君祠，在道口，至元五年（1269）"，[1]有"三元真君行祠碑"，不过缺字太多，无法进一步了解建庙的缘由。其中提到该祠供奉的神灵是唐宏葛雍周武三元将军，[2]立石碑的时间是下元日，立碑还与高道相关，即"太上紫虚道德五千文秘箓弟子同勾北极驱邪院、事充本州道教威仪通和大师，赐紫刘志尚，通常大师知神霄宫门事，赐紫党志，谨副知宫李志"。[3] 在孟县有三官庙，创建于至元二十四年（1287），李孝纯撰记，"李孝纯：至元二十四年（1287），怀孟路学正"。[4] 在记中阐述了是哪些人捐资助建，"邑中耆艾盖玉，乃恳舍己财，劝率里闾中巨族段谨等十余家，鸠工聚材，□因基插殿。徐阙张乐之所，同邑人师宣、杨存、栾茂等，悯其未完，共办工费，不啻千余缗，他亦称是，继而落成"。[5] 盖玉曾在朝廷任职，"大元至元二十四年岁次丁亥，清明前二日，前孟州祇应所官大使盖玉立石"。[6] 其中"祇应所"为元时的官名。由此可知，该三官庙是在官员的倡导下，并由怀孟路学正李孝纯撰记，村人共同资助才最后建成的。在河内县，有三官庙 1 座，创建于至元二十五年（1288）二月，从碑记中可以发现建庙的缘由："人生天地之间，四海之内皆兄弟也；但心合而意同，则出入相友，守望相助，疾病相扶持，□亲疏何以异也？而况出作八息之地，覆焘之恩，不知所谢，理实悖矣。或曰天地之大焉，能以形诘，虽欲事之不可得矣，必欲寅敬□，答惟天地水三官之神近之矣，于是购求三官之图，拟以三元令节之辰设位而祭之。"[7]由此可知人们供奉三官图像，有着"报恩、回报"的思想。人们收获很多，那么应该回报给谁呢？乡人给出的答案是三官神，人们求得三官

---

① （清）熊象阶修、武穆淳纂《（嘉庆）浚县志》卷 11，刊本。

② 唐葛周三元将军是三官中的一种，将在下面小节中做进一步阐述。

③ （清）熊象阶修、武穆淳纂《（嘉庆）浚县志》卷 11，刊本。

④ （清）仇汝瑚修、冯敏昌纂《（乾隆）孟县志》卷 4，刻本。

⑤ 陈垣编纂，陈智超、曾庆瑛英校补《道家金石略》，文物出版社，1988 年，第 1117 页。

⑥ 陈垣编纂，陈智超、曾庆瑛英校补《道家金石略》，文物出版社，1988 年，第 1117 页。

⑦ （清）袁通修、方履篯、吴育纂《（道光）河内县志》金石志下，刊本。

画像,并在三元节时设祭台崇拜。后来有人认为这样对于三官神来说,不够尊重,遂提倡建庙,因此创建三官庙,"夫三官之□□□闻。其于福善祸淫之道,与天地合,其德耳非我辈私室所当。在席有杨林者同妻□氏于村心愿施庙地,□□□□□□□□□地于其后□□宽敞足以□其福地也"。① 三官神格很高,仅是在家里供奉与三官的神格不符,因此倡导建庙,得到乡人的响应。"始议祀三官者为潘德源,议建祠者为赵志,捐施地者为杨林。"②碑记的作者是教谕张用中。从建庙的过程等来看,三官文化已经得到乡人、官员的认同。在河南济源县奉仙观还有三官殿。该观于唐垂拱元年(685)由道士孔志道创建,为唐二鲁真人修道之所;宋熙宁中(1068—1077),葆光大师添造三清、三官等四配殿。③ 这里可能有一些偏差,葆光大师应是元时人,该观有碑刻《崇宁葆光大师卫公道行之碑》,卫公,讳志隐,根据碑记推算,生于金大定二十九年(1189),卒于至元二十年(1283),祖籍河东万泉(山西万荣县),④葆光大师即卫公。根据学者的考证,该碑应撰于至元二十年至二十二年之间。⑤ 卫公在奉仙观有 50 年时间,"元太宗窝阔台七年,乙未之岁(1235),卫志隐被蒙古王师以及济源地方长官延请,住持奉仙观,现《崇宁葆光大师卫公道行之碑》云:'乙未,要官暗散忽都虎暨尚书田阔阔以礼延致,居济源之奉仙观。'从此,卫公柄居奉仙观,苦心经营近五十年"。⑥"《卫公道行之碑》云'五十年间,凡为殿四,一奉三清,一供玉皇,次则列三官及前代高真'"。⑦ 由此可见,奉仙观的三官殿应建于元时,时间范围为元太宗乙未(1235)至至元二十年(1283)。这样,济源县、孟州市、沁阳市形成三角形的空间谱系,孟州市与沁阳市建庙时间有着先后性,二者可能有关,但没有资料确定。而鹤壁市的浚县作为三官在河南北部传播的种子,继续发展。三官庙的建造与道士、官员、乡贤有关,说明认同的范围在不断地扩大。

元代上海有 2 座三官庙,均在南汇(今浦东新区范围内),"崇福庵,上海县十

① (清)袁通修、方履篯、吴育纂《(道光)河内县志》金石志下,刊本。
② (清)袁通修、方履篯、吴育纂《(道光)河内县志》金石志下,刊本。
③ 焦作市地方史志编纂委员会编纂《焦作市志》第 3 卷,红旗出版社,1993 年,第 1250 页。
④ 姚永霞、张倩《探析〈卫公道行之碑〉的文化内涵》,《济源职业技术学院学报》,2016 年第 3 期,第 1 页。
⑤ 赵卫东《奉仙观〈崇宁葆光大师卫公道行之碑〉考释》,《敦煌学辑刊》,2015 年第 4 期,第 80 页。
⑥ 姚永霞、张倩《探析〈卫公道行之碑〉的文化内涵》,《济源职业技术学院学报》,2016 年第 3 期,第 1 页。
⑦ 姚永霞、张倩《探析〈卫公道行之碑〉的文化内涵》,《济源职业技术学院学报》,2016 年第 3 期,第 2 页。

七保,俗呼三官堂,元刹。属南汇"。① 复旦大学地理所的研究者认为该庙建于元至元十六年(1279)。新场镇的三官堂,在"新场永宁教寺后,元大德年间(1297—1307)建,堂后为陈氏墓,堂基亦陈氏所舍,故称陈坟庵"。② 上海的道教有一定的历史,在三国时期就有祭祀霍光的庙宇,宋时被赐名显忠庙;同时也有高道在上海活动,据传高道葛玄曾在金山卫地区活动,后葛洪在华亭地区活动;唐时已有道士查玉成在金山炼丹。道观的建造也呈现增多的趋势,在唐时有道观2座,宋朝有47座,其中南汇县有1座。元代,有道观74座,其中南汇县有5座。③ 由此说明上海在三官庙建造之前就已经有了崇道基础。另外,由于没有更多的资料,2座三官庙的建造原因、渊源还不清楚。但是可以肯定的是2座三官庙成为上海三官文化谱系形成与发展的重要基础。

海南在元朝产生1座三官庙,"三官堂在城南一里,元文宗潜邸时,撒迪建,废"。④ 该庙的建造因资料较少,无法得知具体原因。根据其他间接资料,可探知一二。一方面是琼山有了道教的传播。道教在宋代时传入海南,初期就在琼山县府城镇,当时有道士刘遁(号白云片鹤)到此传道。⑤ 道士刘遁是"琼山道士,精术数"。⑥ 说明宋朝时,琼山县就有了道教的传播,是元时道教发展的基础。另一方面跟元文宗、撒迪有关。元文宗在成为皇帝之前曾被流放至海南琼州,撒迪是元文宗的随从。撒迪,"蒙古人,初为文宗侍者,从居琼州、建康等地。天历元年(1328)文宗即位,授治书侍御史、参议中书省事。二年(1329),升中书右丞奎章阁大学士,预修《经世大典》。至顺三年(1332),拜中书平章政事。元统二年(1334),以本职领蒙古国子监。至元元年(1335),改御史大夫,领奎章阁,知经筵事"。⑦ 可见,撒迪有着深厚的文化功底,尤其是对汉文化熟悉且掌握程度

---

① (清)《(乾隆)上海县志》卷7,寺观。

② 严伟等修、秦锡田等纂《南汇县续志》卷8,祠祀志。

③ 《上海通志》第十四卷民族、宗教,第三章道教。上海地方志办公室官网平台:http://www.shtong. gov. cn/dfz _ web/DFZ/Info? idnode = 79350&tableName = userobject1a&id = 103676。

④ (明)唐胄编纂《(正德)琼台志》卷27,明正德刻本。注:琼台即琼山,琼山属琼州。

⑤ 海南省地方史志办公室编《海南省志·人口志 方言志 宗教志》,海南出版社,1994年,第462页。

⑥ (清)郝玉麟等总裁,鲁曾煜总辑,林子雄、沈娜、梁笑玲点校《雍正广东通志·琼州府》,海南出版社,2006年,第315页。

⑦ 中国历史大辞典·辽、夏、金、元史卷编纂委员会《中国历史大辞典辽夏金元史》,上海辞书出版社,1986年,第517页。

较高。深厚的文化底蕴可能是他在海南琼山建造三官庙的基础。总之,海南出现三官庙有两个原因:一是道教在琼山的传播,二是官员的推动。琼山也就成为三官文化在海南的传播中心。

山西有 3 座三官庙,第 1 座在临汾姑射山神居洞,有碑刻记载:"其洞有玉帝、三官、景成、洪涯之遗像在焉。"①该碑记刊于乃马真后元年即 1242 年。② 第 2 座玉皇庙,配祀三官,据《三晋石刻大全》载:"庙在晋城市泽州县金村镇府城村,元至元三十一年(1294)勒石。天地水三官功德主:府城刘珣、刘宽、李贵。"③泽州的小珏山在北宋时是著名的四珏山④道场之一,宋代的河东路,道教盛行,当时建造了很多道观,著名的有泽州(晋城)、晋州(临汾)的玉皇顶、玉皇庙等。⑤ 这说明泽州有着较好的崇道传统。但是关于供奉三官的原因尚不清楚。第 3 座是新绛县的三官庙:"三官庙在城内,殿前有石葫芦,俗名葫芦庙,明嘉靖壬子、清乾隆戊戌、同治甲戌等年修。"⑥建于元至正元年(1341)。⑦ 该三官庙为元时所建,不过建庙原因尚不清楚。在元代,山西许多地方兴建宫观,有三种方式:军政官员主持及资助修建道观,全真道士集资、化缘修建道观,士绅民众出资、兴役修建道观。⑧ 可知在元朝时道观的数量较多。再将新绛县三官庙放在一起思考,三官文化空间谱系已经在山西呈现扩大之势。另外当我们从地理位置上来看,发现河南焦作(孟县与沁阳)在地理位置上与山西晋城(泽州)、运城(新绛)相邻,而且在建庙时间上有着前后的相继性,三官庙之间可能有着相关性,但是尚无材料来佐证。

广西桂林市临桂县有三元殿,属于紫极宫,在《吴璋重修紫极宫碑》上记载了紫极宫三元殿建造的缘由,紫极宫建于唐朝,到元朝时该观已经"栋宇圮坏,殆莫

---

① 《姑射山神居洞续立圣像记》,见于刘泽民总主编、李玉明执行总主编、王天然主编、王金保执行主编《三晋石刻大全·临汾市尧都区卷》,三晋出版社,2011 年,第 35 页。

② 《姑射山神居洞续立圣像记》,见于刘泽民总主编、李玉明执行总主编、王天然主编、王金保执行主编《三晋石刻大全·临汾市尧都区卷》,三晋出版社,2011 年,第 34 页。

③ 王丽主编《三晋石刻大全·晋城市泽州县卷》,三晋出版社,2012 年,第 89 页。

④ 乔欣主编《历史名人与泽州:英才·商贾·义士·释道卷》,山西人民出版社,2009 年,第 309 页。

⑤ 刘泽民等主编《山西通史》卷 4,宋辽金元卷,山西人民出版社,2001 年,第 103 页。

⑥ 徐昭俭修、杨兆泰纂《新绛县志》卷 8,1929 年铅印本,第 398 页。

⑦ 连达《得乎檐角梁柱间:寻访晋南乡野古建》,北京时代华文书局,2019 年,第 250 页。

⑧ 瞿大风《元朝时期的山西地区 文化·教育·宗教篇》,辽宁民族出版社,2006 年,第 360 - 361 页。

可支"，①住持黄道常捐资修正殿、创玉虚阁等，他的徒弟陈继善于"皇庆壬子建三元殿"，②由此可见在两位道士的努力下，紫极宫于元仁宗时得以重修与扩建。《广西省志·宗教志》记载，唐朝时桂林市有道观14座，宋朝有38座，其中临桂县有4座，这些都说明元朝产生三元殿是有着道教文化基础的。

北京有三元禅林，在外二区大耳胡同十号，建于元代，是自建庙宇。③禅林一般用于佛教，后世有和尚居住或建造三官庙，但是元朝是否有此类情况，还没有相关材料，也没有相关的材料说明该三元禅林的三元是指什么。该条可作为将来继续研究的线索。

其次，已经形成三官文化空间谱系的地区，即江苏、浙江、福建、山东。

江苏有2座三官庙。其中太仓州1座，"三官阁，镇民桥南，元至顺庚午道士钱日升建"。④丹阳县1座，"三官庙，在新桥西，元延祐时建"。⑤唐时三官庙分布在东台与宝应，宋时分布在东台、如皋、常熟，常熟与太仓相邻，可能二者有相关性，尚没有证据。在丹阳创建三官庙，可能与茅山有关。总之在江苏省内三官文化谱系正在逐渐延伸。

浙江有4座三官庙，仁和县今属杭州，"开元宫。至元二十八年(1291)省与宫并毁，因兼宫地作省时，董得时主宫事，购求故宋理宗端孝公主第为宫，在清湖桥西，翰林学士虞公集撰碑记，至治初(1321)民火延燎，住持王寿衍改作之，江浙儒学副提学陈旅撰记，揭文安曼硕撰碑。考据：宋开元宫自泰和坊迁至清湖桥西之时，其殿宇廊庑虽非昔日之盛要，亦非今日之隘陋也，愚谨据陈提学碑记而叙之。在东庑者曰真宫祠，登仙祠，玄武殿，三官殿。此在元时者尚尔修整，其在今日什无一二之存，不亦可胜叹哉"。⑥杭州的开元宫元时整修后有三官殿，说明继唐宋之后，杭州的三官文化谱系在继续扩大。在温州永嘉有2座三官庙：一是元大德间建造的三元宫，在导俗巷；⑦二是元至正壬辰建造的冰壶道院，原名三

---

① (清)蔡呈韶、金毓奇修，胡虔、朱依真纂《(嘉庆)临桂县志》卷20，清嘉庆七年修光绪六年补刊本。

② (清)蔡呈韶、金毓奇修，胡虔、朱依真纂《(嘉庆)临桂县志》卷20，清嘉庆七年修光绪六年补刊本。

③ 北京市档案馆《北京寺庙历史资料》，中国档案出版社，1997年，第371页。

④ (明)周士佐《(嘉靖)太仓州志》卷9，明崇祯二年重刻本。

⑤ (清)刘诰《(光绪)重修丹阳县志》卷11，刻本。

⑥ (明)沈朝宣《(嘉靖)仁和县志》卷11，武林掌故丛编本。

⑦ (清)李琬《(乾隆)温州府志》卷25，清乾隆二十五年刊，1914年补刻本。

元宫,在新街西施水寮巷内。① 在嘉兴有 1 座三官庙,"三元阁,在郡治西南,宋开禧年创建水府以镇宝带湖,遭宋季兵火,元至正间道士(1341—1368)殳以诚建阁三层,奉三官大帝"。② 至此,浙江的三官文化谱系从杭州、丽水到台州,再扩大到温州永嘉、嘉兴。

福建有 3 座三官庙:一在武夷山,称为桃源观,其中有供奉三官,"桃源观在武夷桃源洞内,洞位于武夷山六曲溪畔。观内历代均有方士、羽士隐居修炼。唐天宝年间(742—756),会稽有孔、叶、庄三女冠到武夷山修道,后于此地结茅修炼,始创道观。元代,又增建刘文简祠、三元庵,主奉刘文简公、三官大帝、三皇元君"。③ 二在建阳县(今南平市建阳区),也属于武夷山区域,"三官堂,在县治东隅,元至正年间建(1341—1368)"。④ 武夷山有着修道的传统,道教自唐朝时已在此传播,材料中提到唐朝天宝年间,会稽的三位女道士在武夷山修道创观,之后宋朝的儒士、高士于此隐居修道。这些成为元代增建三元庵、形成三官文化谱系的基础。三在宁德县,有道士修建的三元宫,"在一都北门外,元泰定元年(1324)道士陈师道建,张真人书扁"。⑤ 宁德县境内有霍童山,在南北朝时已建鹤林宫,而且还有很多高道到此修炼,先后有茅盈、左慈、葛玄、王玄甫、陶弘景等著名道人,因此有"未登霍童空寻仙"之说;还有唐朝的司马承祯、杜光庭、宋朝的张君房均将霍童山列为"三十六洞天"之一,杜光庭、张君房更是将其列为首位。⑥ 宁德境内应该是有着道士的活动,形成了较充分的道教氛围,这样才能够在元朝时有道士创建三元宫,有真人为三元宫书匾额。三元宫的建造是道教谱系的延伸。联系宋朝时漳州出现的三官庙,到元朝时,形成一南即漳州、一北即武夷山的三官文化谱系,是三官文化在福建南北进一步传布的重要基点。

山东有 4 座三官庙:即墨县有 1 座三官庙,"即墨县:三官庙在县南登高埠,元天历二年建(1329)",⑦即墨县属青岛。东平有 2 座三官庙:"东平州三官庙,在城西十五里,元大德七年(1303)建,有郡人赵逯碑记",⑧"东平州:三官寺,在

<hr>

① (清)张宝琳《(光绪)永嘉县志》卷 36,刻本。
② (清)许瑶光《(光绪)嘉兴府志》卷 18,刊本。
③ 福建省地方志编纂委员会编《福建省志·宗教志》,厦门大学出版社,2014 年,第 206 页。
④ (明)冯继科《(嘉靖)建阳县志》卷 7,明嘉靖刻本。
⑤ (明)闵文振《(嘉靖)宁德县志》卷 2,明嘉靖刻本。
⑥ 张光英主编《魅力蕉城:宁德蕉城区旅游背景知识》,海峡文艺出版社,2009 年,第 81 页。
⑦ (明)龙文明主修,赵耀、董基纂修《(万历)莱州府志》卷 3,万历三十二年刻本。
⑧ (清)左宜似修,卢釡纂《(光绪)东平州志》卷 6,清光绪七年刻本。

州西南三十里,元至正二年建(1342)",①东平今属泰安。潍坊有 1 座三官庙,"元代潍坊地区修建道教宫观就有潍城天仙宫、诸城枳沟庙山三官殿。寿光县铭真观等 12 座"。②如果将宋朝青州的三官庙联系起来,就会发现青州三官庙与潍坊诸城枳沟庙山三官殿可能存在谱系关系。再将青岛即墨县的三官庙、泰安东平的两座三官庙联系起来,就形成了类似三角形的传播谱系。这里我们还注意到东平三官神圣空间称为三官寺,可能与佛教有关,但因为文献不足,所以还无法探究其中的缘由。

由上可见,已经形成了包括河南 4 座、江苏 2 座、上海 2 座、山西 3 座、福建 3 座、浙江 4 座、海南 1 座、山东 4 座、广西 1 座、北京 1 座等在内的 10 个省、直辖市的三官文化谱系,同时各个省、直辖市随着传播点的形成,省内的谱系也呈现发展的趋势。道士建庙 7 座,占总数的 28%,官员建庙 2 座,占总数的 8%,说明三官文化的传播更多的是在道教传播的带动下实现的。官方建庙宣示了官方对三官文化的认同。更有"三官寺"的出现,或许是佛教徒认同三官文化的开始,也开了僧建三官庙的先河。

综上,元朝三官庙分布的特点有三:第一,华东、华北、华中的三官文化较为兴盛。元朝共建庙 25 座,其中华东地区 15 座(上海 2 座,江苏 2 座,浙江 4 座,福建 3 座,山东 4 座),占总数的 60%;华北地区 4 座(北京 1 座,山西 3 座),占总数的 16%;华中地区 4 座(河南 4 座),占总数的 16%;华南地区 2 座(广西 1 座、海南 1 座),占总数的 8%。华东、华北、华中地区之和的占比为 92%。第二,三官谱系继续呈现多元化,即唐葛周三元已经传播到河南,形成谱系。第三,佛教徒对三官文化的认同,以建造的三官寺、三元禅林为标志。

总之,唐宋元时期的三官文化呈现出多元化的趋势,地方信仰如唐葛周三元真君进入三官系统;三官庙的创建过程有皇帝对道教的认同,还有道士的推进、乡贤的主动参与,还与地方经济有着一定的关系,另外佛教徒的参与也体现了文化认同;三个朝代三官文化的地理分布均呈现出华东、华北、华中的集中化态势。

(二) 向全国其他地区扩展:明朝三官文化的空间谱系

明朝时三官文化的谱系扩大到 25 个省、自治区、直辖市,包括安徽、福建、江苏、江西、山东、浙江、上海、广东、广西、海南、河南、湖北、湖南、北京、山西、天津、

---

① (清)颜希深《(乾隆)泰安府志》卷 6,刻本。
② 山东省地方史志编纂委员会《山东省志·少数民族志　宗教志》,山东人民出版社,1998 年,第 391 页。

河北、甘肃、宁夏、青海、陕西、四川、云南、贵州、辽宁。其中首次出现三官庙的地区有广东、天津、河北、甘肃、宁夏、云南、贵州、辽宁、青海等地。

首先看首次出现三官庙的地区,即广东、天津、北京、河北、甘肃、宁夏、云南、贵州、辽宁、青海。

在广东有 17 座三官庙,其中湛江市 3 座,包括雷州市海康县(1 座)、徐闻县(1 座)与吴川县(1 座);茂名市 1 座,即茂名县;江门市 1 座在新会县;肇庆市 1 座,在高要县;广州市 1 座;惠州市 6 座,在龙门县;清远市有 2 座,即英德市与阳山县各 1 座;潮州市 1 座在海阳县;韶关市 1 座,在乳源县。① 分别来看每个区域建庙的缘由。第一,惠州市龙门县分布的最多,有 6 座。龙门县为什么出现这么多三官庙呢? 可能与龙门山境内的罗浮山有关。东晋时,葛洪到罗浮山建观传道,到宋朝元祐年间,宋廷为葛洪祠赐额,是为"冲虚观",之后罗浮山冲虚观名扬天下。② 可能是在罗浮山的影响下,才有了龙门县的 6 座三官庙。第二,湛江市有 3 座三官庙,雷州市(1 座)、徐闻县(1 座)与吴川县(1 座)。雷州市海康县三官庙为太监傅伦所建,为什么太监要跑到广东建庙呢? 联系前面的论述,明宪宗的母亲笃信天地水三官,明宪宗曾为母亲建大慈延福宫,供奉天地水三官大帝,到孝宗、武宗朝皇帝还赐给延福宫上百亩土地,这是其一;明朝从永乐之后任命太监到地方任职,称为镇守太监,太监傅伦就曾经到两广任市舶长使,③"牛容、傅伦在广州年深月久",④说明傅伦或许在弘治时已在广东,这是其二。但是傅伦是否曾侍奉宪宗母亲还不清楚,在海康建三官庙是否是为了迎合宪宗母亲不得而知。根据万历《雷州府志》,除了三官庙外,傅伦还在雷州市的遂溪县建石牛庙,"弘治间,太监傅伦、陈瑢相继修建"。⑤ 遂溪县与海康县相邻,均属于雷州管辖。傅伦在弘治时就已经在雷州府,万历《雷州府志》载:"太监傅伦于湖侧隙地建爱莲亭。"⑥湖是雷州的西湖,由此我们大概知道傅伦与雷州的关系。徐闻县与海康县相邻,三官庙的创建或许与其有关。吴川县的三官庙由"万历邑人吴

---

① 该数据根据地方志资料整理。本章所涉及的三官庙宇宫观的数量均由笔者根据地方志等资料统计得出,后文不再作注。
② 陈训廷主编《惠州历史文化丛书》,广东人民出版社,2016 年,第 121 页。
③ 经查文献,有关于广西、广东的不同说法,只能采取模糊的办法,文中使用两广来说明。
④ 广东省交通运输厅主编《蔚蓝轨迹:广东航运经济文化史》,广东旅游出版社,2017 年,第 38 页。
⑤ (明)欧阳保纂《(万历)雷州府志》卷 11,明万历四十二年刻本。
⑥ (明)欧阳保纂《(万历)雷州府志》卷 3,明万历四十二年刻本。

鼎元"①创建,吴鼎元是万历间举人,在多处兴建寺庙,除三官庙外,在吴川县还建有大士庵,去世后被列入乡贤祠。② 由上可见,湛江3座三官庙的创建与朝廷、官员以及地方乡贤有关。第三,吴川市与茂名市相接,在茂名县有1座三官庙,可能与吴川市的三官庙有关系,但没有证据说明二者的关系。第四,江门市新会县有三官庙1座,根据记载三官庙在隆兴观内,"玄坛庙、三官庙,俱在隆兴观内"。③ 而隆兴观"宋皇祐间道人李先生结坛朝斗,其后尸解,邑人即坛祀之,曰:李先生祠,后改今额。万历间僧三乘重修"。④ 将两条资料结合起来看,三官庙在隆兴观,是和尚重修,说明到明朝时除了佛道之争引起的寺庙道观之争外,可能还有和尚占据或者重修三官庙的行为。另外尚没有资料说明该三官庙的建造缘由。第五,肇庆市高要县有三官庙1座,"三元阁在石室岩,万历二十七年(1599)副使李开芳建"。⑤ 石室岩亦即七星岩,李开芳曾作《重修七星岩记》,未见原文,故其建三元阁的缘由不得而知。第六,广州市1座,广州三元宫与罗浮山冲虚观有着谱系关系。⑥ 葛洪曾在罗浮山修道,三元宫的前身越岗院,是葛洪妻子鲍姑修道的场所。明朝崇祯十六年(1643)钦天监官员到广州巡视,认为越秀山与天星三台列宿相对应,便要求在越岗院增建一座三元宫,供奉三官大帝,这样有利于穗城。从此,越岗院正殿就供奉三官大帝,也因此改称为三元宫。⑦ 第七,清远市的三官庙分布在英德与阳山县,各1座。英德的三官庙,"三元宫又名三官殿,在县治后龙山中峰,明崇正邓允燧以梦捐创"。⑧ 邓允燧曾任山东单县县令,山东有着深厚的三官文化基础,明朝时期山东有三官庙88所,单县也有1座三官庙。邓允燧在任期间,"则有三元入梦之奇兆。乃在明府令单时,盖单为东鲁望邑,即三元圣祖自出之地,其灵爽丕着,明府借神庇得免于厄。梦既奇应若响,遂发宏誓,爰创此宫"。⑨ 三元入梦,免于厄难,遂创三元宫。另外在建庙的过程中,还有上级官员即总督熊大司马来考察,三官也为大司马所

① (清)杨霁修、陈兰彬纂《(光绪)高州府志》卷11,清光绪十一年刊本。
② (清)杨霁修、陈兰彬纂《(光绪)高州府志》,卷11,清光绪十一年刊本。
③ (明)王命璇修、黄淳纂《(万历)新会县志》卷2,清顺治间修补本。
④ (明)王命璇修、黄淳纂《(万历)新会县志》卷2,清顺治间修补本。
⑤ (清)马呈图等纂修《(宣统)高要县志》卷7,1938年重刊本。
⑥ 陈训廷主编《惠州名迹荟萃》,广东人民出版社,2016年,第121页。
⑦ 广东省地方史编纂委员会编《广东省志·宗教志》,广东人民出版社,2002年,第171页。
⑧ (清)刘济宽纂、陆殿邦纂《(道光)英德县志》卷6,清道光二十三年刻本。
⑨ (清)刘济宽纂、陆殿邦纂《(道光)英德县志》卷6,清道光二十三年刻本。

梦,遂出资捐建。吴永澄在写完三元宫记后,逢中元节,也梦遇三官。熊大司马不知何许人也,但吴永澄是浙江乌程县人。浙江也有着深厚的三官文化基础,梦遇三官是可能的。这样看来,英德市的三官庙的建造是在地方官员的支持下完成的,离不开官员对三官文化的认同。阳山县与英德县相接,该地的三官庙建于崇祯时期,"三元阁一名三官楼,在寅宾门外,明崇祯三年(1630)建"。① 而英德的三官庙应建于崇祯九年后,原因在于崇祯九年吴永澄才做英德的知县,"吴永澄浙江乌程县人,崇祯九年知英德县事"。② 对于两地的三官庙,目前没有资料说明二者的联系。第八,潮州市的三官庙在海阳县,"在金山北麓,天启间邑人吴殿邦建"。③ 吴殿邦,海阳人,是万历四十一年(1613)的进士。④ 该三官庙的建造与地方乡贤有关。第九,韶关市乳源县的三官庙,"三官殿,在玄妙观之左,崇祯八年生员李良标等建"。⑤ 生员即秀才,如此李良标属于地方乡贤。在李良标的记中阐述了建造三官庙的缘由,似与传统的风水观念有关,"乳邻衡桂山水之秀,不亚邻邑,但左阜低平,右峰高峻,堪舆家言:天关宜开,地轴宜闭。以故关帝庙、元妙观、义士祠禅联建,县治之东,借补其空旷焉。元妙观傍地,民墟抱左,榕荫覆右,岳山轸后,泷水带前,居然一福地也"。⑥ 也就是说乳源县地处空旷,左高右低,需要有建筑来弥补不足,从风水观念来看元妙观所处位置恰到好处,遂在元妙观左边建三官殿。在记中还对三官的来历进行了阐述,这与李良标的父亲有关,"昔家君游学闽漳,闻三官为人世福神,语人以所宜祀"。⑦ 家君即家父,由此看来,李良标建三官殿与其父亲游学闽漳有关,与其耳濡目染有关,再加上后来李良标博览群书之后,对三官文化表示了认同。广东的三县以及福建漳州形成了谱系关系。

天津有 9 座,分布在天津市中心 4 座、武清区 5 座。北京有 27 座,分布在宛平县 2 座(今丰台等区),良乡县 2 座(今属房山区),密云县 2 座(今密云区),房山县 1 座(今房山区),延庆 3 座,昌平 1 座,通州 2 座,根据《北京寺庙历史资料》

① 黄赞修、朱汝珍纂《阳山县志》卷 14,1938 年铅印本。
② (清)刘济宽纂、陆殿邦纂《(道光)英德县志》卷 10,清道光二十三年刻本。
③ (清)庐蔚猷修、吴道熔纂《(光绪)海阳县志》卷 27,清光绪二十六年刊本。
④ 孙淑彦、王云昌编《潮州人物辞典·文史艺术分册》,中山大学出版社,1991 年,第 26 页。
⑤ (清)张洗易纂修《(康熙)乳源县志》卷 4,清康熙刻本。
⑥ (清)张洗易纂修《(康熙)乳源县志》卷 4,清康熙刻本。
⑦ (清)张洗易纂修《(康熙)乳源县志》卷 4,清康熙刻本。

另有 14 座三官庙,但不能辨别具体属于哪个区县。①

河北有 102 座,是三官庙最多的省份,分布在秦皇岛 1 座(卢龙县 1 座),唐山 7 座(乐亭县 2 座,滦县 1 座,唐山市 1 座,玉田县 2 座,遵化市 1 座),张家口 14 座(赤城县 4 座,怀来县 2 座,蔚县 3 座,阳原县 1 座,怀安县 2 座,张家口市 2 座),廊坊 16 座(廊坊市 3 座,永清县 1 座,霸州市 2 座,固安县 2 座,大城县 3 座,香河县 2 座,三河市 3 座),保定 5 座(高碑店市 2 座,定兴县 1 座,清苑县 1 座,望都县 1 座),沧州 16 座(青县 1 座,沧州市 1 座,沧县 1 座,南皮县 1 座,东光县 8 座,泊头市 1 座,河间市 3 座),石家庄 11 座(深泽县 2 座,辛集市 3 座,正定县 1 座,藁城市 1 座,元氏县 2 座,赞皇县 1 座,高邑县 1 座),衡水 12 座(饶阳县 5 座,安平县 1 座,景县 1 座,枣强县 5 座),邢台 13 座(南宫市 4 座,巨鹿县 1 座,威县 1 座,广宗县 1 座,任县 4 座,南和县 2 座),邯郸 7 座(永年县 1 座,武安市 1 座,邯郸市 1 座,磁县 1 座,成安县 1 座,大名县 2 座)。

河北、北京、天津均属河北同一地区,三者之间的行政区划时有变化,因此,将三地放在一起阐述。河北的三官庙数量是最多的,其中 10 座以上的有 6 座城市,这是什么原因引起的呢? 可能与河北的地理位置、道教传播有关系。从地理位置上看,河北是明政府皇权辐射最强的地区,如前述,宪宗的母亲崇拜三官大帝,当明朝皇家供奉三官时,不仅官方会建庙,普通百姓也会效仿。河北、天津作为接受辐射最强的地区,在上行下效的推动下,会形成三官庙林立之势。道教在南北朝时期就已经在河北传播,中山、曲阳等多地都有建造道坛,以供奉太上老君、黄帝等;唐宋元时道教获得大发展,河北道观林立;明清时期,随着道教的世俗化,逐渐向民间扩展,在河北,三官庙等遍及城乡州县。②

甘肃有 20 座三官庙,主要分布在酒泉 1 座,张掖 2 座(在民乐县),武威 4 座(民勤县 3 座,古浪县 1 座),白银 2 座(靖远县 2 座),定西 3 座(临洮县 1 座,渭源县 1 座,岷县 1 座),平凉 4 座(泾川县 1 座,灵台县 2 座,庄浪县 1 座),庆阳 2 座(合水县 2 座),陇南 2 座(徽县 1 座,陇南市 1 座)。

魏晋南北朝时期,道教已经在甘肃传播;唐朝时因皇家对道教的信仰,促进了甘肃道教的发展,有许多道观产生,其中兰州兴隆山最多,还有天水、秦安、礼

---

① 北京市档案馆编《北京寺庙历史资料》,中国档案出版社,1997 年。根据 1928 年、1929 年当时国民政府调查登记的寺庙表格整理而成。有的地址如"外一区冰窖胡同三十六号"还无法确定属于哪个区县。

② 河北省地方志编纂委员会《河北省志·宗教志》,中国书籍出版社,1995 年,第 9-10 页。

县、陇西、靖远、武威、临夏等地;在唐朝末年司空图作《灵台三官堂文》,其中的灵台是否为灵台县还没有资料能够说明,只能留待以后考证。到宋朝时,道教进一步兴盛起来,尤其是在甘肃丝绸之路沿线曾修过很多道教宫观,如兰州玄妙观、城隍祠,宁州显圣庙,庆阳正阳观,天水三清阁等。元代时天水有玉泉观,河州(今临夏)有大隐庵,成县有北极宫,民勤县有元真观,兰州兴隆山等地也修建道观。明代甘肃道教有更进一步的发展,在兰州的几个藩王,如肃庄王朱瑛号大华道人,肃靖王朱真号光霁道人,肃王朱宏号太华道人,淳化王真泓号元一道人。连明肃王世子朱晋炯,也是道教的虔诚信徒。[①] 在这样的氛围下,到明朝时甘肃出现了三官庙。

宁夏有 5 座,主要分布在中卫县 1 座,吴忠市盐池县 1 座、青铜峡 1 座,石嘴山 1 座,银川 1 座。道教在东汉末年传入宁夏,太平道是在黄巾起义失败后由士兵带入,天师道是在曹操将汉中人迁到三辅等地时,有汉中人随之进入宁夏,将五斗米道传入;南北朝时期,道教在固原地区传播,至唐时,道教传入中卫,有在太上老君圣诞举办庙会为证;元代以后道教在固原继续发展。[②] 尽管宁夏有着较为悠久的道教传播历史,但是直到明朝万历年间才兴建三官庙。

云南有 37 座,主要分布在大理白族自治州 9 座(鹤庆县 1 座,宾川县 2 座,大理市 4 座,巍山县 2 座),楚雄彝族自治州 9 座(楚雄市 2 座,武定县 2 座,元谋县 1 座,牟定县 2 座,姚安县 2 座),玉溪市 6 座(玉溪市 1 座,新平县 1 座,峨山县 1 座,通海县 1 座,江川区 1 座,华宁县 1 座),昆明市 5 座(昆明市 3 座,晋宁区 2 座),曲靖市 3 座(沾益区 1 座,曲靖市 2 座),保山市 1 座,临沧市 1 座,红河哈尼彝族自治州 2 座(石屏县 1 座,建水县 1 座),文山市 1 座。其中大理与楚雄相接,楚雄与昆明、玉溪相接,昆明与玉溪相接,曲靖与昆明相接,形成了分布于云南中部的三官文化谱系。三官早在唐朝时就已经出现在唐朝与南诏结盟的盟书上,"云南昭异牟寻及清平官大将军与剑南西节度使崔佐时,谨诣阽苍山北上,请天地水三官、五岳四渎即管川谷诸神,同情降临,用为证据,念异牟寻盟书"。[③] 但是在唐朝及之后的宋朝都没有产生三官庙。直到明朝,才在楚雄武定出现第 1 座三官庙。这与道教在云南当地的传播与兴盛有关。道教通过四川、

---

① 甘肃省地方史志编纂委员会、甘肃省志宗教志编纂委员会《甘肃省志·宗教志》,甘肃人民出版社,2005 年,第 9 - 16 页。
② 宁夏通志编纂委员会《宁夏通志·民族宗教卷》,方志出版社,2010 年,第 260 - 265 页。
③ 龙云等《新纂云南通志》卷 96,铅印本。

广西、贵州传入云南,在魏晋南北朝到明朝时期,得到较好的传播与发展,尤其是在明朝永乐初,全真道士刘渊然从北京至云南,在昆明城内扩建三元宫;万历甲辰年(1604)巡抚陈用宾在昆明建造太和宫,在曲靖翠峰山建玉皇阁;在官员的带动下,大理、保山、凤庆、曲靖、建水、石屏、罗平等地多兴建三元庙、三官庙、文昌宫等各种宫观。[①] 在道士的积极推动下,在地方官员建庙的引领下,产生多地建庙的效应,至此,三官文化在云南的形成谱系。

贵州有 20 座,其中遵义市 4 座(赤水 2 座,桐梓县 1 座,遵义县 1 座),铜仁市 2 座(石阡县 1 座,铜仁市 1 座),毕节地区 4 座(毕节市 2 座,威宁彝族回族苗族自治县 2 座),贵阳市 2 座(清镇市 1 座,贵阳市 1 座),安顺市 1 座(关岭布依族苗族自治县 1 座),黔西南布依族苗族自治州 4 座(普安县 3 座,安龙县 1 座),黔东南苗族侗族自治州 2 座(麻哈县 1 座,天柱县 1 座),黔南布依族苗族自治州瓮安县 1 座。贵州三官谱系的形成与道教的传播相关。北宋初道教传入贵州,到明朝时传入少数民族地区。洪武时在黔西南布依族苗族自治州普安县已经有了贵州第 1 座三官庙,"水星寺在北门城外,又号水晶观,明洪武建,原有三官阁"。[②] 说明在洪武之前就有三官庙,但是具体时间尚无法考证。普安县的三官庙与道教在贵州传播的时间线是一致的。到明代时,宫观供奉的神灵中多有三官大帝。这一现象的发生与当时官员捐建道观较多有关,当时的地方官员如土官、流官等以及乡绅大多信奉道教,他们创建庙宇宫观,如铜仁的郡守江大鲲、麻哈县的知州胡有逵、天柱县的知县朱梓,还有咸宁彝族回族苗族自治县的"本卫善士",均有建造三官庙。这些都说明了官员、乡绅对三官文化的认同。道教的传播以及官员、乡绅的信奉促进了三官文化在贵州的传播。

辽宁有 11 座三官庙,主要分布在沈阳市(2 座),鞍山市 1 座(海城县 1 座),铁岭市 2 座(铁岭县 2 座),本溪市 3 座(本溪满族自治县 1 座,桓仁满族自治县 2 座),大连市 1 座(瓦房店市 1 座),丹东市 1 座(凤城市 1 座),锦州市 1 座(义县 1 座)。从北往南,沈阳与铁岭相接,沈阳与本溪相接,本溪与丹东相接,丹东与大连相接;从东往西,丹东与鞍山、鞍山与锦州相接,由此形成三官文化的谱系。辽宁三官文化谱系的形成可能与道教的传播有关,道教在唐以前就传入辽宁,在唐宋金元时期有较好的发展,尤其是在金元时期,全真道的创立与丘处机及其弟子的传道,使得权贵官员成为信徒,金元时期的贵族大力创建道观,极大地促进了

---

① 云南省地方志编纂委员会《云南省志·宗教志》,云南人民出版社,1995 年,第 116 - 119 页。

② (清)曹昌祺修、覃梦榕纂《(光绪)普安直隶厅志》卷 8,清光绪十五年刻本。

道教的传播,因此到明朝时开始出现三官庙,辽宁第 1 座三官庙在铁岭县。从地理分布来看,辽宁 14 个城市中,7 个城市有三官庙。三官谱系的形成依然离不开道教崇拜氛围,离不开道教的传播与贵族的参与。

青海有 1 座三官庙,在贵德县的玉皇阁,阁中有三官殿。庙建于万历时期,"万历乙丑八月兴工,壬辰岁秋告成"。① "恭择城中易地,创修玉皇圣阁。叠阜悬仰,统贯诸像神宇。东西雷祖、玄帝、文昌、三官、后洞三教,前庭拜殿"。② 该庙在明朝军队屯戍之处,"我太祖高皇帝初基,命遣邓将军征讨西域,鼓番设站,建立城堡,调集河州卫中左千户所官军屯一千,守御兹土,谓之洮、河藩篱,秦、陇耳目,股肱至今,乃磐石之固也"。③ 其建造有助力该地风水的意思,"观览四面景色,枉劣少振,四夷秉鉴窥行,当可助之以利其风"。④ 为官民共建,"该所官旗乡善,军民施舍财力,督理提调匠作,效工劳力,无不处诚。委官河州千户赵俊同协助祭奠周善"。⑤ 后由将军撰写碑记"河州卫世袭指挥同知任归德、游击前授诰怀远将军结峰长略撰书"。⑥ 可见该庙的建造其实与军队屯戍有关。

综上,在唐宋两朝三官文化谱系发展的基础上,广东、北京、天津、河北、甘肃、宁夏、云南、贵州、辽宁、青海等地也开始形成三官文化的谱系。究其原因有三:一是与道教的传播所形成的道教氛围有关,二是离不开地方官员以及乡绅的支持,三是与军队屯戍有关。

其次看唐宋元时期已有三官庙并在明朝时继续发展的地区,如安徽、福建、江苏、江西、山东、浙江、上海、海南、河南、湖北、湖南、山西、陕西、四川、广西。

安徽有 18 座三官庙,主要分布为亳州蒙城县 1 座;滁州市 5 座(滁州 3 座,全椒县 1 座,来安县 1 座);合肥市庐江县 1 座;芜湖市 4 座;池州市石台县 1 座;宣城市 5 座(宁国市 3 座,旌德县 1 座);黄山市 2 座(黄山市 1 座,歙县 1 座)。

其中普通百姓兴建的有芜湖的 2 座,一在芜湖,"邑民周在兴建",⑦二在滁州全椒县,"鲁淮黄梅等建";⑧道士修建的有 2 座,其中宣城宁国县 1 座,"道士

---

① 赵忠《河州兰若庙观记》下,甘肃人民美术出版社,2019 年,第 723 页。
② 赵忠《河州兰若庙观记》下,甘肃人民美术出版社,2019 年,第 723 页。
③ 赵忠《河州兰若庙观记》下,甘肃人民美术出版社,2019 年,第 723 页。
④ 赵忠《河州兰若庙观记》下,甘肃人民美术出版社,2019 年,第 723 页。
⑤ 赵忠《河州兰若庙观记》下,甘肃人民美术出版社,2019 年,第 723 页。
⑥ 赵忠《河州兰若庙观记》下,甘肃人民美术出版社,2019 年,第 723 页。
⑦ (清)梁启让《(嘉庆)芜湖县志》卷 3,清嘉庆十二年重修,1913 年重印本。
⑧ 张其濬《全椒县志》卷 14,1920 年刊本。

饶天煜募建"①,滁州1座,为"开山道士潘云积建";②还有居民与和尚共同建造的三官庙,在亳州蒙城县,为"居民何仲权施地,孙琪修建,僧千江募建"。③ 和尚已开始募建三官庙,但是其中的缘由不得而知。再结合唐宋元时期的三官庙的分布看,明朝的三官文化谱系进一步扩展,形成了从北至南的三官文化空间谱系。

福建有22座,其中南平市5座(南平市2座,建阳市1座,浦城县1座,武夷山市1座);宁德市4座(宁德县3座,霞浦县1座);三明市7座(将乐县2座,永安县2座,宁化县3座);福州市1座在长乐县;龙岩市3座(上杭县2座,长汀县1座);莆田市2座(仙游县1座、莆田县1座)。在这些三官庙的建造中,官员建庙2座,官员与道士合作建庙1座,官员与和尚合作建庙1座,地方乡贤建庙1座,佛教信徒建庙1座。由此可见,主持建庙的人员趋于多样化,三官文化正在得到更大范围的认同。

江苏有三官庙92座,主要分布为徐州市8座(沛县6座,睢宁2座),连云港市3座,宿迁市7座(宿迁市4座,沭阳县2座,泗阳县1座),淮安市6座,盐城市5座(盐城市1座,东台市4座),扬州市19座(宝应县7座,高邮市4座,扬州市4座,仪征市2座,江都区2座),泰州市14座(兴化市4座,泰州市4座,泰兴市1座,靖江市5座),镇江市6座(句容市1座,镇江市2座,丹阳市3座),常州市4座(溧阳市1座,常州市3座),无锡市1座(江阴市1座),南通市5座(如皋市4座,南通市1座),苏州市9座(常熟市3座,苏州市4座,太仓市2座),南京市5座(溧水区1座,南京市4座)。

江西有三官庙10座,主要分布为九江市3座(九江市2座,都昌县1座),景德镇1座(浮梁县1座),上饶市1座(余干县1座),南昌市3座(安义县2座,进贤县1座),宜春市2座(万载县1座,丰城市1座)。我们发现三官庙均分布在江西的北部,南部及中部还没有三官庙分布的痕迹。

山东有三官庙88座,其中德州9座(平原县2座,夏津县3座,武城县1座,齐河县3座),滨州8座(无棣县1座,惠民县3座,邹平县3座,滨州市1座),济南6座(济阳县2座,济南市4座),淄博5座(高青县2座,淄博市3座),聊城4座(东阿县1座,阳谷县1座,莘县2座),泰安3座(肥城市2座,宁阳县1座),

① (清)梁中孚《(道光)宁国县志》卷3,清道光五年刊本。
② (清)余国朴《(康熙)滁州志》卷27,清康熙十二年刊本
③ (清)王敛福《(乾隆)颍州府志》卷2,乾隆十七年刊本。

菏泽 7 座(东明县 1 座,巨野县 2 座,郓城县 3 座,单县 1 座),济宁 14 座(汶上县 1 座,兖州市 5 座,济宁市 2 座,邹城市 1 座,金乡县 4 座,鱼台县 1 座),枣庄 3 座(滕州市 2 座,枣庄市 1 座),临沂 3 座(蒙阴县 1 座,费县 1 座,临沂市 1 座),潍坊 7 座(青州市 1 座,安丘市 1 座,昌乐县 1 座,潍坊市 1 座,昌邑市 2 座,诸城市 1 座),青岛 4 座(平度市 1 座,即墨市 3 座),烟台 12 座(龙口市 2 座,蓬莱市 2 座,烟台市 8 座),威海 3 座(威海市 1 座,文登市 2 座)。

浙江有三官庙 57 座,其中湖州 7 座(安吉县 1 座,湖州市 6 座),嘉兴 13 座(嘉善县 2 座,嘉兴市 6 座,桐乡市 2 座,海盐县 3 座),杭州 9 座(淳安县 1 座,建德市 2 座,杭州市 6 座),绍兴 1 座,宁波 8 座(慈溪市 7 座,宁海县 1 座),金华 2 座(兰溪市 2 座),台州市 1 座,舟山市 2 座,温州 5 座(永嘉县 4 座,乐清市 1 座),丽水 5 座(庆元县 1 座,云和县 1 座,丽水市 3 座),衢州 4 座(开化县 1 座,常山县 1 座,江山市 1 座,衢州市 1 座)。

上海有三官庙座 17 座,其中长宁区 1 座,嘉定区 3 座,青浦区 2 座,金山区 1 座,宝山区 2 座,闵行区 2 座,奉贤区 1 座,浦东新区 3 座,崇明区 2 座。

海南有三官庙 1 座,在琼山县。

广西有 7 座三官庙,分布在百色市镇安县(今德保县)(1 座)与太平县(今平果县)(1 座),北海(2 座),南宁宣化县(1 座),贺州昭平县(1 座),河池市宜山县(1 座)。百色镇安三官庙,"在县治西一里,明万历十七年(1589)建,邑人王日然撰纪,不录",[①]其中王日然"正嘉时人,由岁贡任顺天府鱼台县知县"。[②] 可以说该三官庙的建造得到了官员的认可。太平县三官庙是根据一条资料推断出来的,"县前总铺,旧即三元堂故址,成化十七年改置",[③]也就是说在成化十七年(1481)前是三元堂。北海合浦县有 2 座三官庙,一为三界庙,[④]"在府城南门外离城五里",[⑤]二为三官庙,"在城西门外"。[⑥] 南宁宣化县有三官庙 1 座,"南宁府宣化县,三官堂在城外东北三里,明崇祯间建"。[⑦] 昭平县的三官庙,"三元宫,创

---

① (清)聂焘纂修《(乾隆)镇安县志》卷 9,清乾隆十八年钞本。
② (清)聂焘纂修《(乾隆)镇安县志》卷 6,清乾隆十八年钞本。
③ (明)曾才汉修、叶良佩纂《(嘉靖)太平县志》卷 4,刻本。
④ 三界庙,即天地水三界,是三官庙的别称,在福建、台湾地区、广东、广西多称此。
⑤ (明)张国经修、郑抱素纂《(崇祯)廉州府志》卷 14,明崇祯十年刻本。
⑥ (明)张国经修、郑抱素纂《(崇祯)廉州府志》卷 14,明崇祯十年刻本。
⑦ (清)金鉷、钱元昌、陆纶《(雍正)广西通志》卷 42,清文渊阁四库全书

自前明"。① 集中来看,广西三官庙与道教的传播有直接关系。在唐朝时广西有 14 座道观,主要分布在桂林;宋朝道教在宋太祖、宋太宗的支持下,得到较好发展,当时广西的道观有 38 座,分布在桂南、桂中、桂北、桂东南、桂东南、桂东等地区;元朝时道教向桂西与桂西南传播,又建造了 8 座道观;明朝时,道教向桂西发展,如镇安县、太平县等地均出现了道观,这与镇宝县、太平县出现三官庙的时间吻合。② 北海、南宁在广西的南部,贺州昭平县在广西的东部,三地三官庙的发展均有着较好的崇道基础。另外,在宜山县,有三元祠一座,是宋朝三元祠的延续,在明正统间重修,嘉靖废,后又重建为三元祠,"宜山县:三元祠在府学左,祀文简公冯京,宋乾道间知州李守荣建。明正统间知府杨禧重修,嘉靖间知府吉裳谓京非庆远人,废其祀,改祀启圣公;十三年知府林廷枃修复,提学潘恩序其事刊于祠壁"。③ 三元祠兴废的过程,是对地方乡贤的认同与祭祀过程的体现。

河南有 74 座,其中安阳市 2 座(汤阴县 1 座,滑县 1 座),濮阳市 4 座(清丰县 3 座,范县 1 座),鹤壁市 3 座(浚县 3 座),新乡市 16 座(辉县市 3 座,卫辉市 6 座,新乡县 2 座,延津县 1 座,获嘉县 1 座,原阳县 1 座,长垣县 2 座),焦作市 5 座(武陟县 2 座,孟州市 3 座),洛阳市 3 座(偃师市 1 座,汝阳县 1 座,洛宁县 1 座),郑州市 7 座(中牟县 6 座,登封市 1 座),开封市 6 座(尉氏县 2 座,兰考县 1 座,开封 3 座),许昌市 13 座(禹州市 1 座,长葛市 1 座,许昌县 1 座,鄢陵县 3 座,襄城县 7 座),平顶山市 2 座(汝州市 1 座,郏县 1 座),漯河市 2 座(临颍县 1 座,漯河市 1 座),周口市 2 座(西华县 2 座),商丘市 4 座(夏邑县 2 座,商丘市 2 座),南阳市 2 座(内乡县 1 座,南阳市 1 座),驻马店 1 座(正阳县 1 座),信阳市 2 座(固始县 1 座,商城县 1 座)。

湖北有三官庙 6 座,其中襄阳 1 座(枣阳市 1 座),荆门 1 座(荆门市 1 座),潜江市 1 座,荆州市 1 座(监利县 1 座),武汉市 1 座(武汉市 1 座),黄冈市 1 座(蕲春县 1 座)。

湖南有三官庙 10 座,其中张家界 2 座(慈利县 2 座),岳阳 1 座(岳阳县 1 座),湘西土家族苗族自治州 1 座(吉首市 1 座),湘潭市 1 座(湘乡市 1 座),衡阳市 1 座(衡山县 1 座),株洲市 1 座(攸县 1 座),永州市 2 座(江水县 1 座,道县 1 座),长沙市 1 座(浏阳市 1 座)。

---

① 李树楠修、吴寿崧纂《昭平县志》卷 2,1934 年铅印本。
② 黄海云《清代广西汉文化传播研究》,民族出版社,2009 年,第 287－288 页。
③ (清)英秀修、唐仁纂《(道光)庆远府志》卷 6,刻本。

山西共有三官庙 79 座,其中大同 4 座(天镇县 3 座,大同市 1 座),朔州 4 座(怀仁县 1 座,应县 1 座,朔州市 1 座,山阴县 1 座),忻州 9 座(偏关县 3 座,保德县 1 座,岢岚县 1 座,忻州市 3 座,繁峙县 1 座),太原 5 座(太原市 3 座,清徐县 1 座,阳曲县 1 座),吕梁 3 座(石楼县 1 座,兴县 1 座,方山县 1 座),阳泉 2 座(盂县 2 座),晋中 8 座(太谷县 3 座,寿阳县 1 座,介休市 1 座,灵石县 2 座,晋中市 1 座),长治 7 座(沁县 1 座,武乡县 2 座,黎城县 4 座),临汾 13 座(安泽县 2 座,霍州市 1 座,曲沃县 2 座,洪洞县 2 座,襄汾县 1 座,浮山县 1 座,乡宁县 4 座),晋城市 11 座(高平市 3 座,陵川县 3 座,泽州市 4 座,沁水县 1 座,),运城市 13 座(绛县 6 座,新绛县 2 座,运城市 5 座)。

陕西共有三官庙 33 座,其中榆林 4 座(神木县 1 座,榆林市 2 座,定边县 1 座),延安 2 座(洛川县 2 座),铜川 2 座(铜川市 2 座),渭南 3 座(渭南市 1 座,华县 2 座),咸阳 12 座(三原县 5 座,礼泉县 3 座,乾县 3 座,武功县 1 座),宝鸡 2 座(陇县 1 座,凤翔县 1 座),西安 3 座(蓝田县 1 座,西安市 2 座),汉中 2 座(西乡县 1 座,宁强县 1 座),安康 1 座(石泉县 1 座),商洛 2 座(镇安县 1 座,商南县 1 座)。

四川共有三官庙 2 座,其中阿坝藏族羌族自治州 1 座(茂县 1 座),成都 1 座(邛崃县 1 座)。

在唐宋元三朝发展的基础上,安徽、福建、江苏、江西、山东、浙江、上海、海南、河南、湖北、湖南、山西、陕西、四川等地的三官文化得到进一步发展,分布范围扩大。

明朝三官文化空间谱系的特点有三:第一,三官空间谱系进一步扩大,全国的大部分地区都有了三官崇拜。第二,华东、华北、华中地区的三官庙的数量占比最高,接近 80%。明朝三官庙共计有 765 座,华东地区三官庙有 304 座(安徽 18 座,福建 22 座,江苏 92 座,江西 10 座,山东 88 座,浙江 57 座,上海 17 座),约占总数的 39.69%;华北地区有 217 座(北京 27 座,河北 102 座,天津 9 座,山西 79 座),占比为 28.33%;华中地区有 90 座(河南 74 座,湖北 6 座,湖南 10 座),占比为 11.75%;西北地区 59 座(甘肃 20 座,宁夏 5,青海 1 座,陕西 33 座),占比为 7.83%;西南地区共计 59 座(云南 37 座,贵州 20 座,四川 2 座),占比为 7.70%;华南地区有 25 座(广东 17 座,广西 7 座,海南 1 座),占比为 3.26%;东北地区 11 座(辽宁 11 座),占比为 1.44%。第三,三官文化的传播与道教、道士、人口的移动、朝廷的崇拜、经济的发展相关。

（三）遍布全国：清朝三官文化的空间谱系

清朝三官文化得到更广泛的传播，几近遍布全国，[①]包括安徽、福建、江苏、江西、山东、浙江、上海，广东、广西、海南、河南、湖北、湖南、河北、北京、内蒙古、天津、山西、甘肃、青海、宁夏、陕西、新疆、四川、重庆、西藏、云南、贵州、黑龙江、吉林、辽宁、台湾。其中内蒙古、新疆、西藏、吉林、黑龙江、台湾等第一次有了三官文化的神圣空间——三官庙，因此，先看这些第一次有了三官庙的地区，再看原来已经有三官传播的地区。在阐述中将探讨首次产生三官文化的原因，但对于之前已有三官文化的地区仅阐述空间分布。

首先看内蒙古、新疆、西藏、吉林、黑龙江、台湾三官文化的空间谱系。

内蒙古有 2 座三官庙，一在呼和浩特市，旧称归化，[②]"三官庙在厅署东，康熙年间建修"。[③] 这座三官庙的修建可能与晋商有关，根据《中国戏曲志·内蒙古卷》，清朝初期，晋商在内蒙古各地修建庙宇，其中归化城是连接新疆、内蒙古、内地商贸往来的重镇，归化城内的三官庙修建于顺治年间，为归化城最早的庙宇。[④] 二在锡林郭勒盟多伦县，与河北相邻。这座三官庙仅见于间接资料，即多伦县在康熙后期就有了商人组织，康熙五十五年（1716），直隶商人建三官庙，以此作为直隶商人议事聚会之所，称为"直隶社"。[⑤] 多伦县的三官庙被誉为是最好的和尚庙之一，在同治八年曾有人对它做过一番装饰，它成为城里最美的建筑物。[⑥] 这说明在多伦县确有三官庙，至于直隶商人所建的三官庙与"最美建筑物"的三官庙是否为同一座，还没有资料可以说明。另外在包头有一种称为"三官庙棚子"的祭祀用品，据记载是由当地大德森木器铺的老葛师傅所造，光绪时，老葛师傅仿照皇宫的样子造三官庙棚子，全用木料，有檩有椽，还有雕梁画栋，而且可拆卸，方便搬动，每年正月十五搭起来，秋后再拆卸。[⑦] 这说明当地已有三官文化的传播，这个三官庙棚子或许可以说是三官空间谱系的现实表现。由此可见，内蒙古的三官庙的建造与经济发展、商人活动有关。

_____

① 香港、澳门的三官文化因文献不足尚未找到相关资料。

② （清）陶保廉著、刘满点校《辛卯侍行记》，甘肃人民出版社，2000 年，第 87 页。

③ （清）文秀修、卢梦兰纂《（光绪）新修清水河厅志》卷 7，抄本。

④ 寒声《寒声文集》第 2 卷，《中国梆子声腔源流考论》（下），三晋出版社，2010 年，第 340 页。

⑤ 任月海编译《多伦文史资料》第 1—4 辑合编，内蒙古大学出版社，2017 年，第 461 页。

⑥ （俄）阿·马·波兹德涅耶夫著，刘汉明等译《蒙古及蒙古人》第 2 卷，内蒙古人民出版社，1983 年，第 339 页。

⑦ 邓九刚《呼和浩特与"一带一路"》，远方出版社，2019 年，第 118 页。

新疆有 5 座三官庙,其中 2 座在乌鲁木齐,"迪化城西南隅,三官庙一座,乾隆四十年建;南关,三官楼一座";①哈密巴里坤 1 座,乾隆三十六年(1771)建;②奇台(古城)1 座;阜康 1 座。③ 其中哈密巴里坤的三官庙建造的时间最早,是在乾隆三十六年(1771),由"巴里坤镇标中营官弁"④建造,与当地的驻军有关。乌鲁木齐的三官庙与当时行业的手工业者有关,他们在行业公会的组织下建造三官庙。⑤ 另外从哈密、奇台、吉木萨尔、阜康到乌鲁木齐,这是当时贸易必经的路线,在清朝时期,有秦商、晋商、鲁商、闽商、徽商等多个商帮在新疆做生意,而在这些商帮的家乡,都已经有三官文化的流传,因此,三官文化在新疆形成的空间谱系与商帮、驻军、行业公会、地方官员有关。

西藏有三官庙 1 座,具体地点不详。在康熙时,开始有官员进驻西藏,同时,三官文化也随之进入西藏,"康熙五十九年(1720),清政府开始任命文武官员入驻藏区,并在藏区各地主要城市逐渐建立了台站、衙署、哨所等,而内地的各种祠庙也先后被建立起来,这些祠庙至少包括三大类建筑,即文庙、武庙(关帝庙)、城隍庙,规模较大的城市还建有文昌帝君庙、观音阁、土地庙、火神庙、龙王庙、三官庙、川主庙、万寿宫等"。⑥ 三官文化在西藏的传播是内地与西藏文化交流,以及清政府任命文武官员的结果。

吉林有三官庙 2 座,均在长春,1 座为康熙三十三年(1694)建,⑦1 座为乾隆四十四年(1779)建。⑧ 从道教的传播来看,在吉林的传播始于公元 6 到 7 世纪的唐朝,元明两朝道教处于低迷时期,清朝康熙时才有所恢复。这与三官庙的建造时间较为吻合,吉林最早的三官庙即是康熙三十三年建造的。由此可见吉林三官文化谱系的形成与道教的恢复有关。

黑龙江有三官庙 4 座,其中牡丹江宁安县(现为宁安市)1 座,康熙二十一年

① (清)和宁《(嘉庆)三州辑略》卷 2,嘉庆十年修旧抄本。
② 达力扎布主编《中国边疆民族研究》第 8 辑,中央民族大学出版社,2014 年,第 131 页。
③ 龙开义《清末民初新疆汉族移民宗教信仰研究》,北方民族大学学报(哲学社会科学版),2011 年第 6 期,第 6 页。
④ 达力扎布主编《中国边疆民族研究》第 8 辑,中央民族大学出版社,2014 年,第 131 页。
⑤ 纪宗安、马建春主编《暨南史学》第 10 辑,广西师范大学出版社,2015 年,第 148 页。
⑥ 王川、杨永明《近代拉萨地区的民间信仰与民间宗教》,四川师范大学学报(社会科学版),2006 年第 1 期,第 110 页。
⑦ (清)长顺、讷钦修,李桂林、顾云纂《(光绪)吉林通志》卷 26,光绪十七年刻本。
⑧ (清)萨英额《(道光)吉林外记》卷 6,光绪浙西村舍本。

(1682)建；①齐齐哈尔 1 座；②哈尔滨依兰县（旧称三姓城）1 座，光绪十七年(1891)副都统富魁倡捐修建；③哈尔滨呼兰县（现为呼兰区）1 座，建于宣统元年(1909)。④ 宁安县即宁古塔，该地的三官庙是黑龙江第 1 座三官庙，在清朝时是满族人聚居之处，清政府设宁古塔将军，宁安县还是边外七个重镇之一。⑤ 清朝顺治年间，中原文化流入宁古塔，康熙年间始建寺庙。⑥ 另外，在顺治时，道教传入黑龙江。在清顺治十年(1653)，清政府颁布了《辽东招民开垦例》，吸引了很多汉族人进入黑龙江，其中就有很多道士和道徒，道士在境内集资兴建道庙。⑦ 这些道士多来自辽宁和吉林。⑧ 哈尔滨依兰县旧称三姓城，是满族、汉族等民族杂居之地。雍正十年(1732)时三姓城成为副都统的驻地，从此三姓城在政治、经济、军事、文化方面就有着重要的地位。⑨ 在三姓城建三官庙的富魁是满族贵族子弟，其熟读四书五经、二十四史，精通满、汉文，在任三姓城副都统期间，到民间调查访问、体察民情。⑩ 他倡议建三官庙的原因已无从查证，但根据他的所作所为，可以推测其建三官庙或许是因为他熟知满汉文化，满族信仰萨满教，汉族有天地水三官，其他民族也有天地崇拜，从民族间和谐相处的角度考虑，应该找到不同民族间信仰的共性，天地水崇拜就是选择之一。为什么选择三官而不是其他呢？或许与清朝前期皇太极、顺治、康熙等对三官文化的认同有关。因其饱读诗书，可能对清朝前期的历史有所了解。

由上可知，清时黑龙江三官文化空间谱系的形成不仅与政府的政策相关，在政策的吸引与支持下，道士与道徒的到来带来了道教文化，带来了三官文化；还

---

① 王世选修、梅文昭纂《宁安县志》，1924 年铅印本。

② （清）西清《（嘉庆）黑龙江外记》卷 2，光绪广雅书局，刻本。

③ （清）长顺、讷钦修，李桂林、顾云纂《（光绪）吉林通志》卷 26，光绪十七年刻本。

④ 廖飞鹏修、柯寅纂《呼兰县志》，地理志，1930 年铅印本。

⑤ 黑龙江省经济年鉴编辑委员会编辑《黑龙江省经济年鉴 1983》，学习与探索杂志社，1983 年，第 601 页。

⑥ 郑云程《宁古塔寺庙记略》，见赵灿坤编著《牡丹江文史资料》第 8 辑，政协牡丹江市委员会文史资料研究委员会，1994 年，第 122 页。

⑦ 黑龙江省地方志编纂委员会编《黑龙江省志　第 55 卷　宗教志》，黑龙江人民出版社，1999 年，第 86 页。

⑧ 黑龙江省地方志编纂委员会编《黑龙江省志　第 55 卷　宗教志》，黑龙江人民出版社，1999 年，第 86 页。

⑨ 王佩环、赵德贵《清代三姓城的勃兴及其经济特点》，见邴正、邵汉明总主编，王永平本卷主编《东北古史与地理考》第 1 卷，吉林文史出版社，2007 年，第 689 页。

⑩ 廖怀志《依兰满族文化丛书 1·依兰满族史话》，民族文学出版社，2013 年，第 141 页。

与民族间的文化认同,尤其是倾向性认同有关。

　　台湾有58座三官庙,其中澎湖1座(马公市1座),嘉义县8座(新港乡3座、民雄乡2座、梅山乡2座、水上乡1座),新竹县12座(新丰乡1座、峨眉乡1座、新埔镇3座、竹东镇1座、关西镇3座、湖口乡2座、横山乡1座),台中市3座(中区1座、北屯区2座),台南市2座(麻豆镇1座、南化乡1座),新北市4座(金山乡1座、贡寮乡1座、土城市2座),桃园16座(八德市2座、龟山乡1座、大溪镇2座、平镇市3座、龙潭乡4座、杨梅镇4座),云林县2座(古坑乡1座、大埤乡1座),宜兰县3座(宜兰县1座、员山乡1座、礁溪乡1座),南投县2座(竹山镇1座、草屯镇1座),花莲县瑞穗乡1座,苗栗县南庄乡4座。①

　　最早的三官庙是在嘉义县,位于台湾南部。据康熙二十四年(1685)蒋毓英撰写的《台湾府志》:“观音庙,在诸罗县目加溜湾社,中堂祀观音,左塑天地水三官,右则关帝。”②到康熙时期,嘉义县已经成为三官文化重要的传播中心。

　　由上可见,从内蒙古、新疆、西藏、吉林、黑龙江到台湾,三官文化谱系的形成不仅与政府的政策有关,还与地方官员、商人、不同民族的认同有关,也与道教的发展、人员的流动等相关。

　　其次,明朝已经有了三官文化的地区,在清朝时继续发展,包括安徽、福建、江苏、江西、山东、浙江、上海、广东、广西、海南、河南、湖北、湖南、河北、北京、天津、山西、甘肃、青海、宁夏、陕西、四川、重庆、云南、贵州、辽宁,主要看三官庙的空间分布。

　　安徽有三官庙155座,其中宿州2座(宿州市1座,灵璧县1座),亳州11座(亳州市8座,涡阳县1座,蒙城县2座),蚌埠5座(五河县4座,怀远县1座),阜阳7座(太和县1座,颍上县6座),淮南3座(凤台县3座),滁州15座(凤阳县2座,滁州市7座,天长市6座),六安9座(霍邱县4座,六安市4座,霍山县1座),合肥12座(巢湖市10座,庐江县2座),马鞍山35座(和县25座,含山县4座,当涂县6座),芜湖14座(芜湖县8座,繁昌县4座,南陵县2座),铜陵3座(铜陵县3座),安庆4座(潜山县1座,太湖县1座,望江县2座),池州10座(青阳县3座,石台县1座,东至县6座),宣城17座(广德县4座,宣城市3座,宁国

① 通过比较田金昌、成孝华的研究,以及田野调查资料,认同田金昌关于清朝时期三官庙数量的总结。田金昌《台湾三官大帝信仰——以桃园地区为中心(1683—1945)》,台湾硕士论文,2005年。成孝华《三官大帝信仰与地方社会之研究——以台中市陈平聚落为例》,台湾逢甲大学硕士论文,2016年。

② (清)蒋毓英撰,陈碧笙校注《(康熙)台湾府志》,厦门大学出版社,1985年,第65页。

市 4 座, 泾县 1 座, 旌德县 3 座, 绩溪县 2 座), 黄山 8 座(歙县 2 座, 黄山市 1 座, 祁门县 5 座)。

福建有三官庙 46 座, 其中南平 11 座(浦城县 6 座, 武夷山市 1 座, 光泽县 4 座), 宁德 3 座(福安市 1 座, 宁德市 2 座), 福州市 2 座(罗源县 1 座, 长乐市 1 座), 三明 11 座(将乐县 2 座, 沙县 1 座, 尤溪县 1 座, 明溪县 1 座, 宁化县 2 座, 永安市 4 座), 莆田 2 座(仙游县 1 座, 莆田市 1 座), 泉州 3 座(德化县 1 座, 永川县 1 座, 晋江市 1 座), 龙岩 13 座(长汀县 5 座, 上杭县 3 座, 武平县 3 座, 永定县 2 座), 漳州 1 座(平和县 1 座)。

江苏有 345 座三官庙, 其中徐州 62 座(丰县 8 座, 沛县 27 座, 铜山县 13 座, 徐州市 2 座, 邳州市 2 座, 睢宁县 10 座), 宿迁 28 座(沭阳县 17 座, 泗阳县 2 座, 泗洪县 2 座, 宿迁市 7 座), 淮安 20 座(淮安市 19 座, 盱眙县 1 座), 盐城 14 座(盐城市 2 座, 阜宁县 1 座, 东台市 11 座), 扬州 42 座(宝应县 14 座, 高邮市 17 座, 扬州市 4 座, 江都市 2 座, 仪征市 5 座), 连云港 11 座(连云港市 6 座, 赣榆县 5 座), 泰州 28 座(兴化市 2 座, 泰州市 8 座, 泰兴市 6 座, 靖江市 12 座), 镇江 30 座(镇江市 26 座, 丹阳市 2 座, 句容市 2 座), 常州 19 座(常州市 5 座, 溧阳市 14 座), 无锡 10 座(无锡市 1 座, 江阴市 9 座), 南通 46 座(如皋市 46 座), 苏州 27 座(常熟市 4 座, 太仓市 2 座, 苏州市 20 座, 吴江市 1 座), 南京 8 座(南京市 3 座, 溧水县 1 座, 高淳县 4 座)。

江西有 89 座三官庙, 其中九江 9 座(彭泽县 1 座, 九江市 3 座, 都昌县 1 座, 九江县 1 座, 瑞昌市 2 座, 永修县 1 座), 景德镇 3 座(浮梁县 3 座), 上饶 19 座(鄱阳县 2 座, 余干县 5 座, 上饶县 4 座, 广丰县 3 座, 玉山县 1 座, 铅山县 4 座), 南昌 11 座(新建县 8 座, 安义县 2 座, 进贤县 1 座), 鹰潭 5 座(贵溪市 5 座), 抚州 12 座(东乡县 1 座, 抚州市 3 座, 南城县 3 座, 乐安县 5 座), 宜春 5 座(奉新县 1 座, 高安市 1 座, 万载县 2 座, 宜春市 1 座), 新余 3 座(分宜县 3 座), 吉安 6 座(峡江县 5 座, 吉水县 1 座), 萍乡 1 座(莲花县 1 座), 赣州 15 座(兴国县 1 座, 石城县 1 座, 赣县 4 座, 赣州市 4 座, 南康市 1 座, 信丰县 2 座, 安远县 2 座)。

山东有 286 座三官庙, 其中德州 33 座(庆云县 2 座, 乐陵市 3 座, 宁津县 6 座, 德州市 1 座, 陵县 2 座, 临邑县 5 座, 禹城市 2 座, 齐河县 1 座, 平原县 6 座, 夏津县 3 座, 武城县 2 座), 滨州 24 座(沾化县 11 座, 惠民县 4 座, 邹平县 6 座, 滨州市 1 座, 博兴县 2 座), 东营 5 座(利津县 5 座), 济南 12 座(济阳县 1 座, 章丘市 1 座, 济南市 9 座, 平阴县 1 座), 淄博 10 座(高青县 1, 淄博市 9 座), 聊城 47 座(临清市 2 座, 高唐县 1 座, 茌平县 35 座, 聊城市 2 座, 冠县 2 座, 莘县 1 座,阳谷县1座,东阿县3座),泰安16座(东平县7座,宁阳县1座,肥城市3座,泰安市5座),菏泽7座(郓城县1座,东明县1座,曹县4座,巨野县1座),济宁16座(济宁市7座,嘉祥县1座,金乡县1,鱼台县1座,邹城市3座,曲阜市1座,兖州市2座),枣庄2座(滕州市1座,枣庄市1座),临沂9座(蒙阴县5座,费县1座,郯城县3座),日照1座(莒县1座),潍坊13座(青州市2座,临朐县1座,昌乐县1座,潍坊市3座,昌邑市2座,高密市1座,诸城市3座),青岛8座(平度市2座,即墨市4座,胶州市2座),烟台72座(莱州市1座,招远市1座,龙口市10座,蓬莱市39座,烟台市11座,莱阳市2座,海阳市1座,栖霞市7座),威海11座(威海市2座,荣成市2座,文登市7座)。

浙江有154座三官庙,其中湖州15座(长兴县2座,湖州市6座,德清县2座,安吉县5座),嘉兴31座(嘉善县9座,嘉兴市13座,平湖市1座,海盐县3座,海宁市1座,桐乡县4座),杭州11座(杭州市5座,临安市2座,桐庐县1座,建德市3座),绍兴7座(绍兴县3座,绍兴市1座,上虞市3座),宁波23座(慈溪市7座,余姚市5座,宁波市6座,奉化市3座,象山市2座),金华3座(兰溪市1座,武义县2座),台州11座(仙居县1座,台州市4座,玉环县6座),温州11座(永嘉县9座,温州市1座,泰顺县1座),丽水29座(遂昌县5座,松阳县3座,龙泉市5座,云和县1座,景宁畲族自治县1座,庆元县3座,丽水市11座),衢州13座(常山县9座,江山市4座)。

上海有87座三官庙,其中嘉定区13座,青浦区10座,松江区5座,金山区6座,宝山区6座,闵行区8座,奉贤区2座,浦东新区19座,崇明区10座,长宁区1座,虹口区3座,普陀区2座,杨浦区1座,徐家汇1座。

广东有94座三官庙,其中韶关市6座(乳源瑶族自治县1座,韶关市2座,翁源县2座,新丰县1座),河源市2座(和平县1座,河源市1座),清远市6座(阳山县4座,英德市2座),潮州2座(潮安县1座,潮州市1座),揭阳6座(揭阳县2座,惠来县4座),汕头4座(汕头市1座,南澳县3座),惠州10座(龙门县9座,博罗县1座),深圳2座(深圳市2座),广州10座(从化市1座,广州市9座),江门5座(鹤山市2座,江门市3座),肇庆10座(广宁县2座,四会市3座,高要市2座,德庆县2座,封开县1座),佛山8座(佛山市8座),中山2座(中山市2座),茂名5座(化州市3座,茂名市1座,电白县1座),阳江4座(阳江市3座,阳春市1座),湛江12座(吴川县3座,遂溪县2座,雷州市5座,徐闻县2座)。

广西有37座三官庙,其中桂林3座(临桂县3座),河池2座(河池市2座),

来宾 3 座(来宾市 1 座,武宣县 2 座),贵港 6 座(桂平市 6 座),梧州 6 座(苍梧县 2 座,岑溪市 4 座),玉林 5 座(容县 1 座,北流市 3 座,玉林市 1 座),钦州 2 座(灵山县 1 座,钦州市 1 座),北海 1 座(合浦县 1 座),崇左 4 座(宁明县 1 座,崇左市 2 座,大新县 1 座),百色 5 座(百色市 3 座,德保县 2 座)。

海南有 4 座三官庙,其中万宁市 1 座,琼山市 3 座。

河南有 76 座三官庙,其中鹤壁 1 座(浚县 1 座),濮阳市 1 座(濮阳县 1 座),新乡 10 座(新乡县 1 座,长垣县 5 座,原阳县 1 座,获嘉县 3 座),焦作 12 座(修武县 5 座,武陟县 6 座,孟州市 1 座),郑州 4 座(中牟县 1 座,新郑市 2 座,登封市 1 座),洛阳 12 座(新安县 2 座,宜阳县 1 座,嵩县 7 座,洛宁县 2 座),三门峡市 1 座(灵宝县 1 座),平顶山 8 座(汝州市 1 座,郏县 2 座,叶县 5 座),许昌 5 座(襄城县 1 座,鄢陵县 3 座,长葛市 1 座),漯河市 1 座(舞阳县 1 座),周口 14 座(扶沟县 1 座,太康县 1 座,鹿邑县 2 座,商水县 2 座,项城市 7 座,周口市 1 座),驻马店 1 座(新蔡县 1 座),信阳 2 座(固始县 1 座,信阳市 1 座),南阳 3 座(南阳市 1 座,内乡县 1 座,方城县 1 座),商丘市 1 座。

湖北有 43 座三官庙,其中十堰 12 座(郧西县 6 座,郧县 1 座,房县 3 座,竹山县 1 座,竹溪县 1 座),襄阳 5 座(老河口市 1 座,枣阳市 4 座),宜昌 4 座(当阳市 1 座,宜昌市 3 座),恩施土家族苗族自治州 1 座(恩施市 1 座),荆州 6 座(江陵县 1 座,公安县 1 座,监利县 4 座),潜江市 1 座,孝感 2 座(孝感市 2 座),武汉市 4 座,咸宁市 1 座,黄冈市 7 座(英山 1 座,黄冈市 2 座,武穴市 2 座,蕲春县 1 座,浠水县 1 座)。

湖南有 87 座三官庙,其中张家界 3 座(慈利县 3 座),常德 5 座(桃源县 3 座,常德市 2 座),益阳 4 座(益阳市 1 座,沅江市 3 座),岳阳 6 座(岳阳县 3 座,湘阴县 2 座,平江县 1 座),湘西土家族苗族自治州 5 座(龙山县 2 座,保靖县 1 座,凤凰县 1 座,吉首市 1 座),怀化 5 座(溆浦县 1 座,芷江侗族自治县 2 座,会同县 1 座,靖州苗族侗族自治县 1 座),邵阳 9 座(绥宁县 4 座,邵阳县 3 座,新宁县 2 座),娄底 1 座(新化县 1 座),湘潭 4 座(湘乡市 2 座,湘潭县 2 座),长沙 8 座(长沙市 1 座,长沙县 5 座,浏阳市 2 座),株洲 5 座(醴陵市 1 座,攸县 4 座),衡阳 8 座(横山县 2 座,衡阳县 5 座,衡阳市 1 座),永州 18 座(祁阳县 4 座,永州市 1 座,宁远县 4 座,道县 4 座,江水县 5 座),郴州 6 座(桂阳县 1 座,临武县 1 座,桂东县 3 座,安仁县 1 座)。

河北有 476 座三官庙,其中秦皇岛 15 座(抚宁县 12 座,吕黎县 2 座,秦皇岛市 1 座),唐山 73 座(遵化市 59 座,玉田县 5 座,唐山市 2 座,乐亭县 4 座,滦县 2

座,迁安市 1 座),张家口 24 座(赤城县 1 座,宣化县 5 座,万全县 1 座,怀安县 4 座,逐鹿县 5 座,怀来县 2 座,蔚县 6 座),廊坊市 63 座(廊坊市 1 座,三河市 14 座,永清县 26 座,固安县 5 座,霸州市 14 座,文安县 3 座),保定 45 座(高碑店市 2 座,涞水县 3 座,定兴县 2 座,易县 2 座,蠡县 4 座,安新县 3 座,安国市 1 座,定州市 2 座,望都县 2 座,唐县 17 座,保定市 1 座,满城县 2 座,曲阳县 4 座),沧州 68 座(沧州 7 座,青县 1 座,河间市 13 座,肃宁县 2 座,任丘市 1 座,东光县 8 座,吴桥县 35 座,盐山县 1 座),衡水 20 座(故城县 1 座,饶阳县 3 座,衡水市 2 座,枣强县 3 座,安平县 2 座,武强县 1 座,阜城县 1 座,武邑县 5 座,冀州市 1 座,景县 1 座),石家庄 70 座(深泽县 5 座,辛集市 9 座,晋州市 6 座,新乐市 16 座,无极县 2 座,藁城市 2 座,正定县 5 座,行唐县 2 座,平山县 4 座,井陉县 4 座,元氏县 6 座,赵县 1 座,石家庄市 1 座,高邑县 6 座,赞皇县 1 座),邢台 36 座(南宫市 4 座,清河县 1 座,巨鹿县 10 座,威县 2 座,任县 4 座,隆尧县 4 座,邢台市 3 座,南和县 6 座,广宗县 2 座),邯郸 61 座(邱县 9 座,永年县 2 座,鸡泽县 27 座,馆陶县 1 座,曲周县 3 座,肥乡县 1 座,成安县 1 座,临漳县 1 座,邯郸县 4 座,大名县 4 座,魏县 6 座,武安市 1 座,涉县 1 座),承德 1 座(承德县 1 座)。

北京有 40 座三官庙,其中通州 6 座,昌平 3 座,房山区 4 座,延庆州 15 座,密云区 2 座,无法确定地点的有 10 座。

天津有 33 座三官庙,其中宁河县 9 座,东丽区 18 座,静海县 6 座。

山西有 245 座三官庙,其中大同市 21 座(大同市 4 座,灵丘县 2 座,阳高县 2 座,浑源县 6 座,广灵县 2 座,左云县 3 座,天镇县 2 座),朔州 5 座(朔州市 3 座,怀仁县 2 座),忻州 10 座(忻州市 4 座,岢岚县 2 座,河曲县 1 座,神池县 1 座,偏关县 1 座,繁峙县 1 座),太原 15 座(清徐县 4 座,阳曲县 9 座,太原市 2 座),吕梁 19 座(石楼县 2 座,汾阳县 1 座,文水县 7 座,方山县 5 座,兴县 3 座,孝义市 1 座),阳泉 12 座(盂县 12 座),晋中 40 座(太谷县 4 座,灵石县 19 座,榆次县 3 座,左权县 2 座,寿阳县 6 座,榆社县 2 座,平遥县 1 座,昔阳县 1 座,和顺县 1 座,介休县 1 座,),长治 15 座(黎城县 3 座,襄垣县 3 座,武乡县 2 座,沁源县 2 座,屯留县 1 座,壶关县 1 座,长治县 2 座,长子县 1 座),临汾 55 座(永和县 1 座,霍州市 4 座,浮山县 6 座,侯马市 2 座,襄汾县 5 座,隰县 1 座,曲沃县 16 座,乡宁县 3 座,临汾县 4 座,蒲县 7 座,古县 1 座,安泽县 1 座,大宁县 2 座,洪洞县 2 座),晋城 29 座(沁水县 4 座,高平市 15 座,陵川县 5 座,泽州县 4 座、晋城 1 座),运城 24 座(绛县 8 座,运城 4 座,临猗县 2 座,闻喜县 3 座,新绛县 2 座,稷山县 1 座,夏县 2 座,河津市 1 座,永济市 1 座)。

甘肃有 120 座三官庙,其中酒泉 5 座(酒泉市 5 座),张掖 8 座(高台县 1 座,临泽县 2 座,民乐县 5 座),金昌 1 座(永昌县 1 座),武威 14 座(民勤县 2 座,武威市 9 座,古浪县 3 座),兰州 17 座(永登县 3 座,皋兰县 14 座,),白银 13 座(靖远县 9 座,会宁县 4 座),定西 13 座(临洮县 5 座,定西市 4 座,陇西县 2 座,通渭县 1 座,岷县 1 座),甘南藏族 2 座(临潭县 2 座),天水 11 座(秦安县 2 座,甘谷县 2 座,武山县 5 座,天水市 1 座,清水县 1 座),平凉 5 座(平凉市 1 座,庄浪县 1 座,华亭县 1 座,灵台县 1 座,泾川县 1 座),庆阳 9 座(环县 3 座,合水县 4 座,正宁县 2 座),陇南 22 座(两当县 5 座,徽县 7 座,两和县 1 座,陇南市 8 座,文县 1 座)。

青海有 2 座三官庙,其中西宁 1 座(湟源县 1 座),海南藏族自治州 1 座(贵德县)。在此简单讨论一下青海建庙的原因,湟源县曾有丹噶尔古城,在古城的东关有建于乾隆时的三官、药王、娘娘等庙宇,后来在同治时庙毁,到光绪元年重建。[1] 丹葛尔古城在清朝时因地理位置的优势,是西藏、青海、中原互相连接的重要地区,成为青海各个民族贸易交流的中心。[2] 该庙的建造可能与经济的发展有关。另外,明朝万历年间贵德县曾有三官庙,很有可能受其影响。

宁夏有 5 座三官庙,其中银川 2 座(银川市 2 座),吴忠 1 座(同心县 1 座),固原 2 座(隆德县 1 座,固原县 1 座)。

陕西有 190 座三官庙,其中榆林市 43 座(府谷县 4 座,神木县 10 座,榆林市 6 座,米脂县 4 座,绥德县 11 座,清涧县 1 座,定边县 7 座),延安市 16 座(志丹县 5 座,延安市 5 座,延川县 1 座,延长县 3 座,洛川县 2 座),铜川 2 座(铜川市 2 座),渭南 16 座(白水县 2 座,澄城县 2 座,韩城市 2 座,蒲城县 1 座,大荔县 5 座,华阴市 2 座,潼关县 2 座),咸阳市 22 座(长武县 10 座,旬邑县 2 座,三原县 2 座,乾县 5 座,武功县 3 座),宝鸡市 26 座(陇县 1 座,千阳县 3 座,凤翔县 5 座,岐山县 2 座,扶风县 6 座,眉县 2 座,宝鸡市 2 座,凤县 5 座),西安 7 座(西安市 7 座),汉中 8 座(佛坪县 1 座,洋县 2 座,西乡县 2 座,勉县 1 座,略阳县 2 座),安康市 28 座(宁陕县 2 座,石泉县 6 座,汉阴县 7 座,安康市 6 座,紫阳县 4 座,旬阳县 3 座),商洛市 22 座(镇安县 2 座,柞水县 5 座,商洛市 3 座,山阳县 11 座,洛南县 1 座)。

---

① 任玉贵,李国权编著《丹噶尔历史渊薮》,中国文史出版社,2007 年,第 278 页。
② 马存孝《互补多元、共生和谐:青海世居民族经济交往和民族关系相互影响研究》,四川大学出版社,2016 年,第 68 页。

四川有62座三官庙,其中阿坝藏族羌族自治州1座(茂县1座),成都22座(成都市6座,双流县2座,新津县1座,都江堰市8座,崇州市1座,大邑县1座,邛崃县3座),德阳2座(绵竹市2座),绵阳4座(北川羌族自治县4座),资阳市2座,遂宁市1座,南充2座(营山县2座),达州2座(万源市1座,开江县1座),自贡6座(荣县1座,富顺县5座),雅安市3座,内江1座(威远县1座),宜宾9座(屏山县2座,南溪县1座,长宁县4座,珙县1座,兴文县1座),泸州6座(泸州市6座),凉山彝族自治州1座(越西县1座)。

重庆有7座三官庙,其中开县1座,奉节县2座,涪陵区3座,江津区1座。

云南有63座三官庙,其中昭通3座(永善县1座,昭通市2座),大理白族自治州4座(云龙县1座,宾川县1座,巍山县2座),楚雄彝族自治州7座(姚安县3座,武定县2座,楚雄市2座),昆明16座(寻甸县回族彝族自治县3座,宜良县2座,富民县4座,昆明市4座,晋宁区3座),曲靖5座(会泽县2座,宣威市1座,沾益区1座,曲靖市1座),保山1座(腾冲市1座),临沧6座(凤庆县5座,临沧市1座),玉溪2座(通海县2座),红河哈尼族彝族自治州18座(石屏县8座,建水县4座,开远市1座,蒙自市4座,泸西县1座),文山市1座。

贵州有60座三官庙,其中遵义8座(桐梓县1座,仁怀市2座,遵义县3座,余庆县2座),铜仁4座(思南县1座,石迁县3座),毕节11座(毕节市4座,大方县2座,黔西县4座,织金县1座),贵阳4座(贵阳市4座),安顺10座(安顺市3座,关岭布依族苗族自治县7座),黔西南布依族苗族自治州5座(普安县2座,兴义市2座,安龙县1座),黔南布依族苗族自治州10座(惠水县2座,都匀市2座,独山县6座),黔东南苗族侗族自治州8座(麻江县1座,台江县1座,剑河县2座,天柱县3座,镇远县1座)。

辽宁有31座三官庙,其中大连3座(大连市1座,瓦房店2座),朝阳市1座(建平县1座),葫芦岛3座(兴城市3座),鞍山9座(海城市8座,岫岩满族自治县1座),铁岭1座(铁岭县1座),锦州7座(锦州市4座,北镇市2座,义县1座),沈阳3座(沈阳市3座),营口1座(盖州市1座),抚顺1座(抚顺县1座),丹东2座。

综上,清朝共计2909座三官庙。三官文化空间谱系的特点有三:第一,三官文化传播至北方,如新疆、内蒙古、西藏等地,全国除了中国香港、中国澳门因文献不足还没有发现三官庙之外,其他地区都有了三官文化。第二,三官文化谱系呈现局部地区剧烈增长的态势。与明朝相比,华东地区共计1162座,占总数的39.94%;华北地区共计796座,占总数的27.36%;西北地区共计322座,占总数的 11.07%;华中地区共计 206 座,占总数的 7.08%;西南地区共计 193 座,占总数的 6.63%;华南地区共计 135 座,占总数的 4.64%;台湾地区 58 座,占总数的 1.99%;东北地区共计 37 座,占总数的 1.29%。其中华东、华北三官庙的占比接近 70%。第三,三官庙宇的创建与皇家对三官的认知有关,是上行下效的体现,三官文化在北方的发展与军屯戍边、商人贸易有关。

(四) 崇拜空间减少:1912—1949 年三官文化空间分布

1912—1949 年三官庙的数量下降,具体分布如下:

安徽有 28 座三官庙,其中亳州 4 座(涡阳县 2 座,蒙城县 2 座),阜阳 1 座(太和县 1 座),滁州市 4 座(全椒县 4 座),马鞍山 2 座(当涂县 2 座),芜湖 7 座(芜湖县 4 座,南陵县 3 座),宣城 3 座(宁国市 3 座),安庆 7 座(怀宁县 2 座,潜山县 1 座,太湖县 1 座,宿松县 3 座)。

福建有 19 座三官庙,其中南平市 3 座(建阳市 2 座,南平市 1 座),宁德市 4 座(古田县 1 座,霞浦县 3 座),三明市 5 座(建宁县 1 座,泰宁县 1 座,明溪县 1 座,尤溪县 1 座,沙县 1 座),福州市 1 座(闽清县 1 座),泉州市 2 座(德化县 2 座),龙岩市 4 座(长汀县 2 座,上杭县 2 座)。

江苏有 209 座三官庙,其中徐州 38 座(沛县 32 座,邳州市 2 座,铜山县 4 座),宿迁 61 座(宿迁市 6 座,沭阳县 16 座,泗阳县 39 座),淮安 4 座(淮安市 4 座),盐城 24 座(阜宁县 20 座,盐城市 4 座),扬州 23 座(宝应县 12 座,高邮市 7 座,江都市 1 座,扬州市 3 座),泰州 5 座(泰州市 5 座),镇江 6 座(镇江 2 座,丹阳 4 座),常州 2 座(金坛市 1 座,常州市 1 座),无锡 3 座(宜兴市 2 座,江阴市 1 座),南通 26 座(如皋市 25 座,南通市 1 座),苏州 13 座(太仓市 6 座,苏州市 7 座),南京 4 座(高淳县 4 座)。

江西有 21 座三官庙,其中上饶 3 座(婺源县 3 座),抚州 1 座(南丰县 1 座),宜春 14 座(万载县 12 座,宜春市 2 座),新余 2 座(分宜县 2 座),吉安 1 座(吉安县 1 座)。

山东有 57 座三官庙,其中德州 5 座(齐河县 4 座,平原县 1 座),滨州 3 座(无棣县 1 座,邹平县 2 座),济南 7 座(商河县 1 座,济阳县 5 座,济南市 1 座),莱芜 3 座(莱芜市 3 座),淄博市 5 座(高青县 1 座,淄博市 4 座),聊城 1 座(临清市 1 座),菏泽 5 座(定陶县 2 座,单县 3 座),济宁 2 座(济宁市 2 座),潍坊 11 座(寿光市 2 座,高密市 9 座),烟台 4 座(莱阳市 3 座,烟台市 1 座),威海市 11 座(威海市 9 座,乳山市 2 座)。

浙江有 2 座三官庙,其中台州 2 座(台州市 2 座)。①

上海有 20 座三官庙,其中金山区 2 座,宝山区 3 座,闵行区 1 座,浦东新区 4 座,虹口区 5 座,普陀区 4 座,徐家汇 1 座。

广东有 9 座三官庙,其中清远市 1 座(阳山县 1 座),潮州市 1 座(饶平县 1 座),东莞市 1 座(东莞市 1 座),广州市 1 座(增城市 1 座),江门市 1 座(恩平市 1 座),云浮市 2 座(罗定市 2 座),阳江市 2 座(阳春市 1 座,阳江市 1 座)。

广西有 9 座三官庙,其中贺州 1 座(昭平县 1 座),河池 2 座(环江毛南族自治县 2 座),来宾市 1 座,贵港 4 座(桂平市 4 座),百色 1 座(凌云县 1 座)。

河南有 64 座三官庙,其中安阳 2 座(滑县 2 座),新乡 7 座(获嘉县 6 座,原阳县 1 座),焦作 17 座(修武县 5 座,武陟县 5 座,孟州市 7 座),开封市 4 座(兰考县 4 座),郑州 5 座(巩义市 2 座,中牟县 3 座),三门峡 3 座(灵宝市 1 座,陕县 2 座),许昌 6 座(长葛市 1 座,鄢陵县 3 座,禹州市 1 座,许昌县 1 座),漯河市 3 座,周口 14 座(商水县 7 座,淮阳县 6 座,太康县 1 座),商丘 3 座(夏邑县 3 座)。

湖北有 5 座三官庙,其中十堰市 3 座(郧西县 3 座),襄阳市 1 座(老河口市 1 座),黄冈 1 座(英山 1 座)。

湖南有 5 座三官庙,其中张家界 2 座(慈利县 2 座),怀化 1 座(溆浦县 1 座),永州 2 座(祁阳县 2 座)。

河北有 147 座三官庙,其中秦皇岛 5 座(秦皇岛市 2 座,卢龙县 1 座,吕黎县 2 座),唐山 1 座(迁安市 1 座),张家口 19 座(张北县 1 座,赤城县 7 座,宣化县 2 座,怀安县 8 座,阳原县 1 座),廊坊 34 座(三河市 2 座,廊坊市 2 座,霸州市 22 座,固安县 5 座,文安县 3 座),保定 12 座(高碑店市 5 座,徐水县 1 座,满城县 1 座,清苑县 1 座,望都县 3 座,涿州市 1 座),沧州 18 座(青县 2 座,盐山县 1 座,南皮县 2 座,泊头市 11 座,献县 2 座),石家庄 8 座(深泽县 2 座,晋州市 1 座,高邑县 3 座,元氏县 1 座,井陉县 1 座),衡水 7 座(景县 6 座,冀州市 1 座),邢台 15 座(新河县 1 座,南宫市 2 座,清河县 4 座,威县 6 座,任县 1 座,邢台市 1 座),邯郸 28 座(鸡泽县 21 座,邱县 3 座,肥乡县 1 座,成安县 1 座,武安市 1 座,馆陶县 1 座)。

北京有 29 座三官庙,其中平谷区 6 座,顺义区 7 座,密云区 4 座,房山区 3 座,通州区 1 座,具体属地不详的有 8 座。

内蒙古有 1 座三官庙,在呼和浩特。

---

① 该数据为不完全统计。

天津有 5 座三官庙,在蓟州区。

山西有 32 座三官庙,其中大同 2 座(阳高县 2 座),朔州 1 座(朔州市 1 座),吕梁 3 座(方山县 1 座,孝义市 1 座,柳林县 1 座),阳泉 2 座(盂县 2 座),晋中 3 座(太谷县 1 座,灵石县 2 座),长治 3 座(沁源县 1 座,黎城县 1 座,武乡县 1 座),临汾 9 座(蒲县 1 座,泽县 1 座,襄汾县 3 座,永和县 1 座,洪洞县 1 座,临汾市 1 座,乡宁县 1 座),晋城 4 座(陵川县 3 座,高平市 1 座),运城 5 座(永济市 1 座,绛县 2 座,新绛县 2 座)。

甘肃有 31 座三官庙,其中张掖 12 座(高台县 3 座,临泽县 1 座,民乐县 8 座),武威 5 座(古浪县 5 座),兰州 3 座(永登县 3 座),平凉 5 座(长亭县 2 座,灵台县 3 座),临夏 1 座(和政县 1 座),陇南 5 座(康县 1 座,徽县 4 座)。

青海有 4 座三官庙,其中海东 2 座(化隆回族自治县 2 座),海南藏族自治县 2 座(贵德县 2 座)。

宁夏有 7 座三官庙,其中石嘴山 1 座(平罗县 1 座),银川 2 座(银川市 2 座),吴忠 3 座(盐池县 1 座),固原 1 座(隆德县 1 座)。

新疆 1 座,在吉木萨尔县。根据吉木萨尔县政协文史研究室撰写的《北庭文史》所载,在 1949 年以前吉木萨尔县有三官庙。

陕西有 53 座三官庙,其中榆林 7 座(横山县 5 座,米脂县 2 座),延安 3 座(延长县 1 座,洛川县 2 座),渭南 2 座(大荔县 1 座,华阴市 1 座),宝鸡 3 座(宝鸡市 2 座,凤县 1 座),西安 24 座(户县 20 座,西安市 3 座,蓝田县 1 座),汉中 10 座(略阳县 1 座,宁强县 1 座,南郑县 1 座,汉中市 2 座,洋县 1 座,佛坪县 1 座,西乡县 2 座,镇巴县 1 座),安康 3 座(紫阳县 3 座),商洛 1 座(镇安县 1 座)。

四川有 22 座三官庙,其中阿坝藏族羌族自治州 1 座(松潘县 1 座),成都 9 座(成都市 1 座,都江堰市 1 座,崇州市 2 座,大邑县 4 座,邛崃县 1 座),德阳 2 座(罗江县 1 座,绵竹市 1 座),绵阳 1 座(安县 1 座),资阳 1 座(简阳市 1 座),遂宁 2 座(遂宁市 2 座),南充 1 座(南充市 1 座),达州 2 座(大竹县 1 座,万源市 1 座),自贡 3 座(荣县 1 座,富顺县 2 座)。

云南有 76 座三官庙,其中昭通 3 座(永善县 1 座,昭通市 2 座),大理白族自治州 5 座(大理市 2 座,祥云县 1 座,巍山县 2 座),楚雄彝族自治州 3 座(姚安县 2 座,禄丰市 1 座),昆明 15 座(禄劝县 1 座,寻甸县 2 座,昆明市 2 座,宜良县 8 座,石林 1 座,晋宁区 1 座),曲靖 23 座(会泽县 2 座,宣威市 19 座,沾益区 1 座,曲靖市 1 座),保山 4 座(保山市 2 座,腾冲市 1 座,龙陵县 1 座),临沧 2 座(凤庆县 1 座,临沧市 1 座),玉溪 5 座(易门县 3 座,玉溪市 1 座,元江县 1 座),红河哈尼族彝族自治州 9 座(石屏县 5 座,建水县 4 座),文山壮族苗族自治州 1 座(文山市 1 座),丽江 5 座(永胜县 5 座),普洱 1 座(景东县 1 座)。

贵州有 30 座三官庙,其中遵义 7 座(赤水市 1 座,桐梓县 2 座,仁怀市 1 座,遵义县 3 座),毕节 3 座(毕节市 1 座,黔西县 1 座,威宁彝族回族苗族自治县 1 座),贵阳 2 座(修文县 1 座,贵阳市 1 座),安顺 2 座(安顺市 2 座),黔南布依族苗族自治州 13 座(瓮安县 1 座,福泉市 1 座,贵定县 4 座,都匀市 3 座,惠水县 1 座,独山县 3 座),黔东南苗族侗族自治州 1 座(麻江县 1 座),六盘水 2 座(盘县 2 座)。

黑龙江有 3 座三官庙,其中牡丹江 1 座(宁安市 1 座),哈尔滨 2 座(依兰县 1 座,哈尔滨 1 座)。

吉林有 1 座三官庙,在四平市梨树县。

辽宁有 41 座三官庙,其中沈阳市 1 座,辽阳县 4 座,鞍山 9 座(岫岩满族自治县 1 座,海城市 8 座),铁岭县 1 座,大连 4 座(瓦房店市 3 座,庄河县 1 座),锦州 8 座(锦州市 2 座,北镇县 1 座,义县 5 座),盘锦市 1 座(盘山县 1 座),丹东 6 座(丹东市 2 座,凤城市 4 座),抚顺县 1 座,朝阳 1 座(建平县 1 座),本溪 5 座。

台湾有 20 座三官庙,其中桃园 3 座(大溪镇 1 座、中坜市 1 座、龙潭乡 1 座),南投 1 座(埔里镇 1 座),宜兰 5 座(礁溪乡 2 座,三星乡 1 座,冬山乡 2 座),新竹 2 座(横山乡 1 座,关西镇 1 座),屏东 2 座(屏东市 1 座,南州乡 1 座),新北 1 座(板桥区 1 座),台南 2 座(玉井乡 1 座,左镇乡 1 座),澎湖 1 座(马公市 1 座),台北 1 座(中山区 1 座),高雄 1 座(林园乡 1 座),苗栗 1 座(铜锣乡 1 座)。[①]

综上,这一时期全国共有 951 座三官庙,其中华东地区共计 356 座,占总数的 37.43%;华北地区共计 214 座,占总数的 22.50%;西南地区共计 128 座,占总数的 13.46%;西北地区共计 96 座,占总数的 10.09%;华中地区共计 74 座,占总数的 7.78%;东北地区共计 45 座,占总数的 4.73%;台湾地区 20 座,占总数的 2.10%;华南地区共计 18 座,占总数的 1.91%。另外海南、西藏、重庆、澳门特别行政区、香港特别行政区暂未搜集到资料。

与清朝的 2 909 座三官庙数量相比,1912—1949 年三官庙数量少了 67%,以

---

① 通过比较田金昌、成孝华的研究,认同田金昌关于 1912—1945 年三官庙数量的总结。田金昌《台湾三官大帝信仰——以桃园地区为中心(1683—1945)》,台湾硕士论文,2005 年。成孝华《三官大帝信仰与地方社会之研究——以台中市陈平聚落为例》,台湾逢甲大学硕士论文,2016 年。

两个时期每个地区数量最多的省份为中心进行比较,如表 1-1 所示:

表 1-1　清与 1912—1949 年三官庙的数量

单位:座

地区	省份	清	1912—1949 年
华东	江苏	345	209
华南	广东	94	9
华中	河南	76	64
华北	河北	476	147
西北	陕西	190	53
西南	云南	63	76
东北	辽宁	31	30
港澳台	台湾	58	20

资料来源:地方志资料以及课题组的统计数据。

通过比较发现:除了云南外,其他地区的三官庙数量都在下降,台湾三官庙数量下降与日本对台湾的侵占有关。为什么云南三官庙的数量不降反升呢? 比较两个时间段内云南各地三官庙的增减数,下表 1-2 所示:

表 1-2　清与 1912—1949 年云南各地三官庙的数量

单位:座

云南各城市	清	1912—1949 年	减少数	增加数
昭通	3	3	0	0
大理	4	5	0	1
楚雄	7	3	4	0
昆明	16	15	1	0
曲靖	5	23	0	18
保山	1	4	0	3
临沧	6	2	4	0
玉溪	1	5	0	4

（续表）

云南各城市	清	1912—1949 年	减少数	增加数
红河哈尼	18	9	9	0
文山	1	1	0	0
丽江	0	5	0	5
普洱	0	1	0	1
合计	62	76	18	32

资料来源：课题组根据地方志资料制作。

由表 1-2 可知，增加的地区有曲靖、保山、丽江、普洱。清朝时曲靖有 5 座三官庙，分布在会泽 2 座，宣威市 1 座，沾益 1 座，曲靖市 1 座；1912—1949 年曲靖有 23 座三官庙，分布在会泽 2 座，宣威市 19 座，沾益 1 座，曲靖市 1 座。发现是宣威多了 18 座，在 1934 年的《宣威县志稿》中有载。有关这 18 座庙宇的资料很少，在《宣威县志稿》中仅记录在某处有三官庙。我们努力探求蛛丝马迹，从人口数量的变化来看庙宇的增加，可能有一点帮助。"据《宣威县志稿》记载：清初汉族人口占当时宣威总人口的 10％，清雍正五年(1727)改土归流分散到宣威全境，至清朝末年，汉族人口占总人口数的 90％"。[①] 1999 年编纂的《宣威市志》中载："1912—1949 年汉族迁入境内较多。"[②] "1912—1949 年因战争逃难和来宣威修铁路、公路的人较多。"[③] 三官庙的增加可能与汉族人数量的上升有关。道教文献也没有相关资料可以说明三官庙数量为何增加。除了曲靖的宣威外，丽江的永胜有 5 座三官庙，丽江在 1912 年之前没有三官庙，建造缘由也无相关资料，可能也与 1912—1949 年人口数量增加有关，据《永胜县志》，1912—1949 年较清朝末年人口数量有较多增加。[④] 还有普洱的景东出现 1 座三官庙，同样缺乏资料说明其建庙缘由。综上，云南三官庙的增长可能与人口数量尤其是汉族人口数量的增长有关。

另外我们发现从唐宋元明清到 1949 年，每个地区基本上都有一个三官文化的传播中心，如表 1-3 所示：

① 中共宣威市委史志办公室编纂《宣威市志》，云南人民出版社，1999 年，第 105 页。
② 中共宣威市委史志办公室编纂《宣威市志》，云南人民出版社，1999 年，第 785 页。
③ 中共宣威市委史志办公室编纂《宣威市志》，云南人民出版社，1999 年，第 103 页。
④ 永胜县志编纂委员会《永胜县志》，云南人民出版社，1989 年，第 647 页。

表 1-3　唐至 1949 年每个地区的三官文化传播中心

单位:座

地区	时间										
	唐		宋		元		明		清		1912—1949 年	
	省市	数量	省市	数量	省市	数量	省市	数量	省市	数量	省市	数量
华东	浙江	2	江苏	3	浙江	4	江苏	92	江苏	345	江苏	209
	江苏	2	江西	4	山东	4						
华南			广西	1			广东	17	广东	78	广东	9
											广西	9
华中			湖北	1	河南	4	河南	74	河南	78	河南	64
			湖南	1								
华北							河北	102	河北	402	河北	147
西北	陕西	1	陕西	2	陕西	1	陕西	33	陕西	169	陕西	53
西南	重庆	1	四川	1			云南	37	云南	62	云南	76
东北							辽宁	11	辽宁	31	辽宁	41
港澳台									台湾	58	台湾	20

资料来源:课题组绘制。

由表 1-3 可知,大部分地区到明朝时,三官文化的谱系中心已经形成,华东以江苏、华南以广东、华中以河南、华北以河北、西北以陕西、西南以云南、东北以辽宁为中心。台湾属福建管辖,其三官庙数量的增加与闽南、广东的移民有关。这些中心是三官文化空间谱系形成与发展的关键。

二、以空间为本位的时间谱系

以空间为本位的时间谱系是以民俗事象的空间分布为基础,分析在该空间内民俗事象的时间序列,探讨时空交互所体现出的特征。

首先看各个省市三官庙在建造时间上的分布,分为三个表,即表 1-4 为华东、华北地区,表 1-5 为西北、西南地区,表 1-6 为华中、华南、东北地区、台湾地区。具体如下:

表1-4 华东地区与华北地区的三官庙建造时间分布

单位：座

时间		华东地区								华北地区						合计
		安徽	福建	江苏	江西	山东	上海	浙江	小计	河北	北京	内蒙古	天津	山西	小计	
唐	天宝				1				1							1
唐	始建未详	1		2				1	4							4
唐	小计	1		2	1			1	5							5
五代后梁	龙德三年							1	1							1
宋	乾德							1	1							1
宋	开宝															
宋	淳化					1			1							1
宋	大中祥符							1	1							1
宋	天禧															
宋	元祐			1					1							1
宋	政和							1	1							1
宋	宣和				1				1							1
宋	乾道							1	1							1
宋	庆元				1				1							1
宋	咸淳							1	1							1

（续表）

时间		华东地区								华北地区						合计
		安徽	福建	江苏	江西	山东	上海	浙江	小计	河北	北京	内蒙古	天津	山西	小计	
	始建未详	1	1	2	2				6							6
	小计	1	1	3	4	1		4	14							14
元	乃马真后													1	1	1
	至元			1					1					1	1	2
	大德					1	1	1	3							3
	延祐							1	1							1
	至治		1						1							1
	泰定					1			1							1
	天历			1					1							1
	至顺		1						1							1
	至正		1			1		2	4		1				1	5
	始建未详		1				1		2		1				1	3
	小计		4	2		3	2	4	15		2			2	4	19
明	洪武			6	3	2	2	1	14		1			4	5	19
	永乐	1		1		1	1	2	6					1	1	7
	宣德		1					2	3							3
	正统			5				1	6	10					10	16

（续表）

时间	华东地区								华北地区						合计
	安徽	福建	江苏	江西	山东	上海	浙江	小计	河北	北京	内蒙古	天津	山西	小计	
景泰										1				1	1
天顺															
成化		3	1		1	1	2	6	1	1				2	8
弘治			3		1	2		5	6	1		3	3	12	17
正德	1			1	7	5		13	9				9	22	35
嘉靖	2	5	13		22	1	9	57	24	4			11	35	92
隆庆	1	1	4		2			8	3					3	11
万历	10	7	35	4	34	1	21	112	35	13		3	38	89	201
泰昌									1					1	1
天启	1	3	6		4	1	10	22	5	1			4	10	32
崇祯	2	3	16	2	14	6	9	52	8	6		3	9	26	78
小计	18	22	92	10	88	17	57	304	102	27		9	79	217	521
清 顺治	1	2	7	1	4	5	1	21	6	2			5	13	34
清 康熙	20	8	26	7	60	12	13	146	105	12		4	23	146	292
清 雍正	4	1	4	1	3	2	9	24	9	4	2		13	26	50
清 乾隆	25	21	43	10	51	12	18	180	176	3		3	84	266	446
清 嘉庆	28	1	53	1	11		9	103	10	1		1	18	30	133

（续表）

时间	华东地区								华北地区						合计
	安徽	福建	江苏	江西	山东	上海	浙江	小计	河北	北京	内蒙古	天津	山西	小计	
道光	10	4	30	7	32	2	6	91	11	1			28	40	131
咸丰		1	13	3	8	7	2	33	7				9	16	49
同治	12	8	72	57	11	7	22	182	5	2			14	21	203
光绪	53		92	2	100	14	74	343	147	15		25	46	233	576
宣统	2		5		6	17		30					7	7	37
始建未详						9		9							9
小计	155	46	345	89	286	87	154	1162	476	40	2	33	245	796	1958

表 1-5　西北地区与西南地区的三官庙建造时间分布

单位:座

时间		西北地区						西南地区						合计
		甘肃	青海	宁夏	陕西	新疆	小计	四川	重庆	西藏	云南	贵州	小计	
唐	大历				1		1							1
	中和								1				1	1
	小计				1		1	1					1	2
宋	开宝				1		1							1
	大中祥符							1					1	1
	始建未详				1		1							1
	小计				2		2	1					1	3
明	洪武	1					1					1	1	2
	永乐	1			1		2							2
	宣德													
	正统				1		1							1
	景泰	1					1							1
	天顺	1			1		2							2
	成化				1		1							1
	弘治				1		1					1	1	2
	正德				1		1							1
	嘉靖	5			9		14				4	5	9	23
	隆庆				2		2				12		12	14
	万历	6	1	5	10		22	1			1	6	8	30
	泰昌													
	天启	2					2	1			17		18	20
	崇祯	3			6		9				3	7	10	19
	小计	20	1	5	33		59	2			37	20	59	118
清	顺治	3			5		8				2	2	4	12
	康熙	13		1	19		33	3	1	1	17	6	28	61
	雍正	2			26		28	8			3		11	39

（续表）

时间	西北地区						西南地区						合计
	甘肃	青海	宁夏	陕西	新疆	小计	四川	重庆	西藏	云南	贵州	小计	
乾隆	48	2	2	45	2	99	16	5		20	21	62	161
嘉庆	10		1	33	1	45	9			4	3	16	61
道光	20			22		42	10	1		4	14	29	71
咸丰				3		3	2			3	4	9	12
同治				7		7	5			1	3	9	16
光绪	24			20		44	9			8	7	24	68
宣统			1	10	2	13					1	1	14
小计	120	2	5	190	5	322	62	7	1	63	60	193	515

表1-6　华中地区、华南地区、东北地区、台湾的三官庙建造时间分布

单位：座

时间		华中地区				华南地区				东北地区				台湾	合计
		河南	湖北	湖南	小计	广东	广西	海南	小计	黑龙江	吉林	辽宁	小计		
宋	天禧			1	1										1
	乾道														
	咸淳		1		1										1
	小计		1	1	2										2
元	至元	4			4										4
	皇庆						1		1						1
	至治—泰定							1	1						1
	小计	4			4		1	1	2						6
明	洪武		1	1	2										2
	永乐	1			1										1
	宣德	2		1	3										3
	正统	1			1										1
	景泰														
	天顺														

（续表）

时间		华中地区				华南地区				东北地区				台湾	合计
		河南	湖北	湖南	小计	广东	广西	海南	小计	黑龙江	吉林	辽宁	小计		
	成化	1			1							1	1		2
	弘治	6		1	7	1			1						8
	正德	7			7										7
	嘉靖	36	1	1	38	3			3			1	1		42
	隆庆	1		1	2	1			1			2	2		5
	万历	10	4	2	16	8	3	1	12			6	6		34
	泰昌														
	天启	4		1	5	1			1						6
	崇祯	5		2	7	3	4		7			1	1		15
	小计	74	6	10	90	17	7	1	25			11	11		126
清	顺治	3	1		4	6			6						11
	康熙	10	9	15	34	16	7	1	24	1	1	12	14	3	75
	雍正		1		1	4	6		10			1	1	1	13
	乾隆	19	13	12	44	14	8		22			5	6	10	82
	嘉庆	6		12	18	9	5		14			1	2	6	40
	道光	14		6	20	14	1	2	17			5	5	9	51
	咸丰		1		1	4		1	5			1	1	7	14
	同治	5	5	23	33	6	2		8					8	49
	光绪	8	13	19	40	13	8		21	1		2	3	14	78
	宣统	7			7	8			8	1		3	4		19
	始建未详	4			4										4
	小计	76	43	87	206	94	37	4	135	4	2	31	37	58	436

表1-4、表1-5、表1-6中的数据，较为清楚地呈现了以空间为本位的时间谱系。唐宋时期，时间分布较为分散，还没有哪个时期集中出现三官庙的现象；元朝至元、至正时期三官庙的数量分别为6和5，占元朝时全国总数的44%，在王朝的开始和结束阶段分别有较多增长。在此之后，三官庙数量大幅度增长，三官文化传遍全国，与两段重要的时期有关，即明朝成化至万历时期，清朝顺治、康

熙到乾隆时期。

第一阶段,明朝的成化至万历时期,共有三官庙 534 座,明朝共计产生 766 座,这一时期产生的总数占整个明朝的 69.71%。尤其是在嘉靖与万历两朝,除了内蒙古、新疆、西藏、黑龙江、吉林、台湾地区之外都有了三官庙。为什么这一时期会产生很多三官庙呢? 与宪宗母亲、孝宗的张皇后对三官的崇拜有关,宪宗于成化十七年(1481)为母亲造大慈延福宫,供奉天地水三官,庙成后,宪宗亲自撰写碑文《御制大慈延福宫碑》,碑刻于成化十八年,其中有"朕闻有天地水三界之名",即有天、地、水三元①,可见大慈延福宫地位非同一般。后宪宗之子孝宗(弘治)赐地六百多顷以供香火,"命户部以近赐大慈延福宫地六百余顷,召民佃种。先是上以宫为太皇太后所建,因赐地为香火田"。② 到弘治十年,孝宗再次赐地一百五十顷,"命以昌平县庄地赐大慈延福宫,凡一百五十顷"。③ 孝宗的张皇后信奉道教,曾参加授箓,在其箓牒图卷中,天地水三官大帝分列众神第三、四、五位。在皇家信奉三官的情况下,示范效应产生,全国大部分地区三官庙的数量增多。

第二阶段,从顺治、康熙、雍正到乾隆,内蒙古、新疆、西藏、黑龙江、吉林、台湾都有了三官庙。这一时期共有 1 276 座三官庙,占清朝总数(2 909 座)的 43.86%。究其原因有五个方面。第一,政治方面。明朝后期皇太极等对三官文化的认同与辽宁已有的三官文化相关,辽宁在明朝已有 11 座三官庙,明末时皇太极等皇族已受到汉族道教文化的熏陶,三官文化对天地水的崇拜与满族的萨满崇拜有着相似性,更容易为满族所接受。皇太极在建造沈阳故宫时,将沈阳三官庙包括在整体建筑范围内,且三官庙就在皇太极的宫殿附近。该三官庙是作为皇太极劝降明朝大臣的重要基地而存在的,后来顺治能够顺利即位,离不开多尔衮等大臣在三官神像前的盟誓。顺治、康熙、雍正都对该三官庙进行了修缮,到乾隆时,改为景祐宫,三官庙搬迁出沈阳故宫。尽管如此,皇家对三官的崇拜在民间的示范效应已经产生,全国各地在这一时期,建三官庙、修三官庙的数量进一步增加。西藏的三官庙即是在康熙时文武官兵进驻后建造的。另外,清朝鼓励民间修庙,康熙时期,全国大部分地区已是庙宇林立,"康熙七年(1668)七月礼部所奏:计算直隶各省巡抚造册内,敕建大寺庙共 6 073 处,小寺庙共 6 409

---

① 田瑾《大慈延福宫述略》,《中国道教》,2001 年第 3 期,第 57 页。
② 《大明实录》大明孝宗敬皇帝实录,卷 9,弘治元年正月。
③ 《大明实录》大明孝宗敬皇帝实录,卷 129,弘治十年九月。

处;私建大寺庙共 8 458 处,小寺庙共 58 682 处。僧共 110 292 名,道士共 21 286 名,尼姑共 8 615 名。以上通共寺庙 79 622 处,僧道尼姑共 140 193 名"。① 在这样的大环境下,加上皇家对待三官的态度,进一步促进了三官文化的兴盛发展。

第二,军事方面。清政府实施军屯政策,在新疆哈密、伊犁等多地均实施了军屯政策。新疆哈密巴里坤的三官庙就与当地驻军有关。第三,经济方面。各路商帮如秦商、晋商、徽商、闽商等在各地的贸易,还有丝绸之路的进一步发展,促进了三官谱系向新疆、内蒙古地区的拓展。内蒙古呼和浩特、多伦,新疆乌鲁木齐三官庙的建造均与各路商帮往来贸易有关。第四,道教方面。道教的传播促进了三官文化空间谱系的进一步发展,黑龙江、吉林的道教与道教在辽宁的传播有关,吉林的道士多来自辽宁。道教发展后,势必会带动三官文化的发展,而且两地道教传入的时间与三官庙创建时间相符合。第五,移民带动三官文化的传播。台湾三官文化谱系是在移民的推动下形成的,福建、广东等地在明朝已经有了较好的三官文化基础,而台湾的移民多来自这两个地区,在移民的带动下,台湾在康熙时期就有了配祀三官的庙宇。

可见,在清朝,三官文化在康熙时期形成第一个发展高峰,乾隆时期形成第二个高峰,至光绪时期遍布全国,很多城镇乡村都是三官庙宇林立。

总之,通过时间本位探究三官文化的空间谱系,我们发现不同时期三官文化在不同空间的传播,以及每个地区形成的传播中心。通过空间本位探究三官文化的时间谱系,我们发现明朝成化至万历时是三官文化发展的重要时期,清朝的顺治、康熙、乾隆、光绪时是三官文化发展的又一重要时期。

❦ 小 结 ❦

本章以三元三官之名为中心,探讨三官文化的时空谱系。首先,从历史文献出发探讨三官文化的时间谱系。认为三官称谓在东汉、魏晋、宋朝的发展中从单一走向多元,三官功能在宋朝时固定下来;三元节在唐宋两朝兴盛发展,明清时上元节继续发展,中元节以祭祖为核心,明以后的正史中已鲜见下元节;三官庙宇从唐至清,呈现缓慢发展的态势,到清朝遍布全国;在唐、五代、宋有较多三官画像,元明清数量较少。"三官手书"作为最早的三官科仪,发展为唐朝的《投龙璧仪》,宋朝简化为《投龙简仪》。时间谱系呈现文化认同,历代统治阶层对三官文化的认同在唐朝已有所体现,之后随着明清两朝皇室的推动,三官文化在清朝

---

① 刘庆文、高丽杨《河北道教史》,宗教文化出版社,2016 年,第 214 页。

得以传遍全国。

其次,从有神圣空间无塑像、有庙有塑像两个方面来看三官文化的空间谱系,认为全国自唐以来,至1949年止,共有4000多座三官庙,至清朝光绪时形成了村镇都有三官庙宇宫观的局面。

最后,以时间为本位看三官文化的空间谱系、以空间为本位看三官文化的时间谱系。在时间本位下,三官文化的空间谱系呈现东部多、西部少的局面,其中华东、华北的三官庙数量最多,占总数的近70%,而且在每个区域内,多会有一个三官庙建造最早、最多的省份,这些省份成为三官文化在区域内进一步发展的中心。在空间本位下,有几个重要的时间节点,即明朝的成化、嘉靖,清朝的顺治、康熙、乾隆、光绪时期。明清皇室对三官的认同,极大地促进了三官文化在民间的发展,使得至迟到光绪时,三官文化遍布全国各地。

第二章
文化多元视角下三官文化的时空谱系

经过上千年的发展,三官文化谱系形成两大系统,即以天地水三官为核心的道教三官系统以及民间三官系统。如图2-1所示:

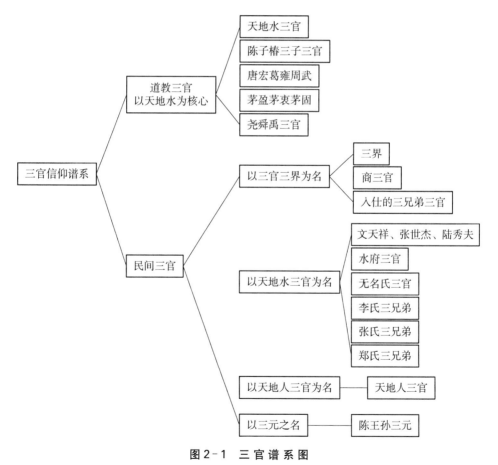

图2-1 三官谱系图

本图为课题组根据资料编制而成。

学术界注重三官文化的研究,产生很多研究成果,但是将三官文化分为道教系统和民间系统两大类,并对其中各分支及其时空谱系等方面进行研究的还不多,尚有很大的空间。因此,本章就以道教三官、民间三官为中心,探讨其时空谱系,以期弄清楚三官文化的多种形态,为进一步深入研究奠定基础。

第一节　道教三官文化的时空谱系[①]

在道教系统中,三官以天地水为核心,呈现多元化的态势,产生五种形态:一是天地水的人格化,与其他形态共存,分布范围最广,历史最为悠久;二是将龙女和凡人结合的故事与天地水三官相联系,如陈子椿与龙女所生的三子三官,是人们对能力超群且异于常人的勇敢者的渴望;三是将有功于民者与天地水三官相结合,如唐葛周三官,体现了人们对英雄的崇拜;四是将著名的得道之士与天地水三官相结合,如茅盈、茅衷、茅固三兄弟,体现的是人们对执着与坚持精神的追求;五是将祖先神与天地水三官相结合,如尧舜禹三官,是中华民族追念与崇拜的对象。

一、天地水三官的时空谱系

三官文化发展至今,在道教中形成了以天地水三官为中心的崇拜体系,神圣空间分布最为广泛,历史最为悠久。根据目前的资料,陕西华阴的三官院是供奉天地水三官最早的庙宇,之后在全国逐渐发展开来,如河南的孟县,元至元二十四年重修天地水三官庙。[②] 河南修武县元朝时有建造天地水三官庙。[③] 甘肃通渭县万历时期的《建三官庙碑记》载,三官庙供奉天地水三官。广西贵县的明玄帝祠存有铁钟,捐献名录中有大玄天地水府三元三官大帝,[④]说明当地供奉的是天地水三官。还有辽宁的千山无量观、丹东凤城市凤城镇凤凰山紫阳观、喀左天成观等,所崇拜的三官大帝都是天地水三官。几乎在每个地区的地方志中都有供奉天地水三官的记载,仅举几例,如明朝成化时的《重修毗陵志》、清朝乾隆时的《宁德县志》、1912—1949 年的《闽清县志》等。天地水三官崇拜作为全国性的

---

① 本节内容已在《楚雄师范学院学报》2023 年第 1 期发表,论文题目为"道教三官多元形态的时空谱系"。不过,本节的内容有所删减和修改。

② (清)仇汝瑚修、冯敏昌纂《(乾隆)孟县志》卷 4,清乾隆五十五年刻本。

③ 萧国桢、李礼耕修,焦封桐、孙尚仁纂《修武县志》卷 13,1931 年铅印本。

④ 欧仰义修、梁崇鼎纂《贵县志》卷 14,1935 年铅印本。

信仰,成为最普遍的信仰之一。

清朝末年,天地水三官文化又由移民传播到东南亚诸国,如马来西亚、新加坡、越南、印度尼西亚、泰国等。

天地水三官已然形成最大范围的文化谱系,天地水与人们的生活休戚相关,容易形成认同。体现的是人们对以天地水为代表的自然的敬畏与爱护,是古人生态思想在传统文化中的传承与表现。

二、陈子椿三子三官的时空谱系

陈子椿三子三官,有三种异文:一是陈子椿与三个龙女婚配分别生一子,有神通,由天尊封为天地水三官;二是陈子椿与当朝丞相之女婚配,生三子为三官;三是只知其父不知其母的三子三官。

(一)龙女三子三官

陈子椿与龙女所生三子三官简称为龙女三子三官,其叙事出现在《太上说三官经序》和《三教源流搜神大全》中。

在《太上说三官经序》中,三官的父亲为陈子椿,其与龙王三个女儿结婚,三位夫人分别生下一子,生有神通,法力无边。天尊封他们为天地水三官,以考校众生鬼神等。① 在《三教源流搜神大全》中也有类似的说法。两个叙事,有相同之处,也有不同之处。相同之处在于三官大帝是龙女与陈子椿的儿子,神通广大,法力无边,由天尊封为三元三官大帝,考校众生。不同之处在于细节方面:一是三官父亲的名字,《太上说三官经序》中为陈子椿,《三教源流搜神大全》中是陈子梼;二是三官的名字,《太上说三官经序》中讲三龙女分别生一子,孩子的名字为上元、中元、下元,《三教源流搜神大全》没有这样的说法,三元之说是由天尊敕封的;三是三官均有着超能力,《太上说三官经序》中有详细的阐述,而《三教源流搜神大全》仅简要说明。在《三教源流搜神大全》中还进一步说明了三官管辖的范围。尽管如此,两则叙事的实质是一样的,都是天地水三官的人格化,都是在阐述三官是龙女与凡人婚配所生。

明朝的地方志等文献中在考证三官是何神时,会提到陈子椿三子三官,但从所查资料看,有一些是不认同的,如正德时期河南的《中牟县志》中载《新建三官庙记》,在追溯三官的渊源时,提到陈子椿三子三官,认为这是对天地水三官的误

---

① 姜守城《〈三元经〉版本的文献学研究》,见盖建民编《开拓者的足迹·卿希泰先生八十寿辰纪念文集》,巴蜀书社,2010 年,第 96 页。

解,"国初好事者不谙三神出处,存殁之详,谬撰经文序,神生于陈生龙女之配婚,辱圣贤莫此为甚,岁久未有明之者,可胜叹哉"。① 这里的经文序可能就是《太上说三官经序》,虽然撰写碑志的作者不认同三子三官,但是陈子椿与龙女所生三子三官的说法在明初已经流行于世。在河南武陟县,嘉靖时期的《何瑭重修三官庙记》中载:"嘉靖十年春,有事府城闲语予以修庙曲折,因请为记,……不知何世妄人乃撰为三官经典,谓陈氏子娶龙女生三子,俱有神道,一为天官,一为地官,一为水官,可谓怪诞之甚矣。"② 尽管这是对陈子椿三子三官说法的批判,但是从另一方面来说,当地人或有认同此观点者。在其他地方也有认同这一说法的,如河北东光县普通百姓是认同陈子椿三子三官的,万历年间东光县马头镇《三官庙碑记》中载:"余谓二子曰:夫三官者何居乎? 高子曰:三龙女所生三元子,上元天官,中元地官,下元水官。维此三元大帝察人间善恶,以司其籍,掌天上灾祥,以握其枢,盖至尊灵异之神哉。"③这是撰记的作者跟建庙者的对话,可知,当地老百姓是认同陈子椿与龙女婚配生三子为三官的说法的。明朝时期,河南中牟县、武陟县,河北东光县形成空间谱系。

到清朝乾隆时,陈子椿三子三官已在多个地区有所发展,在山西武乡县,"程启南《三官庙记》:邑人十聿修三官神祠,不日成者,久之未有碑记,以垂不朽,阅崇祯丁丑岁,爰使工人镌石,因浼余为之记,余亦共事中人,欣欣然,愿效执笔。但于祀典未周知,而奉祀道人举妙经相示:首序三龙女各诞生一官分天地水为三,其弥月之期又分定于正七十之望日"。④ 由道人示经可知三官庙为道观,其中供奉的是陈子椿三子三官。在陕西白水县,"三官庙:道家以天官地官水官为三官,又谓皆陈子椿之子"。⑤ 在华阴县,"谓陈子春名光蕊,娶龙女生三子,俱有神通,一为天官主赐福,一为地官主赦罪,一为水官王解厄。其云:云台者即今海州之东海也,东海有今大村相传为陈氏旧里,即昔之大义村也,其上殿宇巍焕,香火甚盛"。⑥ 云台山在江苏连云港,陕西华阴县与其形成空间谱系。由此,清朝时,山西武乡县,陕西白水县、华阴县,江苏连云港四地形成空间谱系。

由上可知,在时间谱系方面,龙女三子三官在明朝景泰四年(1453)以前就已

① (明)韩思忠主纂《(正德)中牟县志》卷6,明正德十年刻本。

② (清)王荣陛修、方履篯纂《(道光)武陟县志》卷19,清道光九年刊本。

③ (清)周植瀛修、吴浔源纂《(光绪)东光县志》卷2,清光绪十四年刻本。

④ (清)白鹤修、史传远纂《(乾隆)武乡县志》卷4,清乾隆五十五年刊本。

⑤ (清)梁善长《(乾隆)白水县志》卷2,1925年重印本。

⑥ (清)张曾玗、许光基总修,李天秀纂《(乾隆)华阴县志》卷4,1928年铅印本。

经开始流行,后被收入《太上说三官经序》和《三教源流搜神大全》中,进一步发展。在空间谱系方面,明朝时三官分布在河南中牟县、武陟县,河北东光县等地;清朝时分布在山西武乡县,陕西白水县、华阴县,江苏连云港等地。

(二) 丞相之女三子为三官

陈子椿与丞相之女生三子为三官的记载是在清朝嘉庆时期的《海州直隶州志》中,"三元大帝为东海人,父尊,字光蘂,一字子春,唐贞观己巳及第,丞相殷开山,妻以女,生三子,官天地水,因尊为三元三官三品"。[1] 在此,这是凡人之间的婚配,是状元与丞相之女之间的姻缘叙事,是智慧与权力的结合。他们所生的后代自然也很厉害,被尊为三元三官三品。这一叙事仅在江苏的海州发现有记载,恐是龙女三子三官的讹传。

(三) 只知其父不知其母的三官

这一类型的三官仍然是陈子椿三子三官的一个分支,不同之处在于,仅讲陈子椿的三子三官,而不书三子的母亲。如河南裕州(今方城)的《三官庙碑记》载:"龙泉店之三官庙既告厥成矣,有客问余曰:三官三神灵应不爽,信能为下民赐福解厄赦罪耶? 余应之曰:不然,尝考唐之季世有陈氏伯仲季同出一母,修持正果,立跻圣神,爵加帝号,总摄三界,其于一切福善祸淫之柄,神皆得以主之。"[2]在四川石泉县,"三官阁治南半里。《海州志》云:陈文荣唐贞观进士,生三子即三官神,修道于州之灵台山,万历初民建祠祀之"。[3] 查《海州志》未见有陈文荣。可能是讹传,应为陈子椿。在广东南澳县,"三官殿:三官,天官地官水官也,其经以天官地官水官为陈子椿之子"。[4] 仅书陈子椿三子三官的分布为河南裕州、四川石泉县、广东南澳县,形成空间谱系。

上述这些方志多为乾隆时期,也就是说到乾隆时期陈子椿三子三官有进一步的传播与发展。

1912—1949 年,陈子椿三子三官的谱系继续发展。在山东的单县,有陈子椿墓地:"唐陈子椿墓在城西北五里,俗称陈祖墓,相传为三官之父墓,即其所居故里有庙。"[5]"三官老家,有寨有集市,俗传三官神故里。"[6]说明在单县已经形成

① (清)唐仲冕《(嘉庆)海州直隶州志》卷31,清嘉庆十六年刊本。
② (清)董学礼、宋名立《(乾隆)裕州志》卷6,清康熙修、乾隆补刊本。
③ (清)姜炳璋《(乾隆)石泉县志》卷4,清乾隆三十三年刻本。
④ (清)齐翀《(乾隆)南澳志》卷7,清乾隆四十八年刻本。
⑤ 项葆祯《单县志》卷1,1929 年石印本。
⑥ 项葆祯《单县志》卷1,1929 年石印本。

了对该三官的认同。

综上，陈子椿三子三官的时空谱系是三官文化时空谱系的一部分，其产生于明初，在明朝嘉靖时建庙供奉，清朝乾隆、嘉庆、道光以及 1912—1949 年都有所传布；主要分布在湖北、四川、河北、陕西、河南、广东、江苏、山西、山东等地。由此形成时空谱系。

三、英雄崇拜的唐葛周三官

唐葛周即唐宏、葛雍、周武，称为三元将军、三元真君、三灵侯，是英雄崇拜的产物。其最早是以将军的身份出现的，在南北朝时期的《赤松子章历》一书中，有"元命真人唐葛周三将军"的记载，[①]具有救度功能。宋朝时称为三元真君，到元代时，唐葛周与三官、天地水神发生联系，在元代秦子晋编纂的《新编连相搜神广记》中，有这样记载："吴客三真君：昔周厉王有三谏官，唐、葛、周也。王好田猎失政，三官谏曰：'先王以仁义守国，以道德化民，而天下咸服，未闻禽荒也。'屡谏弗听。三官弃职南游于吴，吴王大悦。会楚兵侵吴，王甚忧之，三官进曰：'臣等致身以死事大王，自有安邦之谋，大王无虑。'三官迎敌各用神策，楚降。吴王迁赏三官，拜辞奏曰：'臣等客臣也，不敢受赐。'后知厉王薨，宣王立，复归周国。宣王赐宝甚厚，仍其爵位。后救太子靖王，降五方使者，及非灾横祸，宣王迁三官于东兖，抚治安慰，民受其赐，商请其资，所至无乏，其国大治，三官既升，加封侯号。唐宏，字文明，孚灵侯，七月二十一日诞；葛雍，字文度，威灵侯，二月十三日诞；周武，字文刚，浃灵侯，十月初二日诞。宋祥符至天门，忽见三仙自空而下，帝敬问之。三仙曰：'臣奉天命护卫圣驾。'帝封三仙：上元道化真君，中元护正真君，下元定志真君，同判岱岳冥司。赞曰：应变之塑，道德之君；辞周寄吴，济世救民；周而烈拯，吴封客臣；宋遇真宗，天阴颖身；帝貌问之，方得其因；唐葛周氏，天地水神；上奉王昭，保驾圣明；御制妙赞，敕载姓名；祠封太顶，号建三灵。"[②]

在这一叙事中，有两个关键词与本题相关：三官、天地水神。可见，秦子晋编纂的《新编连相搜神广记》是三官、唐葛周三元与天地水神相连接的文献基础。由唐宏、葛雍、周武与上中下三元相对应，且有三官及天地水神之称，容易与天地

---

① （南北朝）佚名《赤松子章历》卷 2，明正统道藏本。

② （元）秦子晋编纂《新编连相搜神广记》前集，见阙名撰《绘图三教源流搜神大全》，上海古籍出版社，1990 年，第 480 页。

水三官相对应，促进唐葛周三官与天地水三官的互称。

供奉唐葛周的庙宇称为三灵侯庙、三元真君庙、威佑庙、三元庙、三元堂等。如第一章所述，三元真君庙最早发现于唐朝的浙江丽水，之后供奉三元真君的庙宇逐渐增多。在全国很多地区，都有供奉唐葛周三元真君的庙宇，如河南、河北、浙江、江苏、上海、安徽、山东、江西、陕西、山西、广西、湖南、湖北、福建、四川、台湾地区等。可见三元真君信仰有着自己的发展系统，形成了以唐宏、葛雍、周武为崇拜对象的信仰谱系。但这不是我们要关注的内容，我们的研究对象是唐葛周三官，下面仅看唐葛周三官的时空谱系。

1. 唐葛周三官的空间谱系

唐葛周三官分布广泛，在河南的中牟县、福建、台湾地区台南麻豆区、山西运城与榆社县、上海的嘉定区、河北的新乐县、广西、云南等地。其中河南、福建、台湾地区形成传承谱系。

1) 唐葛周三官在河南的空间谱系

就目前搜集的资料来看，河南中牟县三官庙可能是唐葛周与三官结合后的第一座庙。庙建于明正德时期，时人张启撰写《新建三官庙记》："予尝考三官者，周之名臣也，居中者唐姓，讳宏，字文明；居左者葛姓，讳雍，字文广；居右者周姓，讳武，字文刚。三人同仕于厉王之朝，累谏不从，退隐吴地。宣王立求得之辅，成中兴之功居多。幽王力谏不从，复隐去，终于吴地，吴民仰其德化最久，乃建祠奉祀之。宋真宗封泰山几跻颠，三神显形，于上各述姓字，言奉上帝敕命阴翊陛下，真宗封禅回，封三神为上元道化真君、中元护正真君、下元定志真君，号天地水三官大帝。命天下皆立庙以祀之，绘神之像者，遂以青黄黑服色随之。"①撰写碑记的张启是"中牟人，知县"，②其中清楚地说明了唐葛周三官的空间谱系，来自吴地，在山东泰山救驾有功，遂被封为上中下三元真君，号为天地水三官大帝。在真宗的推动下，唐葛周进入三官系统。

从此之后，作为唐葛周的三官开始传播。在河南新乡也有唐葛周三官文化，"据历史记载：'三官'真有其人，是周幽王的三位谏臣。三官即天官、地官、水官。天官姓唐，名宏；地官名葛雍；水官名周武，故合称'三官'或'三元'"。③ 该三官庙供奉的是唐葛周。在河南郑州中原区的三官庙，供奉天地水三官，"天官唐洪、

① （明）韩思忠《（正德）中牟县志》，明正德十年刻本。
② （明）曹金撰《（万历）开封府志》卷 12，明万历十三年刻本。
③ 刘海山主编《八里营村志》，八里营村志编纂委员会，2008 年，第 280 页。

地官葛荣、水官周武,其职责是天官赐福、地官赦罪、水官解厄"。①

2) 从河南到福建的空间谱系

这一传承谱系与来自河南的郭姓相关。漳州龙海的郭姓来自河南光州固始县,其家族供奉三元真君。② 龙海玉江村、流传村有郭姓供奉的三元真君庙:"玉江三元真君祖庙,位于角美镇玉江上社,始建于宋嘉定年间(1208—1224),三进三开间;流传三元庙,位于流传村下埕社西隅,始建于明朝初,三进五开间。两庙所祀上元道化唐真君、中元护正葛真君、下元定志周真君,系郭姓先祖从河南固始南徙时迎奉南来,曾佑郭姓子弟筑堤抗洪,被奉为抗洪治水保护神。两庙正殿均袝祀榴阳郭始祖郭十二使公,2001 年一起被龙海市人民政府公布为市级文物保护单位。"③漳州龙海与河南光州固始县形成谱系关系。

3) 从福建到台湾的空间谱系

台湾台南麻豆区的三元宫,供奉唐宏、葛雍、周武。在荷兰殖民台湾时,唐葛周三官随汉族移民进入麻豆区,行医救难,救世救民,三元宫始建于乾隆四十四年(1779)。在发展过程中,唐葛周与平埔族的尫祖信仰相融合,其中大尫祖:唐宏,字文明,孚灵侯,农历七月二十一日圣诞,唐将军"冢宰"掌邦治;二尫祖:葛雍,字度、文乐,威灵侯,农历二月十三日圣诞,现在祭典二月初二日办庆,恭祝圣诞千秋,葛将军掌"旌";三尫祖:周斌又名武,讳实、宝,字文刚,浃灵侯,农历十月初二日圣诞,现在十月初一日恭祝圣诞千秋,周将军掌"节"。④ 唐葛周与平埔族的尫祖信仰相结合,形成了具有地方特色的三元信仰。

4) 唐葛周三官在山西的空间谱系

在山西运城市盐湖有三官洞,建于嘉靖二十八年(1549),供奉的三官为唐葛周,"三官者,乃唐、葛、周三氏,周厉王时为谏官,宋祥符元年始封为三官"。⑤ 由此可知,山西在明朝嘉靖时期已经有了供奉唐葛周的三官庙,该记由"奉政大夫、户部陕西清吏司郎中、恩赐眷亲、前南京户部、四川清吏司署郎中、事员外郎、

---

① 郑州市中原区三官庙办事处《三官庙街道志》,内部资料,1998 年,第 279 页。该庙毁于 1944 年,系日本侵略郑州时所毁。
② 政协福建省龙海市委员会《龙海姓氏》,内部资料,2008 年,第 44 页。
③ 政协福建省龙海市委员会《龙海姓氏》,内部资料,2008 年,第 114 页。
④ 田野调查资料:采访人课题组成员,台湾台南《麻豆三元宫沿革志》,撰写者为当地的老先生,曾为学校教师。
⑤ 刘泽民总编,李玉明执行总主编,张培莲主编《三晋石刻大全 盐湖区卷》,三晋出版社,2010 年,第 107 页。

□□□□□东鲁撰"。① 可见官方对唐葛周三官的认同。到清朝时,在乾隆时期,晋中市榆社县三官庙亦供奉唐葛周三官,"三官庙在下城,乾隆三十九年(1774)重修,费志云:三官神一姓葛一姓唐一姓周,名逸不传,周厉王谏臣,殁而为神,职司天地水府。愚按生为忠臣,死为正神,邑建祠祀之,宜哉"。② 在该记中阐述了认同的原因,三官活着是忠臣,而且有功于民,死后应为人们所供奉,所以才会建祠堂供奉唐葛周三官。

5) 唐葛周三官在上海的空间谱系

上海嘉定区的三官祠供奉唐宏葛雍周武三官,"嘉靖四十五年(1566)。文曰:三官祠者,世所谓三官神帝也,《搜神记》:三官为周厉王时人,唐宏葛雍周武。厉王失政,三官累谏弗听,弃官游吴。吴王悦之,会楚人来侵,三官战败楚兵,吴王酬以爵不受,后归周,宣王赐赍甚厚,卒加封侯号。至宋祥符九年(1016),真宗东封岱岳,至天门,三官从空而下,护驾显灵,帝封三元三品三官大帝"。③ 碑记的作者为张意,曾任"授工部主事,终山东按察司副使"。④ 与中牟县的张启均在朝廷任职,他们认同唐葛周三官的原因在于唐葛周对周朝的忠诚、念念不忘,将入世的精神与退隐的生活方式紧密结合在一起,因时而生,应事而退,坚持自我的原则,这都与明朝士大夫的精神准则不谋而合,因此,唐葛周三官比较容易得到官员的认同。

6) 唐葛周三官在河北新乐县的空间谱系

河北新乐县三官庙亦以唐葛周为三官,在明朝万历时期段一元所撰的《重修三官庙记》中,段一元不认同天地水三官、陈子椿与龙女所生三子为三官,认为三官是唐宏、葛雍、周武,"余窃忆群书载三官事矛盾不同,一云汉末有张陵者造符书于蜀之鸣鹤山,诱民有疾者,书其姓氏于符,一上之天,一埋之地,一沉之水,谓天地水三官大帝,以赐福赦过宥罪也;一云三官者,陈子椿之子,与龙王三女结为室,女各生一子,上元中元下元,天尊封三官大帝以考校天下善恶。今据二说,张陵虽智,安能笼斯民于符数中? 陈子椿虽贤,安能媾龙女而生神圣之子? 此二说非也。又一云三官者,皆周之名臣也,居中者唐姓讳宏字文明,居左者葛姓名雍

① 刘泽民总主编,李玉明执行总主编,张培莲主编《三晋石刻大全 盐湖区卷》,三晋出版社,2010 年,第 107 页。
② (清)王家坊、葛士达修,田福谦纂《(光绪)榆社县志》卷8,光绪七年刊本。
③ (明)张意《集仙宫三官祠记》,见吴亚魁编《江南道教碑记资料集》,上海辞书出版社,2007 年,第 166 页。
④ (明)韩濬修、张应武纂《(万历)嘉定县志》卷10,万历刻本。

字文广,居右者周姓,名武,字文刚。三人同仕于厉王之朝,累谏不从,退隐吴地,宣王立,求,得之辅,中兴之功居多。幽王立,又谏,不从,复隐去,终于吴地。民仰德化最沃,乃建祠奉祀。宋真宗封泰山,几跻巅,三神显形于上,各述姓名,言奉上帝敕阴翊陛下,及真宗封禅回,封三神:一上元道化真君,一中元护正真君,一下元定志真君,号天地水三官大帝。命天下皆立庙以祀之。此说得之矣"。①

由此,形成了以唐宏、葛雍、周武为供奉对象的三官文化谱系,从撰写碑记的作者来看,张启、张意、段一元、《麻豆三元宫沿革志》的撰写者等是地方官员或地方乡贤,他们对唐葛周的认同带动了地方对唐葛周的认同,进一步促进该信仰谱系的形成与发展。

另外在西南少数民族中,如瑶族、壮族、仫佬族、京族、毛南族、侗族、苗族等多有唐葛周三元将军信仰,这些民族同时也祭祀天地水三官,②并没有将唐葛周与天地水三官相联系,因此在此就不做阐述了。

2. 唐葛周三官的时间谱系

从明朝正德时期开始,河南的中牟县有了第一座供奉唐葛周三官的庙宇,即中牟县三官庙;到嘉靖二十八年(1549),山西运城盐湖有三官洞,供奉唐葛周;嘉靖四十五年(1566),徽商吴国宁在上海嘉定区建三官祠,供奉唐葛周三官;万历十一年(1583),河北新乐县供奉的三官大帝为唐宏葛雍周武;乾隆三十九年(1774),山西榆社县的三官庙,供奉唐葛周三官;乾隆四十四年(1779),台湾台南麻豆区建三元宫供奉唐葛周。另外在清朝的其他文献中也有关于唐葛周三官的记载,如《通俗编》,"《道藏》谓三官俱周幽王谏臣,一曰唐宏,一曰葛雍,一曰周武"。③ 清姚福均在《铸鼎余闻》中指出三官是周幽王的三位谏臣,"三官俱周幽王谏臣,号天门三将军,死后为神,各地多有庙"。④ 由此,形成从明至清的唐葛周三官文化的时间谱系。

综上,唐葛周三官从明朝正德时期进入三官系统,明嘉靖二十八年(1549)山西运城盐湖有三官洞,嘉靖四十五年(1566)在上海嘉定区发展,万历十一年(1583)在河北新乐县发展,清乾隆三十九年(1774)山西榆社县的三官庙,乾隆四十四年(1779)台湾地区台南麻豆区建三元宫。这样就形成了唐葛周三官的时空

---

① (清)赵文濂总纂、雷鹤鸣等纂修《(光绪)新乐县志》卷5,清光绪十一年刻本。
② 詹石窗总主编《百年道学精华集成第10辑·道学旁通》卷4,上海科学技术文献出版社,2018年,第169页。
③ (清)翟灏撰《通俗编　附直语补正》,商务印书馆,1958年,第413页。
④ (清)姚福均辑《铸鼎余闻》卷1,清光绪达经堂刻本。

谱系。

四、三茅三官的时空谱系

所谓三茅指茅盈、茅衷、茅固,是三兄弟,其中茅盈称"大茅君",二弟茅固称"中茅君"、三弟茅衷称"小茅君",合称"三茅真君"。最早出现于晋时葛洪的《神仙传》,后来宋时的《太平广记》、清时的《古今图书集成》都有相关记载。三茅是西汉时陕西咸阳人,出身贵族,其中茅盈为大哥,从小就聪慧异常,十八岁外出修道,近五十岁回家后,携两位弟弟同到江苏的句曲山继续修道,后来三兄弟得道成仙。大约在汉哀帝时,南岳真人赤君、西城王君、王母娘娘等仙真降临句曲山茅盈住所,赐仙药、送仙书,并授茅盈以东岳上卿、司命真君、太元真人之位,将吴越地区神仙的管理权授予茅盈。三兄弟称为三茅真君,分别为大中小茅君。[①]　句曲山改称茅山与三茅在此修道有着直接关系。

三茅信仰分布广泛,全国大部地区多有分布,其中江浙沪一带最为兴盛,流传时间久远。三茅进入三官系统约在明朝时期,但是认同不足,归有光在《汝州新造三官庙记》中提到关于三官的不同说法时,指出三兄弟三官有关于茅盈的说法,认为该说法"奇说诡异"。归有光是明朝嘉靖时人,他在撰写三官碑记时所书的三茅的说法,恐已在明朝出现,但是较难得到人们的认同。得到认同是到清朝时,根据康熙时《安庆府志》载《重修万寿宫三官殿碑记》:"一云天地水府三元,一云皆生人,兄弟同产如汉茅盈之俦,人心诚感必应,故无庙不灵。"[②]碑记的作者并未对这两种说法做出选择或判断,他认为心诚则灵。至少说明在康熙时,有些人已经认同三茅三官的说法。真正建庙供奉并称为三元三官的是江南商人,他们到湖南做生意,在宝庆府(今邵阳市)建江南客民会馆,亦称三元宫,"商旅之祠。江南则为三元宫。宝庆皆有其庙。乾隆府志云:三元宫在府城东水府庙右,江南客民会馆"。[③]　在岳阳市的湘阴县有江苏的三元宫,其中供奉的是三茅君,"江苏曰:三元宫,在城东南。归有光《三官庙记》谓如汉茅盈之属,江苏所祀者三茅君耳,而相承为三元宫,县北长乐市亦有三官庙,凡此之属皆沿祀也",[④]并指

---

① 姜彬主编《中国民间文学大辞典》,上海文艺出版社,1992年,第270页。

② 程国政编注,路秉杰主审《中国古代建筑文献集要》增补篇,同济大学出版社,2016年,第246页。

③ (清)黄宅中、张镇南修,邓显鹤编纂《(道光)宝庆府志》卷88,清道光二十七年修,1934年重印本。

④ (清)郭嵩焘《(光绪)湘阴县图志》卷23,清光绪六年县志局刻本。

出湘阴县北的长乐市(属今汨罗市)的三官庙等,只要是江苏客商所建均供奉的是三茅君。再看清朝嘉庆时的常德府,"三元宫在道口,江南客民建"。[①]　又在嘉庆时的长沙县,有苏州客民因将当地三官殿改做三元庙,并将其作为苏州客民的会馆,而与当地人发生了诉讼官司。由此来看,江南客民自然包括江苏客民,他们的三元宫、三元庙等供奉的可能都是三茅君,在岳阳市的湘阴县、汨罗市等也有三茅三官的供奉,其他还需要更多的资料来证实。

由上可知,三茅三官的空间分布是在安徽的安庆,湖南岳阳的湘阴、汨罗(长乐)等地,从时间谱系上看,明朝已有三茅三官之说,清朝康熙时的碑记中认同三茅三官的说法,嘉庆以后,随着江南客商在湖南贸易的增多,三茅三官的供奉随之出现在湖南的湘阴等地。如此,三茅三官的传播与谱系的形成,与贸易活动相关。

五、祖先崇拜尧舜禹三官的时空谱系

尧舜禹是中华民族非常重要的创世始祖。司马迁认为:尧帝"其仁如天,其知如神,就之如日,望之如云",舜帝"耕历山、渔雷泽",禹帝则以治水闻名。清朝时将尧舜禹三帝与天地水联系起来,是天地水自然崇拜的人格化之一。当时的通俗小说《历代神仙通鉴》完成了天地水三官与尧舜禹三帝的融合,该书编撰于康熙八年,耗时三十多年,到康熙三十九年时才刊刻出来。该书详细阐述了尧舜禹三官大帝的由来,故事中,尧舜禹三帝生的神奇,是从元始天尊口中吐出的三个婴孩,长成大丈夫,元始天尊面授机宜,三帝皆能领悟;在天尊指点下来到人间,建莫大之功,为万世君师之表;后为元始天尊封为三元三品三官大帝,即天官尧帝,地官舜帝,水官禹帝。

该小说诞生于康熙时期,其流传于世后,有一定的影响力,但是认同还需要时间,在清朝嘉庆时期的《海州直隶州志》中,嘉庆时人恩贡赵一琴在考述三官时,指出"李普元谓三元为尧舜禹,此正杜佑所谓诞而不经"。[②]　可知关于尧舜禹三官的说法认同不足。《历代神仙通鉴》的影响力要到光绪以后才显现出来,而且有一定的地方性,就目前搜集到的资料来看,在山西、河南、福建、台湾地区等地有尧舜禹三官崇拜。如在晋中市榆次区的《重建三官庙碑记》中,"有谓天官地官水官者,又有谓尧舜禹者。其谓天官、地官、水官者,盖取'天一生水、地

---

① (清)应先烈修、陈楷礼纂《(嘉庆)常德府志》卷12,清嘉庆十八年刻本。
② (清)唐仲冕《(嘉庆)海州直隶州志》卷31,清嘉庆十六年刊本。

六成之'之意。有谓尧舜禹者,抑也,何说? 以既名为尧舜禹矣,则何当称以帝,何称以官? 或者因《书》称尧曰:允恭克让;称舜曰:温恭允塞;益赞禹曰:满招损,谦受益。成天下之大功者,不居其功。三圣人虚怀若谷,不欲以帝之名骇俗动众,姑托于唐虞之设九官,周制之设六官,以名其各司其事,各守其职之意乎。余视于是而知神之德大矣,□世人□以言语形容而万万难名,故借天地水以形容之。又以其功甚伟,非尧舜禹不足以当之,因复举三圣人经纶实之。嗟夫! 三官既有成人平地之功,后人本饮水知源之意,立庙以祀之,正有合于《礼》所谓'去民之灾,有功烈于民,则礼之'之义矣,又何必□□其何代之人,而详自姓字哉"。① 对人们认为三官是天地水、又是尧舜禹的两种说法进行了解释,同时指出只要有功于民则祀之,不用在意其渊源。这从侧面说明至少在当地有些人已经认同尧舜禹三官。河南焦作的柳庄三官庙,"相传尧舜禹天灵云游四方,至此一古槐下乘凉,三帝见此风水绝顶"。② 福建的惠安崇武三官宫供奉天官尧、地官舜、水官禹。③ 台湾地区的高雄、台南、桃园等地均供奉尧舜禹三官,尤以桃园为多。

由此,尧舜禹三官主要分布在山西、河南、福建、台湾地区等地。

综上所述,在 1949 年以前,在以天地水三官为中心的信仰谱系中,三官文化的多种形态有各自的时空谱系,其中天地水崇拜始终居于主要地位,其他如陈子椿三子三官、唐葛周三官、三茅三官、尧舜禹三官是天地水三官在人格化过程中,与地方文化相结合的表现,是天地水三官与地方话语融合后的表达。

第二节　民间三官文化的时空谱系④

民俗事象的时空谱系在形成过程中离不开叙事,随着叙事的不断讲述,民俗

---

① 刘泽民总主编,李玉明执行总主编,王琳玉主编,闫震执行主编《三晋石刻大全·晋中市榆次区卷》,三晋出版社,2012 年,第 333 页。

② 《柳家庄三官庙简历》碑记,摘录人课题组成员,摘录时间 2019 年 10 月 3 日,摘录地点柳庄三官庙内。

③ 惠安县崇武镇人民政府编《惠安县非物质文化遗产普查成果汇编·惠安县崇武镇卷》第 1 卷,惠安县崇武镇人民政府,2009 年,第 237 页。

④ 该节内容发表在《湖北民族大学学报》(哲学社会科学版),论文题目为"民间三官多元形态的时空谱系",2022 年 6 月。

事象在时间上才可能延续,在空间上才可能有所扩展。民间三官文化的时空谱系的形成发展与民间叙事如民间故事等有着重要的关联,而民间故事又是社会现象的反映,那么关于民间三官文化的叙事也一定反映着当地的社会状况,更是地方话语的表达。民间三官以英雄崇拜为中心,秉持"有功于民则祀之"的观念,体现中华民族对品德高尚者的尊敬与热爱。或以三界、三官为名,或以天地水三官为名,或以天地人为名,是融汇三官后的地方话语的表达,在地方话语中呈现多元化的特点。

一、以三界、三官为名的三官文化时空谱系

民间三官文化系统是三官文化谱系中重要的部分之一,表现为广西的三界、上海的商三官崇拜、湖北的入仕的三兄弟三官。

(一) 广西的三界

在福建、广东、台湾地区,将天地水三官称为天地水三界,简称"三界公"。而这里的三界主要分布在广西、广东等地,是壮族、瑶族、毛南族等少数民族崇拜的对象。因其与天地水三界公有着共同的名字,所以我们认为是广西地方话语的表达,有必要在此简要阐述其时空谱系。

广西三界在不同民族文化中,有不同的解释。壮族、瑶族认为三界姓冯,是为民看病的大医,医术高明,为人刚正不阿、不畏强权。"三界公,今桂中贵港市传说他姓冯。传说他上山遇仙,得医病之术,并能道过去、未来之事。官府说他妖言惑众,抓来关在大铁钟里,外面堆柴烧了三天三夜,当打开钟来看时,却不见他的形迹,可当晚人们却在他的家乡贵港发现了他。民众为他立庙,师公跳神时唱其神绩"。① 在《中国壮医学》《中国瑶医学》两部著作中都有冯三界的叙事,被认为是壮医和瑶医的起源。"瑶族还有传说'三界'为三兄弟,大哥叫'阿青'、二哥叫'罗庚',三弟叫'舒野'。认为三界操纵人们的幸运和厄运。祭'阿青'要杀水牛,祭'罗庚'要杀黄牛,祭'舒野'要杀鸡"。② 不管是冯三界还是瑶族的三兄弟之说,都是地方文化在面对来自外地文化时的话语表达。

除了壮族和瑶族外,广西还有毛南族也信奉三界,不过毛南族所说的三界有

---

① 过伟主编《广西民俗》,甘肃人民出版社,2003 年,第 313 页。注:在黄汉儒主编的《中国壮医学》中有故事的详细情节,认为是壮医的起源故事。在此省略。

② 广西壮族自治区地方志编纂委员会《广西通志·民俗志》,广西人民出版社,1992 年,第 88 页。

所不同,"三界公爷是牛耕和饲养菜牛之神,又是毛南人家保护神。民间传说雷王到人间抓小孩吃,三界公爷抓住雷王,拖到牛栏,拿铜圈套在雷王头上,用大锤将圈钉紧。雷王被勒得龇牙暴睛,从此不吃小孩,但三界公爷准他吃小猪,民间于是以小猪祀雷王,不再以活孩祭他"。①

相比较而言,冯三界的历史较为悠久,分布也更为广泛。从时间上看,冯三界崇拜可追溯到明朝末年崇祯时期,在明崇祯时期的《廉州府志》中记载了广西的首座三界庙,"三界庙在府城南门外离城五里"。② 到清朝时得到迅速发展,学者统计在广西约有 70 座三界庙,广东约有 50 座三界庙,贵州有 1 座三界庙。③

从空间上看,三界庙在广西分布广泛,分布地有北流县、容县、藤县、富川县、贺县、陆川县、阳朔、隆安、思恩、崇善、同正、迁江、凌元、钟山、荔浦、昭平、苍梧、桂平、平南、贵县、横州、永淳、上思州、隆安县、上映土州、宜山县、田州土州、苍梧县、忻城等;④贵州分布在荔波县;广东的分布有新安、新会、乐昌、河源、番禺、海阳、曲江、四会、南海、清运、增城、香山、东莞等地。⑤

(二) 上海的商三官

商三官是民间三官文化谱系中独特的具有女性英雄主义色彩的地方神灵,主要分布在上海郊区的村子里,因其三官之名,供奉她的庙被称为三官庙。关于她的叙事具体内容简述如下:商三官是当地一家农户的女儿,还有两个哥哥,她的父亲与当地的土豪发生争执,被土豪的家奴打死。三官一家告状打官司未果。三官离家出走,寻找机会为父亲报仇,终于在土豪过生日的时候找到机会,手刃土豪,自己也死于非命。当地人感于三官为父报仇、为民除害而将其供奉起来直到今天。⑥

在当地乡贤编写的民俗志中,故事发生在清朝康熙时期,三官姓商,故事梗概与上述相同。故事中的三官为父亲报仇、为乡亲除害,村民感念其有功于民而造庙供奉,是传统"有功于民则祀之"观念的再现。商三官的故事最早出现在蒲

---

① 过伟主编《广西民俗》,甘肃人民出版社,2003 年,第 319 页。

② (明)张国经纂修《(崇祯)廉州府志》卷 14,明崇祯十年刻本。

③ 滕兰花、袁丽红《清代广西三界庙地理分布与三界神信仰探析》,广西民族研究,2007 年第 4 期,第 140 页。

④ 滕兰花、袁丽红《清代广西三界庙地理分布与三界神信仰探析》,广西民族研究,2007 年第 4 期,第 140 页。

⑤ 黄海波《话说国医》广西卷,河南科学技术出版社,2017 年,第 76 页。

⑥ 田野调查资料:采访人课题组成员,被采访人 A 村民俗表演团团长,2010 年。该故事与蒲松龄的《聊斋志异·商三官》内容类似。

松龄的《聊斋志异》中,蒲松龄生于山东淄川(今淄博),曾到过江苏等地,或许是在途中收集到商三官的故事,或许三官的故事就产生于上海郊区的这个村子,现在已无法考证。不过根据蒲松龄的生平可以推断该故事产生的可能时间是明末清初。

就目前的资料看,商三官崇拜仅存在于上海。当下当地人更多讲述乾隆皇帝南下到此发愿建尧舜禹三官庙的故事,三官庙同时也供奉尧舜禹三官。

(三) 湖北的入仕的三兄弟三官

此三官的时空谱系很简单,具体发生、发展的时间不详,分布在湖北省枣阳县,是附会三官之名而产生的,"三官庙:据传,以前有兄弟三人在此定居,村南有座小庙,后来弟兄几个都做了官,故名"。① 三兄弟做官后,当地的庙宇被称为三官庙。

总之,以三界、三官之名形成的具有地方特色的三官文化叙事,是民间三官文化时空谱系形成的基础。

二、以天地水为名的三官时空谱系

天地水三官是民间三官的核心,呈现具有地方特色的三官文化,是地方文化与道教文化交融后的表现。如文天祥、张世杰、陆秀夫三官,水府三官,无名氏三官,李氏三官,张氏三官和郑氏三官等。

(一) 福建的文天祥、张世杰、陆秀夫三官

文天祥、张世杰、陆秀夫是宋朝末年抗元时的爱国忠臣,他们受命于危难之际,尽管无力回天,但是浩然正气长存,被称为"宋末三杰"。就目前的资料看,明朝万历时已有供奉三杰的祠堂,如"崖山在海南,有文天祥、张世杰、陆秀夫三忠祠"。② 供奉的庙宇主要分布在浙江宁波镇海、福建泉州安溪、广东崖门、海南、台湾地区等地,但是以三官大帝为名的仅有两地,即泉州安溪县湖头镇湖三村的惠泽三官大帝庙、杭州吴山三官庙。

湖头镇湖三村的《惠泽庙重建碑记》载:"惠泽庙供奉三官大帝,三官者,'宋末三杰'也,史传宋末文天祥、陆秀夫、张世杰三公,受命于危难之际,救国于倾覆之间,独力虽无法回天,正气却浩然长存。"该碑刻介绍了宋末三杰,并说明了将其称为三官大帝与当地著名学者、朝廷要臣李光地有关,庙内资料记载:"清康熙

---

① 枣阳县地名领导小组办公室《枣阳县地名志》,襄樊日报印刷厂,1984 年,第 41 页。
② (明)姚崇仪辑《(万历)常熟私志》卷 12,1934 年抄本。

二十七年(1688)，文贞公探亲居乡之时，恰逢国丧，须火速前往京都服孝。时值台风季节，蓝溪水路洪水滔天，出行十分凶险。危难之时，三杰之灵护送文贞公安然抵京。清圣祖得知此事后，大为感动，敕封三杰为'三官大帝'。"李光地即文贞公，返京途中受到三杰的佑护，遂得到康熙的敕封，康熙御笔所书的"三官大帝"匾额就挂在三官大帝神像的上方。

由此可见，该三官大帝庙起于康熙时期，流传至今，其中饱含着地方圣贤对于地方文化的热爱之情，地方崇拜与皇家崇拜相结合，一方面，是地方圣贤推动的结果，另一方面也是康熙皇帝对三杰品德认同的结果。该地的三官大帝庙流传至今，从楹联上看，"天官地官水官三官之灵纪纲造化，上元中元下元三元之气流行千古"，是地方文化在与传统的天地水三官文化的交流中，既保持了特色，也融汇了天地水三官文化。

除了福建泉州安溪湖头镇的三官大帝庙之外，在浙江杭州的吴山，也有供奉文天祥、陆秀夫、张世杰为三官的，"城隍山上有三官庙，所祀者天、地、水府之神也。或以文天祥、陆秀夫、张世杰当之，殊不然"。[①]　"杭州城隍山一带称吴山"。[②]　该史料讲到有人认为三官是"文天祥、陆秀夫、张世杰"。为什么会这样呢？或与移民有关，但是还没有证据证明 1912—1949 年杭州有多少泉州安溪湖头镇的移民。

总之，从康熙时期起，"宋末三杰"进入三官系统，主要分布在福建安溪与杭州吴山，两地因相同的崇拜对象而形成空间上的谱系联系。

（二）多点分布的水府三官

水府三官包括两个方面：一是天地水府三官的简称，二是指上中下水府三官。在地理位置上与长江沿岸相关，在内涵上与《投龙简仪》有关。

首先，天地水三官亦称天地水府三官，如"天地水府三官堂，俗呼三官庙"，[③]"天地水府三官，赐福赦罪解厄"，[④]简称水府三官，"吴山水府三官能除灾拯厄"。[⑤]　根据文献资料，在吴山除了天地水府三官庙外再无水府三官庙，可见吴山水府三官庙即是指吴山天地水府三官庙，水府三官庙是天地水府三官庙的简称。

① 王国平主编《西湖文献集成》第 11 册，杭州出版社，2004 年，第 508 页。
② 吴鹭山著，卢礼阳、方韶毅编校《吴鹭山集》下，线装书局，2013 年，第 516 页。
③ （清）魏峓修、裘琏纂《（康熙）钱塘县志 36 卷》卷 14，清康熙刊本。
④ （清）杨萃撰《（康熙）吴桥县志 10 卷》卷 2，清康熙十九年刻本。
⑤ （清）赵世安《（康熙）仁和县志》卷 5，康熙二十六年刻本。注：仁和县即今杭州。

其次,水府三官是指"上水府马当,中水府采石,下水府金山"。① 最早与水府三官相关的是三水府神,封于南唐,"三水府神者,伪唐保大中,封马当上水府为广祐宁江王,采石中水府为济远定江王,金山下水府为灵肃镇江王"。② 宋真宗在大中祥符二年(1009)对三水府神进一步封王,"诏改封上水府为福善安江王,中水府为顺圣平江王,下水府为昭信泰江王,令九江、太平、润州遣官祭告"。③ 在南宋宝庆时道士金允中所编撰的《上清灵宝大法》也提到上中下三水府,"马当山上水府福善安江王,采石山中水府顺圣平江王,金山下水府昭信泰江王"。④ 由此可知,上水府马当在九江,中水府采石在太平,下水府金山在润州(今镇江)。到宋仁宗时,三水府作为宋廷行《投龙简仪》的地点被保留下来,"道家有《金龙玉简》,学士院撰文,具一岁中斋醮数,投于名山洞府。天圣中,仁宗皇帝以其险远穷僻,难赍送醮之具,颇为州县之扰,乃下道录院裁损,才留二十处,余悉罢之。河南省平阳洞、台州赤城山玉京洞、江州马当山上水府、太平州中水府、润州金山下水府"。⑤ 上中下水府因与道教以及《投龙简仪》的联系而进入三官谱系中。

明朝嘉靖时已将上中下水府称为水府三官,时人田艺蘅认为水府三官为马当、采石、金山,"今称水府三官者,起于伪唐保大中,上水府马当,中水府采石,下水府金山,皆有王号。宋因加封爵祭告"。⑥ 水府三官庙在嘉靖以前已经存在,说明至少到嘉靖时期,水府三官已经具有一些分布地,但还不能确定其具体所在,因水府三官的两种所指,如未说明,无法确定其所指是马当、采石和金山。田艺蘅,钱塘(今属浙江杭州)人,曾在安徽休宁县担任训导一职,罢官后回到杭州。其撰写的《留青日札》有明万历三十七年(1609)刻本,⑦"书中记载了明初至嘉、隆间的风土习俗和社会传闻,为后人全面认识明朝的社会面貌提供了丰富而翔

① (清)游智开修、游智开纂《(光绪)乐亭县志》卷6,清光绪三年刊本。

② (南宋)马端临《文献通考》卷90,郊社考二三。

③ (南宋)马端临《文献通考》卷90,郊社考二三。

④ 张继禹主编《中华道藏》,第34册,华夏出版社,2014年,第215页。

⑤ (宋)范镇撰《东斋记事》,见《中华野史》编委会编《中华野史》卷4,宋朝卷(上),三秦出版社,2000年,第3485页。

⑥ (明)田艺蘅撰、朱碧莲点校《留青日札三十九卷》卷10,上海古籍出版社,1992年,第181页。

⑦ 张小庄、陈期凡编著《明代笔记日记绘画史料汇编》,上海书画出版社,2019,第174页。

实的资料"。① 既然他曾在安徽任过职,安徽也有水府三官,且是马当、采石和金山,也就说明在嘉靖、万历时,水府三官庙至少分布于安徽的休宁县、浙江的杭州。

到清朝道光时期,安徽《繁昌县志》中有关于水府三官的记载,"《通考》南唐封上水府为广祐宁江王,中水府为济远定江王,下水府为灵肃镇江王。大中祥符二年(1009)八月,改封上水府为福善安江王,中水府为顺圣平江王,下水府为昭信泰江王。令江南太平润州遣官告祭"。② 这里讲到了水府三官的发生与演变,也从侧面说明了水府三官的在当地可能有一定的分布,最后一句"令江南太平润州遣官高祭",指明了三水府的祭祀由润州(今镇江)的官员负责。在其他地区也有类似的情况,如河北《(光绪)乐亭县志》也引用了《留青日札》中关于水府三官的说法,即上水府马当、中水府采石、下水府金山。这说明水府三官在河北也有庙供奉。又在山东《(光绪)宁津县志》收录的《重修三官庙碑记》中,"宁邑之北,旧有三官庙,□往来行人之所敬依也。或曰水府三官,皆在江南,五代杨氏据江以马当为上水府,采石为中水府,金山为下水府,其去北地也远矣,余曰:不然。神之在天下,如水之在地中,水无处而不有,神无往而不在,况此邑之南有鬲津旧迹,邑之北为钩盘河,数十年来河水安澜而无泛滥溃决之患,未必非神灵之所呵护也"。③ 碑记撰写人房垂耀认为当地供奉的就是水府马当、采石、金山三官。由此可见,水府三官已然成为三官多元中的一元。

水府三官的时间谱系为:南唐—宋真宗—宋仁宗—明朝—清朝。南唐开始出现三水府神;宋真宗继承了南唐的三水府神并进一步对其进行封敕;宋仁宗时,三水府成为宋廷行《投龙简仪》的重要地点;明朝嘉靖时三水府神称为水府三官;清朝有一定发展。空间分布为安徽休宁、浙江杭州、河北乐亭、山东宁津县等地。安徽休宁、浙江杭州为明朝时的分布,河北乐亭、山东宁津为清朝时的分布。四地因供奉共同的水府三官而形成空间谱系。

至此,还有两个问题需要进一步探讨。第一,如前述,南唐已封上水府为广祐宁江王、中水府济远定江王、下水府灵肃镇江王,宋真宗为什么要在此基础上重新封王呢? 可能与传统中的避讳有关,"所谓避讳,通常是指在写文章或说话

---

① 朱碧莲《点校说明》,(明)田艺蘅撰,朱碧莲点校《留青日札三十九卷》,上海古籍出版社,1992年,第4页。

② (清)曹德赞《(道光)繁昌县志》卷2,清道光六年增修,1937年铅字重印本。

③ (清)祝嘉庸修、吴浔源纂《(光绪)宁津县志》卷12,光绪二十六年刊本。

时,遇到君主或尊长的名字不能直接写出或讲出,甚至连同音字也不能提到"。① 南唐所封的广祐宁江王的"祐"字,与宋真宗儿子赵祐名字相同,济远定江王的"远"字与宋真宗的名字赵元林的"元"字同音,灵肃镇江王的"镇"与宋真宗儿子赵祯同音,需要避讳。第二,为什么要将这三个地方封王呢? 可能与这三个地方的地理位置有关。马当位于江西彭泽县,是长江非常重要的要塞之一;采石位于安徽马鞍山,历来是兵家必争之地;金山位于江苏镇江,镇江是长江重要的港口,其地理位置在经济、军事上都非常重要。

(三) 河南、陕西的无名氏三官

无名氏三官的叙事发生在河南省中牟县,三官无名无姓,仅知道他们是三兄弟,在洪水来临时,他们为救当地百姓而献身,当地百姓为纪念三兄弟而建庙,称为三官庙。叙事具体如下:"大明万历年间一个夏天,中牟县连降暴雨,贾鲁河水暴涨,祸及两岸百姓,住在贾鲁河附近的三兄弟带领众乡亲砍伐树木,运送堵口物资,眼看决口即将堵上,突然,一股巨浪汹涌而来,一旦堤口冲毁,中牟县城北将又是一片泽国,十万百姓将又一次流离失所。在这千钧一发时刻,三兄弟奋不顾身,跳入滚滚浪潮,胳膊挽着胳膊,以血肉之躯挡住了呼啸而来的浪潮。大浪平息,缺口堵住,洪水顺流,三兄弟壮烈捐躯,沿岸百姓悲恸不已,哭声震天。奉命治理贾鲁河洪涝的官员回京述职,奏明了皇帝,皇帝感慨,遂下旨将兄弟三人追封为天官、地官、水官'三官'神位。河道治理后,露出大面积的河滩,土地肥沃,非常适宜农作物种植,后陆续有人迁住此地,人们集群而居,逐步形成村落,名为滩头村。三兄弟封赏后,大臣们议定在河滩头设立牌位筑庙受赏以记之,佑护此地风调雨顺,百姓安居乐业,由此滩头村更名为三官庙村。据考三官庙村至今已有 500 多年历史。"②

该叙事为三官庙村的风物传说,说明了三官庙村的命名来历。故事是洪水+英雄的类型,是地方文化与天地水三官相结合的产物。根据实地调查,当地的三官庙早已拆毁。当地政府网站载,该三官庙内曾有碑刻,上载三兄弟治水的事迹。从空间来看,无名氏三兄弟三官曾在河南中牟县占据一席之地,但后来庙毁后,人们对该英雄事迹的记忆几近无存。如果按照 500 年来计算的话,庙当建

---

① 税勇《汉字会说话》,巴蜀书社,2019 年,第 70 页。
② 《探访中牟县青年路街道办事处三官庙村》,中牟县人民政府网,http://www.zhongmu.gov.cn/sitesources/zmxzf/page_pc/zmyx/zmnj/articleae7868be0ae24669b4559dfb4a980c5a.html.注:所幸曾在当地政府的网站上找到该故事,但是现在如果在中牟县政府的网页上搜索,已经无法搜索到该故事。

于明朝万历前后。

叙事中的贾鲁河是淮河的支流,历史上有多次洪灾发生,这一叙事再现了明朝万历时那场洪水的凶猛,以及人类战胜自然的过程,"明朝万历二十一年(1593),淮河流域一次特大水灾,从农历四月至八月淫雨不止,据文献记载统计,河南、安徽、江苏、山东4省受灾区域达120个州县,实际上还不止此数。洪水淹没广大淮北平原,经久不退,淹没范围约11.7万平方千米"。① 当时的官员杨东明曾绘《饥民图说》,"明刑科右给事中杨东明就根据万历二十一年(1593)河南大水灾的情景编绘了《饥民图说》一书,其中有些画卷反映了洪水所造成的客观后果"。② 明万历二十二年(1594)二月,他又上《饥民图说疏》,这引起万历皇帝的重视,并派人到河南等地救灾。③ 无名氏三兄弟三官的叙事采用虚实结合的手法,向人们解释了三官庙及三官庙村的来历,说明万历时期那场洪灾令人们印象深刻,需要刻石让后人铭记,同时也希望后人记住为百姓捐躯的无名氏。三官庙承载的历史不仅仅是天地水三官发生、发展的历史,更承载着当地为治水牺牲的那些英雄的精神,人们在每年对天地水三官的膜拜中,讲述无名氏三兄弟为民牺牲的故事,由此将这种大无畏且为民甘愿牺牲自我的精神传承下去。这样三官庙的价值则不仅仅是一座庙而已,还是民族优秀品格的传承空间。不过遗憾的是当地的三官庙已经被拆除,记载该故事的碑刻也未见踪迹。

在陕西渭南也有类似的叙事:"三官庙是本市最南端的一个山镇,素有'渭南南大门'之称。传说从前有三个结拜弟兄上京应试,走到这里没有盘缠,食宿无着,焦虑万分。后经当地百姓资助,才按时到达京城,后来都当了官。这三人为报答当地百姓的恩情,治理山河,不幸失足身亡水中。人们为怀念这三位官人,就在这里修了一座庙宇,取名三官庙。现在庙已毁坏。"④该叙事强调报恩,三个结拜弟兄报恩当地百姓、在治理山河中亡于水以及当地百姓建庙怀念三兄弟,都有报恩的要素在其中。从向实的角度来看,渭南的洪灾让当地人记忆深刻,如1933年的洪灾,故事是对当地洪水的记忆,是叙事,同时也是对为救灾献身者的

① 刘树坤、姜付仁、邓玉梅、杜一副主编《中国水旱灾害防治、战略、理论与实务:水旱灾害防治战略》,中国社会出版社,2016年,第181页。
② 刘康德《术与道 中国传统文化中的阴性特征》,四川人民出版社,2018年,第16页。
③ 卢广森《卢广森学术文集》,大象出版社,2018年,第144页。
④ 渭南市临渭区水利志编纂办公室编《渭南市临渭区水利志》,三秦出版社,1997年,第397页。

记忆的表达,表现了传统的"回报"思想。该叙事与前述三兄弟在治水过程中为民献身有相同之处,他们都是在治水过程中不幸牺牲的。因此,这两个叙事属于同一类型,即洪灾救难、为民牺牲。

上述两个叙事在当地均已不传。从时间上看,二者均反映的是过去的事情;从空间上看是河南中牟县以及陕西渭南。无名氏三官的叙事是对现实的反映,没有不反映现实的叙事,超脱现实的叙事是没有生命力的。

(四) 山东的李氏三兄弟三官

李氏三兄弟即李龙、李虎、李豹,这是人们对当地三官庙所供奉的神灵的解释,即《荒草庵为什么又叫三官庙》,故事讲述了来自外地的李氏三兄弟为除掉吃人的妖怪而不惜牺牲自己生命的过程,[①]是关于荒草庵的风物传说。荒草庵是崂山区的文物保护单位,该叙事表现了人们对"为民除害、敢于和恶势力作斗争"的英雄的期待与渴望,对高尚品质的崇拜。这个故事来自青岛崂山区中韩镇王家麦岛村的村民,收录在青岛市群众艺术馆、青岛市崂山区文化馆、崂山区中韩镇文化中心站主编的《崂山民间故事集》中,由刘好军记录、整理。

该叙事具有传说的典型特性,即时间、人物来历的模糊性,故事的主人公李龙、李虎、李豹三兄弟的来历不清楚,故事发生的具体时间也不清楚。三兄弟解决了当地人的困难,救当地人于危难之际。为人们牺牲了自己的生命,是有功于民的典范,对三兄弟的供奉说明了人们对"有功于民则祀之"思想的传承。另外故事讲述人王先生在1989年收集该故事时63岁,那就是说他出生于1926年,如此该故事有可能流传在清末以及1912—1949年时期。流传地为青岛崂山区中韩镇。

在此简要分析一下该叙事,以期进一步认识地方文化与三官文化的结合。在叙事中,三兄弟是外地人,不知道来自哪里,这一情节所映射的可能与移民有关,"据《崂山县地名考证资料》载:崂山地区673个自然村中,由云南来崂山地区立村的达230个。据部分《家谱》记载,这些云南人大部分于明初洪武年间或永乐年间迁来崂山。明代皇诏播迁,来崂山地区定居立村较多的还有本省、河南省等省之居民。据《崂山县地名考证资料》记载:本省各地来崂山地区立村的153个,其中即墨111个、莱阳17个、诸城1个、济南3个、高密1个、莒县2个、胶县5个、平度1个、邹县1个、文登2个、栖霞1个、青州府3个、青岛1个、蓬莱1

---

① 刘好军记录、整理《荒草庵为什么又叫三官庙》,见青岛市群众艺术馆、青岛市崂山区文化馆、崂山区中韩镇文化中心站主编《崂山民间故事集9》,内部资料,1989年,第234-235页。

个、乳山 1 个、登州 2 个;河南省 5 个,其中淮安 3 个、开封 2 个;安徽含山县 2 个;河北 2 个;江苏 1 个;朝鲜 1 个;崂山域内互迁 279 个。共计 673 个村"。① 在这样的移民环境下,外地人与本地人会有很多故事产生。从上述故事情节看,是三个外地人打死了吃人的妖精,是外地人解决了当地人的困难或难题,村民为三位外地人立庙供奉,表示回报。这是外地人与当地人和谐关系的体现。

故事情节中的妖精,可能是映射某件事情。"解放前,域内传染病时有流行。据清同治版《即墨县志》载:从康熙四十三年春到同治元年秋(1704—1862)的 158 年间,即墨县(崂山是其一部分)先后发生'大疫'8 次,其中有'旱、蝗、饥、疫弥甚,民多逃亡者'。又据《胶澳志》载:光绪二十四年(1898 年)四月,'胶澳区瘟疫盛行,死者甚众'。1914 年秋,'大疫'。旧志所载的'大疫'、'瘟疫',多指流行性急性传染病,由此可见旧时传染病猖獗之一斑。"② 或许故事中的妖精是对瘟疫的映射。

由此来看,上述叙事中关键的要素有:打猎的外地人、三兄弟、勇敢面对、牺牲自我、吃人的妖精、本地人束手无策。这些要素中,外地人和本地人形成二元对立,勇敢面对、自我牺牲与束手无策形成二元对立。随着问题的解决,外地人与本地人的对立也成为过去。

(五) 上海的张氏三兄弟三官

在上海虹口区曾经有座三官庙,传说庙里供奉的是阎王爷所封的神仙天地水张氏三兄弟三官。张氏三兄弟学医出身,专为天下穷苦百姓治病,有一年突遭瘟疫,人们纷纷病倒,庄稼无人耕种,但是官府仍然要求老百姓交粮纳税,张氏三兄弟带领大家专杀贪官污吏,后来三兄弟仍为官府所抓并斩首示众。阎王爷封他们为天地水三官神仙,继续为老百姓服务,老百姓感念三兄弟的功德遂建庙供奉,每年的正月、七月、十月分别是三官的生日,这几天人们多会到三官庙烧香祭拜。③ 故事中还提到三官的灵验故事,与明朝嘉靖时期的倭寇有关。④

---

① 山东省情网省情资料库、青岛县志库《崂山区志》第三篇人口,第二章人口变动,第二节机械变动,http://lib.sdsqw.cn/bin/mse.exe?seachword=&K=c2&A=2&run=12#0。
② 山东省情网省情资料库、青岛县志库《崂山区志》第三十一篇卫生医药,第一章防疫,第二节传染病防治,http://lib.sdsqw.cn/bin/mse.exe?seachword=&K=c2&A=2&run=12#0。
③ 陆健、赵亦农主编《中国民间故事全书:上海　虹口卷》(上),知识产权出版社,2011 年,第257 页。注:这里仅截取了故事中的张氏三兄弟成为天地水三官的内容。
④ 陆健、赵亦农主编《中国民间故事全书:上海　虹口卷》(上),知识产权出版社,2011 年,第257 页。注:这里仅截取了故事中的张氏三兄弟成为天地水三官的内容。

　　该故事发生的具体时间不详,其中提到时间是明朝嘉靖年间。故事采用虚实结合的手法,虚的方面有阎王封张氏三兄弟为天地水三官,当现实中老百姓遭遇倭寇侵略时,三官显灵救助。而实的方面则包括张氏三兄弟为老百姓治病、瘟疫、官府不管不顾继续征粮催税、官逼民反、三兄弟被抓被杀、嘉靖时倭寇肆虐、集资造庙、一年三次烧香祭拜,其中的瘟疫、嘉靖时的倭寇等是对历史事件记忆的表达。

　　在其他地区尚未发现类似的张氏三兄弟三官,因此,该三官是地方话语与天地水三官相结合的产物,主要分布在上海虹口,但是现在庙已不存。

(六) 浙江的郑氏三兄弟三官

　　在杭州有郑氏三兄弟三官,是地方英雄,因杀死恶龙,为民除害而成为人们供奉的对象,并将其与天地水三官相结合,形成郑氏三兄弟三官。①

　　作为天地水三官与地方英雄相结合的另一叙事,不仅是地方文化的流传,而且是英雄优秀品质的传承。至于在当地是否还有三官堂,还需要进一步实地调查。主要分布在浙江杭州的六堡村。

三、天地人三官的时空谱系

　　供奉天地人三官的有五处:河南焦作市新城街道恩村、广西大瑶山罗运村、贵州遵义、江苏茅山、江苏淮安老子山镇。

　　河南焦作市新城街道恩村有三官庙1座,该庙供奉天地人三官,天官伏羲氏、地官神农氏、人官轩辕氏。根据庙内的介绍,该庙具体建造时间已不可考,但元、明、清乃至1912—1949年,屡有修缮,保护之功至今犹盛。② 该三官庙在2013年成为市级文物保护单位。

　　除河南恩村的天地人三官庙外,还有广西大瑶山的瑶族村落供奉天地人三界。在广西大瑶山均瑶聚居的罗运村有三界庙,供三界神,指上天、下地和人间为三界。③ 在贵州遵义,明朝末年有三官楼供奉天地人三官,“鼎甲楼在城内北街,明末建,中祀天地人三官像,名三官楼”。④ 江苏茅山有三官洞,“三官洞,位

① 杭州市江干区地名委员会编《江干地名故事》,杭州出版社,2014年,第183页。

② 田野调查资料:焦作新城街道恩村三官庙内《三官庙(三皇)简介》,抄录人课题组成员,时间2019年10月3日。

③ 全国人民代表大会民族委员会办公室编《广西大瑶山瑶族社会历史情况调查·生活习俗文化宗教部分》,内部资料1958年,第66页。

④ 周恭寿《(1912—1949年)续遵义府志》,巴蜀书社,2014年,第74页。

于茅山公社北部,相传有天地人三官曾在此洞修炼,故名"。① 江苏淮安老子山镇三元宫,"中塑天地人三官像,高八九尺。宫内每年都有盛大的灯会。1944 年三元宫被拆除"。②

由上可见,五地因崇拜共同的三官而形成空间谱系。从时间上看,有时间记录的最早的天地人三官庙是明朝末年。不过这里还有一个问题,虽然都是天地人,但是所指是否相同,还缺资料。

四、陈王孙三元的时空谱系

在台湾地区台南的新化区民生路太平里有供奉陈王孙三元帅的三元宫,是对地方英雄的纪念,"清朝时有土匪要来抢东西,然后三元帅见义勇为被土匪打死。信徒捐款建庙"。③ 因供奉的是地方性神灵,信仰群体也以当地百姓为中心。

综上所述,民间三官文化在发生、发展过程中,以地方文化融合三官文化,一方面注重地方话语的表述,另一方面也呈现出文化的向心力和凝聚力。

∽ 小　结 ∽

三官文化谱系体现了中华文化的多元一体。其在上千年的历史发展中,形成了包括道教三官与民间三官在内的谱系形态。在道教三官中,天地水三官是主流、是核心,全国各地均有天地水三官的流传;将人们对超人的渴望对象化为凡人与龙女结合所生的三子三官;道教文人将"有功于民则祀之"的思想贯穿到三官崇拜的人格中,产生了唐葛周三官和尧舜禹三官;将人们对持之以恒精神的追求对象化为三茅真君,被称为三茅三官是江南商人在湖南为实现文化认同而做出的名称上的改变。道教三官一方面满足了人们在精神方面对信仰的需求,另一方面实现了地方文化与道教文化的融合。

民间三官的内容更加丰富,一是将三界、三官之名融入地方文化,表达地方话语,如广西的三界、上海商三官、湖北入仕的三兄弟三官;二是以天地水三官为中心,将地方叙事融入其中,形成对自然、祖先、英雄的崇拜,如三杰三官、水府三

---

① 句容县地名委员会编《江苏省句容县地名录》内部资料,句容县地名委员会,1983 年,第 184 页。

② 姜传杰编著《运河遗产话淮安》,河海大学出版社,2016 年,第 250 页。

③ 田野调查资料:采访资料,采访人课题组成员,被采访人庙公,采访时间 2019 年 8 月 14 日,地点台南新化三元宫门口。

官、无名氏三官、李氏三兄弟三官、郑氏三兄弟三官、张氏三兄弟三官等;三是天地人三官的提出;四是陈王孙三元帅的供奉,进一步丰富了三官文化的文化内涵。民间三官就像道教三官的蓄水池,是道教三官谱系进一步扩大的基础。

可见,中国文化博大精深,文化的统一性保障了文化的多元性,没有统一,没有一体,多元无从谈起,也就不可能有丰富的多元文化的呈现。[1] 而且中国文化具有强大的向心力,使得地方文化在与全国性文化融合的过程中,始终以全国性文化为中心,并将地方色彩融会其中。三官文化谱系即是这一特征的体现,是共性与个性的统一。有着地域特色的不同形态的三官,是文化个性的表现,这些三官又有着共同的内核,以此将不同地域有着地方文化特色的三官文化连接起来,形成三官文化谱系,形成文化的共同体。

---

① 田兆元《神话叙事与社会发展研究》,陕西师范大学出版总社,2019 年,第 118 页。

第三章
中国不同民族间的三官文化谱系与认同

　　对于少数民族三官信仰的研究，学术界有所关注。有学者认为三官信仰与少数民族的自然崇拜有关，如钱安靖（1982）指出少数民族如氏羌族、瑶族均崇拜天地水三官；①覃光广（1984）认为道教吸收了少数民族的三官信仰并进行了改造；②尹邦志（1999）认为三官崇拜体现了道教与巴蜀早期少数民族的鱼凫图腾之间的深刻联系。③　有的学者认为不同民族都有天地水崇拜，如石衍丰（1987）认为天地水信仰具有普遍性，是不同民族都会产生的自然崇拜模式，同时指出"三官手书"的请祷之法源于《仪礼·觐礼》中祭拜天地山川的仪式。④　有的学者认为三官信仰与先民的天地水自然崇拜有关，如张维佳、余植（2009）认为三官信仰源于"古代先民对天地水的自然崇拜"。⑤

　　本章在前两章的基础上，探讨1949年之前不同民族间的三官文化谱系与认同。包括三节内容，第一节分析西南地区少数民族如羌族、彝族、白族、瑶族、壮族等及其地区的三官文化谱系与认同；第二节探讨西北少数民族地区的三官文化谱系；第三节探讨东北地区尤其是辽宁满族及其聚居区的三官文化谱系。

第一节　西南少数民族及其地区
三官文化谱系与认同

　　西南地区包括四川、重庆、云南、贵州、西藏，民族众多，除汉族外，还有羌族、彝族、白族、哈尼族、布依族、瑶族、藏族等，这些民族基本上都有对天地山川的自

---

① 钱安靖《论少数民族与道教》，《宗教学研究》，1982年第1期。
② 覃光广《我国少数民族与宗教》，《百科知识》，1984年第5期。
③ 尹邦志《鱼凫图腾与道教的三官崇拜》，《宗教学研究》，1999年第3期。
④ 石衍丰《略谈道教"三官"》，《宗教学研究》，1987年第00期。
⑤ 张维佳、余植《浅谈道教三官与民间信仰》，《大众文艺（理论）》，2009年第1期，第167页。

然崇拜,因三官文化形成过程的特殊性——多民族文化融合的结果,造就了各民族对三官文化认同的普遍性。那么不同民族对三官文化崇拜的情况如何？各民族地区三官神圣空间的分布是怎样的？又是如何形成的？文化认同是怎样的？这些将是本节及下面各节要探讨的问题。由于民族分布的复杂性与广泛性,本节以西南地区为中心但不完全限于西南地区。

一、羌族及羌族地区三官文化谱系与认同

(一) 羌族对三官的崇拜

羌族是中华民族中最为古老的民族之一,历史悠久、分布广泛,有着深远的影响力。羌族起于西北甘肃等地,在与其他民族的交往与竞争中逐渐发展起来;到秦献公时,羌族人口日增,随着秦国势力的强大与威胁,羌人向西南迁徙,在岷江上游地区如今松潘、茂县、汶川及灌县、彭县等地形成势力;汉以后,羌人在岷江上游繁衍生息。① 另外还有一部分羌人继续南下到了云南,即后来的南诏。②

羌族的贵族有崇拜三官的情况。在东汉之后,晋代氐族苻坚和羌族姚苌等,是笃信"三官"之类神鬼的。③ 云南南诏王也认同三官,唐时南诏王异牟寻在与唐朝盟誓时,盟誓文中开篇就有"上请天地水三官",④"一本藏于神室,一本投西洱河,一本牟寻留诏城内府库,贻戒子孙"。⑤

羌族的一些传统叙事中有天地水三官的内容,可以说明羌族对三官的认同。如在羌族人的释比经典《敬神篇·敬天神》第二十七部中有"敬三官神","唱经唱诵释比敲击法鼓,敬拜三官神,祈愿三官神赐福凡民。三官神赐福人间,敲鼓声鸣敬诸神,三官神灵视凡间,凡民心思尽皆知,三官神赐福人间。凡民皆来敬三官,一年四季不间断,常年将把福来赐,添福延寿去灾祸"。⑥ 在《结婚打煞》中有"天官赐福","一拜天天官赐福,二拜地地久天长,三拜日月华光照"。⑦ 在口传

---

① 四川省地方志编纂委员会《四川省志·民族志》,四川民族出版社,2000 年,第 272 页。
② 向达《南诏和天师道、氐族、北方语系语言以及吐蕃有关的几个问题的解释》,见张昌山主编《云南文化读本》,云南人民出版社,2014 年,第 448 页。
③ 钱安靖《论少数民族与道教》,《宗教学研究》,1982 年第 1 期,第 40 页。
④ 《续修四库全书》,集部第 1650 册,《全唐文》卷 999,上海古籍出版社,1995 年版,第 656 页。
⑤ 《续修四库全书》,集部第 1650 册,《全唐文》卷 999,上海古籍出版社,1995 年版,第 656 页。
⑥ 四川省少数民族古籍整理办公室主编《羌族释比经典》(上),四川民族出版社,2008 年,第 444 页。
⑦ 四川省少数民族古籍整理办公室主编《羌族释比经典》(上),四川民族出版社,2008 年,第 910 页。

艺术中,有拜三官,"拜三官(天官、地官和水官):天官赐福人长寿,地官赦罪免灾星;水官解厄能救莎,三元三品大天尊"。① 这段唱词为羌族新年时祭祀天神的第一阶段拜家神时所唱。由此可见三官文化在羌族中的传承与发展。

(二)羌族地区三官崇拜的谱系

羌族在信仰崇拜方面与其他民族有一定的共性,如对天地山川的崇拜。在东汉以后虽然羌族接受道教的天地水三官文化,但是羌族少有建造三官庙的。三官庙的产生要到明朝时期。四川的茂县、松潘县、北川县是羌族的聚居地,在明朝时阿坝藏族羌族自治州的茂县有 1 座三官庙;清朝时在绵阳北川羌族自治县有 2 座三官庙;1911—1949 年,阿坝藏族羌族自治州的松潘县有 1 座三官庙。从地理位置上看,茂县、松潘县以及北川县两两相接,且在三官庙建造时间上有着连续性,三县的三官庙可能有一定的联系。下面分别来看。

首先,明朝时茂县的三官庙,"三元宫,阜康门内,明万历四十一年重修"。② 茂县所在地凤仪镇自西汉以来一直沿袭至今,阜康门在凤仪镇的南部。该三元宫是继宋朝成都三官庙后,四川的第 2 座三官庙,也是第 1 座羌族聚居区的三官庙。那么为什么会在茂县产生三官庙呢? 关于该三元宫的记载较少,没有相关的碑记说明该宫的创建源流。但可通过对三个问题的分析探究可能的原因。第一,为什么在万历时期重修三元宫? 根据第一章的时空交互谱系,大多数省份在万历时期都有了三官庙,可能与明宪宗母亲对三官的崇拜有关。第二,三元宫是汉族建造的吗? 我们认为是汉族建造的三元宫,虽然茂县是羌族人数最多的地方,虽然有学者认为三官文化与羌族的自然崇拜相关,但是从东汉至明朝,仅有 1 座三元宫产生。秦统一六国后,曾设置湔氐道。汉唐以来,汉族已经来到茂县,据《茂县志》,宋太宗时,茂县有 326 户汉族。明朝时,不仅由汉族官员管理茂州城,如洪武在金事楚华曾重修茂州城,成化年间巡抚张瓒又修筑了外城,而且建官署、建官学,洪武二十四年(1391),知州于敏在茂州内城建知州署,永乐八年(1410),茂州建州学。由此可见,茂县的三元宫很可能为汉族建造。第三,茂县道教的流传情况是怎样的呢? 茂县有着较好的道教流传传统,约在隋唐时期,就已经有道教的庙宇宫观,但是具体情况不详。③ 另外,据《(道光)茂州

---

① 焦虎三、焦好雨《祖灵声纹:羌族口头艺术的叙事、表演与文本》,西南交通大学出版社,2018年,第 422 页。文中的"莎"根据文意可能为"煞",但需要进一步田野调查。
② (清)刘辅廷《(道光)茂州志》卷 2,清末刻本。注:茂州即现在的茂县。
③ 本段三个原因总结于茂汶羌族自治县地方志编纂委员会《茂汶羌族自治县志》,四川辞书出版社,1997 年。

志》,在三元宫有三官神像,这至少说明,至道光时期,三元宫仍然存在,也进一步说明人们对它的认同。因此,在明朝皇家崇拜三官的影响下,在汉族官员展开对茂县的管理下,在道教宫观的建造与道教思想的流传下,茂县有了三官文化,有了三官文化的神圣空间即三元宫。

其次,清朝时少数民族地区有 2 座三官庙。其中乾隆时 1 座,道光时 1 座,分布在北川羌族自治县。北川县,原称石泉县,1912—1949 年时期改称北川县,位于四川盆地西北边缘。乾隆时期的三官阁,"在治南半里"。[①] 道光时期的三官阁"在县南,登云桥岸"。[②] 2 座三官阁都在县南,有是同一座庙之嫌,但是经过多方查找资料,尚无材料说明二者是同一座,因此,本书认为是道光时另外建造的 1 座三官庙。那么为什么在乾隆时期出现三官庙呢? 有如下原因:第一,受到邻近地区的影响。北川县西接茂县,茂县在明朝万历时期就有了三官庙;第二,纵观全国来看,从康熙至乾隆这一段时间里,由于清政府对三官文化的认同,全国大江南北没有三官庙的地方都有了三官庙,如新疆、西藏、台湾地区等,有三官庙的地区三官文化继续发展,有更多的神圣空间得以建造;第三,北川县有着较好的道教传承。该地道教属于正一派,据记载到 1912—1949 年时已有 100 多座道观。由此,道光时就有了北川县的第 2 座三官庙,不仅与地理位置相关,还是文化认同的结果,形成了时空谱系。另外据《北川县志》:"旧时一般在大门外壁供奉'天地水府三元三品三官大帝'神位。"[③]可知三官文化在北川的普遍性。[④]

最后,1911—1949 年在阿坝藏族羌族自治州的松潘县有 1 座三官庙,"三官庙,镇江关"。[⑤] 松潘县产生三官庙的原因有三:第一,可能受到来自周边茂县与北川县的影响。松潘县在阿坝州的东部,与茂县相连,其中镇江关在松潘县的东南部,南与北川县相接,西南与茂县相望。如前述,北川县、茂县均有三官庙,从建庙时间上的先后性来看,松潘县三官庙的建造可能受到茂县、北川县的影响。第二,松潘县的道教氛围促进了三官庙的建造。南北朝时,道教传入松潘县,且受到青城山道教的影响;后来在明末清初时,瘟疫的发生促使松潘总兵邀请江西龙虎山的天师到此建斋设醮,之后宫观就逐渐增多;到 1921 年,成都青羊宫的唐冼清在松潘创建道教协会,有很多信徒追随。第三,1912—1949 年时松潘县的

---

① (清)姜炳璋《(乾隆)石泉县志》卷 4,清乾隆三十三年刻本。
② (清)赵德林等修,张沆等纂《(道光)石泉县志》卷 2,清道光十四年刻本。
③ 北川县志编纂委员会编纂《北川县志》,方志出版社,1996 年,第 730 页。
④ 北川县志编纂委员会编纂《北川县志》,方志出版社,1996 年。
⑤ 张典修、徐湘纂《松潘县志》卷 5,1924 年刻本。

民族有藏族、羌族、回族、汉族等。三官庙在镇江关,根据《大清一统志·松潘厅》,明朝曾在此设置蒲江关,清朝时改称镇江关,1912—1949 年时为镇坪乡管辖,后来又从镇坪乡分出镇江乡。再据《松潘县志》可知镇江关的民族有羌族、回族、满族等。羌族、回族、满族都有崇拜天地山川的习俗,因此,容易形成对天地水三官的认同。在地方官员与道士的推动下,在周边茂县与北川县的影响下,松潘县在 1912—1949 年时有了三官文化的传播。①

由上可见,羌族并非以建造庙宇来祭祀三官,从拜家神可以看出羌族更多是在家里祭祀三官,而建造庙宇供奉三官是汉族人的祭祀习惯。在四川羌族地区如茂县、松潘县、北川县出现三官文化的传播,有多方面的原因:第一,官方的示范作用,会促进当地建造三官庙,如明朝时茂县的三元宫,清朝时北川县的三官阁;第二,邻近地区对三官的崇拜,会引起当地对三官文化的认同而造庙,如松潘县、北川县的三官庙;第三,来自三官文化兴盛地的汉族官员在少数民族地区建庙,促进了三官文化的传播,并由此形成了当地与该官员家乡三官文化的空间谱系。茂县、松潘县、北川县还形成了局部民族地区的三官文化谱系。

二、彝族及其地区的三官文化谱系与认同

(一) 彝族对三官的崇拜

根据学者的研究,彝族先民与羌族关系密切,可能源于羌族。② 根据上文对羌族三官文化的探讨,羌族人崇拜天地水神,而彝族也崇拜天地山川等神灵,可见,羌族、彝族在信仰上存在共性。在东汉末的鹤鸣山,有多个民族聚居,其中就有后来南下融入彝族的濮人。那么濮人也有信仰天地水神的可能。唐朝时南诏王异牟寻与唐朝盟誓时请的神灵就有天地水三官。尽管学界对于南诏的民族构成是彝族还是羌族有争论,但是唐时彝族已经南下,居住在南诏所管辖之地是事实。如前述彝族崇拜天地山川等神灵,更有学者认为"道教之三官天地水与彝族之三神天地水是同源关系"。③ 如凉山彝族过年会祭祀天地水,"凉山彝族过年所祭'恩替古子'(天神)和'木尔、木色'(山或者地神、水神)"。④ 由此可见,彝族与羌族、汉族多有天地水崇拜。

---

① 松潘县志编纂委员会《松潘县志》,民族出版社,1999 年,第 830 页。

② 《彝族》,中国国家民族事务委员会官网,https://www.neac.gov.cn/seac/ztzl/yz/gk.shtml。

③ 王明贵《彝族三段诗研究理论篇》,民族出版社,2001 年,第 249 页。

④ 刘尧汉《中国文明源头新探:道家与彝族虎宇宙观》,云南人民出版社,2016 年,第 114 页。

　　张道陵在东汉末到鹤鸣山修道,学者多认为他学的是当地民族的教,彝族既然与羌族、濮人有着渊源关系,羌族、濮人对天师道的接受势必会影响彝族人对天师道的态度,由于天师道初期是以天地水三官为主神的,随着天师道成为羌族、濮人的信仰之一,那么天地水三官崇拜也自然成为他们供奉的对象。由此彝族当时也接受了天师道以及三官崇拜。贵州彝区在明朝嘉靖二十五年(1546)有《新修千岁衢碑记》彝汉碑文,其中有提出天地水三官的概念;在云南彝族的《祭猎神词》中还有"水府三官,请饮酒"的祭文;①贵州毕节的彝族还有称为三官寨的寨子,即三官寨,"三官寨用彝语说是'协阔迪',就是取用道家的天官、地官、水官。用三官作为地名,可以看出彝族崇敬道家自然山水的思想由来已久"。②

　　可见,彝族将自己本民族的天地水崇拜与汉族的三官文化相融合,形成共同的天地水崇拜。

　　(二)彝族聚居区的三官文化谱系与认同

　　彝族主要分布在四川、重庆、云南、贵州、广西四省(区),其中四川凉山彝族自治州是全国最大的彝族聚居区;云南以楚雄彝族自治州、红河哈尼族彝族自治州及峨山、宁蒗、路南等县较为集中;贵州的彝族主要聚居于毕节地区、六盘水市和安顺地区;广西壮族自治区的彝族聚居在隆林、那坡两县。其余分散在全国各地。③在这些地区中,天地水三官庙主要分布在四川凉山彝族自治州的越西县,云南楚雄彝族自治州以及红河哈尼彝族自治州的部分地区,贵州的毕节地区。

　　1. 四川凉山越西县的三官殿

　　建于光绪时,由官方建造。"三官殿,正东街军粮府署左侧,守备李牧捐修以培风水。案曰:三官殿下尝设三费总局暨团练总局,其前为米市,又为朔望官绅民听讲圣谕之所,光绪二十八年(1902)余在任时平议局于此"。④守备李牧是河北河间人,"李牧,河间人,越隽守备,捐修三官殿,以培风水"。⑤他捐修三官殿的原因与风水有关。河北在明清两代有近600座三官庙,李牧在成长过程中至

---

① 张泽洪《文化传播与仪式象征:中国西南少数民族宗教与道教祭祀仪式比较研究》,巴蜀书社,2008年,第103页。

② 中共毕节市委宣传部、贵州省写作学会主编《磅礴乌蒙·宜居毕节》,汕头大学出版社,2011年,第87页。

③ 《彝族》,中国国家民族事务委员会官网,https://www. neac. gov. cn/seac/ztzl/yz/gk. shtml。

④ (清)马忠良、孙铿等《(光绪)越隽厅全志》卷2,清光绪三十二年铅印本。

⑤ (清)马忠良、孙铿等《(光绪)越隽厅全志》卷7,清光绪三十二年铅印本。

少会对三官文化有所耳闻。由此,越西县的三官庙就与河北的三官文化有了联系,三官庙的建造与发展是汉族进入的结果。既然这样,那么文化认同是怎样实现的呢?越西县作为多民族地区,以彝族为主,还有汉族、藏族、回族等,汉族进入越西与明朝实行卫所制度有关,有迁徙、经商甚至还有犯罪被发配到越西的,基本上来自陕西、湖广等省份。陕西、湖南、广东等地均有较好的三官文化基础,汉族之间容易就三官文化形成认同;回族多是到此做茶叶生意,而三官是茶水业供奉的神灵;还有彝族、回族、藏族基本上都有关于天地山川神祇的崇拜。[①] 因此,各族都比较容易形成对天地水三官的认同。

2. 明清至1949年楚雄彝族自治州的三官庙

共有16座,其中明朝7座,分布在武定县1座,元谋县1座,牟定县1座,楚雄市1座,姚安县3座;清朝有6座,分布姚安县2座,武定县2座,楚雄市2座;1911—1949年有3座,分布在姚安县2座,禄丰市1座。按照时间顺序排列为姚安县、武定县、元谋县、楚雄市、牟定县、禄丰市。从空间上看,姚安县位于楚雄彝族自治州的西部,东临牟定县;牟定县南临楚雄市,东北临元谋县,西南与禄丰市相接;楚雄东临禄丰市;元谋县东接武定县。在时空交互方面,武定县、姚安县在明嘉靖时有三官庙,元谋县、楚雄市在隆庆时有三官庙,牟定县在明天启时有三官庙,禄丰则是在1912—1949年时有三官庙,这样就形成了楚雄彝族自治州的三官文化空间谱系。那么影响楚雄彝族自治州三官文化谱系形成的因素是什么?从明嘉靖到隆庆的三官文化谱系是由姚安、武定、元谋、楚雄四地构成的,如上述,武定、元谋、楚雄三地相邻,而姚安则在东部,与三地相隔牟定县。牟定县的三官庙要到明天启时才出现,那么姚安的三官庙的来由是怎样的呢?还有牟定作为武定、元谋、楚雄与姚安的重要连接点,其三官庙的可能来由又是怎样的呢?我们逐一来看。

1) 楚雄彝族自治州三官文化谱系形成的影响因素

1911—1949年时,楚雄彝族自治州形成了包括武定县、元谋县、楚雄市、姚安县、牟定县[②]、禄丰市等六地在内的三官文化谱系,影响这一谱系形成的因素有佛教徒的认同、汉族人数的增加、当地少数民族的认同。

首先,佛教徒对三官文化的认同与传播。

① 越西县志编委会《越西县志》,四川辞书出版社,1994年。
② 元至元十二年(1275)始称定远县,1914年更名为牟定县。见牟定县志编纂委员会《牟定县志》,云南人民出版社,1993年。

　　道教与佛教几乎同时传入楚雄地区,道教中的天地水三官随着道教的传播也进入楚雄地区。道教的宫观数量、道教徒的数量要少于佛教的寺庙与佛教徒的数量,如禄丰的佛教兴盛于道教,据《禄丰县志》,有明一代佛教的寺庙有107座,元朝至清初道教的宫观有74处;武定县、楚雄市汉族多信佛,元谋县佛教徒、道教徒杂处,佛教徒也诵念天地水三官经;在姚安,唐天宝时佛教已经传入,道教也在唐朝时传入,但是当地还是以佛教为主,佛教徒较多;在牟定,也有类似的情况,汉族也是多信仰佛教。佛教在传播中认同了道教的天地水三官,至于认同的原因与过程尚不清楚。李元阳,白族,明嘉靖时人,曾撰写《三官寺碑》《黑盐井重建三元宫记》《普溆三元宫碑记》,《三官寺碑》从碑名可见其佛教性质,《黑盐井重建三元宫记》记载该三元宫为僧与佛教徒所建,"黑井三元宫颓废,僧寂戒同檀越者撤而新之"。① 《普溆三元宫碑记》的碑记记载该三元宫也是僧建,"僧真慧者募,善人杨楠倡众重建焉"。② 由此可见,三官文化在楚雄传播有一定的特殊性,都是由佛教徒进行的。

　　其次,汉族人数集中大量增加。虽然从汉时就已经有汉人进入楚雄地区,道教在唐朝时也已传入楚雄地区,但是三官文化在楚雄地区的出现要到明朝嘉靖时期,这与汉族人数的增加有着直接的联系。明朝洪武时期,明政府在云南实行屯田制度,包括军屯,即原籍有妻室的就迁到驻地,无妻的就与当地女子完婚,也要迁到驻地;商屯即迁徙江南大姓、富户充实云南,有的进入楚雄;民屯即招募百姓来滇或者罪犯流放。1996年编纂的《姚安县志》载,明洪武二十二年(1389),从江南、江西入滇的老百姓有二百五十余万,分布范围广泛,如临安、曲靖、云武、姚安、大理、鹤庆、永昌、腾冲等郡县。楚雄地区也受到该政策的影响,如武定、元谋、姚安、楚雄、牟定、禄丰等地。其中元谋的驻滇军中士兵的祖籍包括江西、南京、福建,元谋的军屯村有中屯和官田村,因驻扎军队而得名的就有15座村庄。进入姚安的有江浙的汉民,使得姚安的人口数量剧增。牟定的汉民与沐英征南有关,其带来大批士兵及家属,还有匠人等到境落户。禄丰也是如此。在这一过程中,汉族人口大量增加,而且还有其他民族如白族、彝族、蒙古族等。到明清时期,彝族仍是禄丰境内的主体民族。这就可以说明禄丰直到1912—1949年时才有了三官庙。随着汉族人口的增加,尤其是集中的大量的人口的到来,促进了三官文化的落地与生长。

---

① (明)李元阳《李元阳文集》,云南大学出版社,2018年,第129页。
② (明)李元阳《李元阳文集》,云南大学出版社,2018年,第480页。

最后,当地少数民族的认同。楚雄有彝族、白族、傈僳族、苗族等少数民族,这些民族中,彝族、傈僳族都源于氐羌,而据现代学者的研究,氐羌族多有天地水崇拜,因此,彝族、傈僳族容易对三官崇拜有所认同,"与氐羌有一定渊源关系的彝族,现存《彝经》中有类似的三官文化叙述"。① 如前述,白族接受汉族文化的程度较高,也易形成认同。而且在明朝实施军屯后,由于军屯的赋税过高,军户多改种民田,有的与彝族结婚,改为彝族,这部分彝族就更易认同三官文化。

在佛教徒传播三官文化的背景下,在汉族人数大量急剧增长的情况下,在少数民族的认同下,楚雄彝族自治州形成了三官文化谱系。

2) 姚安三官庙可能的来由

姚安的三官庙产生于明嘉靖初期,与其同时代的有武定的三官庙,二者之间相隔元谋县和牟定县,而元谋的三官庙要到明朝隆庆时才产生,牟定三官庙在明朝天启时才建造。那么姚安三官庙的来由是什么? 除了上述的三个因素外,还有什么原因促进了姚安三官庙的产生呢? 根据嘉靖时李元阳的《普溯三元宫碑记》,"普溯堡在姚安府洱海卫界内,正德末嘉靖初,居人费玉鸣于守巡二道建西山三元宫,以祷雨暘"。② 说明三元宫的修建与当地人费玉鸣有关。根据该记,三元宫在隆庆时已"颓圮剥落",③隆庆时"僧真慧者募,善人杨楠倡众重建焉"。④ 始建由当地居民,重建为僧人,是佛教住持对民间所建寺庙的认同。由此,可以明确的是当地居民有传播三官文化的首要之功。姚安三官庙的产生与当地居民有关,发展与延续则与佛教的认同有关。

3) 牟定县三官庙创建的来由

牟定县三官庙产生于明朝天启之前,处于姚安县与元谋县、楚雄市的中间位置,是三者相连的重要节点,在隆庆时元谋县、楚雄市已经产生了三官庙,如前述,姚安的三官庙产生于嘉靖时,元谋、楚雄、姚安将牟定包围在中间,可能促进了牟定三官庙的产生。该三官庙在黑盐井,根据李元阳的《黑盐井重建三元宫记》,"二三里之内为寺院庙宇,凡十数处,每处屋多者至百十楹,又皆结构美丽。揆其元,非有官司督之使为一,皆出于民之良心"。⑤ 说明庙宇多由百姓建造。

① 石衍丰《略论道教三官》,见詹石窗总主编《百年道学精华集成第 2 辑 神仙信仰》卷 1,上海科学技术文献出版社,2018 年,第 261 页。
② (明)李元阳《李元阳文集》,云南大学出版社,2018 年,第 480 页。
③ (明)李元阳《李元阳文集》,云南大学出版社,2018 年,第 480 页。
④ (明)李元阳《李元阳文集》,云南大学出版社,2018 年,第 480 页。
⑤ (明)李元阳《李元阳文集》,云南大学出版社,2018 年,第 129 页。

如前述,在明朝洪武期间政府军屯、商屯、民屯等政策的影响下,江浙一带大量汉族人进入云南,落户的地点中就有牟定。因此,牟定的三官庙是在政府移民政策的推动下产生的,汉人到来并在当地落籍(江浙一带本来就有着很深厚的三官文化基础),当移民在当地站稳脚跟后,会建庙供奉自己家乡的神灵,牟定三官庙即三元宫就是如此产生的。

可见,对于三官文化的传承与发展来说,人口是最重要的要素之一,尤其是大量的集中的移民的到来,会影响当地信仰崇拜的结构;同时政府的政策又是形成集中的大量的移民的支撑力量;当地人对移民文化的认同也是三官文化能够持续发展的基础。由此形成"集中的大量的人口—政府的移民政策—当地人的文化认同"三者相互支撑的三官文化谱系发展模式。

3. 明清至 1949 年红河哈尼族彝族自治州的三官庙

有 29 座,明朝有 2 座,分布在石屏县 1 座,建水县 1 座;清朝 18 座,分布在石屏县 8 座,建水县 4 座,开远市 1 座,蒙自市 4 座,泸西县 1 座;1912—1949 年共有 9 座,分布在石屏县 5 座,建水县 4 座。红河哈尼族彝族自治州三官文化的空间分布为石屏县、建水县、开远、蒙自市、泸西县。从时间谱系来看,建水县的三官庙最早建于明朝弘治时期,石屏县的三元宫最早建于嘉靖时期,开远市的三官庙最早建于雍正时期,蒙自市和泸西县的三官庙最早建于乾隆时期;从空间分布上看,石屏县与建水县相接,建水县东接开远市、蒙自市,蒙自市北接开远,泸西县在红河哈尼族彝族自治州的东北部,与建水县、开远市相隔一个县即弥勒。这样石屏县、建水县、开远市、蒙自市及泸西县就形成了红河地区的三官文化谱系。这一谱系是怎样形成的呢?

1) 建水县三官庙

建于明朝弘治时期,"三官庙,在府治西,郡人钱锐建"。① 钱锐为弘治时人,"板桥在府西北十里,弘治间钱锐建"。② 该三官庙的建造没有相关资料如碑记等来说明其渊源,建造人钱锐的资料也很少,仅找到板桥一条,可能他是地方的大族。建水县的三官庙极有可能与明朝的军屯有关。据 1994 年的《建水县志》,元朝时就已经有一批汉族工匠来到建水县。明朝洪武年间,"明军在建水设置临安卫,在县境戍守和屯田的有 5 个千户所,约 5 600 人,加上家属就有 2 万多

---

① (明)邹应龙修、李元阳纂《(隆庆)云南通志》卷 17,1934 年龙氏重印本。
② (明)刘文征《(天启)滇志》卷 3,清抄本。

人"。① "现存汉族家谱及墓碑记载,多随黔宁王沐英从戎至滇,定居本县,祖籍多是南京应天府,江南江州府、凤阳府、常州府,山西平阳府,陕西凤祥府"。② 另外,还有一些工匠、生意人、充军者也来到建水。这些人成为三官庙产生的群众基础。

2) 石屏县三官庙

它的建造与汉族的进入有着重要联系,汉族的大量进入又与元明两代采取的军屯制度有关。嘉靖时有王寿相捐建三元宫,"今世称三官为天地水属,则大人之随在而庙祀焉者。石屏开国来厥祠未建,处士王君寿相肇事创构,以为邦之祝延祈报之场。工经始于嘉靖庚申之冬,越明年落成"。③ 王寿相为地方乡贤,曾获赐冠带乡饮。④ 这说明该庙为地方乡贤所建。汉族王姓为石屏的大族,始祖王智明,在元至顺年间随军由重庆入滇。⑤ 王智明在入滇之后,"授本州守御千户所吏目"。⑥ 以此为基础,发展为石屏具有影响力的家族之一。张道陵在巴蜀地区学道并创建五斗米道,使得重庆有着较好的三官文化基础。乾隆时期,有丁浚美修的三官殿,"三官殿,丁浚美修"。⑦ 丁浚美其人为"州庠生,博学能文,好义乐施",⑧曾捐建多所庙宇、学宫等。据 1990 年的《石屏县志》,"丁姓为汉族,居石屏城南,陶村丁家寨,宝秀中营,亚房子杨家寨等地。其据《丁氏族谱》:始祖丁全,明洪武十四年(1381)由南京应天府广德州四十都入滇。初居蒙自之新安所,继由蒙自迁石屏定居"。⑨ 丁氏家族同样是因为军屯而从江苏南京来到云南,江苏也是三官文化兴盛的地区。可见,石屏三官庙的建造与军屯有着重要联系。来自三官文化基础较好地区的汉族在军屯制度的作用下,会将家乡的信仰带到驻地,使得三官文化在驻地石屏得到传播。

3) 开远三官庙

建于清雍正以前,"三官庙在城西南邓山亭下,监生李廷柱重修"。⑩ 据康熙

---

① 建水县志编纂委员会《建水县志》,中华书局,1994 年,第 110 页。
② 建水县志编纂委员会《建水县志》,中华书局,1994 年,第 114 页。
③ (清)管学宣《(乾隆)石屏州志》卷 2,清乾隆二十四年刊本。
④ (清)管学宣《(乾隆)石屏州志》卷 4,清乾隆二十四年刊本。
⑤ 石屏县志编纂委员会《石屏县志》,云南人民出版社,1990 年,第 701 页。
⑥ (清)管学宣《(乾隆)石屏州志》卷 3,清乾隆二十四年刊本。
⑦ (清)管学宣《(乾隆)石屏州志》卷 2,清乾隆二十四年刊本。
⑧ (清)管学宣《(乾隆)石屏州志》卷 4,清乾隆二十四年刊本。
⑨ 石屏县志编纂委员会《石屏县志》,云南人民出版社,1990 年,第 700 页。
⑩ (清)陈权、顾琳《(雍正)阿迷州志》卷 9,清康熙抄本。

时胡可京的《重修三官殿记》，李廷柱为康熙时监生，"监生李廷柱误买其田"。①
胡可京，阿迷州（即现在的开远）人，康熙五十四年贡生。两人均为儒生，是地方
乡贤。"李廷柱重修"，也就是说在康熙及以前该庙已经存在，但还没有资料进一
步表明其具体建于何时。可能与明朝的军屯、商屯、民屯等有关系，汉族大量地
有组织地流入，为三官文化的传播与认同奠定了基础，且他们的"原籍多属于江
西、江南、湖广、蒙古等处"。② 在明清时期，地方官员与民间乡贤、百姓共同创建
多座庙宇宫观，三官庙可能也在其中。开远与建水相连，或许也受到建水三官文
化的影响。

4）蒙自市与泸西县的三官庙

均创建于清乾隆时期。蒙自市有 4 座三官庙，泸西县有 1 座三官庙。关于
这 5 座三官庙的创建，资料非常少见，只能根据前述简要阐述两地三官庙产生的
情况。如前述，蒙自市与建水县、开远市相接，应该是受两地三官庙的影响，建水
是在弘治时期创建的三官庙，开远的三官庙也早于蒙自。蒙自之所以到清朝才
有三官庙，首先，可能与道教的传入时间有关，明朝中期道教传入蒙自，之后创建
的宫观很多；其次，可能与洪武时的军屯、兵屯、商屯有关，该政策促进了蒙自汉
族人口数量的增加，据地方志，到清朝乾隆时期，境内汉族约 607 户，2 593
人；③再次，可能还与佛教有关，蒙自的东林寺有供奉三官，但不清楚该三官供自
何时；最后，还与当地民族的认同有关，当地彝族、壮族都过中元节，至少说明彝
族与壮族对三官文化的认同。由此，可能在多种因素的共同作用下，蒙自的三官
文化才得以发展。

泸西并未与石屏、建水、开远、蒙自相接。当地的汉族与明洪武时期的军屯
政策有关，还与成化十七年（1481）的改土归流政策相关，在政策的影响下，一方
面士兵随着傅友德、沐英入驻云南，之后在云南落籍，促使汉族人口数量增加；另
一方面，改土归流以后，之前入滇的汉族，从大理、曲靖、陆良、师宗等迁到泸
西。④ 这样，进入到泸西的汉族就成为三官文化发展的基础。

可见，三官文化在云南的传播离不开地方官员、地方乡贤的推动，离不开汉
族的群众基础，离不开少数民族的认同，离不开佛教的认同。在各种因素的共同

---

① 宋军朋、雷伟平《三官碑刻辑录》（初编），线装书局，2024 年，第 216 页。
② 开远市地方志编纂委员会《开远市志》，云南人民出版社，1996 年，第 635 页。
③ 蒙自县地方志编纂委员会《蒙自县志》，中华书局，1995 年，第 130 页。
④ 泸西县志编纂委员会《泸西县志》，云南人民出版社，1992 年，第 98 页。

作用下,形成了云南少数民族地区的三官文化谱系。

4. 贵州毕节的三官神圣空间

威宁彝族回族苗族自治县地处贵州毕节市,在明洪武时称乌撒卫,属云南都司,到永乐时属贵州都司。明朝时有三官庙 2 座,其中嘉靖时 1 座,"乌撒卫:三官庙在卫治南关内,嘉靖三年(1524)本卫善士新建";①万历时 1 座,"乌撒卫:三官庙。南关外"。② 明朝时在云南、贵州等地实行卫所制度,形成了以汉人士兵及其家属为中心的聚居区,嘉靖时期的三官庙为乌撒卫的善士创建,善士有多种意思,如有德之士,慈善之士,还有信佛的人士,这里可能是指信佛的人士。原因在于威宁汉族多信仰佛教,而且也认同道教的天尊、真君以及家神等。嘉靖时期的三官庙存在至 1912—1949 年。该三官庙的发生、发展与汉族的集中到来有着重要联系。

三、白族及其聚居地的三官文化谱系与认同

(一) 白族对三官的崇拜

白族分布在云南、贵州、湖南等地,是氐羌族的一支,以洱海人、昆明人为主体,融合了僰人、哀牢人、西爨白蛮等成分,还有部分汉族,最终形成于唐朝时期。③ 白族信仰道教,崇拜玉帝,其祖先被巫师称为"白骨真人",据说是太上老君给予的神职。白族还崇拜太上老君、三皇、文昌、三元三官、灶君、土地等道教诸神,在白族地区盛行"拜北斗"活动。④ 云南大理的白族会在正月初一时请天地水三官,正月十五、七月十五、十月十五有上中下三元节,上元节时,白族举行"送龙船"活动,中元节追念祖先,下元节祭祖拜神。在湖南桑植县,当地白族信奉三元教,即天地水三官,三元教还是当地非物质文化遗产项目仗鼓舞传承发展的基础。

(二) 白族聚居地的三官文化谱系与认同

如前述,白族主要分布在云南、贵州、湖南等地。三官文化则多发生在云南与湖南,贵州尚缺乏文献资料。云南大理白族自治州自明朝时已建有三官庙宇,明朝在大理白族自治州有 5 座三官庙,分布在宾川县 1 座,鹤庆县 1 座,大理市 1

---

① (明)谢东山修、张道纂《(嘉靖)贵州通志》卷 7,明嘉靖刻本。

② (明)王耒贤、许一德《(万历)贵州通志》卷 10,明万历五十年刻本。

③《白族》,国家民族事务委员会,https://www.neac.gov.cn/seac/ztzl/bz/lsyg.shtml。

④ 杨旭东《浅谈道教在云南少数民族中的影响》,《思茅师专学报》,1996 年第 1 期,第 95 - 96 页。

座，巍山县 2 座；①清朝时有 4 座，分布在云龙县 1 座，宾川县 1 座，巍山县 2 座；
1912—1949 年有 5 座，分布在大理市 2 座，祥云县 1 座，巍山县 2 座。可见，分布
地为鹤庆县、宾川县、大理市、巍山县、云龙县、祥云县。按照建造三官庙的时间
先后来看，逐次为宾川县、鹤庆县、大理市、巍山县、云龙县、祥云县。另外在湖南
张家界的桑植县，白族的三元教供奉天地水三官大帝。

1. 大理白族自治州的三官庙宇

1）宾川县的三官庙

产生于明嘉靖时期，"三元宫在州治东，嘉靖间建"。② 在宾川县流传三官文
化的原因如下：第一，南诏时期南诏王朝对天地水三官的认同，是三官文化得以
流传的政治基础。宾川曾属南诏，南诏王异牟寻曾与唐使崔佐时启请天地水三
官等神灵盟誓，宣示与唐朝重新和好，说明在唐朝时期，宾川已经有了接受三官
文化的基础。第二，明代设置卫所，实行军屯制度，有大量汉族军队来到宾川，他
们原籍为江苏、湖广、江西、四川等地，而这些地区基本都有较好的三官文化基
础，他们的到来进一步促进了三官文化的发展。此后汉族人口大增，汉族成为宾
川的主要民族。这是三元宫得以建造的群众基础。第三，当地除了白族，还有彝
族、回族、傈僳族、苗族等，除了回族信仰伊斯兰教外，其他多受道教的影响。这
是宾川建造三元宫的民族基础。据 20 世纪 80 年代新编撰的《宾川志》，除了宾
川城的三元宫外，在宾居下村和鸡足山也有三官殿，每逢农历正月十五、七月十
五、十月十五，天地水三官圣诞时，远近的老百姓都会去供奉朝拜。第四，宾川道
教氛围的形成是三元宫建造的宗教基础。道教在南诏时已经在宾川传播，当时
传播道教的是正一派，元时，全真派传入，在鸡足山已经有道士修炼。明朝景泰
时，大理高道杨黼在鸡足山修炼，杨黼又是白族人。可见，道教在白族中的影响。

2）鹤庆县的三官祠

"鹤庆军民府，三官祠"。③ 建造时间不详，但根据地方志的撰写时间来看，
至迟在明朝隆庆时期。鹤庆三官文化的流传在时间上是在宾川之后，宾川北接
鹤庆，鹤庆的三官祠可能与宾川的三元宫有联系，只是缺少更多证据证明这一
点。再看鹤庆道教的传播情况，在唐朝时道教就已经传入鹤庆，明朝有专门的机

---

① 根据所查资料，在明朝时大理有 9 座三官庙，即鹤庆县 1 座，宾川县 2 座，大理市 4 座，巍山
县 2 座，但因资料限制，在此仅分析其中的 5 座。

② （明）刘文征《（天启）滇志》卷 17，清抄本。

③ （明）李元阳《（隆庆）云南通志》卷 13，1934 龙氏重印本。

构道纪司对道教实施管理,先后任职道纪司的是贾国瓒、贾光祚,清朝时有贾鉴、贾镜、陶佳艳、陶万象、潘超洙,其中潘家沿袭时间较长,一直延续到 1912—1949年。根据 20 世纪 80 年代编纂的《鹤庆县志》,潘家的籍贯在安徽当涂县,明朝洪武十五年(1382),随军进入鹤庆。道教在鹤庆的传播与发展有助于三官文化的流传。明朝的军屯制度带来了大量汉族人,进一步促进了鹤庆三官祠的建造。

清朝的地方志中未见该三官祠的记载,从《鹤庆县劝学所造报地志资料册》中可以找到原因,其宗教条载:"境内对道教之尊崇,较释稍逊,其教徒不过以为人祈福忏罪为宗旨,信之者亦只军屯及城市之汉人,数只十分之二。教徒之众,不过潘、陶、姜、贾各姓。其住址在治城内。"①或许这是鹤庆三官祠在清朝地方志文献上不存的原因之一。

3) 大理市的三官庙

从明朝隆庆时始有三官文化,"三官观,在州治北"。② 到天启时进一步发展,"三官庙,在县城东"。③ 再在 1912—1949 年时有"瑞鹤观的三官殿"。④ 这是大理市三官文化发展的时间谱系,形成这样发展态势的原因如下:第一,在地理位置上,大理与宾川县相邻,且在建造三官庙的时间上有先后顺序,可能与宾川县的三元宫有关。第二,从归属上看,唐朝时,大理归属南诏管辖,唐贞元年间,南诏王异牟寻与唐朝使臣崔佐时在苍山神祠指天地水盟誓,南诏与唐重新和好。而且南诏王异牟寻曾封五岳四渎,说明其对自然神很崇拜,也说明了白族对天地水崇拜的倾向性认同。第三,在文化上,南诏时精通汉文化的白族人较多。南诏灭亡后,白族的段思平政权有着较高的汉文化水平,而且白族知识分子的汉文化程度较高,如明清时的进士杨士云、李元阳,他们是白族诗人、史学家和思想家,其中李元阳曾撰写《三官寺碑记》。第四,汉族在明时进入大理市,是大理市三官神圣空间——三官观创建的中坚力量。可见,在南诏信奉天地水的基础上,在白族对汉文化的认同下,在宾川三元宫可能的影响下,随着汉族的进入,就有了大理三官观的创建。到天启时又创建了三官庙,说明三官文化的进一步发展。只是到清朝时,三官庙、三官观的记载不存,具体原因不明。到 1912—1949 年时,瑞鹤观的三官殿说明三官的主祀地位可能受到影响,成为配祀。⑤

---

① 云南省鹤庆县县志编纂委员会编纂《鹤庆县志》,云南人民出版社,1991 年,第 733 页。

② (明)李元阳《(隆庆)云南通志》卷 13,1934 年龙氏重印本。

③ (明)刘文征《(天启)滇志》卷 17,清抄本。

④ 周钟岳等《新纂云南通志》卷 116,1949 年铅印本。

⑤ 大理市志编纂委员会编纂《大理市志》,中华书局,1998 年。

4) 巍山的三官庙

"蒙化府三官庙,在府城西"。① 明朝在巍山设蒙化府。该三官庙亦见于明天启时的《滇志》,还见于清朝时康熙的《云南通志》,说明到康熙时,该三官庙仍然存在,但是到乾隆以后,地方志中已没有该三官庙的记载。另在万历时有郡绅朱鸣时改建的三官庙,"在东岳庙左"。② "朱鸣时,字公从,云南蒙化人,举人,万历二十九年(1601)知新宁州"。③ 还有乾隆时三官殿的记载,"三官殿,在北桥"。④

巍山三官文化形成谱系的原因如下:第一,巍山作为南诏国的故都,在地理位置上与大理市相接,南诏王对天地水三官的信仰可能会对巍山产生一定的影响。第二,巍山三官文化谱系的形成与发展离不开汉族的迁入。汉族的迁入与明初实施的卫所制度有关。洪武时期,巍山设立蒙化卫,官兵多来自江苏、安徽、江西等三官文化较为兴盛的地区,他们的到来推动了巍山三官庙的建造。第三,巍山道教的历史非常悠久,东汉末期天师道已在巍山传,巍山成为道教在云南的圣地。有名道孟优曾在巍山传道并为人治病。唐朝时,南诏王异牟寻与唐朝修好之后,还在境内修建巡山殿等道教宫观。到明清时还有到巍山来修行的道士,道教宫观遍布巍山。第四,三官文化在巍山的传播,离不开巍山其他各民族的认同。彝族、白族、苗族、傈僳族对三官的认同,促进了三官文化谱系的发展。这些民族都有对天地水的自然崇拜,因此也认同道教的天地水三官,每逢农历正月十五、七月十五、十月十五天地水三官圣诞时,各个民族都要到巍山的三官殿祭祀三官。⑤

可见,三官文化谱系在巍山的形成也如同宾川、鹤庆、大理一样,离不开道教的传播、汉族的迁入、其他民族的认同以及南诏政权的认同。

5) 祥云县的三官殿

"祥云县:尚有三官殿在境内"。⑥ 祥云县与大理市、宾川县以及楚雄的姚安县相接,大理市、宾川县、姚安县均在明朝建三官庙,祥云县可能受到三地三官文化的影响。祥云县也曾属于南诏,势必受到南诏崇拜天地水三官的影响。祥云县真正建三官庙是在汉族人大量进入祥云后,尽管汉族人进入祥云县的时间早

---

① (明)李元阳《(隆庆)云南通志》卷 12,1934 年龙氏重印本。
② 周钟岳等《新纂云南通志》卷 96,1949 年铅印本。
③ (清)戴焕南修,张灿奎纂《(光绪)新宁州志》卷 3,清光绪五年刊本。
④ (清)刘垲《(乾隆)续修蒙化直隶厅志》卷 5,清乾隆五十五年刻本。
⑤ 巍山彝族回族自治县志编纂委员会《巍山彝族回族自治县志》,云南人民出版社,1990 年。
⑥ 周钟岳等《新纂云南通志》卷 116,1949 年铅印本。

至汉代,但是形成力量是在明朝的军屯制度下,大量汉军进入祥云,这些汉军多为四川、湖广一带,士兵的家乡均有三官文化的流传,他们成为建造三官庙的重要力量。另外,祥云县道教的发展也影响着三官文化的传播,祥云县的道教属于正一派,明朝时较为兴盛,白族、彝族都接受了道教,促进了白族、彝族对三官文化的认同。该三官殿的具体创建时间还无法判断,按照宾川、大理、鹤庆等地三官形成的状态推断,可能在明清时代祥云就已有三官庙,只是文献不足,缺少资料的佐证。

6) 云龙县的三官庙

发生于康熙时期,"三元阁在砥柱桥"。[①] 其发展不详,在后来的方志中未见相关记载。从地理位置上看,云龙县地处大理的东部,与前述的宾川县、鹤庆县、大理市、祥云县、巍山县都不相连,或许这是三官文化在云龙传播时间晚于大理其他地方的原因之一。从汉族的身份来看,与前述不同,前述多是军屯,而云龙县更多的是民籍。明朝初年逐渐有汉族人移居境内,明朝末年至清朝时期,云龙县的煮盐业发展迅速,内地的汉族人来此多从事煮盐业;另外四川籍的汉族人到云龙县的澜沧江沿岸,以农牧业、手工业为生;湖广籍汉人以采矿业为生。身份不同,话语权自然不同。尽管道教在明朝洪武时期就已经在云龙县传播,而且万历时期已经建有道观,尽管境内的白族、彝族等都有着对天地水的崇拜,但是云龙县还是直到康熙时期才开始建三官庙。[②]

可见,大理白族自治州出现三官文化的传播、建造三官庙,原因之一在于有着较好三官文化基础的汉族人大量的有组织的整体迁入;原因之二在于当地民族如白族对三官文化的倾向性认同,造就了三官文化在大理的传播;原因之三在于谱系的形成,从宾川、鹤庆、大理、巍山到祥云,形成三官文化的族群谱系、时空谱系,有利于文化的稳固发展。其中,汉族人大量的有组织的迁入是首要原因,认同与谱系的形成是关键原因。

2. 湖南张家界桑植县白族的三官文化

桑植县白族人信奉三元教,三元教是道教的一支,发展与道教不同,"其教无教派组织,仅靠前传后承,其神职人员叫'三元老司',一般采用嫡传,传男不传女,即父传子或侄"。[③] 其供奉天地水三官,强调天官赐福、地官赦罪、水官解厄,

① (清)李斯佺、黄元治《(康熙)大理府志》卷27,清康熙刻本。
② 云南省云龙县志编纂委员会《云龙县志》,农业出版社,1992年。
③ 陈俊勉、侯碧云主编《守望精神家园:走近桑植非物质文化遗产》,九州出版社,2012年,第264页。

上中下三元为正月十五、七月十五、十月十五。[1]　其中天官还专司游神;地官专司打醮求雨等;水官专司人身安康,给小孩度关、还愿。[2]

当地供奉的三元塑像是衬托在五彩祥云之上,这样做的原因与一个传说有关,"元朝时,民家一祖先外出经商,乘船于洞庭湖间,至湖心,骤然狂风大作,波涛汹涌,船只颠簸摇晃,眼看倾覆在瞬间,情况万分危急。祖先挺身而出,跪在船头,向苍天祈求,许下宏愿,'哪位神明,若能保我生还,一定重谢庇护之恩'。话音刚落,只见上方空间云彩中,露出三个人形,发出道道神光,射向湖面,顿时风平浪静。祖先得以平安返家,不失诺言,为酬谢天神,他请来能工巧匠,根据当时所见,用楠木雕绘了三个脸谱不同的半身头像,衬托在五彩祥云间,送给三元教主坛,奉为还傩愿的神灵,常年享用民间香火,因此,定名为'三元傩神'。为感谢神灵的恩惠,每当三元教法司做完一场功果后,都围着神灵欢喜雀跃,后在仗鼓舞的盛行下,三元教便将'跳仗鼓'列入整个仪式中的最后一个场面,一直尽情欢乐后,才最后安神,从事别的活动。由此,跳仗鼓成了三元教中的一项法定程序,成为仗鼓舞盛行的重要保证"。[3]　其中的"民家"是对白族的称呼。该叙事属于三官救难型,在上海、安徽等地均有类似的叙事流传。该故事中,发生时间在元朝,可能三官在元朝时已经在白族中流传。仗鼓舞成为三元教传承的载体。

故事中的"三元傩"据说是远古时期白族地区的三位能力超凡的祖先——唐氏、葛氏、周氏,白族人封他们为本主神,将他们作为天地水官进行供奉,白族人认为,"天官赐福,属上元一品,人离开了天活不了命;地官消灾,属中元二品,地除了长万物,还为人类解难;水官解厄,属下元三品,水能发千祥,又能治病除厄"。[4]　在现在张家界桑植县的麦地坪、芙蓉桥、马合口等白族乡,几乎每个乡都有三元傩戏队。[5]

湖南桑植县三官文化与云南大理的三官文化有所不同,在云南大理更多是汉族建造三官庙宇,未见有资料显示大理白族建庙供奉三官的。而在湖南桑植

[1]　陈俊勉、侯碧云主编《守望精神家园:走近桑植非物质文化遗产》,九州出版社,2012 年,第 264 页。

[2]　陈俊勉、侯碧云主编《守望精神家园:走近桑植非物质文化遗产》,九州出版社,2012 年,第 264 页。

[3]　陈俊勉、侯碧云主编《守望精神家园:走近桑植非物质文化遗产》,九州出版社,2012 年,第 264 页。

[4]　谷俊德《追爱张家界》,光明日报出版社,2019 年,第 214 页。

[5]　谷俊德《追爱张家界》,光明日报出版社,2019 年,第 214 页。

县的白族则形成了以天地水三官为中心的三元教,不过也未建造三官或三元庙宇,这可能是对在家供奉的继承。联系到前述羌族有拜家神时祭祀三官的习惯,白族也有类似的情况。因此至少在羌族、白族聚居地区均未发现三官庙。

四、瑶族及其聚居区的三官文化谱系

瑶族主要分布在广西、广东、湖南、云南、贵州、福建、江西等省。广西有金秀、都安、巴马、富川、大化、恭城等瑶族自治县,湖南有江华瑶族自治县,广东有连南和乳源自治县、云南有河口瑶族自治县。[①] 瑶族有着悠久的历史,传说其是蚩尤部落的后裔。瑶族多元聚合且多次迁徙,广西瑶族是在隋唐时期从湖南和广东迁来的。宋时,瑶族在广西东北部形成聚居区。元明时期,瑶族大量南迁,深入广西腹地。明末清初,瑶族又到了云南、贵州等地。[②]

瑶族信仰原始宗教,形成了多神崇拜、图腾崇拜和祖先崇拜,还有道教、佛教等。道教传入瑶区后很快与瑶族民间的原始宗教信仰相融合。[③] 道教三元三官文化中的天地水、唐葛周崇拜成为瑶族的重要信仰之一。首先看瑶族的天地水三官文化,主要分布在湖南和云南。湖南瑶族在祭祀时会有"天地水三元三品大帝"的神位。[④] 在湘西,瑶族的道师崇奉天地水三官大帝,师公做法事时,启请最多的就是三官神。[⑤] 云南麻栗坡县流传有《三官经歌》,"三官经歌,瑶族蓝靛瑶支系宗教仪式歌,流传于云南省麻栗坡县猛硐瑶族乡等蓝靛瑶聚居区。歌中唱道:三官经文净三官,心神口秒要除光;不净三官神不应,修斋设筵人不安"。[⑥] 当地还有瑶族风俗歌即亡灵辞谢歌,"此歌在丧葬过程中由道公唱诵。歌中唱道:辞谢天地水三官,三官送吾桃园畔"。[⑦] 其次看唐葛周三元三官,主要源于宋代对三元真君的封敕,"宋代三元神的位号随着北宋时期的开梅山,亦传入瑶族宗教中。瑶族道经《贡延大会鬼脚科》记载,三元圣名上元唐相道化真君、

---

① 索文清主编《中国地学通鉴》,陕西师范大学出版总社,2019年,第351页。
② 索文清主编《中国地学通鉴》,陕西师范大学出版总社,2019年,第351页。
③ 索文清主编《中国地学通鉴》,陕西师范大学出版总社,2019年,第351页。
④ 张泽洪《论瑶族宗教的三元信仰》,见谢尚果主编《和谐发展的广西世居民族·首届"广西世居民族论坛"会议论文集》,民族出版社,2019年,第16页。
⑤ 马本立主编《湘西文化大辞典》,岳麓书社,2000年,第260页。
⑥ 杨永福主编《云南瑶族口传非物质文化遗产提要辑录》,天津古籍出版社,2013年,第186页。
⑦ 云南省少数民族古籍整理出版规划办公室编《云南民族口传非物质文化遗产总目提要·史诗歌谣卷》(下卷),云南教育出版社,2008年,第104页。

中元葛相经化真君、下元周相师化真君,西南各族群傩坛有三元的位号,这应该是来自宋代道教的传统"。[1] 唐葛周三元三官在广东和广西有所分布。在广东排瑶的文书中有唐葛周三元,"广东排瑶文书《结仙坛》宣称:正月十五为上元唐将军,令兵镇天门;七月十五为中元葛将军,令兵镇地户;十月十五为下元周将军,令兵乱分分"。[2] 在广西,瑶族师公崇奉三清、唐葛周三元三官为最高神。[3] 他们在举行度戒仪式时,"神台要张挂三元神像,左边是上元唐文保,中间是中元葛文会,右边是下元周文达"。[4] 三元在瑶族师公那里是最大的神。[5] 可见,三元三官已经融入瑶族的文化中。

广西百色山子瑶族、金秀瑶族、茶山瑶族、恭城瑶族,贵州荔波县瑶麓瑶族,湖南新宁县八峒瑶等均有关于三元的信仰,在他们的宗教仪式中有关于三元的叙事,如《唱三元》等。湖南瑶族有《上元十言歌》《三元三品歌》《唐葛周三将歌》,湖南瑶族道场经有《太上慈悲三元水》《太上中元灭罪水忏》《太上慈悲三元灭罪水》等科书;广西瑶族唱《又三元天旱唱》,广西山子瑶师公有《三元书》,广西全州县东山瑶道公、师公的经书有《三元灭罪水忏》《太上三元慧悲之水忏》,广西蓝靛瑶的经书有《上中下元申奏》,广西灌阳县水车乡泡江师公盘德彪就保存有《三元灭罪水忏》。[6]

综上可见,在瑶族中有着丰富的三元三官文化,历史悠久,分别形成以天地水三官、唐葛周三元三官为中心的文化谱系,天地水三官文化主要分布在湖南、云南,唐葛周三元三官主要分布在广东、广西。由此形成湖南、云南、广东、广西四地的空间谱系,以不同瑶族支系为中心的族群谱系,以经书、仪式为中心的形式谱系。

在瑶族聚居区比较少见三官庙宇,仅在广东韶关市乳源瑶族自治县有 1 座

---

[1] 张泽洪《论瑶族宗教的三元信仰》,见谢尚果主编《和谐发展的广西世居民族·首届"广西世居民族论坛"会议论文集》,民族出版社,2019 年,第 15 页。

[2] 张泽洪《论瑶族宗教的三元信仰》,见谢尚果主编《和谐发展的广西世居民族·首届"广西世居民族论坛"会议论文集》,民族出版社,2019 年,第 16 页。

[3] 张廷兴、董佳兰编校《广西汉族师公戏》,上海大学出版社,2018 年,第 3 页。

[4] 张泽洪《论瑶族宗教的三元信仰》,见谢尚果主编《和谐发展的广西世居民族·首届"广西世居民族论坛"会议论文集》,民族出版社,2019 年,第 6 页。

[5] 张泽洪《论瑶族宗教的三元信仰》,见谢尚果主编《和谐发展的广西世居民族·首届"广西世居民族论坛"会议论文集》,民族出版社,2019 年,第 16 页。

[6] 张泽洪《论瑶族宗教的三元信仰》,见谢尚果主编《和谐发展的广西世居民族·首届"广西世居民族论坛"会议论文集》,民族出版社,2019 年,第 6 页。

三官殿,为当地庠生李良标所建。李良标的族别尚不清楚,建庙原因在第一章已
有所阐述,在此不赘述。在瑶族其他聚居区,尚未发现有三官庙宇。可见,瑶族
的三元三官由师公在每一场仪式中传承。

五、壮族及其聚居区的三官文化谱系

(一) 壮族的三官文化

中国少数民族中人口最多的民族是壮族,主要聚居在广西的南宁市、崇左
市、百色市、河池市、柳州市、来宾市、贵港市等地,在云南省文山、广东连山、贵州
从江、湖南江华等地也有分布。① 壮族也崇拜天地水三官,称三官为三界公或三
元,其祭司将三官供奉在家中,"云南广南县八宝镇板莫村布摩(壮族原始宗教的
祭司)家内供奉祖先三元三品三官大帝之神"。② 每逢三官诞辰,人们会聚餐以
示庆贺,"在云南壮族地区有三元宫,每年农历七月和十月的十六日杀猪、鸡祭
祀,聚众共餐而散"。③ 三官的主要功能是为人们治病,在壮族道公的仪式画中
有天地水三官大帝画,当人们尤其是小孩生病的时候,道士会悬挂天地水三官的
画像并启请其为人们治病。④ 壮族人除了供奉天地水三官大帝外,还崇拜唐葛
周,壮族师公吟唱的《唱三元》,即《上元唱》《中元唱》《下元唱》,演唱的就是唐葛
周三元的故事。⑤

可见,天地水三官、唐葛周三元三官是壮族文化的一部分。

(二) 壮族地区三官文化的空间谱系

在壮族聚居的地区如广西、云南分布着三官文化的神圣空间,即三官庙。首
先看广西壮族聚居区的三官庙。从明朝开始,广西有 7 座三官庙,其中壮族聚居
区有 3 座,分布在百色市德保县、平果县、南宁宣化县,各 1 座。根据第一章的分
析,明朝德保县的三官庙由官方建造,其他 2 座建造的渊源不详。清朝广西有 39
座三官庙,其中壮族聚居区有 20 座,分布在河池市 2 座,2 座均由官方建造,一是
"康熙六十一年(1722)知府王锡瑑修,雍正七年(1729)知府徐嘉宾重修",⑥二是

---

① 张记彪编著《中国民族风俗》,企业管理出版社,2014 年,第 94 页。
② 杨宗亮《壮族文化史》,云南民族出版社,1999 年,第 124 页。
③ 杨宗亮《壮族文化史》,云南民族出版社,1999 年,第 106 页。
④ 壮族崇拜的内容见赵双喜《粤北壮族历史文化》,广东人民出版社,2019 年,第 70 页。
⑤ 张泽洪《论瑶族宗教的三元信仰》,见谢606果主编《和谐发展的广西世居民族·首届"广西世
　居民族论坛"会议论文集》,民族出版社,2019 年,第 15 页。
⑥ (清)金鉷、钱元昌、陆纶《(雍正)广西通志》卷 42,清文渊阁四库全书本。

"康熙五十七年(1718)知府高茂选重建"。[1] 来宾 3 座(来宾市 1 座,武宣县 2 座),多与官方有关或由官方建造,如武宣县三官殿,"康熙二十九年(1690)新安江成龙重建,邑侯翁年伦撰碑记"。[2] 来宾小楼祀三官水府神,"康熙二十三年(1684)知县沈寓斋建"。[3] 贵港 6 座(桂平市 6 座),1 座与官方有关,如三元宫,"康熙四十四年(1705)建,四十五年(1706)举人杨日盛等买受东门下渡头一所,租钱三十行文送作香灯。道光二十三年(1843)贡生蓝兆麟重修"。[4] 其余始建不详。崇左 4 座(宁明县 1 座,崇左市 2 座,大新县 1 座),始建者无考。百色 5 座(百色市 3 座,德保县 2 座),始建者无考。1912—1949 年广西有 9 座三官庙,其中壮族聚居区有 3 座,即来宾市 1 座,是康熙时期知县沈寓斋所建三官楼的延续;贵港 1 座,是道光时蓝兆麟重修三元宫的延续;百色凌云县 1 座,创建未详。根据以上资料,我们发现,有 9 座三官庙与当时或前代的官方相关,11 座三官庙创建不详。但是有一点是明确的,这些地方都是壮族的聚居区。如前述,壮族也崇拜三官。由此可见,三官文化在广西的发展离不开当地壮族的倾向性认同。

其次看云南文山壮族苗族自治州的三官庙。明清至 1912—1949 年,云南文山壮族苗族自治州有 3 座三官庙,均在文山县(今文山市)。其中明朝 1 座,"在县南,崇祯五年建立"。[5] 清朝 1 座,"宝纶庵,南门外,即旧三官堂,顺治九年(1652)防守杨进元建,康熙十三年(1674)毁于兵,僧思修重建;雍正三年(1725)□定然建前殿并山门"。[6] 1912—1949 年 1 座,"三官庙,在城东迷董寨"。[7] 文山三官庙的创建可能与洪武间的军屯等制度有着间接联系。洪武时的军屯为云南带来大量的汉族人,他们初居于临安府(即建水、蒙自),在明代中后期开始从文山的西部、北部进入当时的王弄、教化三部长官司地,有聚居在一起形成村落的,也有融合于少数民族的。另外红河哈尼彝族自治州建水县三官庙的创建时间早于文山,加上建水的汉人进入文山,二者有时间上的相继性。由此,形成了壮族、哈尼族、彝族、汉族关于三官文化的族群谱系。在形成一定的族群后,才有可能形成相关文化谱系,使得崇祯五年(1632)创建三官庙成为可能。再到清康

---

[1] (清)苏宗经纂修《(光绪)广西通志辑要》卷 6,光绪十七年刊本。注:该祠供奉冯京冯三元。

[2] (清)高攀桂修、梁士彦纂《(嘉庆)武宣县志》卷 8,嘉庆十三年刻本。

[3] 宾上武修、翟富文纂《来宾县志不分卷》下篇,1936 年铅印本。

[4] 黄占梅修、程大璋纂《桂平县志》卷 15,1920 年铅印本。

[5] (明)朱朝藩《(崇祯)开化县志》,杂志,明崇祯刻本。

[6] (清)范玉衡修、吴淦纂《(乾隆)开化县志》卷 9,清乾隆六十年刊本。

[7] 周钟岳等《新纂云南通志》卷 113,1949 年铅印本。

熙时设置开化府,原南京籍的汉族人大量移入,江西、湖南、四川、贵州等省的商民聚居在城镇。如此,就有了三官文化的群众基础。另外,三官文化的传播与僧人还有关联,即康熙时在三官庙遭兵毁后,有僧人思修重建。

综上可见,在壮族聚居地,三官文化的空间谱系主要包括广西、云南两地,形成包括壮族、汉族等民族在内的族群谱系,形成从明朝到1949年的时间谱系。天地水三官与唐葛周三元的叙事以及经文诵念的语言叙事,仪式画展示的物象叙事,仪式展演的行为叙事,构成形式谱系。

六、布依族、苗族、侗族等少数民族地区的三官文化谱系与认同

布依族主要分布在贵州、云南、四川等地,其中贵州的布依族人口最多,主要聚居在黔南和黔西南两个布依族苗族自治州;苗族分布在贵州、湖南、云南、重庆、广西、湖北、四川等地,其中贵州的苗族人数最多,约占苗族总人口的一半;侗族主要分布在贵州、湖南、湖北、广西,其中黔东南苗族侗族自治州是我国侗族最大的聚居地。① 侗族、苗族人中有崇拜三官的,如在贵州黔东南苗族侗族自治州黄平县有天官寨,"取名'天官寨',从属道教'天地水'三神为三官,以天官为首神,意旨有'天官赐福'之意"。② 在贵州黔东南苗族侗族自治州的台江县,苗族、侗族在傩坛开坛请神时,必请三官大帝,"在台江县道场神寨子中间,绘制着三官大帝的神像。而且三官大帝亦是各傩坛开坛请神时,必请的天神"。③ 还有湖南桑植的苗族也崇拜天地水三元,表现在他们的傩戏中。

在贵州布依族、苗族、侗族的聚居区,约有三官庙45座,明朝有8座,清朝有22座,1912—1949年有15座。从空间上看,45座三官庙分布在黔西南布依族苗族自治州的普安县、安龙县、兴义市,安顺市关岭苗族自治县,黔南布依族苗族自治州的瓮安县、惠水县、都匀市、独山县、福泉市、贵定县,黔东南苗族侗族自治州的麻江县、天柱县、台江、剑河、镇远县。

从时间谱系来看,黔西南布依族苗族自治州的普安县三官庙建于明朝洪武时期,黔东南苗族侗族自治州的麻江县三官庙建于明朝万历时期,黔南布依族苗族自治州的瓮安县三官庙建于明朝(具体时间不详),关岭布依族苗族自治县的

---

① 《布依族》《苗族》《侗族》,中央人民政府官网,http://www.gov.cn/guoqing/2015-07/23/content_2901625.htm。
② 贵州省苗学会主办《贵州省苗学会2016年学术年会论文资料集》(上),内部资料,2016年,第159页。
③ 于一《巴蜀傩戏》,大众文艺出版社,1996年,第340页。

三官庙建于乾隆时。这一时空谱系是怎样形成的呢？据《贵州通志·宗教志》，道观主要集中在军事要冲和行政中心，以汉族聚居地及交通干线沿线为主。① 这说明三官文化谱系的形成与汉族相关，以军事要地、行政中心为基础展开。

1. 明朝黔西南布依族苗族自治州的三官庙

有 9 座三官庙，明朝时有 4 座，分布在普安县 3 座，安龙县 1 座；清朝时有 5 座，分布在普安县 2 座，安龙县 1 座，兴义市 2 座。谱系的形成原因有五个方面：一是普安所处的地理位置有利于人口的流动，人口流动能够促进文化的传播。普安是沟通湖南、云南两省的要地，元至元年间，开辟了云南至湖南的驿道，其中普安是进入云南的要塞；后来在明政府的管辖下，官道贯通县境。由此，随着驿道的开辟与元明时的利用与维护，在人口迁徙的过程中，三官文化比较容易在此传播，产生贵州省的第 1 座三官庙，"水星寺，在北门城外营盘山之麓，又号水晶观，明洪武间建，原有三官阁"。② 二是明以军制设置卫所治理普安。明朝洪武时期，傅友德从湖南进入贵州，攻克普安路，遂屯兵戍守；在此地又设置普安卫，有前后中左右千户所，其中左右千户所在兴义境内，后又改设普安军民府，下置12 营长官司，其中黄坪、布雄、捧鲊在兴义县。三是佛教的传入，在设置普安卫之后佛教进入普安，同时庙宇寺观也随之增多。这样就可以理解，三官庙最初的建造是在佛教的寺庙中，这一传统延续到光绪时期，如光绪九年（1883）建的护国寺，是由僧人主持的，"光绪九年（1883）僧盛融、盛亮建修三官殿"。③ 四是元明时期，普安县设置为军队的卫所，即汉族聚居区。随傅友德征滇的士兵多以四川籍、江苏籍为主，而这两地又是三官文化繁盛之地。由此有了文化渊源与群众基础，弘治时期普安有三官庙，"普安州：三官庙，在善应桥东"。④ 善应桥在普安卫城的南关，说明三官庙至少在普安卫城的附近。明嘉靖时期，普安卫有三官庙，"普安卫：三官庙，在卫治北门外，十字街西"。⑤ 明朝时，普安卫、兴义府、安南卫、安龙府等建置多有更替，而且所包含地域也在变化中（在今天兴义市、安龙县

---

① 彭钢、龙起佳总编，贵州省地方志编纂委员会，柏怀思（卷）主编《贵州省志·宗教志》，贵州民族出版社，2007 年，第 175 页。

② （清）曹昌祺修、覃梦榕纂《（光绪）普安直隶厅志》卷 8，清光绪十五年刻本。

③ （清）曹昌祺修、覃梦榕纂《（光绪）普安直隶厅志》卷 8，清光绪十五年刻本。

④ （明）沈庠修、（明）赵瓒等纂《（弘治）贵州图经新志》，赵平略、邢洋洋、赵念、吴春燕点校，西南交通大学出版社，2018 年，第 204 页。

⑤ （明）谢东山修、张道纂《（嘉靖）贵州通志》卷 7，明嘉靖刻本。

的地域范围内),曾有三元宫1座,到乾隆时还曾修缮过,"三元宫在北门外柔远门内,明季建,乾隆五十一年张鹏鹗等修"。[①] 五是普安少数民族的认同。根据《普安县志》《安龙县志》,普安县的布依族和苗族较多,安龙县布依族居多,还有回族、彝族等少数民族,除回族外,苗族、布依族、彝族都会在中元节祭祖,说明他们对中元节的认同,也可说明他们对三官文化的认同。总之,普安三官庙,安龙县、兴义市三元宫的发展与其地理位置相关,与朝廷的卫所制度有关,与汉族人口的聚居有关,与少数民族的倾向性认同与理解式认同有关。

2. 黔东南苗族侗族自治州的三官庙

明朝至1912—1949年,共有11座三官庙,其中明朝2座,分别在麻江县1座,天柱县1座;清朝8座,其中麻江县1座,台江县1座,剑河县2座,天柱县3座,镇远县1座;1912—1949年1座,在麻江县。从空间谱系来看,三官庙分布在麻江县、天柱县、台江县、剑河县、镇远县。其中麻江县,"明置麻哈州,1913年改麻哈县,1930年改麻江县"。[②] 因此,地方志中提到的麻哈州均为麻江县。麻江县三官庙的创建与当地的官员有关,"麻哈州:三元宫在县城中街,明知州胡有禄建,以厌火灾"。[③] 胡有禄是明万历十六年(1588)麻哈州牧,"初治在凤凰下,正德毁之。嘉靖时迁狗场堡,将成,被火灾。其后,杨牧砌石寻圮,至是,公始建筑,沿至清咸丰时犹存"。[④] 可知,胡有禄任麻哈州牧时治所为火灾所害,遂建三元宫以厌火灾。天柱县三官庙的创建也与官员有关,"三元宫在城西五里钟鼓洞之右,明知县朱梓俸建"。[⑤] 知县朱梓用自己的俸禄建三元宫。朱梓,"江南淮安府人,明万历二十五年(1597)天柱建县,为天柱首任知县"。[⑥] 到清朝道光时,台江县三官庙亦由地方官员创建,"邵鸿儒,字梅村,浙江余姚人,由笔帖式补贵州普定县知县,道光二十七年(1847)调署台拱同知,到任后创修太平桥、魁星阁、三官殿,勤政惠民,舆情爱戴,不一年政声卓著"。[⑦] 清雍正十一年(1733),建台拱厅,1912—1949年,丹江并入台拱,二者合一称为台江。台江三官庙在清道光

① (清)张锁修,邹汉勋、朱逢甲纂《(咸丰)兴义府志》卷32,清咸丰四年刻本。

② 《辞海》编辑委员会编《辞海　修订稿　地理分册　中国地理》,上海人民出版社,1977年,第286页。

③ (清)鄂尔泰修,靖道谟、杜诠纂《(乾隆)贵州通志》卷10,清乾隆六年刻嘉庆补修本。

④ 贵州省文史研究馆点校《贵州通志·宦迹志》,贵州人民出版社,2004年,第245页。

⑤ (清)杨树琪《(光绪)续修天柱县志不分卷》卷2(下),清光绪二十九年刻本。

⑥ 田尚培撰、杨祖恒书《联墨同韵·天柱风物》,现代出版社,2014年,第34页。

⑦ 丁尚固修、刘增礼纂《台拱县文献纪要不分卷》,宦迹,1919年石印本。

二十七年(1847)由同知邵鸿儒创修。镇远三官庙建于清乾隆时期,创建缘由不详。剑河三官庙创于何时不详,毁于清同治时期。可见,五地形成三官谱系,有三地与官员直接相关。因此,可以说,在官员创建三官庙的影响下,三官文化谱系得以形成。

3. 黔南布依族苗族自治州的三官庙

从明朝至1949年,有22座三官庙,其中明朝瓮安县1座;清朝8座,其中惠水县1座,都匀市2座,独山县5座;1912—1949年13座,分布在瓮安县1座,福泉市1座,贵定县4座,都匀市3座,惠水县1座,独山县3座。从空间分布来看,黔南布依族苗族自治州的三官庙分布在瓮安县、惠水县、都匀、独山、福泉市、贵定县。瓮安与福泉相接,福泉接贵定,贵定与惠水、都匀相接,都匀接独山,形成了空间谱系。从时间上来看,瓮安县三官庙最早建于明代,独山县三官庙最早创于清初,惠水三官庙建于清康熙十三年,都匀三官庙建于清乾隆时期,福泉、贵定三官庙均建于1912—1949年。下面分别来看。

瓮安县三官庙在后岩观,位于瓮安县城东北草塘镇下司唐家冲,始建于元代,到明代时还有三元阁、真武殿等。[①] 该阁在1912—1949年时还存在。具体建造缘由已不可考。可能与明朝的军屯、兵屯、商屯制度有关。根据1995年的《瓮安县志》,瓮安在军屯制度的作用下,在明洪武傅友德征南后,设堡15座用于汉军屯田,到万历时期,改土归流后,随着交通、商业的发展,江西、湖南、四川等地的汉人进入瓮安。汉族人口成为主体,这也就为三官文化谱系的形成奠定了基础。苗族、布依族都有着天地水自然崇拜,也能够认同三官文化。独山县的三官庙创于清初,在"在城内南二甲坡头上",[②]还有1座在"城东八里",[③]具体创建时间不详。独山县三官谱系的形成与汉族人的聚居有关,"道院梵宫,志乘毕纪,义例所有,岂便芟除,独邑苗彝荟萃,素乏名区,惟本城鸡兔二场,三脚屯,汉人流寓徙居,尚援中土风规,各敦善果。在城三官阁,三官殿;城外三官庙等其三十三所,其修建年月或沿自有明或起于昭代,为时未久,记载匪难,惟因为数无几,且尚无关于边方风教之重,姑鈌分门以俟来者"。[④] 鸡兔二场、三脚屯均为汉族人聚居的地区,可见,三官文化谱系的形成与发展离不开汉族的聚居。另外建庙人

---

① 贵州省地方志编纂委员会《贵州省志·宗教志》,贵州民族出版社,2007年,第205页。
② 王华裔修,艾应芳总纂《独山县志》卷9,稿本。
③ 王华裔修,艾应芳总纂《独山县志》卷9,稿本。
④ (清)刘岱主修,艾茂、谢庭薰等编纂《(乾隆)独山州志》,清乾隆三十四年(1769)刻本。

也发生了变化,三官庙的修建者从明朝的官员等转变成当地人,说明人们对三官文化的进一步认同。

惠水三官庙建于清康熙十三年(1674),"定番州:三官殿在城内西中街,康熙十三年建,道光十二年(1832)重修"。① 这里的定番州即惠水县,源于明朝时的土流并治,当时设定番州,在 1912—1949 年时称定番县,后在 1941 年时称惠水县,一直沿用至今。该地三官庙创建的渊源不详。惠水县布依族居多。

都匀三官庙最早建于清乾隆年间,"都匀府:三官殿在城北江边堡者有阁,乾隆间建"。② 在 1912—1949 年时有 2 座三官庙:一是"都匀府:三官殿在河流文家寨",③创建时间、缘由不详;二是"三元宫,在城东北六十里石桥堡,清光绪三年(1877)人民募捐修造",④该三元宫为民间百姓创建。该地流传着关于三官灵验的故事:"显栋,桐梓人,因母病狂,出家求神佑,在本邑三官殿诵佛经数年,母果愈。"⑤这说明人们已经从叙事角度来传播三官文化了。另外,1912—1949 年时福泉、贵定也有三官庙,但是创建渊源不详,福泉市的三官庙,在王公桥附近,"王公桥在府城北三十里地,名牛场,旁有三官阁"。⑥ 贵定县有 4 座三官庙,"贵定县:三官庙在县城内南街,又一在旧县城西门楼,三官阁在县城内北隅,又一在平伐场维衣屯"。⑦ 两地可能受到瓮安、惠水以及都匀三官文化的影响。

由上可见,黔南布依族苗族自治州三官文化谱系的形成,一方面与汉人数量的增加有关,另一方面还与当地官员的推进有关,与地方少数民族的认同有关。可能还有其他方面的原因,有待进一步研究。

4. 安顺关岭布依族苗族自治县的三官庙

清朝时有 1 座三官庙,是为培风阁。该阁建于乾隆时,其中有供奉三官,"培风阁,乾隆五十二年(1787)建也,阁高三层,上供斗姆,中供观音,下供三官。其地在城东南隅,风鉴家谓为本街水口,此阁临后大有裨益,故又谓为培风阁。历年火迨庙宇倾颓。咸丰元年(1851),州方周竹楼刺史来牧是邦,百废俱举,谓此阁有关地主,胡不增而大之? 于是捐廉倡首,重新修建,规模壮阔,楼上供斗姆,

---

① 刘显世、谷正伦修,任可澄、杨恩元纂《贵州通志》,1948 年铅印本。
② 刘显世、谷正伦修,任可澄、杨恩元纂《贵州通志》,1948 年铅印本。
③ 刘显世、谷正伦修,任可澄、杨恩元纂《贵州通志》,1948 年铅印本。
④ 郭辅相修、王世轰纂《八寨县志稿》卷 5,1931 年刊本。
⑤ 刘显世、谷正伦修,任可澄、杨恩元纂《贵州通志》,1948 年铅印本。
⑥ 刘显世、谷正伦修,任可澄、杨恩元纂《贵州通志》,1948 年铅印本。
⑦ 刘显世、谷正伦修,任可澄、杨恩元纂《贵州通志》,1948 年铅印本。

观旨东岳,阁式三层,仍旧阁傍添修大佛禅林,三官圣殿,两廊塑十八罗汉,天井列十二栏杆,殿阁中间又修横楼一府,可以游止骋怀,别开眼界。周竹楼刺史始终栽培,捐廉近三百之多,吴崇阳首士竭力经营修造历四年之久"。① 培风阁的建造主要与传统的环境观念有关,其建造后会使环境朝着有利于人的方向发展;还与地方官员有关,在刺史周竹楼、吴崇阳首士的支持与参与下,供奉三官的培风阁得以修建。

综上,三官文化谱系在布依族、苗族、侗族等少数民族聚居区的形成,不仅与地方官员有着紧密的联系,还离不开汉族人的大量聚居。

七、藏族地区的三官文化

藏族分布在西藏、云南、四川、青海、甘肃。本节主要看西藏的三官文化情况。在"书同文·西藏史料"数据库中发现三官庙的资料,但该资料还无法取得。因此,对西藏三官文化谱系与认同的探讨在此尚不完整。就目前收集到的资料看,西藏仅有 1 座三官庙,康熙五十九年(1720),文武官员进入藏区后修建。内地的各个庙宇也建造起来,如文昌帝君庙、观音阁、土地庙、火神庙、龙王庙、三官庙、川主庙、万寿宫等。② 由此可见,三官庙是与其他庙宇一起形成庙宇群落,形成共同发展的态势。建庙宇群,不是建一座庙宇,而是形成信仰的集群效应,这些信仰又体现着普适化与多元化。在少数民族地区,有文化认同的内涵,即有如此多品格的神,总有一位神的品格与当地人的文化相契合,容易形成更大范围的文化认同,这一认同或许不是倾向性的,但至少能够与当地少数民族如藏族在天地水崇拜方面达成一致,形成尊重与理解。

除了上述少数民族及其地区的三官文化外,还有土家族、毛南族等少数民族对三官的崇拜,土家族以天地水三官为祖神之一,"土老师(土家族巫师的汉语称谓)挂的神像图的最上端为道教至尊无上的'三清','三清'之下为土地神,土地神之下是土家族的三个祖神,再下中间为玉皇大帝、天地水三官、王母、神将"。③ 可见土家族对三官的崇拜。毛南族同壮族、瑶族一样信奉梅山教,尊三元

---

① (清)黄培杰《(道光)永宁州志》,清道光十七年(1837)刊本。根据《贵州通志》,由于很多省有永宁州,因此在 1912—1949 年时改称关岭。
② 何一民《中国西部农牧地区城市历史变迁研究》,四川大学出版社,2015 年,第 5 页。
③ 李勇刚《道教与少数民族》,《中国道教》,1988 年第 3 期,第 52 页。

为祖师,三元是指唐道相、葛定志、周护正,又叫上元、中元、下元,合称三元。① 在广西河池环江毛南族自治县有 2 座三官庙。

综上所述,羌族、彝族、白族、瑶族、壮族、布依族、苗族、侗族、土家族、毛南族等少数民族形成了西南、华南、华中三官文化的族群谱系、空间谱系。尽管在这些少数民族聚居的地区,更多的是汉族建造三官庙,但是,三官文化的发展离不开民族间的认同。

第二节　西北少数民族地区的三官文化谱系与认同

在西北地区,不同信仰的民族对三官文化的理解值得深究。东汉末张陵在巴蜀地区创立五斗米道,后来张鲁在陕西汉中建立政权,行五斗米道,以"三官手书"为人们治病。由此除了四川之外,陕西的三官文化有着较好的发展基础。唐朝时,陕西华阴县就有三官庙。西北三官文化谱系的发展是以陕西为中心的,辐射到甘肃、宁夏、青海、新疆。由于陕西有着悠久的三官文化传承的传统,故在此仅讨论甘肃、宁夏、青海、新疆的少数民族对三官文化的认同。

在这些地区,藏族、回族、维吾尔族等少数民族多有自己本民族的宗教,他们对天地水三官的认同并非倾向性,而是宗教情感上的理解与尊重。因此我们在此是以少数民族地区为中心分别探讨三官文化谱系与认同。

一、甘肃少数民族地区的三官文化谱系与认同

甘肃从明清至 1912—1949 年时,共有 153 座三官庙,分布在甘肃的各个地区。明朝时期的三官庙大多是在官员的直接介入下才得以修建,如酒泉的三官庙,"三官庙,旧在东南隅,嘉靖乙酉参将刘勋建"。② 定西岷县的三官庙为指挥马烨创建,"三官庙就在城北,明洪武间指挥马烨创建,今迁西营城"。③ 甘南藏族自治州临潭县的三官庙为指挥使张伦建,"正德初年本郡指挥使张公纶东建三

① 倪彩霞《师公戏"三元"祖师考》,见詹石窗总主编《百年道学精华集成第 2 辑·神仙信仰》卷 1,上海科学技术文献出版社,2018 年,第 290 页。
② (清)黄文炜、沈青崖《(乾隆)重修肃州新志》,乾隆二年(1737)刻本。
③ (清)汪元绚、田而穟《(康熙)岷州志》,清康熙四十一年(1702)刻本。

官庙"。① 为了进一步弄清楚文化认同的过程,在此选择三个地区作为少数民族地区的代表,即武威市天祝藏族自治县、临夏回族自治州的和政县、甘南藏族自治州的临潭县,选择这三处的原因是三地均为少数民族的聚居区。

1. 武威市天祝藏族自治县的三官庙

有 2 座三官庙,一在炭山岭镇朱藏沟口,建于明末清初,具体位于永天公路(永登大川口至天祝煤矿)68 公里处,东南有人头山,西北 200 米处为阿沿沟河。2005 年被定为市级文物保护单位。② 一在华藏寺镇中庄村北路口,系清道光年间所建。庙内原有铁钟一口,据钟文的记载,系清道光年间铸造,1958 年被毁。1987 年被定为县级文物保护单位。③ 天祝地区有藏、汉、土、回、蒙古等民族。在这样的背景下,是如何实现认同的呢? 因文献不足,很难对这两座三官庙的渊源以及建庙缘由进行分析,但是可以从其他角度来看可能的原因,可能的原因之一是前述的明政府建延福宫以祭祀天地水三官,影响到该地三官文化谱系的形成。原因之二与明初卫所制度促进汉民族的迁入相关。明洪武时曾在今天祝县所在地置凉州卫,后又置古浪守御千户所,又置庄浪卫。到清朝时始置武威县,将庄浪卫改为庄浪所,卫所制度的确立带来了大量汉族移民。原因之三与当地的矿藏有关。当地矿藏的开垦引来大量的汉民。矿藏在炭山岭镇,炭山岭因有煤炭才得其名,在藏语中的意思是美丽的山梁,祝藏沟口的藏语意思是佛法弘扬沟之口。三官庙就在祝藏沟口,或许该地是藏汉文化的交流、交汇之处。原因之四是卫所带来的汉族一般分布在交通要道上或城镇中心。华藏寺镇曾是天祝所属的治所所在地,以华藏寺而得名,此镇的中官村有三官庙,可能也与汉族的居住地相关。

2. 临夏回族自治州和政县的三官文化

和政县的民族成分包括汉族、回族、东乡族等,回族、东乡族信仰伊斯兰教,而汉族则少数信仰道教,尽管汉族在明朝屯戍制度的作用下进入和政县,但是,该地三官文化的发生要到 1912—1949 年,"清虚观,观在县城内北坡顶,建有真武祖师殿三楹,玉皇殿三楹,鲁班、三官、山神、土地各殿"。④ 或许与 1912—1949

---

① (清)张彦笃修、包永昌纂《(光绪)洮州厅志》,卷 3,光绪刻本。
② 乔高才让主编,牛继荣、华永祥副主编,政协天祝藏族自治县委员会编《天祝百科知识》,内部资料,2007 年,第 321 页。
③ 乔高才让主编,牛继荣、华永祥副主编,政协天祝藏族自治县委员会编《天祝百科知识》,内部资料,2007 年,第 321 页。
④ 马凯祥修、王诏纂《和政县志》卷 9,1940 年手抄本。

年时汉族人口的进一步增加相关。

3. 甘南藏族自治州临潭县三官庙的建造

与官员、卫所制度等有关。明朝正德时期的三官庙由当地的官员张伦建造。除官建之外，在当时的洮州卫也有三官庙，"洮州卫：三官庙在城西"。① 卫所里基本上都是汉族人，而汉族人大多对三官文化有一定的认识。

在甘肃，三官文化谱系的形成与汉族有组织的进入有关，与汉族数量的增加有关，与官员建庙有关，还与当地人对不同民族文化的认同有关。

二、宁夏回族自治区的三官文化谱系与认同

宁夏三官文化发生于明朝万历时期，有5座三官庙，明朝万历的《朔方志》记载："三官庙，在承天寺前南向，后卫、中卫、平虏、广武各一。"② 到清朝时有5座三官庙，分布在银川市2座，吴忠市1座，固原市2座。③ 1912—1949年时有7座三官庙，分布在石嘴山市1座，银川市2座，吴忠市3座，固原市1座。④ 从明清到1949年，共有17座三官庙，形成三官文化的时空谱系。

首先，三官庙在明朝的发生可能与明朝卫所制度相关。如前所述，明朝的卫所制度创于洪武时期，建立了后代子孙可以继承的军户制度，以卫所为军事单位，形成军事与生产相结合的驻军模式。明统一全国之后，就在宁夏以卫所为单位设立军事防卫体系。一般5600人为一卫，1120人为一个千户所，112人为一个百户所，下辖十个百户所。宁夏的卫所属于实土卫所，所谓实土卫所，是有专门区域的，卫相当于府州，所相当于县。明时宁夏没有地方府州县建置，除固原镇外全是卫所性质的军事建制。⑤ 宁夏卫所的创建带来了大量的汉族士兵，在卫所区域内建造三官庙，汉族兵将及其家属成为信仰群体。

其次，不同民族间如汉族与回族等文化的互相认同促进了三官文化谱系的形成。明朝时宁夏已有多所清真寺，明代志书《嘉靖宁夏新志》《宣德宁夏志》等记载有银川的礼拜寺、纳家户清真寺、同心韦州大寺、同心县城清真大寺、西吉沐家营清真寺、兴隆清真寺、单明清真寺、固原黄铎堡南城寺等。⑥ 形成三官庙等

---

① （清）纪元《（康熙）巩昌府志》卷11，清康熙二十七年刻本。
② （明）杨寿《（万历）朔方新志》卷3，清康熙十五年增补本。
③ 课题组根据宁夏地方志资料整理得出。
④ 课题组根据宁夏地方志资料整理得出。
⑤ 薛正昌主编《宁夏地方历史文化论丛》第1辑，甘肃人民出版社，2016年，第66-69页。
⑥ 宁夏通志编纂委员会《宁夏通志·民族宗教志》，方志出版社，2010年，第42页。

汉族宗教信仰与回族伊斯兰教信仰的多元文化状态,是汉族与回族对对方宗教信仰认同的结果。根据《宁夏通志·民族宗教志》,清乾隆时期,从宁夏到平凉千里,都是回庄。再据《甘宁青史略》,清代的固原、海原、平罗宝丰、纳家户、宁夏府城、通昌、通贵、灵州、金积、吴忠堡、同心半个城、预旺、开城、硝河等,所谓平罗三十八堡,金灵五百余寨,均为回族群居之处,与汉族错杂而居。除去汉族人口的迁入之外,依然离不开民族间的文化认同。

最后,三官庙与其他庙宇的聚集效应,使得汉族信仰文化得以迅速传播。不仅仅是三官文化在当地有所发展,还有汉族供奉的其他神灵也得以共同发展。在三官庙建造的同时,还有其他如关帝庙等的建造。

三、青海的三官文化谱系与认同

青海共有 7 座三官庙,明朝时 1 座,在贵德县玉皇阁内;清朝时有 2 座,在西宁县 1 座,海南贵德县 1 座。1912—1949 年时 4 座,在海东 2 座,海南 2 座。从时间谱系看,贵德县的三官庙建于明万历时期,清朝西宁县、贵德县的三官庙均建于乾隆时,1912—1949 年时三官庙创建的具体时间不详。万历时期、乾隆时期建庙是受皇家崇拜三官文化的影响,这是青海三官谱系形成的一个重要方面。除此之外,还有人口因素。从人口角度来看,青海三官文化谱系的形成离不开明朝初期卫所制度带来的汉族人口,由第一章的论述可知,贵德县的三官庙是有卫所背景的,建造由千户协同,"戍边的委官河州千户赵俊同协助祭奠周善"。[1] 将军结峰长略撰写碑记"河州卫世袭指挥同知任归德游击前授诰怀远将军结峰长略撰书"。[2] 在卫所制度的影响下,大批汉族人口进入青海,不仅有利于当地经济文化的发展,还进一步改变了当地的民族构成。明初时西宁卫的汉族人口已占多数,汉族人口数量的增加,不仅促进明朝中后期三官文化谱系的形成,还促进了文化的交流与融合。

青海是多民族地区,以藏族为主体,还有汉、回、土、东乡等民族。因此,明朝时多民族共居并存,且寺院宫观林立,是不同民族间文化认同的重要体现。三官文化谱系的形成还离不开各朝政府对少数民族文化的认同,如明朝政府对伊斯兰文化的认同,洪武十三年前后,明太祖朱元璋分封回族将领沐英(安徽省定远县人)为西平侯,命其镇守甘青地区,在其任职期间,西宁卫土官冶氏和部分回族

---

① 赵忠《河州兰若庙观记》下,甘肃人民美术出版社,2019 年,第 723 页。
② 赵忠《河州兰若庙观记》下,甘肃人民美术出版社,2019 年,第 723 页。

上层通过沐英向明太祖奏准于西宁卫城之东关建寺,得到允准。该寺珍藏有朱元璋御笔亲题至圣"百字赞"。① 这也带来了当地民族对汉族文化的认同,如西宁的道观广福观,即是由土族会宁伯李英出资修建的。② 在明政府对少数民族的文化给予认同的情况下,地方民族也能够认同汉族文化,因此才有各民族和谐相处的局面,才有三官文化谱系的形成与发展。

另外,再从集群发展的角度看,一般来说,文化进入某个区域后,集群发展会带来文化独立发展所不可能实现的效应。随着明朝汉族大量迁入青海地区,庙宇作为文化的代表也同时进入青海,只不过不是单一的庙宇,而是庙宇群,如明时西宁卫有大量汉族移民,西宁城内外,遍布火神庙、二郎神庙、妈祖庙、北斗宫、百子宫、东岳庙、药王宫、土地祠等道教神系的宫观,也有北山寺(又名永兴寺)、南禅寺、雷鸣寺、印心寺、铁佛寺等汉传佛教寺院。③ 明朝万历时期,贵德县不仅有玉皇阁,还有关公庙。在这些庙宇里面,神灵不是单一的,往往有多组神灵,如贵德县的玉皇阁,除了供奉玉皇大帝之外,供奉的神灵还有三清、雷祖、玄帝、文昌、三官。④ 这种庙宇的集群发展、神灵的集群崇拜,不仅能够给人们带来更多选择,也有利于形成不同民族间的认同,因为如此多的神灵,有着不同的神格、不同的功能,总有一位神灵与他民族神灵、神格、功能相匹配。如民和地区土族对汉族传统信仰的接受,当地的汉式寺庙有娘娘庙、老爷庙、三官庙、龙王庙等。⑤ 这或许是当时实现文化认同的方式之一。

可见,青海三官文化谱系的形成与发展,首先是在卫所制度的影响下,在大量汉族人口增加的前提下形成的;其次是民族间文化的互相认同促进了三官文化的传播;最后是三官文化载体即三官庙与其他庙宇文化的聚集发展,促进了认同的实现。

四、新疆的三官文化谱系与认同

新疆是多民族聚居的地区,居住着维吾尔、汉、哈萨克、蒙古、回、柯尔克孜、满、锡伯、塔吉克、达斡尔、乌孜别克、塔塔尔、俄罗斯族等 56 个民族。在新疆有 6 座三官庙,其中 2 座在乌鲁木齐,1 座在哈密巴里坤,3 座在昌吉回族自治州的奇台、阜康、吉木萨尔。从时间谱系上看,巴里坤的三官庙修建时间最早,乾隆三

---

① 芈一之《西宁历史与文化》,辽宁人民出版社,2005 年,第 255 页。
② 芈一之《西宁历史与文化》,辽宁人民出版社,2005 年,第 271 页。
③ 芈一之《西宁历史与文化》,辽宁人民出版社,2005 年,第 271 页。
④ 赵忠《河州兰若庙观记》下,甘肃人民美术出版社,2019 年,第 723 页。
⑤ 南文渊《可可淖尔蒙古:走向边缘的历史》,辽宁民族出版社,2007 年,第 562 页。

十六年(1771)建;①之后是乌鲁木齐的三官庙,"乾隆四十年(1775)建";②乌鲁木齐还有嘉庆时期的三官楼,"南关,三官楼一座";③光绪时期有奇台的三官庙,"三官庙,清光绪三十一年(1905)修,群众捐修,三清宫的前身";④1912—1949年期间有吉木萨尔的三官庙,⑤还有不知具体建造时间的阜康县(现为阜康市)的三官庙。⑥ 三官庙在空间谱系上从东到西排列,即巴里坤、奇台、吉木萨尔、阜康、乌鲁木齐。时空谱系的交叉排列是巴里坤、乌鲁木齐、奇台、吉木萨尔、阜康,其中阜康三官庙建造时间不详,暂时排列最后。按照从东往西排列的顺序,再加上时空交错的顺序,会发现三官文化谱系的形成并非是从东到西按照顺序递进,而是跨越式发展,从巴里坤到乌鲁木齐,再从乌鲁木齐到奇台、吉木萨尔、阜康。这样的谱系形式是怎样形成的呢? 逐一来看。

从空间上看,在巴里坤与奇台之间有木垒哈萨克自治县,而木垒到1912—1949年时才从奇台分离出来,也就是说,在清朝时,巴里坤与奇台之间是没有木垒相隔的,而且当时奇台归巴里坤镇西府管辖。这样就从地域上解决了巴里坤与奇台之间联系的问题,实现了从东到西空间上的顺序性,形成巴里坤—奇台—吉木萨尔—阜康—乌鲁木齐的三官文化空间谱系。

从时间上看,哈密巴里坤三官庙建于乾隆三十六年(1771),由"巴里坤镇标中营官弁"⑦建造,说明三官庙的建造与当地的驻军有关。乌鲁木齐的三官庙建于乾隆四十年(1775),"迪化城庙宇:城内西南隅,三官庙一座,乾隆四十年建"。⑧ 巴里坤三官庙早于乌鲁木齐三官庙的原因在于巴里坤的地理位置,巴里坤是重要的军事要地,清政府自康熙时就已经在此驻扎军队,康熙时在此建造第一座庙宇,雍正时期在此实施军屯。而乌鲁木齐建城要到乾隆三十年(1765),清朝时乌鲁木齐称为迪化,"迪化城,乾隆三十年建"。⑨ 三官庙建于乾隆四十年(1775)。因此,巴里坤三官庙的建造早于乌鲁木齐。

---

① 达力扎布主编《中国边疆民族研究》第8辑,中央民族大学出版社,2014年,第131页。
② (清)和宁《(嘉庆)三州辑略不分卷》卷2,嘉庆十年修旧抄本。
③ (清)和宁《(嘉庆)三州辑略不分卷》卷2,嘉庆十年修旧抄本。
④ 奇台县史志编纂委员会《奇台县志》,新疆建设生产兵团出版社,2009年,第551页。
⑤ 吉木萨尔县政协文史研究室《北庭文史》第1辑,1984年,第67页。
⑥ 龙开义《清末民初新疆汉族移民宗教信仰研究》,《北方民族大学学报》(哲学社会科学版),
   2011年第6期,第6页。
⑦ 达力扎布主编《中国边疆民族研究》第8辑,中央民族大学出版社,2014年,第131页。
⑧ (清)和宁《(嘉庆)三州辑略不分卷》卷2,嘉庆十年修旧抄本。
⑨ (清)和宁《(嘉庆)三州辑略不分卷》卷2,建置门,嘉庆十年修旧抄本。

　　建造三官庙的可能原因是在复制中原地区城市建造规制基础上,复制内地民间文化。乌鲁木齐三官庙的记录是在《(嘉庆)三州辑略不分卷》卷二的建置门,内容包括各个城堡的建造时间、大小,以及庙宇的建造等,其中有一些庙宇如关帝庙有春秋两祭。这与其他方志如道光时的《哈密志》的内容设置有所不同,在该志中未设庙坛、寺观等类别,或许其中蕴含了该志作者的观点,即在迪化等城的建造过程中,应该有坛庙、祠宇的位置,原因在于中原地区城的规制中就有坛庙的位置。可以这样认为,迪化、巴里坤等地汉城的建造是对中原地区城市规划的复制。因此清朝时只要是城,或者说军队固定的驻扎地,都会有庙宇的建造。这可能是最初在少数民族地区建庙的原因之一。

　　除此之外,巴里坤、奇台、吉木萨尔、阜康、乌鲁木齐三官庙的建造离不开汉族人口数量的增加。汉族的人口数量是在清乾隆时期进一步增加的,乾隆二十年(1755),在平定准格尔叛乱前后,巴里坤、奇台、吉木萨尔、阜康、乌鲁木齐均有军屯、民屯等。在巴里坤,清康熙时为平息准格尔部贵族的叛乱,多次派重兵屯守巴里坤;雍正时建绿营兵城3座,巴里坤业已成为军事重镇;乾隆时又建满营兵城1座,命令旗兵携带家眷永驻巴里坤。在奇台,乾隆三十八年(1773),建奇台县,由甘肃迁来户民695户3475人,定居古城。[1] 在吉木萨尔县,"乾隆二十二年(1757),在当地已有绿营兵屯田。乾隆三十五年(1770)增加屯兵500名,屯户800户。乾隆三十七年(1772),又从武威、张掖、山丹移来屯户100户,536人。至嘉庆十一年(1806),全县有人口18025人,全是汉族"。[2] 在阜康,乾隆二十五年(1760),建阜康城,任命官员管辖,同时招募屯户到该地开荒种田。[3] 乾隆二十八年(1763)修建阜康新城,将兵522人,男女1796人移驻阜康。[4] 在乌鲁木齐,清政府平定准格尔叛乱后,进驻乌鲁木齐西九家湾筑垒屯兵;乾隆二十五年至四十二年(1760—1777),从陕西、甘肃、河南等地先后移民10余批约2万人到乌鲁木齐,从此城乡人口渐增;清宣统元年(1909),迪化县共有7342户,38994人,其中省外移民占总人口的55.42%,省内移民占9.74%。[5] 从以上数据可以发现,在有清一代,凡是军屯时间较早的,汉族人口较多的,三官庙就建立得早,如巴里坤、乌鲁木齐;还有尽管军屯的时间较早(可能与乌鲁木齐的军屯时

---

① 奇台县史志编纂委员会《奇台县志》,新疆建设生产兵团出版社,2009年,第585页。

② 吉木萨尔县史志编纂委员会《吉木萨尔县志》,新疆人民出版社,2002年,第75页。

③ 阜康市党史地方志编纂委员会编《阜康县志》,新疆人民出版社,1999年,第3页。

④ 阜康市党史地方志编纂委员会编《阜康县志》,新疆人民出版社,1999年,第123页。

⑤ 乌鲁木齐县志编纂委员会编《乌鲁木齐县志》,新疆人民出版社,2000版,第139页。

间持平），但是汉族人口没有达到一定的数量，三官庙的建造时间就晚，如奇台、吉木萨尔、阜康。因此，三官文化谱系的形成与发展，与汉族的集体性进入有关，也与汉城的建造相关。

可见，对于新疆来说，三官文化谱系的形成与发展，与内地军队的进入、普通百姓的迁入相关，"自乾隆中期统一新疆之后，随着内地军民的不断迁入，各种具有内地风格的坛庙及其崇拜之神亦逐渐西进，中原浓厚的汉人坛庙文化逐渐移植于新疆"。① 三官文化在新疆的发展以乌鲁木齐为界，没有向西、南、北方向发展。仅仅在清时军屯、民屯等较兴盛的地方发展，完全没有再向西部纵深发展。

总之，西北作为回族、维吾尔族、藏族等少数民族的聚居区，形成了以汉族为中心的三官文化族群谱系，形成了以陕西为辐射区，甘肃、青海、宁夏、新疆为分布地的空间谱系，形成了自东汉以来的时间谱系。三官文化谱系的形成离不开回、维、藏等少数民族的认同，是以文化理解与尊重为中心的相互认同，离不开地方官员与汉族等对三官文化的倾向性认同。没有认同，就没有三官文化谱系的形成与发展。

第三节　东北少数民族与三官文化谱系

东北的辽宁、黑龙江、吉林居住着汉族、满族、朝鲜族等民族。在历史上满族及其贵族对三官文化多有认同，因此，在研究东北少数民族与三官文化谱系时，地域上以辽宁为中心，族群上以满族为中心。以辽宁为中心的原因是明朝时期辽宁有三官庙的分布，而黑龙江与吉林要到清朝才开始有三官文化的传播。

一、满族贵族对三官文化崇拜的时间谱系

满族的宗教信仰为萨满教，尤重天地信仰，与三官文化是相通的，这可能是皇太极所代表的贵族接纳三官文化的宗教基础。满族贵族对三官文化有着不一般的认同。从努尔哈赤、皇太极到顺治，再到康熙，如果说努尔哈赤是推崇汉文化，那么皇太极、顺治、康熙则是对汉文化的身体力行，对三官的崇拜是其中的典型。

---

① 贾建飞《清代新疆的内地坛庙：人口流动、政府政策与文化认同》，《中国边疆史地研究》，2012年第2期，第92页。

道教在唐朝时期就已经传入辽宁,经过辽、元以及明朝,象征道教文化的宫观发展兴盛。道教在辽宁的传播过程中,努尔哈赤作为当时后金的掌权人,当是知晓道教传播的状况的。他了解道教三官等神祇的途径有很多,如朝贡贸易、战争等。

1. 朝贡贸易为满族贵族认识三官奠定基础

朝贡贸易的前提是满族对明政府的俯首称臣,这样,明政府会给予印信敕书并册封官职,当地贵族等就可以带上物品到京城做生意。该贸易是由京师的会同馆负责的,明初洪武时期,朝贡贸易是到南京实施的。后来永乐帝朱棣在北京建都后,将会同馆迁入北京。这样朝贡贸易的发生地就成为北京。[①] 当时朝贡贸易非常兴盛,《明实录》载,从永乐到宣德年间,女真各卫和兀良哈蒙古三卫来京朝贡计 345 次;到明成化年间(1465—1487)建州女真(即努尔哈赤部)各卫年达八九百人,甚至 1200 人;万历时期,明朝政府在总额上限定建州女真各卫共为 500 人。同时,明朝政府是允许那些进贡的人在北京进行贸易活动的,这一举措使得女真获得在东北当地无法生产的农具、兵器等。[②]

我们注意到在成化时期,明宪宗的母亲信奉天地水三官,为此,宪宗建造大慈延福宫供奉三官,到孝宗时,孝宗赐田给大慈延福宫,以付香火之资。从成化到万历,北京共有三官庙 29 座。既然满族贵族在北京贸易,不可能不知道当时皇家对三官文化的推崇,不可能不知晓三官庙香火的兴盛。这些应该会对满族贵族有一些影响,否则努尔哈赤不可能在赫图阿拉建造七大庙时,将三官容纳进去。努尔哈赤建立后金政权之前,于万历四十三年(1615),在赫图阿拉建造 7 座庙宇,"城东阜上建佛寺、玉皇庙、十王殿,共七大庙,三年乃成"。[③] 玉皇庙规模最大,"正殿三楹,后殿三楹,配殿六楹,大门三楹",[④]其中就有三官殿供奉三官及其他道教神灵,顺治时赐名显佑宫。七大庙成为努尔哈赤认同道教文化的实物力证。[⑤] 赫图阿拉即今新宾满族自治县,与桓仁满族自治县、本溪满族自治县南北相接。万历四十四年(1616),努尔哈赤在赫图阿拉(即新宾)建立后金政权,天命九年(1624),努尔哈赤决定迁都沈阳,遂在沈阳建造盛京宫殿,将沈阳当地

① 薛虹《中国东北通史》,吉林文史出版社,1991 年,第 335 页。

② 薛虹《中国东北通史》,吉林文史出版社,1991 年,第 335 - 337 页。

③《清太祖武皇帝实录》卷 2,中国人民大学出版社,1984 年,第 332 页。

④《清太祖武皇帝实录》卷 2,中国人民大学出版社,1984 年,第 332 页。

⑤ 王丽《论清初盛京"皇家道院"三官庙》,中国紫禁城学会论文集第八辑(下),故宫出版社 2012 年,第 612 页。

的 1 座三官庙包括在宫殿范围内,该三官庙始建不详,重建于万历时期,且香火旺盛。之后,三官庙更多的是在彰显它的政治功能。三官庙被纳入盛京皇宫成为日后三官庙履行其政治功能的基础。

2. 在与明朝以及其他满族部落的战争中与三官庙相遇

嘉靖时期有大连瓦房店三官庙,万历时期在铁岭、沈阳、海城、凤城、锦州义县有三官庙。努尔哈赤在与明朝、叶赫部等盟军的萨尔浒之战中,曾到开原、铁岭等地。后在统一其他满族部落后,将都城从新宾迁到辽阳城。虽然在统一各部落战争前期,努尔哈赤会毁掉所到之处的庙宇,但是随着他对庙宇功能的认识的提高,逐渐改变了毁庙的做法,颁布法令,规定军队所到之处不得损毁当地的庙宇,[1]"不准任何人毁坏庙宇,不要在庙里拴马牛,不要在庙里出恭"。[2] 如此看来,努尔哈赤等满族贵族在战争中,不仅对庙宇的功能有所认识,应该还对包括三官庙在内的其他庙宇有了相应的认识。这样铁岭的三官庙、沈阳的三官庙等尽管经历战争,但在战后能够得到一定程度的保护。既然如此,那么努尔哈赤对非满族信仰空间态度上的转变,可能受到他人的影响,但到底是受谁的影响,因文献不足,还未可知。

由上可见,在贸易的交往中,建州女真贵族等可能认识、了解了道教,了解了三官文化。在与其他部落的战争中,建州女真在努尔哈赤的带领下,认同了道教文化,进一步认同了三官文化。这为建立清朝后三官文化的发展,以及谱系的形成奠定了基础。

3. 皇太极等所代表的满族贵族与三官庙

努尔哈赤在修建盛京皇宫时,将三官庙纳入皇宫的范围内。努尔哈赤去世后,皇太极继位,在扩建盛京皇宫时,盛京三官庙原样保留,崇政殿、凤凰楼、大清门及文德坊、武功坊等均避开了三官庙,其中,皇太极处理公务的崇政殿与三官庙距离最近。该三官庙与当时被俘虏的汉臣有着重要联系,皇太极将明朝的大臣俘虏之后关押在三官庙,并劝降,如明朝的大臣张春,还有后来出家为道士的秀才苗君稷等。[3] 为什么要在三官庙劝降明朝的大臣呢? 在明朝时,有很多庙,

---

① 王丽《论清初盛京"皇家道院"三官庙》,中国紫禁城学会论文集第八辑(下),故宫出版社 2012 年,第 612 页。

② 王丽《论清初盛京"皇家道院"三官庙》,中国紫禁城学会论文集第八辑(下),故宫出版社 2012 年,第 612 页。

③ 张玉兴《张春及其〈不二歌〉——兼论沈阳三官庙与盛京皇宫之关系》,《清史研究》,1992 年第 4 期。

如关帝庙、玉皇庙、天后宫等,选择三官庙作为招降地点的原因可能有:第一,满族因本民族萨满教中的天地信仰而认同天地水三官;第二,要在汉族的信仰空间内说服汉族大臣为清政府服务;第三,天地水的自然属性,较少涉及忠义层面,根据统计,《三官经》中仅出现一次关于"忠"的阐述,即"不忠不孝"。而其他的满族认同的神如关公就不同,关公是忠义、诚信的象征,因此不可能在类似关公的庙宇中劝降。

可见,三官庙在后金劝降明朝大臣方面,有着重要的作用。除此之外,在确立皇帝接班人方面,三官庙成为关系清朝命运大事——议立皇帝的重要场所之一。① 在皇太极去世后,多尔衮与几位大臣在三官庙盟誓辅佐顺治福临,"太宗崩后五日,睿亲王多尔衮诣三官庙,召索尼议册立。索尼与谭泰、图赖、巩阿岱、锡翰、鳌拜盟于三官庙,誓辅幼主,六人如一体"。②

在建立清政权之前,努尔哈赤、皇太极都很注重三官庙的政治功能。后来的顺治、康熙、乾隆等,逐渐重视三官庙的祭祀功能。如顺治在其执政十四年时,扩大了三官庙的规模,增加了道士数量,"置钟磬,立碑幢"。③ 康熙二十一年(1682),清圣祖玄烨驾幸三官庙,御书"昭格"二字匾额悬于正殿,同年将三官庙改为景祐宫;乾隆四十一年(1776),乾隆帝驾幸景祐宫,御书"玉虚真宰"四字匾额恭悬正殿;乾隆四十三年(1778)景祐宫奉旨移至德盛门里路东,旧址改建成太庙;④康熙将三官庙改为景祐宫时,亲自撰写碑文:"自古帝王之兴,莫不首隆祀典,凡有功于民者皆为建坛宇而胙犙,盖神既佑民以福国,则国必崇祀以报神。"⑤

二、满族聚居地的三官文化

明朝时辽宁有 11 座三官庙,主要分布在沈阳市 2 座,鞍山市 1 座(海城县 1 座),铁岭市 2 座(铁岭县 2 座),本溪市 3 座(本溪满族自治县 1 座,桓仁满族自

① 张玉兴《张春及其〈不二歌〉——兼论沈阳三官庙与盛京皇宫之关系》,《清史研究》,1992 年第 4 期。
② 赵尔巽等撰《清史稿》卷 249,列传第 36,索尼传。
③ 王洁纯主编,沈阳市政协学习宣传文史委员会、沈阳市宗教事务局编写《沈阳宗教》,沈阳出版社,2004 年,第 132 页。
④ 王洁纯主编,沈阳市政协学习宣传文史委员会、沈阳市宗教事务局编写《沈阳宗教》,沈阳出版社,2004 年,第 132 页。
⑤ 张玉兴《张春及其〈不二歌〉——兼论沈阳三官庙与盛京皇宫之关系》,《清史研究》,1992 年第 4 期。

治县 2 座),大连市 1 座(瓦房店市 1 座),丹东市 1 座(凤城市 1 座),锦州市 1 座(义县 1 座)。从时间上来看,铁岭的三官庙建造最早,是明成化时期,"天生地成,六一合而水用具,此三官命名之原也。铁岭古银州地,成化丁巳建庙于城北之柴河"。① 除了大连瓦房店的三官庙建于嘉靖时期,本溪满族自治县的三官庙建于崇祯时期外,其他基本都建于万历时期。另外满族认同三官文化的重要基础是满族聚居地区的三官庙,即本溪满族自治县的三官庙。

　　本溪满族自治县的三官殿在铁刹山八宝云光洞,是龙门派第 8 代弟子郭守真在崇祯时期建造,郭守真从明崇祯三年(1630)开始在此修道收徒,并在洞内建造三座石殿:正殿供奉玉皇大帝,东配殿供奉真武大帝,西配殿供奉三官大帝(即天官、地官、水官)。② 可见,本溪三官庙的产生与道教的传播有关。道教在唐朝时已经传入辽宁,元时辽西成为当时道教的活动中心,当地有很多道教的宫观。明时辽宁的庙宇宫观分布更为广泛,如永乐五年(1407)的辽阳火神庙,永乐七年(1409)沈阳小西门边门里的准提阁、沈阳中卫的通玄观,嘉靖二十六年(1547)沈阳的关岳庙,万历三十九年(1611)沈阳的三官庙等,都说明了道教在辽宁的发展。③ 三官文化的发展离不开道教宫观带来的氛围。

　　综上,从努尔哈赤到皇太极,在入关前,将三官庙纳入盛京皇宫的建筑范围内,从地理空间上将其与普通平民相分隔,使其成为皇家庙宇。三官庙在劝降、立帝等方面最大限度地发挥了天地水三官文化的认同性,不同族别、不同地位的人在面对天地水三官时,都有达成共识的可能性。另外顺治、康熙、乾隆三帝对盛京皇宫三官庙的重视,促进了三官文化的传播,促进了三官文化谱系的形成,使得三官文化进入第二次重要发展的历史时期,即康熙至乾隆时期,在这一时期,全国从南到北、从东到西,每一个省都有了三官庙、三官文化。至乾隆时期,全国三官文化谱系完全建立起来。

∽ 小 结 ∽

　　三官文化在西南、华南少数民族地区得到充足发展。羌族、瑶族、彝族、白族、壮族、土家族、毛南族、布依族、苗族、侗族等等,多崇拜三元三官。三官呈现

---

① 铁岭县地方志编纂委员会编《铁岭县志》,辽沈书社,1993 年,第 725 页。

② 辽宁省地方志编纂委员会办公室主编《辽宁省志·宗教志》,辽宁民族出版社,2002 年,第 21 页。

③ 辽宁省地方志编纂委员会办公室主编《辽宁省志·宗教志》,辽宁民族出版社,2002 年,第 21 页。

出多种形态,除了天地水三官外,还有唐、葛、周三元三官。不过不同民族供奉方式有所不同,汉族多建庙供奉,少数民族多在家、在道场上供奉;汉族多塑像,少数民族多画像;汉族将天官赐福融入地方戏曲中,形成《天官赐福》戏,少数民族如白族、壮族、苗族等也有三元傩戏的表演。由此,三官文化在西南、华南少数民族地区形成各民族共同崇拜的族群谱系;在四川、云南、贵州、广东、广西、湖南等少数民族聚居的地区形成空间谱系;从西汉到1949年,历经上千年,在西南、华南甚至是华中的少数民族地区形成三官文化谱系。在不同民族间形成关于三官文化的倾向性认同。

在西北地区,形成了以汉族为信仰群体、以汉族聚居区为空间的三官文化谱系,认同表现为不同民族间对宗教需求的理解。在东北地区,满族在明清两朝统治者的影响下,在当地道教发展的氛围下,多认同三官文化。

总之,在地区间、不同民族间,三官文化形成了广大范围的文化谱系与认同。

第四章
1949 年以来中国三官文化谱系与认同

前三章均是探讨 1949 年以前的三官文化谱系与认同。这一章则探讨 1949 年以来三官文化谱系与认同。学术界虽然对三官文化有所研究,但是对 1949 年以来三官文化的谱系鲜有探讨。有鉴于此,本章在文献资料与田野调查的基础上,以文化政策与宗教政策为中心,探讨 1949 年以来中国三官文化谱系与认同。

本章共分为四节,第一节是 1949—1976 年中国三官文化的空间谱系,仅阐述 1949 年至 1966 年中华人民共和国成立初期三官文化的空间谱系;对于 1966 至 1976 年这一时期,因包括三官庙在内的大多数庙宇宫观都被损坏,故在此不作阐述。第二节是 1977—2001 年中国三官文化谱系的恢复与认同。第三节是 2002 年至今,中国三官文化的空间谱系与文化认同的发展。[①] 第四节是 1949 年以来港澳台地区的三官文化谱系。

第一节 1949—1976 年中国三官文化的空间谱系

马克思主义宗教观是国家处理宗教问题的理论基础,坚持这一理论基础,是三官文化谱系发展的关键。1949 至 1966 年,中国共产党将"宗教信仰自由"写入宪法,秉承了马克思主义宗教观,具有重大历史、文化、科学技术价值的三官庙得以保留。在 1966 至 1976 年这一特殊历史时期,三官庙悉数被损坏。因此,本节仅阐述 1949 年至 1966 年三官文化的空间谱系与认同。

这一时期三官文化的空间谱系呈现或延续或断裂的状态。谱系的延续或断裂有很多原因,应该放在一个历史时期来看谱系的状况,割裂着看是有问题的。

---

① 分期参考张祝平的研究,他在探讨民间信仰当代变迁时,分四个阶段论述,即 1949—1966、1966—1979、1979—1992、1992 年至今。张祝平《中国民间信仰的当代变迁与社会适应研究》,中国社会科学出版社,2014 年。

在空间上,为了从微观上探究当时的情况,选择历史上三官庙宇最多的地区,再选择三官庙数量最多的城市进行分析。基于第一章的研究,东北地区以辽宁锦州为中心,华北地区以河北廊坊为中心,华东地区以江苏徐州为中心,华中地区以河南焦作为中心,西北以陕西榆林为中心,华南地区以广东惠州为中心,西南地区以云南昆明为中心。

一、1949—1966 年三官文化的空间谱系

1949 至 1966 年,地区间三官文化的具体情况呈现出不同的特点,有的地区的三官庙几近被毁,有的地区的三官庙或者有供奉三官的如三官殿,因神圣空间的历史性等被保留下来。为了阐述清楚三官文化在 1949 年以后的分布状况,有必要以地区为中心追溯历史上的分布,并在此基础上看 1949—1966 年的分布。下面具体来看。

1. 东北地区:以辽宁锦州为中心的三官文化谱系

锦州市下辖凌海市、北镇市,黑山县、义县,古塔区、凌河区、太和区、滨海新区(国家级开发区)、松山新区(国家高新区)。[①] 明清时期共有 8 座三官庙,主要分布在凌海市(原称锦县)、北镇市、义县三地。其中凌海市在清朝时有 4 座三官庙,到 1912—1949 年时剩 2 座;北镇市在清朝时有 2 座,到 1912—1949 年时有 1座;义县在明清时均有 1 座三官庙,到 1912—1949 年时有 5 座。在当下的资料中,较少能够查到关于凌海市(锦县)、北镇市、义县的三官文化资料,因此,我们从地方志等资料中找到道教的资料来看当时的整体情况。

首先,凌海市道教的情况。凌海市原称锦县,在明朝时锦县是当时明军阻止努尔哈赤南下的军事要地,是内蒙古进入海路运输和通向内地的要道。[②] 因此从明到清末,凌海市共有 5 座三官庙。不过到 1934 年,情况发生变化,以道教庙宇为例:"全县有道教庙宇 15 处,有道士道姑 15 人,道教活动比清代显著减少。"[③]在 1949 年以后,"道教的信徒已寥寥无几,除 50 年代在大笔架山尚有少数道士外,大部分道士道姑都还俗参加生产劳动"。[④]

---

① 《区位优势》,锦州市人民政府网,http://www.jz.gov.cn/zjjz/jzgk/qwys.htm,2021 年 9 月
　27 日。
② 《区位优势》,锦州市人民政府网,http://www.jz.gov.cn/zjjz/jzgk/qwys.htm,2021 年 9 月
　27 日。
③ 锦县地方志编纂委员会编《锦县志》,沈阳出版社,1990 年,第 527 页。
④ 锦县地方志编纂委员会编《锦县志》,沈阳出版社,1990 年,第 527 页。

　　其次,北镇市道教的情况。明朝时北镇是女真人的活动基地,是明政府管辖女真的重要前沿。在明朝末年(1622)发生变化,"在1622年,女真人首领努尔哈赤亲率八旗兵占领了北镇,北镇成了女真人与明朝相抗衡的前哨阵地"。[①] 后来到清朝时,北镇有2座三官庙。1912—1949年时有1座三官庙。1949年后,很多道士返乡还俗,在1956年到1966年间,北镇成立了由7人组成的道教管理小组。[②]

　　最后,义县的道教。义县在1912—1949年时曾有5座三官庙,根据1992年的《义县志》,在1949年后,道士回归原籍。[③]

　　由上可见,锦州的三官庙到1966年前后,已不存于资料中。

　　2. 华北地区:以河北廊坊为中心的三官文化谱系

　　廊坊市下辖三河市、霸州市、香河县、永清县、固安县、大城县、大厂县、文安县、廊坊开发区、广阳区、安次区,从明清到1912—1949年时,三官庙分布在廊坊市、霸州市、固安县、大城县、文安县、永清县,具体分布情况如表4-1所示。

表4-1　河北廊坊三官庙的数量

单位:座

地名	明	清	1912—1949	合计
廊坊	3	1	2	6
固安	2	5	5	12
永清	1	26	0	27
霸州	2	14	22	38
大城	3	0	0	3
文安	0	3	3	6
香河县	2	0	0	2
三河市	3	14	2	19
合计	16	63	34	113

资料来源:课题组根据地方志资料整理而成。

　　根据表4-1,明至1949年时廊坊地区三官庙共计113座,按照数量多少排

---

① 李林、汤建中主编《北镇满族史》,辽沈书社,1990年,第1页。
② 北镇满族自治县地方志编纂委员会编《北镇县志》,辽宁人民出版社,1990年,第630页。
③ 辽宁省义县人民政府地方志办公室编《义县志》,沈阳出版社,1992年,第684页。

序为霸州、永清、三河、固安、廊坊、文安、大城、香河。其中,只有霸州在 1912—1949 年时增加了 22 座三官庙,其他如永清、三河均呈现大幅度下降态势。再来看三官庙 6 座以上的情况,因资料的匮乏,我们将重点放在对当地道教情况的考察上。

在霸州,道教活动到清朝末年就已经开始衰落,1920 至 1930 年的县志载,全县还有道教徒 60 多人,后逐渐消失。1949 年初,碧霞元君庙还有 3 名年过七旬的道士,在 19 世纪二三十年代,县境内有三官庙、三元庙等庙宇。[①] 可见在霸州,道教曾经有一定的发展,因此才有较为繁盛的三官文化。在永清县,宋朝时县境开始有了道教徒,县内庞各庄村建有道士主持道务的玉泉阁,到明朝时,观堂、道士逐渐增多,清朝逐渐衰微。辛亥革命之后,县内为兴办教育,将道士的宫观改为学堂,一些道士也返乡还俗。1937 年抗日战争爆发后,宫观进一步被毁,县境内道教不存。[②] 当地在 1912—1949 年时已经没有三官庙。三河市的情况不详,不过到 1912—1949 年时仅有 2 座三官庙。2001 年《三河市志》载:"道教活动在境内历史悠久,兴衰变化无考。"[③]

在固安县,中华人民共和国成立之初全县道教庙宇仅存 4 处,道士 8 人,在新中国成立后均还俗成家。[④] 安次县即廊坊的安次区,新中国成立后,据统计,全县有道士 3 人,均已还俗成家。[⑤] 在文安县,根据 1994 年《文安县志》的记载,从唐朝至清末约有 400 座庙宇道观,在清朝末年至 1949 年时已呈现出败落之势,如建于明正德时期的药王庙,到 1911 年时,庙里的住持去世,庙宇衰败,娘娘宫至 1915 年时已经空无一人。

可见,道教庙宇大多数发展到清末至 1949 年时就已经出现颓势,1912—1949 年时的战乱以及日本的侵略,使得包括三官庙在内的廊坊的庙宇宫观受到极大的影响与损坏。1949 年新中国成立后,在尚存的三官庙中,道士几乎都还俗回家。

3. 华东地区:以江苏徐州为中心的三官文化谱系

徐州下辖新沂市、邳州市、丰县、沛县、睢宁县、云龙、鼓楼区、泉山区、铜山

[①] 霸县编史修志委员会《霸县志》,河北人民出版社,1989 年,第 540 页。

[②] 永清县志办公室《永清县志》,河北人民出版社,2000 年,第 581 页。

[③] 河北省三河市地方志编纂委员会《三河市志》,中国文史出版社,2001 年,第 966 页。

[④] 赵复兴、苗禾、洪丙君等《固安县志》,中国人事出版社,1998 年,第 821 页。

[⑤] 廊坊市档案馆编《廊坊市大事记 1948—1984》,内部资料 1985 年,第 18 页。

区、贾汪区和 1 个国家级经济技术开发区、1 个国家高新技术产业开发区。① 在这些地区中,三官庙的数量如表 4‑2 所示。

表 4‑2　江苏徐州三官庙的数量

单位:座

地名	明	清	1912—1949 年	合计
丰县	0	8	0	8
沛县	6	27	32	65
睢宁县	2	10	0	12
徐州铜山区	0	13	0	13
徐州市	0	2	2	4
邳州市	0	2	4	6
合计	8	62	38	108

资料来源:课题组根据地方志资料统计整理所得。

由表 4‑2 可知,按照数量从高到低的顺序排列:沛县、铜山县、睢宁县、丰县、邳州市,因缺乏 1949 年到 1966 年的资料,我们将以道教的叙述为中心,分别来看当时的总体情况。在沛县,道教于明朝洪武时期传入,在新中国成立前夕,很多道观已经损坏或挪作他用,道教活动也已经停止。② 在徐州铜山区,即之前的铜山县,清乾隆年间,有真武观、白云观、三元宫等道观,到清末时很多宫观已经损坏。③ 因此,没有发现在 1912—1949 年建造三官庙的资料。在睢宁县,1912—1949 年这一时期已没有三官庙的建造。在 1949 年后,道教徒日渐减少。④ 在丰县,道教在东汉时就已经进入丰县,到 1912—1949 年时,各个宫观逐渐破损,道教信徒日渐减少,在 1949—1958 年前后,因道士还俗或前往其他地方的道观,宫观无人看管,后相继坍塌。⑤

在邳州市,即邳县,"清代以来,道教观堂多失修。1912—1949 年时期之初,

① 《概况区划》,徐州市人民政府网,http://www.xz.gov.cn/005/index.html♯page3,2022 年 1 月 5 日。
② 江苏省沛县地方志编纂委员会《沛县志》,中华书局,1995 年,第 806 页。
③ 江苏省铜山县志编纂委员会《铜山县志》,中国社会科学出版社,1993 年,第 907 页。
④ 睢宁县地方志编纂委员会《睢宁县志》,中国社会科学出版社,1994 年,第 661 页。
⑤ 江苏省丰县县志编纂委员会办公室《丰县志》,中国社会科学出版社,1994 年,第 881 页。

视道教为封建迷信,道士多被逐。至 1949 年,境内有道教观堂 19 处,道士、道姑 58 人。土地改革时,道教信徒放弃信仰回家种地,政府分配土地、房屋、农具。至 1960 年,县存道教观堂 7 处,道士、道姑 4 人。此后,道教观堂年久失修,大多圮毁"。[①]

由上可知,这一时期徐州三官庙多因年久失修、无人看管而损毁。

4. 华中地区:以河南焦作为中心的三官文化谱系

焦作市辖沁阳市、孟州市、修武县、武陟县、博爱县、温县。三官庙分布在修武县、武陟县、孟州市、博爱县等地。

在表 4 - 3 中,武陟县的三官庙最多,其次为孟州市、修武县以及博爱县。分别来看,在四地的地方志中,仅有《武陟县民俗志》提到天地水三官,其他均没有提到三官文化,但是三官庙确实存在着。我们可以通过地方志中道教的记载来推断当时三官庙的情况。

表 4 - 3　河南焦作三官庙的数量

单位:座

地名	明	清	1912—1949 年	合计
修武县	0	5	5	10
武陟县	2	7	5	14
孟州市	3	1	7	11
博爱县	1	0	0	1
合计	5	13	17	35

资料来源:课题组根据地方志等资料制作。

在修武县,"新中国成立后,道士还俗"。[②] 在武陟县,有些道观寺庙被列为文物保护单位,如嘉应观在 1963 年被列为省重点文物保护单位,千佛阁在 1960 年被武陟县人民委员会公布为省级重点文物保护单位。[③]

由此来看,道观的情况表现在两个方面:一是道徒的数量,1949 年新中国成立后,随着道徒的还俗,道徒数量迅速减少,致使道观空置,道观自然会败落下来;二是在空间上政府对有价值的道观庙宇进行了保护。

---

① 邳州市地方志编纂委员会《邳县志》,中华书局,1995 年,第 668 页。

② 蔡广瑛主编《修武县志》,内部资料,1985 年,第 126 页。

③ 武陟县地方史志编纂委员会《武陟县志》,中州古籍出版社,1993 年,第 441 页。

5. 西北地区:以陕西榆林为中心的三官文化谱系

榆林市下辖横山区、榆阳区、府谷县、神木市、佳县、米脂县、子洲县、绥德县、吴堡县、清涧县、靖边县、定边县。其中神木县、绥德县的三官庙最多,各为11座,其次榆林、定边各8座,还有米脂6座,横山5座,府谷4座,清涧、佳县各1座,如表4-4所示。

表4-4 陕西榆林三官庙的数量

单位:座

地名	明	清	1912—1949 年	合计
榆林市	2	6	0	8
横山区	0	0	5	5
府谷县	0	4	0	4
神木市	1	10	0	11
米脂县	0	4	2	6
绥德县	0	11	0	11
佳县	1	0	0	1
清涧县	0	1	0	1
定边县	1	7	0	8
合计	5	43	7	55

资料来源:课题组根据地方志资料统计制作。

在表4-4中,我们发现,除了横山区、米脂之外,1912—1949 年其他地区均没有新增的三官庙。在神木市,有凯歌楼1座,上面供奉天地水三官的神位,在1959 年被列为县级重点文物保护单位。[1] 在绥德县,根据 2003 年《绥德县志》,到 1942 年时,已经没有道教活动了。在榆林市,1957 年时,全县只有 7 位道士,之后都不从事道教,道教活动很少,仅有少量村民以会长的身份举办道观庙会。[2] 榆林的青云山寺观将道佛融为一体,是 1912—1949 年时陕西的第一大寺观,同时在 1950 年代,青云寺还是榆林县的绿化先进单位,僧人高定宝还被评为宗教界先进绿化工作者。[3] 在定边县,1949 年新中国成立后,党和人民政府宣传

---

① 神木县志编纂委员会《神木县志》,经济日报出版社,1990 年。
② 榆林市志编纂委员会《榆林市志》,三秦出版社,1996 年。
③ 榆林市志编纂委员会《榆林市志》,三秦出版社,1996 年。

科学、破除迷信,并取缔了占卜、算命等迷信活动。[1] 在米脂县,1949 年新中国成立后,参与道教活动的人很少。[2] 在横山县,1992 年《横山县志》载,1949 年新中国成立后,20 世纪 50 年代在建水库时三官庙被淹没。在清涧县,"1956 年,县内有道士 2 人,道姑 1 人。极少数农民为佳县白云山庙会充当会长,颇为虔诚"。[3] 在佳县,有白云观 1 座,其中有三官殿供奉三官,该观在 1954 年曾经大修,"1954 年重修乐楼、真武大殿、七真祠、五龙宫、观音殿、官亭,建五老祠"。[4]

可见,具有影响力、具有较高文物价值的道观庙宇能够被保留下来,但是那些村子里的三官庙,比较容易遭到破坏。

6. 华南地区:以广东惠州为中心的三官文化谱系

根据前人研究,广东境内的道教宫观集中分布在广州地区、粤东的惠州地区和潮汕地区,粤北和粤西地区也有少量分布。[5] 根据课题组的统计数据,惠州的三官庙数量最多,因此我们选择以惠州为中心来分析。惠州的三官庙仅分布在龙门县,明朝有 6 座,清朝有 10 座,1912—1949 年没有三官庙。

罗浮山是惠州著名的道教圣地,罗浮山有冲虚古观,抗战中期,成为罗浮中学所在地。惠州的元妙观,神像在 1912—1949 年这一时期被毁。[6] 在地方志中少见关于三官庙的内容。

由此来看,1949 年后惠州三官庙的现状是有着历史渊源的,是在 1912—1949 年时已经不存在三官庙的基础上形成的现状。

7. 西南地区:以云南昆明为中心的三官文化谱系

昆明的三官庙大多分布在昆明、晋宁、宜良、寻甸等地,如表 4-5 所示:

表 4-5 云南昆明三官庙的数量

单位:座

地名	明	清	1912—1949	合计
昆明	4	8	2	14
呈贡区	0	1	0	1

---

[1] 定边县志编纂委员会《定边县志》,方志出版社,2003 年。
[2] 米脂县志编纂委员会《米脂县志》,陕西人民出版社,1993 年。
[3] 清涧县志编纂委员会《清涧县志》,陕西人民出版社,2001 年。
[4] 佳县地方志编纂委员会编《佳县志》,陕西旅游出版社,2008 年。
[5] 雷雨田、马建钊、何方耀《广东宗教简史》,百家出版社,2007 年,第 174 页。
[6] 赵春晨、郭华清、伍玉西《宗教与近代广东社会》,宗教文化出版社,2008 年,第 93 页。

（续表）

地名	明	清	1912—1949	合计
晋宁区	2	3	1	6
安宁市	0	1	0	1
宜良县	0	2	8	10
寻甸	0	3	2	5
禄劝	0	0	1	1
石林	0	0	1	1
合计	6	18	15	39

资料来源：课题组根据地方志等资料制作。

1912—1949 年这一时期，昆明所辖地区有道教宫观 283 座，多分布在昆明、宜良、晋宁、安宁。① 三官庙的分布地与其基本上是相符的。"至中华人民共和国建立前夕，云南地区所有道观数量由数百余锐减至数十余所。至 1955 年，云南全省仅有道观 46 所"。② 如昆明的三元宫，建于明朝万历以前，崇祯十六年（1643）、清道光四年（1824）重建，咸丰七年（1857）兵毁，光绪三年（1877）重建，1936 年由住持朱宗玉和棉业公会将其中的一部分房间出租为民房。③ 现已改为古幢小学。④ 可见，道观的兴衰变迁具有历史性，在 1912—1949 年时就有了废与不废、占与不占的矛盾。

除了昆明市区，晋宁、宜良、寻甸、禄劝等地在 1949 年后修的地方志中几乎找不到关于三官庙的信息，据《晋宁县志》《宜良县志》《禄劝彝族苗族自治县志》等文献，1949 年后，当地道士还俗，已无道教活动。

综上所述，从发展的角度看 1949—1966 年的三官文化谱系，1912 至 1949 年，三官文化已经衰败。1949 至 1966 年中华人民共和国成立初期，历史价值高的三官庙得到了政府的保护。

---

① 昆明市宗教志编宗教编写领导小组编《昆明市宗教志》，内部资料，1990 年，第 11 页。
② 萧霁虹、董允《云南道教史》，云南大学出版社，2007 年，第 204 页。
③ 萧霁虹、董允《云南道教史》，云南大学出版社，2007 年，第 323 页。
④ 萧霁虹、董允《云南道教史》，云南大学出版社，2007 年，第 156 页。

二、文化认同

如学者郑晓云所述,文化认同除了倾向式认可外,还有文化理解。1949—1966 年三官文化谱系的演变,其原因就在于政府对宗教文化的认识与理解。这一认识与理解是政府在以马克思主义宗教观为理论指导的基础上实现的。马克思主义宗教观是以马克思、恩格斯对宗教的阐述为中心的,"马克思指出,是人自己创造了宗教,宗教不过是人们没真正认识自己之前所产生的错误观点。恩格斯认为,宗教是人们头脑中幻想出来的存在于人类之外的并能够支配人们日常生活的神秘力量,这是一种对社会生产关系认识的颠倒,颠倒了社会存在决定社会意识这一客观真理"。[①] 由此,1949 年新中国成立后,"到 1956 年间,我国在马克思主义宗教观的指导下研究和处理宗教问题,这一时期的宗教观体现了唯物史观和中国具体实际相结合"。[②] 当时以毛泽东主席为核心的第一代领导集体继承了马克思主义的宗教观,并将其中国化,使其更适用于我国宗教的实际情况。1957 年毛泽东主席在《关于正确处理人民内部矛盾的问题》中指出:"我们不能用行政命令去消灭宗教,不能强制人们不信教。不能强制人民放弃唯心主义,也不能强制人们相信马克思主义。"早在 1947 年,毛泽东主席对于宗教就有理性认识,"当毛主席转战陕北途中想参观当地一处白云观时,身边工作人员将之视为封建迷信场所,毛主席为此而纠正说:那是文化,是名胜古迹,是历史文化遗产"。[③]

在马克思主义宗教观以及党的领导人对宗教理性的认识与阐述的基础上,在道教系统中具有较高历史价值的三官宫观得到保护,如北京白云观有三官殿,白云观在 1957 年时可以开展正常的宗教活动。[④] 而处于城市、乡村的那些体量较小的三官庙,可能会面临因建筑材料短缺而被拆除、被占用等境况。

综上所述,1949 年中华人民共和国成立伊始,三官文化谱系的状况是历史发展的结果。1949—1966 年,在马克思主义宗教观的指导下,道教体系内的三官庙

---

① 潘金刚《科学真理的指引:马克思主义五观两论宣传教育读本》,安徽大学出版社,2018 年,第 181 页。

② 潘金刚《科学真理的指引:马克思主义五观两论宣传教育读本》,安徽大学出版社,2018 年,第 184 页。

③ 卓新平《研究马克思主义宗教观,发展中国宗教学——纪念毛泽东主席关于开展宗教研究重要批示 50 周年》,世界宗教研究,2013 年第 4 期,第 5 页。

④ 朱汉国主编,耿向东、张太原、王瑞芳副主编《当代中国社会史》第 6 卷,四川人民出版社,2019 年,第 2604 页。

有一些被保留下来；1966—1976 年，包括三官庙在内的大多数庙宇宫观都被损毁。

第二节　1977—2001 年中国三官文化谱系的恢复与认同

文化谱系的恢复是指文化表现形式在时间上的延续，空间上文化载体的重建，族群上人们对该文化的重新讲述与实践等。下面根据地方文献以及田野调查的资料分别来看 1977 年及以后三官文化谱系恢复与认同的情况。

一、1977—2001 年三官文化谱系的恢复

这一时期三官文化谱系主要表现在两个方面，一是以出版物为中心的形式谱系，二是三官庙宇的建造所呈现的空间谱系。

（一）三官文化形式谱系的呈现

形式谱系包括语言叙事、物象叙事、仪式叙事。语言叙事的表现是在 1977 年到 2001 年之间，有很多出版物叙述了三官的传说故事，物象则是以图像叙事为中心，在一些地方志中，三官庙的图片刊登其中。这一时期的行为叙事较少。

1. 出版物中的三官传说故事

1977 至 2001 年之间，随着宗教政策的落实，人们对自己曾经所崇拜的三官有了恢复信仰空间的需求，与这一需求几乎同时发生的是这一时期的志书、民间故事集成、民间文学集成等出版物中均有关于三官的叙事。有讲述当地三官庙的历史的，如山西《穆家会村志》，其记述时间至 2000 年底，对当地三官庙历史进行了回顾；1998 年的河北《李实岗村志》记载了三官庙的变迁；1990 年的《中国戏曲·山西卷》记述了运城县三路里三官庙乐楼的始末。有讲述三官故事的，如 1989 年的山东《崂山民间故事》第 9 集中收录了关于三官的故事；2001 年出版的《广州城建史话》叙述了广州三元宫三元大帝的来历。有对以"三官庙"为地名进行解释的，如 1989 年广东省的《中山地名志》，阐述了三元庙；1991 年广东的《佛山地名志》，记述了佛山三元宫的变迁；1992 年的《北京市通县地名志》记载了三官庙从有到无的过程；1982 年出版的《贵州省遵义市地名志》中有对供奉天地水三官的三官楼的叙述。还有收录明清时期三官庙碑记的，如 1993 年的《泊头市水利志》收录了 1915 年的《三官庙碑记》。这些叙事一方面讲述三官文化的由来、地方三官庙的建造始末等，另一方面还是人们据此进一步丰富三官神话、传

说、故事等的基础。这些叙事成为当地曾有三官文化的重要证据。

2. 出版物中收录的三官庙宇图像

在这一时期的出版物中也有很多关于三官庙建筑的照片，这不仅是如实地记载，更成为三官文化谱系恢复的基础。如 1993 年的《山西古迹志》中列出临汾刘村三元庙的图片，1994 年的《广州城市发展与建设》中列出三元古庙的图片，出版于 2008 年的安徽《铜陵市郊区志》中名胜古迹类图片包括三官庙，2001 年出版的《老北京街巷图志》中收录南横东街甲 7 号三官庙的照片，1990 年的广西《兴安县志》收录界首三官庙照片，1992 年的贵州《福泉县志》中收录三官阁的铁钟，1988 年贵州的《石阡县地名志》中收录"三官洞"庙宇的照片，1998 年的河北《李实岗村志》登载了三官庙的照片，1986—2000 年的《焦作市山阳区志》以图文并茂的形式阐述三官庙建筑、碑文等内容，1999 年出版的《三官庙街道志》以复原的形式呈现了中原地区三官庙的建筑样式。全国此类的出版物还有很多，在此不赘述。总之，通过出版物，照片成为物象叙事的一部分，叙述着当地的三官文化历史，唤醒了人们对地方文化的记忆。

出版物中还有对行为叙事的呈现，如 1980 年 4 月 23 日，辽宁道教千山无量观举行开光仪式，开光的殿堂中就有三官殿。[①]

总之，出版物中关于三官文化的语言叙事、景观叙事以及行为叙事，不仅是三官文化谱系逐渐恢复的基础，还是三官文化曾经存在并发展的证据。

（二）三官文化空间谱系的恢复

在三官文化谱系的恢复过程中，三官庙宇的建造所形成的空间分布，是空间谱系呈现的重要基础。从全国的情况看，据不完全统计，共计恢复三官庙 42 座，其中有 4 座成为其他单位的办公地点，列示的原因在于 4 座都是文物保护单位。另外关于港澳台地区的三官文化的情况，将专列一节专门阐述。

东北地区仅见辽宁的三官庙宇，6 座三官庙：喀左 2 座，大连大长山岛 1 座，长海县 1 座，鞍山千山 1 座，凤城凤凰山 1 座。在吉林、黑龙江还没有发现三官庙。

华北地区包括北京、天津、河北、山西、内蒙古，据不完全统计，三官庙主要分布在北京、河北一带，共有 5 座三官庙，北京西海北沿 1 座，东城区前门大街 1 座，河北邢台沙河市李石岗村 1 座（1949 年后改为学堂），河北石家庄井陉县微水村 1 座，河北张家口怀来县土木镇石河村 1 座。

华东地区包括江苏、浙江、上海、安徽、山东、福建、江西，共有 9 座三官庙，江

---

① 鞍山市民族宗教事务委员会《鞍山市宗教志》，鞍山太平洋印务有限公司，1994 年，第 26 页。

苏连云港花果山1座,江苏启东吕四镇1座,上海浦东严桥乡1座,山东泰山1座,福建武夷山1座,福建漳州漳浦赤土1座,福建泉州安溪剑斗镇仙荣村1座,泉州安溪县桃舟乡桃舟村1座,泉州安溪湖头镇1座。

华中地区包括河南、湖南、湖北,共有三官庙4座,主要分布在河南,河南鹤壁1座,焦作市山阳区1座,巩县1座,焦作山阳区新城街道办事处恩村二街1座。

华南地区包括广东、广西、海南,共有2座,分布在广东,广州应元路清泉街1座(即三元宫),广东顺德大西镇县西路1座。

西北地区包括陕西、甘肃、青海、宁夏、新疆,共有7座三官庙,陕西榆林横山区的东岳山1座、榆林鱼河堡1座、神木市1座、甘肃天水市秦州区城北天靖山1座、永靖县盐锅峡镇焦家村1座、宁夏石嘴山市平罗县城关镇北1座、中卫市常乐镇兴隆山1座。

西南地区包括四川、重庆、云南、贵州、西藏,共有9座三官庙,四川成都市青羊宫、青城山上清宫、都江堰二王庙有供奉三官大帝,云南建水县临安镇干河村委会河湾村1座、娜姑镇白雾街1座、腾冲县城西三联村1座、大理云龙虎头山1座、昭通大龙洞1座,贵州贵阳市西瑞金路1座。

由以上数据可知,1977年至2001年,共有42座三官庙恢复或建造,其中东北6座,华北5座,华东9座,华中4座,华南2座,西北7座,西南9座。

综上可见,地方志、民间故事集成等关于三官文化的文本叙事与物象叙事,以及三官文化空间谱系的恢复,成为2001年以后三官庙恢复重建的基础,是三官文化谱系进一步发展的前奏。

二、1977—2001年三官文化的认同

这一时期三官文化的认同体现在两个方面,一是党和政府对宗教认识的深化,体现党和政府的理解与尊重,二是人们对三官文化的传承,体现倾向式认可。

首先是党和政府对宗教认识的深化,这是三官文化谱系恢复与发展的基础。这一时期国家颁布了一系列关于宗教的政策、法律、法规等,如1982年中共中央颁布的《关于我国社会主义宗教问题的基本观点和基本政策》,指出"宗教是人类社会发展一定阶段的历史现象,有它发生、发展和消亡的过程",[1]"在人类历史上,宗教终究是要消亡的,但是只有经过社会主义、共产主义的长期发展,在一切

---

[1] 张先义、胡洪宝主编,全国统一战线干部培训教材编审委员会编《统一战线文献选编》,华文出版社,2002年,第185页。

客观条件具备的时候，才会自然消亡。"①并提出党和政府对宗教工作的基本任务，"要坚定地贯彻执行宗教信仰自由的政策，巩固和扩大各民族宗教界的爱国政治联盟，加强对他们的爱国主义和社会主义教育，调动他们的积极因素，为建设现代化的社会主义强国，为完成祖国统一大业，为反对霸权主义、维护世界和平而共同奋斗。"②进一步指出"名山胜地的重要寺观教堂，一定要责成有关的宗教组织和宗教职业人员，精心加以维护，使文物得到良好保管，建筑得到妥善维修，环境得到充分保护，使之成为清洁幽静、环境优美的游览胜地"。③ 1982 年修订的《中华人民共和国宪法》中明确指出"中华人民共和国公民有宗教信仰自由"。1990 年《中共中央关于加强统一战线工作的通知》中指出要"引导宗教活动同社会主义制度相适应"。④ 1990 年 12 月，在全国宗教工作会议上第一次提出："正确对待和处理宗教问题，是我国社会主义建设事业中一个重要的课题，也是建设有中国特色的社会主义的一个重要内容"。⑤ 1991 年 2 月，中共中央发出《中共中央、国务院关于进一步做好宗教工作若干问题的通知》，指出"依法对宗教事务进行管理"⑥；"尊重和保护宗教信仰自由，是党和国家对待宗教问题的一项长期的基本政策"。⑦ 2001 年全国宗教工作会议形成《论宗教问题》，强调"积极引导宗教与社会主义社会相适应"。⑧

因此，在上述政策、法律、法规的作用下，至 2001 年，据不完全统计，全国共有三官庙 42 座，如上海的坤道院三元宫、四川的青羊宫、甘肃兰州的白云观、广州三元宫等，均是在国家宗教信仰自由政策的基础上恢复起来的道教宫观。

其次，普通百姓对三官文化的传承。各地三官文化在人们的记忆中并未消除，三官庙遗址成为人们祭祀神明的宝地，每逢农历的初一、十五以及三官生日时，当地人聚在一起，为三官庆祝圣诞也为自己和家人祈福。由此，空间的消失

---

① 张先义、胡洪宝主编，全国统一战线干部培训教材编审委员会编《统一战线文献选编》，华文出版社，2002 年，第 185 页。

② 张先义、胡洪宝主编，全国统一战线干部培训教材编审委员会编《统一战线文献选编》，华文出版社，2002 年，第 189 页。

③ 张先义、胡洪宝主编，全国统一战线干部培训教材编审委员会编《统一战线文献选编》，华文出版社，2002 年，第 194 页。

④《新时期宗教工作文献选编》，宗教文化出版社，1995 年，第 178 页。

⑤《新时期宗教工作文献选编》，宗教文化出版社，1995 年，第 190 页。

⑥ 董兆祥、彭小华主编《中国改革开放 20 年纪事》，上海人民出版社，1998 年，第 922 页。

⑦ 董兆祥、彭小华主编《中国改革开放 20 年纪事》，上海人民出版社，1998 年，第 922 页。

⑧ 江泽民《江泽民文选》第 3 卷，人民出版社，2006 年，第 387 页。

会引起空间谱系的断裂，只要族群稳定，在条件允许的情况下，三官文化就可以恢复。空间谱系的重现需要以族群谱系为基础。也就是说，族群的倾向性认同会促进空间谱系的形成与再现。

形式谱系进一步促进了人们对三官文化的传承。在出版物中，关于地方三官文化的语言叙事，如三官庙来源的风物传说、三官神的灵验故事等强化了人们对于三官的记忆，让人们从历史的角度回看自身。出版物中关于三官文化的物象叙事，如三官庙照片、三官庙建筑的画像、三官神的画像、雕像、三官香炉，甚至还有关于三官的楹联等，更进一步加强人们对当地三官文化的记忆与认同。另外年画也展示三官文化，年画具有地方性，像安徽天长年画、四川绵竹年画、江苏苏州桃花坞年画、天津杨柳青年画、河南朱仙镇年画、上海小校场年画、陕西凤翔年画、甘肃岷县年画、山西临汾年画、福建漳州年画、广东佛山年画、台湾台南年画等，这些具有地方特色的年画将三官大帝、天官赐福、利市仙官等呈现出来，在形成年画谱系的同时，促进当地人对三官文化的认同。除了年画之外，出版物中的叙事更能够为地方乡贤所发现，地方先贤可能会在此基础上进一步创作适应自己乡村现实的三官神话故事。这一创作的过程也是文化认同的表现。

可见，三官文化的传承，需要通过神话故事、庙宇空间、神像以及行为仪式等唤醒人们的文化记忆，实现文化认同。

综上，三官文化空间谱系的恢复，是党和政府对宗教认识不断深化的结果，也是人们对三官文化传承的过程。

第三节　2002 年至今中国三官文化的空间谱系与认同的发展

随着国际上对文化多样性、非物质文化遗产的强调，2002 年至今三官文化作为重要的文化形式，谱系得到进一步发展。与 1977—2001 年相比，三官庙宇的数量成倍增加，信仰人数增加，形式谱系中语言叙事、物象叙事、行为叙事有更多呈现，尤其是行为叙事方面，三元圣诞的庆贺仪式在很多地区都有所恢复与发展。这一节主要看新恢复或新增加的三官庙宇宫观所形成的空间谱系与文化认同。2002 年三官文化谱系的延续比较复杂，在城镇化等影响下，族群、空间、形式谱系都发生了变化，因在下一章会讨论城镇化下三官文化的谱系与认同，所以，在这一部分我们仅看三官文化的空间谱系。

一、2002 年至今三官文化空间谱系的发展

2002 年至今，共恢复上百座三官庙。① 分别陈述如下：

东北 1 座三官殿，在辽宁沈阳太清宫。②

华北 27 座三官庙。河北 11 座，其中石家庄（8 座）、保定（2 座）、邢台（1 座）；山西 15 座，其中大同（1 座）、太原（7 座）、晋中（1 座）、临汾（3 座）、晋城（1 座）、运城（2 座）；北京（1 座）。

华东 90 座三官庙。江西 9 座，其中鹰潭市（1 座）、南昌（2 座）、上饶市（4 座）、九江（1 座）、赣州（1 座）；山东 9 座，其中青岛（2 座）、泰安（2 座）、济宁（2 座）、潍坊（1 座）、临沂（1 座）、济南（1 座）；浙江 26 座，其中嘉兴（1 座）、杭州（2 座）、温州（9 座）、宁波（1 座）、台州（9 座）、丽水（3 座）、绍兴（1 座）；福建 26 座，其中漳州（24 座）、厦门（1 座）、泉州（1 座）；江苏 11 座，其中无锡（2 座）、苏州（2 座）、淮安（1 座）、扬州（3 座）、常州（1 座）、盐城（1 座）、南京（1 座）；安徽蚌埠（1 座）；上海（8 座）。

华南 6 座。广东 6 座，其中广州（2 座）、惠州（1 座）、湛江（1 座）、揭阳（1 座）、南雄（1 座）。广西、海南暂时还没有搜集到关于三官庙的信息，根据前面几章的内容，广西肯定有供奉唐、葛、周等三官的庙宇，但还需要进一步的田野调查。

华中 48 座三官庙。河南 24 座，其中洛阳（3 座）、焦作（7 座）、开封（1 座）、郑州（2 座）、安阳（3 座）、平顶山（1 座）、辉县市（1 座）、许昌市（1 座）、南阳市（3 座）、商丘市（1 座）、济源（1 座）；湖北 20 座，其中武汉（6 座）、黄石（3 座）、荆门（2 座）、荆州（2 座）、黄冈（3 座）、仙桃（1 座）、鄂州（2 座）、丹江口均县（1 座）；湖南 4 座，其中株洲市（1 座）、衡阳（2 座）、永州（1 座）。

西北 14 座。陕西 5 座，其中铜川（1 座）、榆林（2 座）、西安（2 座）；宁夏 3 座，其中灵武（1 座）、平罗（1 座）、中卫（1 座）；青海西宁（1 座）；甘肃 5 座，其中陇南（1 座）、兰州（3 座）、天水（1 座）。

西南 25 座。四川 5 座，其中绵阳（1 座）、成都（4 座）；重庆（1 座）；贵州贵阳（1 座）；云南 18 座，其中楚雄（2 座）、临沧（4 座）、昆明（2 座）、大理（3 座）、保山（3 座）、曲靖（2 座）、红河（2 座）。

---

① 根据调查资料和文献资料总结得出，在此仅录省、市、县名与数量。

② 辽宁沈阳太清宫三官殿，2002 年建，供奉天地水三官（尧舜禹），三官殿是玉皇楼的配殿。

　　根据以上数据,从 2002 年至今,中国共有 211 座三官庙,城市恢复或建造三官庙 78 座、乡村 110 座、景区 23 座。①

　　1977 年至 2001 年恢复的三官庙数量为 42 座,与此相比,2001 年至今的211 座是前期数量的 5 倍多,这一状况的形成,与人们对三官文化的认同相关。

二、文化认同

　　这一时期的文化认同延续了 1977 年至 2001 年时的模式,在政府方面是理解与尊重的继续,在民间是地方百姓倾向性认同的延续。其中政府的理解与尊重是三官文化谱系完整呈现的基础。

　　政府的理解与尊重离不开政策与法律法规对三官文化等道教、民间信仰的规制。除了法律法规外起到规制作用的政策有两个方面:文化政策与宗教政策。文化政策是指"国家形态下人类有意识的、自觉的文化统治行为和文化政治行为,反映的是一定阶级的文化权益、愿望、要求和目的,体现的是国家的文化意志"。② 宗教政策是指"尊重和保护宗教信仰自由,是中国共产党、中国政府对待和处理宗教问题的一项长期的基本的政策。这一政策是党和国家根据马克思主义宗教问题的理论,根据党的基本路线,为处理好宗教方面的各种矛盾而制定的方针和采取的一系列相关措施、规定的总和"。③ 官方通过政策理解与尊重包括三官在内的民间文化,促进了地方在三官神圣空间上的恢复重建。

　　1. 文化政策促进三官文化认同的实现

　　2002 年至今,政府已经制定很多关于文化保护与发展的文化政策,与本书相关的有 2005 年《国务院办公厅关于加强我国非物质文化遗产保护工作的意见》、2006 年《国务院关于加强文化遗产保护的通知》、2017 年《关于实施中华优秀传统文化传承发展工程的意见》等。这些政策指出了文化多样性、传统文化与文化安全的重要性,而三官文化正与这些内容相关。

　　首先从文化多样性来看,2001 年联合国教科文组织发布《世界文化多样性宣言》,提出文化多样性是在不同时空的不同表现,认为其是人类的文化遗产,应注重文化的可持续性。在中国政府的文化政策文件中也强调传统文化的丰富多样性,三官文化即符合文化多样性的表述。在不同的历史时期,在不同地区三官

---

① 根据调查资料总结得出。
② 胡惠林《文化政策学》,上海文艺出版社,2006 年,第 1 - 4 页。
③ 龚学增《宗教问题干部读本》,中共中央党校出版社,2000 年,第 114 页。

文化有着不同的表现,如道教的三官文化有天地水三官、唐葛周三官、陈子椿三子三官、茅盈茅衷茅固三官等,民间的三官文化有无名氏三官、李氏三兄弟三官、张氏三兄弟三官、三界、宋末三杰三官、天地人三官、入仕的三兄弟三官等。这些都是不同地区的百姓对三官文化的理解。

其次从传统文化的重要性来看,随着西方文化的进入,国家对传统文化有了进一步的认识,中国共产党在十七大上明确提出要"加强对各民族文化的挖掘和保护,重视文物和非物质文化遗产的保护"。[①] 2017 年中共中央办公厅、国务院办公厅下发《关于实施中华优秀传统文化传承发展工程的意见》,指出:"坚持创造性转化和创新性发展。坚持辩证唯物主义和历史唯物主义,秉持客观、科学、礼敬的态度,取其精华、去其糟粕,扬弃继承、转化创新,不复古泥古,不简单否定,不断赋予新的时代内涵和现代表达形式,不断补充、拓展、完善,使中华民族最基本的文化基因与当代文化相适应、与现代社会相协调。"[②]即通过创造性转化与创新性发展,使传统文化中的精华适应当代文化、协调于现代社会。在这一过程中,三官文化所包含的天地水文化以及祖先、英雄、圣贤崇拜,其丰富的文化表达,不仅有利于认识与保护自然生态,还有利于凝聚人心共同进行社会主义建设,更有利于祖国的统一大业。

最后从文化安全的角度看,近些年来,对于文化渊源之争已发生多次,这一问题的实质即国家文化安全。国家已经关注到这个问题,在历年发布的通知、意见等政策文件中,多次提到文化安全,如 2004 年文化部、财政部联合发出《关于实施中国民族民间文化保护工程的通知》,2005 年中央宣传部、中央文明办、教育部、民政部、文化部共同发布《关于运用传统节日弘扬民族文化的优秀传统的意见》,2021 年中共中央办公厅、国务院办公厅印发《关于进一步加强非物质文化遗产保护工作的意见》等,由此可见文化安全的重要性。三官文化谱系已经延伸到东南亚国家,三官崇拜在马来西亚、新加坡、泰国、越南、缅甸等国均有分布,东亚的日本、韩国等也有三官文化的表现。有关三官文化发生、发展的话语权应该由中国学者掌握。

[①] 胡锦涛《高举中国特色社会主义伟大旗帜　为夺取全面建设小康社会胜利而奋斗》,中华人民共和国教育部政府门户网站,http://www. moe. gov. cn/jyb_xwfb/gzdt_gzdt/moe_1485/tnull_27991.html,2007 年 10 月 26 日。

[②] 《中共中央办公厅　国务院办公厅印发〈关于实施中华优秀传统文化传承发展工程的意见〉》,中华人民共和国中央人民政府网站,http://www. gov. cn/zhengce/2017-01/25/content_5163472.htm,2017 年 1 月 25 日。

另外还有关于非物质文化遗产申报的相关政策等，为认同三官文化提供了契机。目前有 4 个国家级项目，即 2011 年由香港特别行政区申报的中元节（潮人盂兰胜会）、2014 年由广西壮族自治区资源县申报中元节（资源河灯节）、2020 年黑龙江黑河市爱辉区的瑷珲上元节、山东省济南市莱芜区中元节习俗；有 2 个地方项目，即 2016 年泰州兴化市的"东十里三官庙会"、①2020 年福建漳浦县的赤岭三官大帝信俗。可见，三官文化中的上元节、中元节、三官信俗等作为非物质文化遗产项目体现了政府的理解与尊重。

2. 宗教政策下三官文化的认同

党的宗教工作基本方针是"要全面贯彻党的宗教信仰自由政策，依法管理宗教事务，坚持独立自主自办原则，积极引导宗教与社会主义社会相适应"。② 习近平总书记强调"做好党的宗教工作，把党的宗教工作基本方针坚持好，关键是要在'导'上想得深、看得透、把得准，做到'导'之有方、'导'之有力、'导'之有效，牢牢掌握宗教工作主动权。"③2021 年习近平在全国宗教工作会议上指出"要完整、准确、全面贯彻党的宗教信仰自由政策，尊重群众宗教信仰，依法管理宗教事务，坚持独立自主自办原则，积极引导宗教与社会主义社会相适应"；④这里在 2016 年党的宗教工作基本方针的基础上增加了一项"尊重群众宗教信仰"。习近平还强调"党的宗教工作的本质是群众工作。信教群众和不信教群众在政治上经济上的根本利益是一致的，都是党执政的群众基础"。⑤ 这是对信教群众地位的肯定。在党的宗教工作的基本方针的指导下，三官文化的谱系得以进一步发展。

2016 年国家宗教事务总局召开关于民间信仰工作的座谈会，王作安局长指

① 《兴化市公布第五批非物质文化遗产保护名录》，泰州市人民政府官网，http://www.taizhou.gov.cn/art/2016/12/28/art_24_787380.html，2016 年 12 月 28 日。

② 习近平《全面提高新形势下宗教工作水平》，习近平系列重要讲话数据库，http://jhsjk.people.cn/article/28299870，2016 - 04 - 24。

③ 习近平《全面提高新形势下宗教工作水平》，习近平系列重要讲话数据库，http://jhsjk.people.cn/article/28299870，2016 - 04 - 24。

④ 《习近平出席全国宗教工作会议并发表重要讲话》，中国人民政协会议全国委员会网，http://www.cppcc.gov.cn/zxww/2021/12/06/ARTI1638754122074253.shtml，2021 年 12 月 6 日。

⑤ 《习近平出席全国宗教工作会议并发表重要讲话》，中国人民政协会议全国委员会网，http://www.cppcc.gov.cn/zxww/2021/12/06/ARTI1638754122074253.shtml，2021 年 12 月 6 日。

出，"正视民间信仰在社会主义时期仍将长期存在的客观现实，科学认识和正确对待民间信仰，积极引导民间信仰与社会主义社会相适应。要明确民间信仰工作任务，把民间信仰纳入管理，分类管理民间信仰活动场所，依法规范民间信仰活动，发挥民间信仰的积极作用"。① 由此，民间三官文化发展的表现即是三官庙的恢复，并形成三官文化的空间谱系。国家宗教事务总局还对各地包括三官庙在内的庙宇建立数据库，形成"宗教活动场所基本信息"库，由此构建宗教基本信息查询系统。在基本信息库，按照宗教类别如道教、佛教等进行归类，并颁发铭牌准许老百姓展开相关活动。除了空间谱系外，还有三官文化的形式谱系，语言叙事如浙江开展的"一庙一故事"活动，整理关于庙宇的故事等；景观叙事如各地的庙宇建造所形成的具有地方色彩的建筑模式；行为叙事如天地水三官圣诞的仪式活动等。

综上，在文化政策下，政府对文化多样性、优秀传统文化重要性、文化安全性等方面的阐述，以及非物质文化遗产项目的申报等，都体现了政府对民间三官文化的理解与尊重；在宗教政策下，对民间三官文化的理解与尊重是在宗教工作基本方针的指导和实践的基础上实现的。

第四节　1949 年以来中国港澳台地区三官文化的谱系

由于香港特别行政区、澳门特别行政区、台湾地区的社会状况有所不同，因此专列一节展开阐述。不过有一点是可以肯定的，在三地都有着三官文化。目前为止，课题组仅对台湾进行了调查，香港、澳门的田野调查因新冠疫情等情况还无法展开，具体情况还有待进一步考察。但是通过前人的研究等相关资料可以了解香港、澳门的三官文化情况。

一、香港、澳门的三官文化谱系

（一）香港的三官文化谱系

对香港三官文化的认识与了解更多是通过文献和网络资料进行的，其谱系

---

① 《国宗局在福建泉州市召开民间信仰工作座谈会》，道教之音网站：http://www.daoisms.org/article/sort028/info-26868.html，2016 年 12 月 5 日。

包括时空谱系、形式谱系。香港的三官文化在此主要指道教的三官文化,香港民间的三官文化情况还需要进一步的田野调查。

1. 三官文化的时空谱系

据不完全统计,供奉三官大帝的有两座道观。[①] 一是青松观,1950年由何启忠、陆吟舫等创立,源自广州。祖观在新界屯门,总办事处在九龙深水埗大南街。新观六楼三元宝殿供奉三官大帝。[②] 可见,青松观与广州有着渊源关系,供奉的三元大帝恐怕也是受到广州三元宫的影响,说明了中国香港道教与广州道教之间的关系。二是蓬瀛仙馆,1994年建成"太上道德经壁",坐落于积厚堂前,仿北京九龙壁样式,正面刻道德经全文,背面刻三官大帝像。[③]

除了这两座道观供奉三官外,其他道观供奉情况还需要进一步考察。但是其他道观有一定程度上的三官叙事。

2. 三官文化的形式谱系

形式谱系包括语言叙事、物象叙事与行为叙事,一方面体现在道观的外在建筑与神像上,另一方面则体现在三官圣诞仪式上。

1) 道观建筑与神像:物象叙事

青松观的三元宝殿与供奉的三官大帝神像构成青松观的物象叙事之一,形成宗教景观,以景观的形式将三官文化呈现给世人,具有进一步展开语言叙事的可能。蓬瀛仙馆的"太上道德经壁"的背面刻着三官大帝像,形成了该馆独具特色的物象叙事模式,将道德经与三官大帝通过景观的形式联系在一起。两处道观关于三官文化的物象叙事是语言叙事的基础,没有语言叙事的物象是没有生命力的,同样没有物象的语言叙事会随着历史而被人们遗忘。

2) 三元宝诞:语言叙事、物象叙事与行为叙事

三元宝诞的仪式过程中,包含了语言叙事、物象叙事与行为叙事,在经文的诵念中再一次讲述关于天官赐福、地官赦罪、水官解厄的叙事;法坛的布置、法师服饰的穿戴、仪式过程等都成为物象叙事;三元宝诞的祝贺过程即行为叙事,而且行为叙事本身就在讲述关于三官的神话。中国香港的很多道观,每逢上中下

---

① 根据谷歌地图,中国香港的沙田上禾峰村有三元宫,但由于是地图搜索,还需要进一步田野调查,故仅作注。

② 黎志添、游子安、吴真《香港道教:历史源流及其现代转型》,中华书局香港有限公司,2010年,第175–180页。

③ 黎志添、游子安、吴真《香港道教:历史源流及其现代转型》,中华书局香港有限公司,2010年,第173页。

三元节时,均举办法会,如香港飞雁洞、香港省善真堂、香港竹林仙馆,在 2019 年、2020 年均举办了三元法会。① 香港云泉仙馆有上元诞和中元诞,九龙油尖旺区的竹隐长春洞有三元宝诞,九龙临新界四区的九龙道德会龙庆堂有三元法会,竹林仙馆有三元宝诞、上元投灯圣会、中元法会,新界西五区天真佛堂有三元诞。圆玄学院有三元宝诞,上元节举办游园灯会,花灯上写有吉祥语,观众可任意将其作为福物进行购买,所得款项作为社会福利与教育之资;中元节举办盂兰盆会;下元节则诵经礼忏三天时间。蓬瀛仙馆有七月十五中元法会及水幽。除了道观的活动之外,每年农历七月十五中元节,香港都市区也会举行大型的超度仪式,其中潮州话社群会举行佛教式的盂兰盛会,讲粤语、客家话、闽南话的社群一般会采用道教的超度仪式。三元节是中国香港道观最具普遍性的节日,其中中元节更是香港社区不同社群的重要节日。②

在时空谱系的基础上,香港的各个道观正是通过语言叙事、景观叙事以及行为叙事阐述三官神话,在年复一年的展示中,强调与内地一脉相承的文化脉络。

(二) 澳门的三官文化谱系

目前关于澳门三官文化的研究很少,在一些著作中,尚有关于澳门三官文化的记录。如《澳门文化之旅》一书,阐述了澳门人所崇拜的道教神灵中就有三元大帝,"澳门现存大大小小的庙宇共有近 40 间,当中以道教诸神为主神的道教庙宇则有 29 间。澳门除了有多处崇祀道教诸神的庙宇外,备受澳门华人所崇拜的道教神灵数量也为数不少,包括有张天师、吕祖、包公、钟馗、哪吒、三元大帝(紫薇大帝、清虚大帝、水官洞阴大帝)等"。③ 其中道观的数量占庙宇数量的一半多,供奉的神明中以道教的神明为中心,其中就有天地水三官大帝。除此之外,澳门也有三官圣诞三元节,"在澳门,民间上元诞又称上元节,与元宵节同一天,为正月十五日,祭祀上元天官,祈安求福;中元诞,又称中元节,七月十五日,祭拜中元地官,家家还追祭祖先亡灵,并有放河灯等活动,企盼释罪,超度亡魂;下元诞,又称下元节,十月十五日,多备丰盛菜肴,拜祭下元水官和祖先、神灵,希望解厄,以祀福禄。澳门一些居民在这三个诞期,除在家和澳门的道观祭祀外,有的还前往广

---

① 贵德《香港青松观》,道教之音网站,http://www.daoisms.org/article/sort022/list46_1.html,2015 年 11 月 9 日。

② 黎志添、游子安、吴真《香港道教:历史源流及其现代转型》,中华书局香港有限公司,2010 年。

③ 宋柏年、牛国玲主编《澳门文化之旅》,中国旅游出版社,2010 年,第 173 页。

州等地的三元宫朝祭"。① 由此可见,澳门也是有三官文化分布的,只是尚待进一步地挖掘与呈现。

二、台湾三官文化的空间谱系

在此仅对台湾的空间谱系作一呈现,关于族群谱系、形式谱系等将在第六章进行探讨。

在清朝时台湾②有 58 座三官庙,1912—1949 年有 20 座三官庙。1949 年至今关于三官庙的数量,因统计时间不同,数据也有所不同。1999 年"全台三官大帝道脉宏孝协进会"的数据显示全台湾共有三官庙 105 座,其中桃园 22 座、新竹 16 座、台南 12 座、宜兰 10 座、苗栗 9 座、台北 8 座、台中 8 座、嘉义 6 座、高雄 3 座、云林 3 座、屏东 3 座、花莲 2 座、南投 2 座、台东 1 座。③ 根据田金昌的统计,至 2005 年台湾共有 122 座三官大帝庙宇,其中桃园 21 座、新竹 19 座、台南 10 座、宜兰 12 座、苗栗 11 座、台北 11 座、台中 12 座、嘉义 7 座、高雄 2 座、云林 3 座、屏东 4 座、花莲 2 座、南投 4 座、台东 1 座、澎湖 2 座、基隆 1 座。比较发现,与 1999 年的数据相比,2005 年三官庙总数上有所增加,不过地区间增减数量不平衡,如桃园、高雄各减少 1 座,台南减少 2 座,新竹、台北各增加 3 座,宜兰、苗栗、南投各增加 2 座,台中增加 4 座,嘉义、屏东各增加 1 座,另外 1999 年的数据未列入澎湖与基隆。

再根据台湾逢甲大学 2016 年成孝华的硕士论文《三官大帝信仰与地方社会之研究——以台中市陈平聚落为例》,其认为台湾主祀三官大帝的庙宇共有 114 座,其中新竹 18 座、桃园 20 座、宜兰 14 座、苗栗 8 座、嘉义 6 座、新北 13 座、台南 11 座、台中 10 座,其他零星分布在花莲、澎湖、云林、高雄、竹山、基隆等地。④ 通过数据比对发现,2016 年相比 2005 年,三官庙的数量有所减少。因田金昌是以田野调查资料为基础展开的研究,故本书认同田金昌的数据,即台湾至 2005 年有 122 座三官庙。至今该数据应该有所增加,课题组在台湾调研期间,在所调研的 24 座庙宇中,有两座为新建的三官庙,即台中 2009 年所建的三官

---

① 张伊德主编《WTO 成员国概览》第 2 卷,中国言实出版社,2002 年,第 648 页。
② 台湾地区数据来源:田金昌《台湾三官大帝信仰——以桃园地区为中心(1683—1945)》,台湾硕士论文,2005 年,第 55 - 62 页。
③ 沈继生《泉州三官大帝宫的调查报告》,《泉州民间信仰》,总第 15 期,1998 年 12 月。
④ 成孝华《三官大帝信仰与地方社会之研究——以台中市陈平聚落为例》,台湾逢甲大学硕士论文,2016 年。

庙、桃园 2019 年所建的三官庙。可能实际要大于 124 座,原因在于很多庙都是先建庙后申报。

下面将田野调查与文献搜集的三官庙列示出来,作为后面章节谱系探讨的基础。如下表 4 - 6 所示。

表 4 - 6 台湾三官庙的分布(部分)

序号	名称	创建时间	当代重修时间	地址	供奉神灵	参考文献	备注
1	三元宫	清道光年间	1971 年	新竹县湖口乡湖镜村湖口老街 278 号	三官大帝	罗烈师《庙宇庙语:湖口老街三元宫纪事》	
2	启明堂三官殿	1984 年	不详	高雄左营区莲潭路 36 号	三官、南斗星君、北斗星君、地藏王、观音、文昌帝君等	田野调查	
3	三元殿管委会	1981 年	不详	高雄林园区三官路 12 号	天地水三官大帝(尧舜禹)	田野调查	族群谱系:福建漳州 - 安徽彭城堂
4	三官庙	不详	不详	高雄前镇区康和路 103 路	三清、三官、北斗、南斗等	田野调查	
5	中和境开基三官庙	清乾隆四十年	1984 年	台南市中西区忠义路二段 40 号	三官、太子爷、太岁、南斗星君、北斗星君等。	田野调查	
6	麻豆三元宫	清乾隆四十四年	1952、1969、1999、2001 年	台南麻豆区北势里厾祖庙 41 号	唐葛周三元将军、厾祖	田野调查	
7	内层林三官大帝庙	不详	不详	台南市玉井区 714 号	天地水三官	田野调查	
8	三官大帝庙	明末清初	1967 年迁建	台南市南区新兴路 234 号	天地水三官、宫府三殿下、三清道祖等	田野调查	

（续表）

序号	名称	创建时间	当代重修时间	地址	供奉神灵	参考文献	备注
9	新化三元宫	清朝	不详	台南新化区民生路314巷65号	陈王孙三元帅：中间为王元帅，左边为孙元帅，右边为陈元帅	田野调查	
10	三官大帝庙	清乾隆时期	1988年	台南市左镇睦光里58-1号	天地水三官大帝（尧舜禹）	田野调查	清乾隆时从台南三官大帝庙乞香火，1999年赴福建泉州请三官神像。
11	三元宫	不详	不详	台中市西区柳西路二段57号	不详	田野调查	
12	三官大帝庙	1989年	不详	台中市西区五权西路一段71巷1弄2号	天地水三官大帝	田野调查	
13	圣明宫三官庙	2005年	不详	台中市西区大忠衔112号	地官为主神，中间地官，左边天官，右边水官	田野调查	
14	三官舜天宫	2009年	不详	台中市北中区中清西一街8号	天地水三官	田野调查	
15	紫微宫三官大帝	清乾隆六年	1991年	台中市北屯区中清路二段568号	天地水三官（尧舜禹）、神农、城隍、福德正神、玉皇、道祖老君、瑶池金母娘娘	田野调查	

（续表）

序号	名称	创建时间	当代重修时间	地址	供奉神灵	参考文献	备注
16	神冈三官庙	1940 年—1950 年	不详	台中市郊区	天官	田野调查	上元节有人会带着三官大帝神像来此拜拜
17	三元宫	1971 三界公炉	1974 年塑金身 1996 年 2009 年	台中市太平区宜昌东路 1 号	天地水三官大帝、虎爷将军、关圣帝君、观音、天上圣母、济公等	田野调查	
18	三清三元宫			彰化县福兴乡振兴巷 10-1 号	三元大帝三清祖师	《一生必拜台湾地区神庙》	使用贝壳、礁石、珊瑚造庙
19	三元宫	1960 年—1970 年	2014 年	新北市三重区仁昌街 111 号	天地水三官、关圣帝君、观音、佛祖、天上圣母、福德正神、中坛元帅	田野调查	
20	兴元宫	不详	2000 年	桃园市中坜区龙冈路三段 37 巷 92 弄 102 号之 1	天地水三官大帝（尧舜禹）中坛元帅等	田野调查	
21	八德三元宫	乾隆三十八年	1967 年 2001 年 2005 年	桃园市八德区中山路 2 号	天地水三官大帝玉皇大帝太岁、文昌	田野调查	
22	三角林三元宫	1972 年改建	2018 年	桃园龙潭三角林	三官大帝、观音、三山国王等	田野调查	
23	三官宫	清乾隆二十五年间	1966 年 2013 年	桃园龙潭三洽水联庄	天地水三官大帝（尧舜禹）	田野调查	

（续表）

序号	名称	创建时间	当代重修时间	地址	供奉神灵	参考文献	备注
24	三元宫	2019年		桃园大溪区员树林	天地水三官大帝 天上王妈 圣母娘娘等	田野调查	在建，2019年农历十一月十八日举行安座大典

资料来源：课题组田野调查资料与文献资料。
罗烈师《庙宇庙语：湖口老街三元宫纪事》，湖镜社区发展协会，2002年。

除了主祀的三官大帝庙宇外，台湾还有配祀三官的庙宇，如高雄市道德院、新竹县太和宫、台南大天后宫、花莲县花莲港天宫、云林县北港镇朝天宫、高雄大发开封宫等。主祀三官是三官文化主体地位的显示，而配祀三官是满足更多信众需求的表现，也是三官文化传播的表现。民间供奉三官具有广泛性，许多传统民宅正厅会悬挂"三界公炉"。[1]

综上所述，就目前的资料而言，港澳地区三官文化有一定的分布，台湾的三官文化分布较为广泛。

小 结

本章以文化政策和宗教政策为中心，探讨1949年以来中国的三官文化谱系与认同，同时，探究港澳地区的三官文化谱系，台湾的三官文化空间谱系。

首先，从1949年到1966年，三官文化谱系延续的特点在于两方面：一是道教的三官得到政府的理解与尊重，并将具有较高历史、文化、科技价值的三官庙作为文物保护单位予以保护；二是民间的三官文化，较少得到保护。其次，1966到1976年，三官文化基本不存。再次，1977年到2001年，恢复的三官庙有42座，其中城市15座、风景区16座、乡村11座。这一恢复离不开政府对宗教的理解与尊重，还离不开地方百姓的倾向性认同。

最后，2002年至今，包括主祀与配祀共计恢复的三官庙有211座，不仅有文化政策的促进，还有宗教政策的推动。在文化政策方面，我国2004年加入《世界保护非物质遗产公约》，使得我国政府有了看待民间三官文化的新的视角。而且之后在中国共产党代表大会上又有了关于优秀传统文化传承方面的相关阐述以及规定等，2011年《非物质文化遗产法》的颁布使得非遗保护有了法律保障。一

---

[1] 段凌平《闽南与台湾民间神明庙宇源流》，九州出版社，2012年，第93页。

些地区还将上元节、中元节、三官信俗申报为非物质文化遗产项目。党的宗教工作的基本方针是三官文化得以恢复的基础,同时三官庙作为宗教活动场所进入宗教管理体系。总之,在政策的引领下,三官文化认同继续发展,推动三官文化谱系的恢复。

在港澳台地区,澳门仅发现三官文化的相关线索,还没有找到有庙宇供奉三官大帝的;香港的三官文化谱系呈现出以三元宝诞的仪式叙事为中心的模式,其中兼具语言叙事、物象叙事与行为叙事;台湾的三官文化的空间分布较为普遍,三官庙宇宫观几乎遍布全岛。

第五章
城镇化背景下中国三官文化谱系与认同

随着"一带一路"倡议的推进,国内"一带一路"沿线地区的城镇化程度进一步深入。"一带一路"使城镇化的视野更加开阔,将进一步促进并加强国内外城市之间的交流;城镇化的大力发展,将有助于"一带一路"的纵深发展。

城镇化的概念是由西班牙塞尔门(A. Serda)最早在其著作《城镇化的基本理论》中提出的。[①] 城镇化是指人口从农村向城市转移,造成城市规模扩大和城市数量增加的过程。[②] 城镇化包括两个方面:人的城镇化与土地的城镇化。国家自中华人民共和国成立以来就重视城镇化的发展,1949 年以来城镇化的脚步几乎没有停止过。根据统计数据,1978 年至 2012 年,常住人口城镇化率从 17% 上升为52.6%,户籍人口城镇化率从 16% 上升为 35.3%。[③] 很长一段时间内,土地的城镇化是主流,人的城镇化往往被忽视。随着社会的发展,在学者们对城镇化问题探究的基础上,政府从实际出发,进一步提出新型城镇化的战略目标。2014 年国家发布《国家新型城镇化规划(2014—2020 年)》,指出当下城镇化存在的问题之一,即土地城镇化快于人口城镇化,建设用地粗放低效。[④] 认为应"以人的城镇化为核心,有序推进农业转移人口市民化"。[⑤] 强调"以人为本,公平共享。有序推进农业转移人口市民化,稳步推进城镇基本公共服务常住人口全覆盖,不断提高人口素质,促进人的全面发展和社会公平正义,使全体居民共享现代化建设成果"。[⑥] 可

---

① 周一星《城市地理学》,商务印书馆,2003 年,第 5 页。
② 李芹《社会学概论》,山东人民出版社,2012 年,第 230 页。
③《国家新型城镇化规划(2014—2020 年)》,中央政府门户网站,http://www.gov.cn/zhengce/2014-03/16/content_2640075.htm,2014 年 3 月 16 日。
④《国家新型城镇化规划(2014—2020 年)》,中央政府门户网站,http://www.gov.cn/zhengce/2014-03/16/content_2640075.htm,2014 年 3 月 16 日。
⑤《国家新型城镇化规划(2014—2020 年)》,中央政府门户网站,http://www.gov.cn/zhengce/2014-03/16/content_2640075.htm,2014 年 3 月 16 日。
⑥《国家新型城镇化规划(2014—2020 年)》,中央政府门户网站,http://www.gov.cn/zhengce/2014-03/16/content_2640075.htm,2014 年 3 月 16 日。

见土地城镇化注重城镇化的空间范围,新型城镇化注重城镇化中人的素质的提升、人的合理需求的满足等方面。至 2021 年底全国常住人口城镇化率为 64.72%。[①] 为进一步提高城镇化率,国家发展改革委发布《2021 年新型城镇化和城乡融合发展重点任务》,[②]推进人的素养的提升。

土地城镇化注重空间的扩张,势必要求去除土地上的建筑物以满足空间的需要。由此,以空间为承载的文化遗产自然会失去发展的根基,文化遗产会在土地城镇化的浪潮中消逝。而新型城镇化则不同,其强调以人为本,文化遗产能够得到相应的保护。"一带一路"将带动城镇化从注重土地转到人的城镇化上。从民俗学的角度看,土地城镇化解构农村非物质文化遗产与传承人群体,尤其是对农村民间民俗文化空间的解构,是现代性对传统的消解;新型城镇化或者人的城镇化则注重农村文化遗产的保护与传承,从农村庙宇的故事中挖掘与社会主义核心价值观相适应的内容并对其进行发扬,是对乡村文化遗产重塑与重构的过程。

三官文化受到土地城镇化和新型城镇化的影响。学术界在城镇化背景下研究三官文化的论文还比较少见。因此,本章以"一带一路"倡议为基础,在城镇化背景下探讨三官文化谱系与认同,对于认识城镇化对民间俗信的影响有基础性意义,在民间俗信的保护与传承方面也有重要价值。

本章分为四节,第一节以北京、四川成都、河南郑州为例,从土地城镇化出发,探讨三官文化谱系与认同;第二、三、四节从新型城镇化出发探讨三官文化谱系与认同,第二节以山西太原、河南焦作、云南临沧为例;因浙江在叙事方面提出了"一庙一故事"的价值工程,具有特殊性,因此单列一节,即第三节;第四节则探讨福建漳泉三官文化谱系与认同。

选择这些城市的原因如下:选择北京的原因有三,一是北京作为首都,有着重要的政治地位;二是丝绸新路的北线 B 和中线的起点均为北京;三是历史上北京有着丰富的三官文化。选择四川成都、绵阳的原因有二,一是四川鹤鸣山是三官文化的发源地之一,其就在成都附近;二是在"一带一路"中成都是成渝城市群的核心之一,绵阳是城市群重要的城市之一。选择河南郑州的原因有两个,一是

---

① 《中华人民共和国 2021 年国民经济和社会发展统计公报》,国家统计局,http://www.stats.gov.cn/xxgk/sjfb/zxfb2020/202202/t20220228_1827971.html,2022 年 2 月 28 日。

② 《国家发展改革委关于印发〈2021 年新型城镇化和城乡融合发展重点任务〉的通知》,中央人民政府官网,http://www.gov.cn/zhengce/zhengceku/2021-04/13/content_5599332.htm,2021 年 4 月 8 日。

郑州列于中原城市群之首;二是郑州是"一带一路"中线的城市之一。选择河南焦作的原因是焦作是中原城市群的重要城市之一,而且三官文化形态丰富。选择山西太原的原因有三,一是太原具有纵贯南北,横通东西的区位优势;[1]二是"太原入选《丝绸之路经济带海关合作协议》十大海关",[2]还被遴选为国家级流通节点城市;[3]三是太原拥有兼容并蓄的历史文化资源,[4]三官文化形态丰富。选择云南临沧的原因是在临沧设有中缅边境经济合作区,临沧重要的地理位置以及丰富的三官文化资源。选择浙江的原因是浙江政府进行的"一庙一故事"的项目,解决了在新型城镇化下民间俗信与社会主义相适应的问题,对于"一带一路"倡议下城市之间的文化交流有着重要作用。选择浙江杭州、台州的原因不仅在于其是长三角城市群浙江之城市,更是当地三官文化与"一庙一故事"的丰富性,能够有效促进"一带一路"下城市之间关于民间文化的交流。选择福建的原因,一方面是海上丝绸之路的重要省份,另一方面是台湾地区受到福建的影响较多,为下一章探讨闽台关系奠定基础。选择福建漳州、泉州的原因有二:一是在台湾地区有很多漳泉籍的移民,二是泉州为"一带一路"之海上丝绸之路的起点,三是漳泉两地有着丰富且多样的三官文化形态。

第一节　土地城镇化下三官文化谱系与认同

自 1949 年以来,城镇化已有 70 多年的历史,其以土地为中心且逐渐深入发展,1949 年时城镇化率只有 10.9%,到 2018 年时为 59.58%,城镇常住人口也增加了约 7.7 亿人。[5] 土地城镇化带来城市规模的迅速扩张。从土地城镇化的发展历史来看,其对文化遗产的影响是深远的,尤其是对民间俗信类文化遗产,有很多表现地方文化的民间俗信谱系呈现断裂的状态,其中三官文化就是典型案例。不同地区的三官文化谱系呈现出不同的状态,认同也在发生着变化。

下面分别以北京、四川成都和绵阳、河南郑州为例来看土地城镇化下三地三官文化谱系与认同。

---

[1] 胡建林主编,《2015 年度太原社会科学研究成果》,山西经济出版社,2016 年,第 20 页。
[2] 胡建林主编,《2015 年度太原社会科学研究成果》,山西经济出版社,2016 年,第 20 页。
[3] 胡建林主编,《2015 年度太原社会科学研究成果》,山西经济出版社,2016 年,第 20 页。
[4] 胡建林主编,《2015 年度太原社会科学研究成果》,山西经济出版社,2016 年,第 20 页。
[5] 踪家峰、林宗建《中国城镇化 70 年的回顾与反思》,《经济问题》,2019 年第 9 期,第 6 页。

一、北京三官文化谱系与认同

从 1949 年到 1958 年,北京的城镇化率从 43％上升至 55％,①1979 年到 2000 年,北京城镇化率从 56.9％增加到 77.5％;2001 年到 2013 年,北京城镇化率从 78.06％增加到 86.3％;②到 2020 年,北京城镇化率为 86.6％。1949 年以来,北京的城镇化更多的是以土地城镇化为中心。2014 年中共中央、国务院印发《国家新型城镇化规划(2014—2020 年)》之后,逐渐向人的城镇化转变,更专注于以人为本的城镇化建设,专注优秀传统文化的传承与保护。③ 在这一过程中,三官文化谱系受到城镇化的影响,认同呈现出缺失与延续交错行进的状态。

(一) 北京三官文化谱系的断裂与延续

在北京,曾经供奉三官的三官庙有 5 处:大慈延福宫(现为遗址)、西海北沿三官庙、灵应三官庙、西城区恭俭胡同三官庙、丰台区长辛店镇三官庙(现为当地社区文化中心)。当下供奉三官的庙宇是北京白云观三官殿。由这些三官庙宇可以发现北京三官文化谱系的发展演变情况。

1. 族群谱系的断裂与延续

族群谱系指以三官为崇拜对象的群体。北京三官崇拜群体呈现出地区间、民间与道教之间发展的不平衡。西海北沿三官庙的信众呈现断层趋势,灵应三官庙的信众在沉寂中延续,而白云观的信众则呈现继续发展的态势。

西海北沿三官庙是西城区文物保护单位,1924 年重修,2019 年前曾有居民居住。据居民介绍,20 世纪 50 年代,他们搬到这里居住至今。从 20 世纪 50 年代开始,信仰群体已经出现断裂。至少到 1924 年后,该庙还是有着信仰群体的。传承三官文化的族群谱系发生断裂,至今还没有恢复的迹象。

灵应三官庙始建不详,重建于乾隆辛丑年,在门匾上还有"乐善重建"的字样。该庙是东城区 2013 年普查登记的文物,到 2019 年 10 月尚处于修缮的状态。所处的位置原来是北晓顺胡同 1 号,现在称为前门大街,为一条繁华的商业街。这是典型的土地城镇化的结果。建筑形态完整,但是信仰群体在沉寂中

---

① 常艳《城镇化发展历程回顾与新型城镇化发展趋势分析——以特大城市北京为例》,《经济纵横》,2014 年第 9 期。
② 常艳《城镇化发展历程回顾与新型城镇化发展趋势分析——以特大城市北京为例》,《经济纵横》,2014 年第 9 期。
③ 常艳《城镇化发展历程回顾与新型城镇化发展趋势分析——以特大城市北京为例》,《经济纵横》,2014 年第 9 期。

延续。

白云观因属于道教体系,作为全真教祖庭,三官文化容易得到传承,族群谱系即使在 1966—1976 这一特殊历史时期断裂,也在宗教信仰自由政策落政后迅速得到恢复,尤其是白云观的道士作为文化承载的主体而得到中国道教协会的迅速配置。白云观恢复后,其香火自然会随着庙宇的重新开放而逐渐兴盛起来,族群谱系也逐渐得到恢复。

由此可见,民间三官的族群谱系在当下是断裂的,而道教三官的族群谱系是延续的、得到传承的。

2. 形式谱系

形式谱系包括语言叙事、物象叙事、行为叙事,通过这些叙事可以进一步发现谱系断裂或延续的状态。

首先,在语言叙事方面。土地城镇化下,庙宇成为居住的场所,庙宇建筑具有文物价值,但是其内在文化价值很难呈现。大慈延福宫文物保护铭牌为"大慈延福宫建筑遗存",[①]铭牌上的内容为"北京大慈延福宫(三官庙)始建于明成化十七年(1481),供奉天、地、水府三元之神,又称三官庙,为道教宫观建筑。坐北朝南,分东、西两路,现存东路通明殿、后殿等建筑。建筑皆为黑色琉璃剪边瓦顶,梁架、斗栱保留有明代建筑特征。神龛、藻井、砖制山花保存完整,雕刻精细,是研究元明时期北京城市变迁的重要实物"。[②] 通过铭牌可以知道该建筑遗存所为何物,其中并未阐述大慈延福宫的文化价值。

西沿北海三官庙的门前马路边上,有指示铭牌,上面写着"三官庙,位于西海北沿 29、30 号,西城区文物保护单位,三官指的是天官地官水官,他们的生日分别为上元正月十五日、中元七月十五日、下元十月十五日。历代帝王对三官都非常推崇。1924 年重修。庙坐北朝南,依次建有山门一间,前殿三间及东西配殿各三间,后楼三间及东西配殿各三间。西跨院有北房和西房。共有殿房二十二间,基本保持原建筑格局。现为民居"。[③] 在这段叙事中,讲述了三官庙的历史与现状,供奉的神灵及圣诞时间,尤其是最后一句话"现为民居"道出了其信仰谱

① 查群《1950 年代北京大慈延福宫(三官庙)维修计划始末》,《中国文化遗产》,2019 年第 3 期,第 75 页。

② 查群《1950 年代北京大慈延福宫(三官庙)维修计划始末》,《中国文化遗产》,2019 年第 3 期,第 75 页。

③ 摘录自西海北沿三官庙庙前介绍铭牌,摘录人课题组成员,摘录地点北京西海北沿 29、30 号,时间 2019 年 10 月 27 日。

系断裂的现状。

灵应三官庙在前门东大街 15 号附近,属道教庙宇,该庙何时建造已无从可知,大殿曾供奉九尊神像,现存一方石碑,即乾隆四十六年(1781 年)"重建三官庙碑"。现存建筑为清式建筑,坐南朝北。后院有配房 6 间,后殿 3 间,屋面已翻修,为居民住宅。① 2019 年 10 月课题组去调查时,尚在修缮中,已经不是居民居住。从该叙事中可以了解该庙神像、建筑以及归属的情况。该叙事再次说明了族群谱系的断裂状态。关于恭俭胡同三官庙、丰台区长辛店镇三官庙的叙事则比较少见,进一步说明两座三官庙的谱系也处于断裂的状态。而白云观三官殿则不同,其供奉天地水三官大帝,香火旺盛。在很多介绍白云观的书籍中,都会讲述三官殿供奉的神灵,如谢宇主编的《建筑百科大世界丛书·园林建筑》、江泛主编的《道与生态家居》等。这些都呈现了白云观三官崇拜的延续性。

尽管大慈延福宫的遗存、西海北沿三官庙、灵应三官庙、恭俭胡同三官庙、长辛店镇三官庙的谱系处于断裂的状态,但是语言叙事为它们保留了后代认识并了解当地三官的资料,使谱系的重建与恢复具有一定的可能性。更加重要的是白云观三官殿的存在有利于西海北沿、前门大街的人们认识并了解三官,再去反观各自区域内的三官庙,有启发作用。

其次,在物象叙事方面。物象包含图像(画像、雕塑)、器物(各种生产生活用具、建筑以及神器)与自然物(日月山川),其中只有那些与文化事象相关的物象才能称为物象叙事,亦即只有那些被称为神,或者与民俗事象密切相关的物象才会与民俗相关,才可称为物象叙事。② 1949 年以来非常重要的道教宫观之一是大慈延福宫,其曾是明朝的皇家寺庙,供奉天地水三官大帝,被梁思成称为"北京现存极罕贵的具有历史艺术价值的文物建筑",③但是并没有得到及时的保护。从 20 世纪 50 年代开始,"先后有两个单位在大慈延福宫原址建设办公楼,大部分古建筑被拆除,碑亦不存。只留下东院的通明殿、延座宝殿以及部分西房。殿顶神龛及藻井雕刻精细"。④ "1990 年 2 月 23 日北京市人民政府公布大慈延福宫建筑遗存为北京市重点文物保护单位"。⑤ 形成该现状的因素有很多,其中重

① 北京市古代建筑研究所编《北京古迹概览》上,北京美术摄影出版社,2019 年,第 405 页。
② 田兆元《神话叙事与社会发展研究》,陕西师范大学出版总社,2019 年,第 120 页。
③ 查群《1950 年代北京大慈延福宫(三官庙)维修计划始末》,《中国文化遗产》,2019 年第 3 期,第 80 页。
④ 田瑾《大慈延福宫述略》,《中国道教》,2001 年第 3 期,第 58 页。
⑤ 田瑾《大慈延福宫述略》,《中国道教》,2001 年第 3 期,第 58 页。

要的一点是北京的城镇化,尤其是重视土地的城镇化,对大慈延福宫有关键影响。1950 年代,文物保护部门曾经为保护大慈延福宫提出四套方案,但是均未成行。1952 年 8 月,北京房管局给"文整会"发函《为建设局道路工程事务所拟在三官庙内建平房三间请审查可否同意》,提出三官庙的后面三殿坍塌无法使用,为了解决工人的住房问题,打算在三官庙内建三间平房。建设局在进行道路工程的事务中,需要员工宿舍,而道路工程恰恰是城镇化的一部分。在之后的城镇化进程中,大慈延福宫受到进一步的影响,"60 年一路走来,几乎陆续拆毁了大慈延福宫最具价值的所有建筑"。① 从 1952 年提出保护至今已有 70 多年的时间,城镇化也走过了 70 年的时间,北京的城镇化率也从当年的 43% 上升到 86%,所付出的代价也是显而易见的。这种以扩大土地范围为中心的城镇化,是三官文化神圣空间发生变化的重要因素之一。

除了庙宇空间之外,还有关于三官的塑像,大慈延福宫的天地水三官塑像现存于东岳庙的育德殿,"天、地、水三官端坐在神龙遨游的坐床上,手持圭板,头戴天平冠,身着冕服,足登高齿履。天官端居正中,表情温和慈善,凝眉睿目,神韵超俗,一副雍容华贵的气派,地官、水官左右分坐,地官神态安详,黄色的面容喻意着大地的色彩。水官宽脸圆额,虬髯圜眼,面色黑红,神态威武。三官像两侧,分立 8 尊文武侍臣。生动的造型设计,流畅精致的制作工艺,显示出明代造像艺术的高超水平"。② "这些神像均为金丝楠木雕刻,妆銮,沥粉贴金。服饰为明代式样,衣带纹饰生动"。③

1952 年北京的城镇化,是大慈延福宫修复未成行的因素之一。其改变了关于三官供奉以及神像的物象景观叙事谱系。

西海北沿三官庙作为文物保护单位,是什刹海公园的景点之一,之前的居民已经腾退,建筑形式值得人们的关注。还有门前文物保护单位的铭牌中关于三官文化的介绍,与三官庙的建筑一起形成关于三官文化的物象叙事。前门大街的灵应三官庙,尽管还没有开放,但是作为东城区文物普查的登记文物,在前门大街这个商业街上具有一定的景观意义,以及呈现前门大街身前事的历史意义。门匾上的"乾隆辛丑年""众善重建""灵应三官庙"会引起人们对该三官庙的好奇

---

① 查群《1950 年代北京大慈延福宫(三官庙)维修计划始末》,《中国文化遗产》,2019 年第 3 期,第 84 页。
② 田瑾《大慈延福宫述略》,《中国道教》,2001 年第 3 期,第 58 页。
③ 田瑾《大慈延福宫述略》,《中国道教》,2001 年第 3 期,第 58 页。

心与探究心。还有恭俭胡同三官庙,位于恭俭胡同43号,在2019年北京西城区政府认定其为区级文物保护单位。① 但是该三官庙也尚在修缮中,将来也会成为一座讲述三官神话的城市景观,另外,丰台区长辛店镇的三官庙建筑年代不详,坐北朝南,现存后殿三间,东西耳房各一间。东西配殿、山门为仿古建筑。② 四座三官庙中两座文物保护单位,一座不可移动文物,一座文物普查登记文物。它们作为物象叙事均有指向,即三官其名能够引起人们去探究并引起讲述三官神话的可能。

在白云观三官殿,物象叙事更能够有具体的所指,使人们通过三官殿及其相关神灵的塑像对三官有具象的认识与理解,与三官相关的叙事相结合,三官的形象会更加的立体。作为道教全真派祖庭的白云观,其地位的特殊性是北京三官文化谱系重建的基础,将有助于北京三官文化物象叙事谱系的恢复。

最后,在行为叙事方面,大慈延福宫遗存、西海北沿三官庙、前门大街的灵应三官庙、恭俭胡同三官庙、长辛店镇三官庙均处于谱系的断裂状态。白云观的三官殿有所不同,在上中下三元节均有相关的圣诞祝寿活动。三元节加上三官殿的相关语言叙事,有助于三官文化的认同。口头叙事加上仪式行为叙事,传达的是一种神圣信仰的情感与情绪,可以感染民族的成员,形成在精神层面的民族文化的认同。③

可见,在形式谱系中,从语言叙事、物象叙事到行为叙事,北京民间三官文化谱系尚处于断裂阶段,但是语言叙事保留了北京三官文化的历史渊源与现状;物象叙事以文物保护单位的形式将神圣空间保护起来并予以呈现;白云观三官殿的三元节仪式叙事,是人们认识与理解三官的基础。这些构成民间三官文化的形式谱系,是三官文化未来获得恢复的重要基础,具有重要的资料价值。

将三官文化的族群谱系与形式谱系结合起来看,尽管北京民间三官文化在当下一段时期内尚处于谱系的断裂状态,但是随着土地城镇化向人的城镇化的转向,民间三官文化谱系将得到恢复和延续。白云观的三官信众会进一步影响甚至会促进北京民间三官文化的恢复。

---

① 《西政发〔2019〕2号北京市西城区人民政府关于公布北京市西城区第四批区级文物保护单位的通知》,北京市西城区人民政府网,https://www.bjxch.gov.cn/xcdt/xxxq/pnidpv894020.html,2021年4月29日。

② 《丰台区不可移动文物名录》,北京市丰台区人民政府网,http://www.bjft.gov.cn/ftq/ggfwmk/202103/b72317393b664f21a1cbc634d92f2507.shtml,2021年3月。

③ 田兆元《神话叙事与社会发展研究》,陕西师范大学出版总社,2019年,第189页。

（二）文化认同

道教中三官文化谱系的延续说明在当下对道教三官文化的认同可能不是主要问题，而民间三官文化谱系的断裂说明官方对民间三官文化的认同尚未完全形成。北京民间三官文化的认同主要表现在对民间三官庙建筑的历史、科学、艺术价值的认同上，多个三官庙要么是文物保护单位，要么是普查登记文物，政府认同这些三官庙的历史，也认为它们的建筑具有科学、艺术价值。但对其文化价值的认同还有待形成。

二、四川成都、绵阳三官文化谱系与认同

四川成都是"一带一路"成渝城市群中核心城市之一，到 2021 年上半年，成都的城镇化率达到 70.3％。① 绵阳也是四川重要的城市之一，有着中国科技城之称，是四川的第二大经济体，还是成渝城市群区域中心城市。② 2021 年绵阳的城镇化率达到 51.66％。③ 因此，选择成都和绵阳两座城市来看土地城镇化下的三官文化谱系与认同。

（一）城镇化下的三官文化谱系

成都市辖锦江、青羊等 12 个区，都江堰等 5 个县级市，大邑等 3 个县，以及 2 个开发区，1 个直管区、1 个新区。④ 大邑县鹤鸣山曾经是三官文化的发源地之一，因此，成都成为道教发展的重要地区之一。在成都，三官文化谱系呈现出以道教为中心的模式，有 3 座供奉三官的宫庙：成都市青羊宫、都江堰二王庙、青城山上清宫，2 处三官文化的遗留，即三官堂街。其中青城山、都江堰作为四川省的 5A 级景区，对于成都城镇化率的提升具有特殊的意义，不仅提升外地人旅游的感受，而且通过土地城镇化的方式改变人们的生活方式。青羊宫、二王庙、上清宫均是道教的宫观，其中的三官文化在道教体系内有一定的发展，而民间三官

---

① 《成都都市圈年底将完成起步期目标》，成都市人民政府官网，http://www.chengdu.gov.cn/chengdu/home/2021-11/12/content_1bc5acf2a67d47cdbc2c041fe672186b.shtml，2021 年 11 月 12 日。

② 中共绵阳市委、绵阳市人民政府《李白出生地　中国科技城——绵阳市情简介（2021 年）》，绵阳市人民政府网，http://www.my.gov.cn/mlmy/mygk/sqjj/index.html，2021 年 4 月 27 日。

③ 《宜居宜业　绵阳城镇化率持续提升》，绵阳市政府网，http://www.my.gov.cn/ywdt/snyw/26586071.html，2021 年 6 月 11 日。

④ 《行政区划与人口》，成都市人民政府网，http://www.chengdu.gov.cn/chengdu/rscd/xzqhyrk.shtml。

庙仅有遗留。

在族群谱系方面。青城山上清宫,三官诞辰三元节吸引着来自不同地区的信众,根据道长的介绍,中元节期间,登记祭祀祖先、为地官祝寿的信众,有来自成都及四川各地的,还有来自省外的信众。① 由此可见,这是城镇化促进景区发展和优化的结果。

在形式谱系方面,关于三官的语言叙事有文献形式和导游讲述形式。在文献中,有关于三官堂街的阐述,第一条三官堂街在四川大学和望江公园的对面,之所以称为三官堂街,"是因为这里在清代有一座名叫三官堂的道观"。② 课题组曾在该三官堂街走访,发现临街的商铺已无人知道三官堂街的来历。另一条街在老南门城墙外面的东侧,"这条小街在建国初期城市建设之中被拆除"。③ 三官堂为道观,也称为三元宫,"道家以天地水府为三元,又号三官,街以建三官堂得名"。④ 可见第一条街虽然保存下来,但当地百姓对其已没有认识,第二条街则在城镇化过程中被拆除。在都江堰二王庙、青城山上清宫,导游仅解释供奉的神明的名字及功能,且通常一带而过。

关于三官文化谱系的物象叙事则较为丰富。在青羊宫形成天地水三官神像、楹联为中心的物象景观;在都江堰二王庙三官殿,三官塑像在 2018 年 5 月 12 日地震后得以重塑金身,三官殿的匾额为乐至书法大家李树荣所撰,殿两边嵌有"遇湾截角,逢正抽心"的玉牌,据说站在距离玉牌一米远处,闭上眼睛往前走,去摸"心"字,以判断人心正或不正;⑤在青城山上清宫,三官塑像供奉在进门后的阁楼上,上悬"恩覃三界""花宫绚烂"的两块匾,"花宫绚烂"匾为同治时期由"俗友杨廷友拜赠","同治戊辰九月中浣穀旦",还有楹联"万灵归统御,三界德参承"。⑥

在行为叙事方面,上清宫的三元节仪式是行为叙事的代表。在上中下三元节期间会有相应的道场,如 2021 年中元节的中元法会,时长为三天,为冥阳两利

---

① 田野调查资料:被采访人为上清宫道长,采访人课题组成员,地点上清宫,时间 2021 年 7 月 17 日。

② 袁庭栋《成都街巷志》(下),四川教育出版社,2010 年,第 556 页。

③ 袁庭栋《成都街巷志》(下),四川教育出版社,2010 年,第 561 页。

④ 四川省档案馆编,丁成明、陈海泉主编《打开　跟着档案去旅行》,四川人民出版社,2014 年,第 165 页。

⑤ 田野调查资料:调查人课题组成员,地点二王庙,时间 2021 年 7 月 17 日。

⑥ 田野调查资料:调查人课题组成员,地点上清宫,时间 2021 年 7 月 17 日。

普福法事,在法事之前有法会通知,根据信众的需求提供相应的有偿服务,如三天法会随堂超度、三天法会随堂祈福,随堂祈福法会、随堂消灾法会,超荐婴灵、专设灵位、为亡者封袄子 20 封,脱身符 3 套,为亡者填写宝箓符,单独填写祈福文书,共同普福申文上表等。①

可见,成都的城镇化一方面带动旅游景区及其周边的发展,对于道教三官文化谱系的发展有着重要的作用;另一方面还在解构城市民间三官文化的谱系,成都市区的三官堂街的拆除,意味着民间三官文化谱系解构的开始。土地城镇化较少影响道教的三官文化,却在无意中成为解构民间三官文化的方式之一。

除了成都之外,四川绵阳作为成渝城市群中的区域中心城市,约有 2 座三官庙,一座在绵阳的郊区三官庙村,在城镇化过程中,随着村子的拆迁而拆除。当地百姓在遗址上继续烧香膜拜。另一座是三台县郪江古镇的帝主庙,供奉三官大帝。该庙始建于明万历时期,重建于清乾隆、扩建于道光二十三年(1843),为湖北黄州移民捐建,三官即是天官、地官和水官,分别总主诸天帝王、五岳帝君和九江水帝,为天、地、水诸帝共同之主,因此得名帝主。②"郪江帝主宫,是绵阳市境内至今唯一保存完好的三官庙,于 1999 年被三台县人民政府列入县级文物保护单位"。③ 2019 年,三台帝主庙成为四川省第九批省级文物保护单位。④ 在城镇化过程中,乡村的三官庙很难得到保护与保留,而在古镇,那些具有历史、文化、艺术以及科学价值的三官庙会被保留下来。

由上可见,成都与绵阳在城镇化过程中,表现出不同的特点,成都更重视道教体系内的三官文化谱系的延续,解构城市中民间的三官文化;绵阳重视城镇中具有历史、艺术等价值的三官神圣空间,而忽视乡村百姓对三官文化的需求。总之,民间三官文化作为弱者容易在城镇化过程中被消解。

(二) 文化认同

首先,成都的三官文化谱系的形成离不开人们对道教体系内三官的认同。青城山上清宫信众来源地域的多元化,更进一步说明随着城镇化的发展,旅游景区的三官崇拜更能得到人们的认同。尤其在三官赐福赦罪解厄的功能的影响

① 田野调查资料:调查人课题组成员,地点上清宫,时间 2021 年 7 月 17 日。
② 何一民、刘吕红编著《岁月留痕》,巴蜀书社,2005 年,第 122 页。
③ 姚小红、戴岱编著《郪江印象》,内部资料第 17 页。
④《四川省人民政府关于公布第九批省级文物保护单位的通知》,四川省人民政府官方网站,https://www.sc.gov.cn/10462/c103045/2019/1/13/65d09e474cfc411a8c6fa76a9f28c1bc.shtml,2019 年 1 月 10 日。

下，人们会在三官诞辰的大日子膜拜三官，为己为人表达心愿。人们通过语言叙事、物象叙事、行为叙事等，实现对三官的崇拜。

其次，绵阳的三官文化谱系体现出当地对城镇三官文化空间的认同。尽管乡村有着信仰群体，但是其神圣空间无法得到认同。乡村三官庙原有的神像被毁、庙宇被拆，仅有的是村民自发的初一十五的祭拜活动。而在三台县的郪江古镇，供奉三官的帝主宫得到了应有的保护。这是文物保护方面的认同。

总之，城镇化下，成都和绵阳在三官文化方面的认同，呈现出重道教、忽视民间，重城镇、忽视乡村，重文物、忽视需求等特征，这些是土地城镇化对三官文化影响的外显。

三、河南郑州三官文化谱系与认同

河南郑州是"一带一路"中原城市群的核心，注重土地的城镇化。新中国成立时，郑州城镇化率低于全国城镇化水平，到2020年有了巨大的变化，"城镇化率74.6％"。[①] "郑州市的建设用地扩张速度一直是高速增长型"。[②] 2019年，河南省政府提出将郑州、开封作为郑州（2018—2035年）大都市空间规划的核心引擎区，促进郑州以及开封进一步的城镇化。[③] 城市集群的形成使得城镇化向纵深发展。在这样城镇化程度日益加深的背景下，人们对宗教信仰的需求有时并没有受到重视，尤其是在乡村走向城镇化的过程中，庙宇遗产常常遭到破坏。三官文化是民间俗信中重要的一支，在郑州曾存在一定的谱系，1976年以来随着城镇化的进一步深入发展，三官谱系也在发生着变化。目前来看，郑州的三官庙如中牟县三官庙、郑州市二七区三官庙，2座庙老庙都已被拆，尚处于小庙的状态，均供奉天地水三官。

（一）三官文化谱系

1. 族群谱系

中牟县处于由乡村向城镇转变的重要时期。调研组在中牟某村调查时，询问到的村民几乎都知道三官庙。三官文化群体多为当地村民，尤其是老年女

---

① 《地理位置、面积、人口》，郑州人民政府网，http://www.zhengzhou.gov.cn/view1/index.jhtml＃s。

② 苗东利、杨肖月《城镇化进程中河南城市扩张的特征研究》，《广西城镇建设》，2019年第11期，第127页。

③ 《开封概览》，开封市政府网站，http://www.kaifeng.gov.cn/sitegroup/root/html/402882b73abbbcee013adf543059502a/20131030110872264.html，2021年1月20日。

性,在 2008 年建庙时,主力即是村子的老年女性。[①] 建庙十多年来,村民有事的时候都会到三官庙来拜三官爷。除了该村的老年女性之外,还有邻村的年轻女性,她们往往是为了求子而来。还有其他地方的信众如洛阳、郑州、修武、武陟等,有所求的时候会来到三官庙求三官爷。[②] 在一定程度上,形成了三官庙村村民,邻村部分女性村民,洛阳、郑州、修武、武陟等地的信仰群体谱系,即族群谱系。

郑州市二七区某村已拆迁,现在村民已住在拆迁后政府分配的电梯房中,原来的三官庙已经拆除。当下的三官庙在建筑工地附近,是一间板房,约有 5~6 个平方米。三官庙的信仰群体同样以本村的村民为主,村民有所求就会来三官庙拜拜,有求学的,有求子等,来自周围各个村子,如荆胡村、侯寨村 4 组、路砦村、中原区洼刘村、杏园村等。[③] 由此形成该村三官庙的族群谱系。

由上可见,城镇化背景下,交通的便利较之以前缩短了村镇之间的距离,使得人们之间的联系更加紧密。中牟县是连接郑州与开封非常重要的地域;郑州市二七区,正处于城镇化的热潮中。二者都是在城镇化的背景下,形成了以本地村民为中心,辐射到其他村子,甚至城市市民的族群谱系。

2. 形式谱系

形式谱系是民俗谱系的支撑力量,通过语言叙事,人们能够了解该民俗的来源与历史等;通过物象叙事,一方面形成地方景观,另一方面能够带动语言叙事;通过行为叙事,不仅形成仪式美术,有利于促进非遗美学的发展,还能够生动形象地以活动的形式展示民俗事象,讲述神话。由此,在郑州的中牟县以及二七区有着较为丰富的叙事形态。

1) 语言叙事

首先,中牟县三官庙的语言叙事。

当下,在三官庙村流传着建庙缘起、报应、灵验叙事等。关于建庙缘起的叙事如下:

---

① 田野调查:采访人课题组成员,被采访人管理三官庙的张阿姨,时间 2019 年 10 月 5 日,地点中牟县三官庙内。

② 田野调查:采访人课题组成员,被采访人管理三官庙的张阿姨,时间 2019 年 10 月 5 日,地点中牟县三官庙内。

③ 田野调查资料:采访人课题组成员,被采访人管理三官庙的老夫妻,时间 2019 年 10 月 6 日,地点二七区三官庙内。

三官爷总是找我,说是要建庙。我去问了清凉寺的住持,住持说再看看,如果还是找的话,我自己可以建一个小庙。我回来后,三官爷还是找我,总望着有个大高个黑黑的老缠着我,就这样决定建庙。但是塑像怎么办。忽然有一天从洛阳来一个塑像的,找到我说是三官爷给他托梦,说我这里需要塑像,最后谈妥价格,塑金身以及画像,2 000元,总共来了两回,塑像、画像都搞好了。①

在该叙事中,三官爷缠着张阿姨要建庙的叙事具有巫术的性质,而清凉寺住持的解读是解决信众困惑的一种方式,洛阳的塑像师傅的三官托梦说则打消了张阿姨担心被骗的顾虑。叙事呈现了建庙、塑像等方面的"神奇性"。

报应叙事是关于1950年代拆庙人的报应。"当时拆庙的时候,他们把那些石碑被扔到河沟里去了。后来那个拆庙的领导家里盖房子,儿子开车不知道怎么地掉到河沟里,撞在河沟的石碑上,撞死了。村里人都说这是他当年拆庙扔石碑的报应"。② 此种类型的故事比较常见,一般来说是对老百姓的心理安慰。

另外比较典型的灵验叙事是关于求子的故事:"附近村子的两口子不生孩子,那个女的就找到我,让我跟三官爷说说。我就让她自己来求三官爷,有一天她自己带着东西来求三官爷。后来,说是怀孕生了个儿子。他们一家人来给爷披红放鞭炮,还给我送了一个银手镯。"③该故事再次说明了人们朴素的充满现实主义的愿望,在他们的观念里,认为这是天官赐福满足人们需求的功能的延展。

其次,郑州二七区三官庙的语言叙事。

该村的语言叙事更多是以灵验叙事为中心,如升学、求子、求孙子、求外孙,其中求子是最多的,体现了人们的现实需求。另外该三官庙有残碑一方,为康熙时期所刻,具体内容因碑已经漫漶,无法确知详细内容。

通过两处三官庙的语言叙事,可以发现,人们对信仰的质朴的需求,求子以及望子成龙是祖祖辈辈每家每户的愿望,而三官文化为普通百姓来满足现实愿

① 田野调查:采访人课题组成员,被采访人管理三官庙的张阿姨,时间2019年10月5日,地点中牟县三官庙内。

② 田野调查:采访人课题组成员,被采访人管理三官庙的张阿姨,时间2019年10月5日,地点中牟县三官庙内。

③ 田野调查:采访人课题组成员,被采访人管理三官庙的张阿姨,时间2019年10月5日,地点中牟县三官庙内。

望提供了精神上的安慰。愿望是传统的也是现代的,在城镇化的背景下,三官文化能够给予求子的人们、学子的家长以精神方面的慰藉,精神的力量能够给人们战胜困难的勇气。

2) 物象叙事

中牟县的三官庙与郑州二七区三官庙老庙都曾经有三官的塑像,而且据说非常高大。在这些三官像被毁之后,现在三官庙里的神像已经无法与之前的神像相比,中牟县三官庙的三官像为坐像,约有 1.5 米高,而且该神像的相貌与其他地方的三官神像有所不同,天官身披黄袍,地官、水官身披红袍,三位都手拿绘有北斗七星的笏板。在两边的墙上绘有四大元帅的画像,与真人高矮相仿。二七区三官庙的三官像较为矮小,约有 20 厘米;也为坐像,天官着黄衣,地官着红衣,水官着黑衣,三官均手持笏板;同时还供奉有毛主席像、太上老君像、关公像。

尽管目前的状况并不尽如人意,但是 2 座三官庙均属文化景观,承载着三官文化。

3) 行为叙事

在中牟县三官庙,当人们求助三官并获得帮助时,求助者会给三官回报,如挂红、放鞭炮、上供等。除此之外还有每月农历初一、十五的祭拜。据管庙的阿姨所述,目前初一、十五,她提前一天将三官庙打扫干净,第二天早晨大约 5 点钟起来开门,人们尤其是老人会陆续来烧香、跪拜,三元节也是如此,正月十五、七月十五、十月十五也没有什么特别的仪式。

二七区三官庙的祭拜仪式与中牟县三官庙的仪式基本相同。当老百姓所求应验时,人们不仅给爷挂红绸、放鞭炮、上供,还会送锦旗。在三官庙的墙上,挂满了锦旗。

庙宇、红绸、鞭炮、供品、锦旗等不仅仅是行为叙事中的重要物件,同时也是物象叙事重要组成部分,是在行为叙事中体现出来的景观叙事,是两大叙事的融合。

由上可见,城镇化下,二七区、中牟县的三官庙有着丰富的叙事谱系,这些叙事理应成为当地文化的一部分,尤其是对天地水的崇拜,可以彰显当地的生态文化。但是遗憾的是,两地的三官文化都未得到重视。在中牟县曾经流传着中牟县三兄弟因治水牺牲而被奉为天地水三官的故事(见第二章),该叙事并没有在中牟县三官庙所在地以及郑州二七区等地得到传播。在采访中,几乎没有人们知道该故事,说明这种民间的英雄人物面对危险挺身而出、为民献身的叙事尚未得到传承。

（二）文化认同的缺失

土地城镇化重视城市规模的扩大，乡村从物质实体上成为城市的一份子，但对乡村老百姓的文化需求关注较少。在这样的情况下，比较难以形成对民间俗信文化的认同。三官文化即是如此。

中牟县三官庙所在地，20世纪60年代，三官庙老庙被乡政府征用，庙里神像被毁，原有的石碑等被扔到河沟，当然这是在特殊的历史时期，几乎所有的庙宇都遭遇的情况。2008年村里的老年妇女重新建庙。中牟县政府网站上曾有关于三官庙来历的叙事，可以说明政府对三官的英雄事迹是认同的，但缺少对三官文化的认同。不过该处三官庙存在十多年的时间至少说明政府对这一现象的包容。

郑州二七区三官庙，已经存在多年。原来的村庄已拆迁，村民已经住进楼房。物质生活水平提高的同时，人们还有精神层面的需求，村民们曾多次向郑州道教协会、统战部门等提出过申请，尚未得到重建三官庙的许可。[1] 在城镇化进程不断深化的当下，当地政府对该村的三官文化尚未形成认同。

可见，随着"一带一路"倡议在河南的发展，《郑州"一带一路"综合试验区建设总体方案》的酝酿与提出，郑州—卢森堡"空中丝绸之路"建设的推进，以及"一带一路"中原城市群的提出与推进，郑州城镇化的广度和深度都有所发展。在这样的大背景下，三官文化作为对天地水的崇拜，代表着中华民族的生态思想，以及对英雄的崇拜观念，应该成为郑州重要的文化形态之一。

综上所述，在"一带一路"倡议下，城镇化率逐年上升的背景下，随着土地城镇化转向新型城镇化，人们对民间三官文化的认识会逐渐发生变化，其中蕴含的促进社会发展的正能量终将得到认同。

第二节　新型城镇化下三官文化谱系与认同的延续

新型城镇化注重以人为本。本节将以山西太原、河南焦作、云南临沧等为例探讨在注重人的城镇化下三官文化谱系与认同。

---

[1] 田野调查：采访人课题组成员，被采访人管理三官庙的张阿姨，时间2019年10月6日，地点郑州二七区三官庙内。

一、山西太原三官文化谱系与认同

"一带一路"加速着城镇化的进程,山西省工信厅发布《山西省融入"一带一路"综合物流基地和配送中心建设实施意见》,指出"推动太原成为国家南北大通道枢纽、区域性国际现代物流枢纽及'一带一路'建设的重要物流节点和商贸服务节点"。① 在此基础上,土地城镇化的同时也注重人的幸福感的提升,比较重视文物古迹的保护,重视人们对俗信文化的需求。也就是土地、人的城镇化二者并进,并强调人的城镇化。在太原有 6 座三官庙,分别为清徐县高白村三官庙、晋源区晋祠镇南张村三官庙、晋源区吴家堡三官庙、迎泽区郝庄镇新沟村马庄水库北三清观;另外 2 座为文物保护单位,分别为太原刘家堡乡刘家堡村北三官庙,是 2011 年市级文物保护单位,太原小店街道办事处贾家寨村三官庙,是 2011 年小店区文物保护单位。除南张村三官庙供奉天地人三官外,其余 5 座三官庙都因供奉天地水三官而形成谱系关系。在这 5 座三官庙中,独具特色的三官庙有清徐县高白村三官庙、迎泽区郝庄镇新沟村三清观三官殿。下面就以这两座庙为中心进行探讨。

(一) 三官文化谱系的延续

城镇化对太原三官文化谱系延续有积极的影响。城镇化过程中有工业化的因子,中高白村地处清徐县东于镇,早在 20 世纪 90 年代,全镇的企业形成"以煤炭开发为龙头,洗煤、炼焦为骨干,化工、建材、机械加工、运输为主体"的格局。② 中高白村在这一过程中于 1998 年因煤炭业而成为山西省的"亿元村""小康标杆村"。③ 当时,中高白村的三官庙破烂不堪,仅存大殿,破坏严重。到 2007 年村民修庙及庙对面的乐台。2019 年 10 月课题组去调查时,据当地村民讲,该庙香火旺盛,三官生日时乡里很多村民都来祭拜。2021 年,该村进一步城镇化,中高白村土地作为公共管理与公共服务用地将被征收,不过主要征收农用地和未利用地。④ 可见,三官庙用地并不在征收的范围内。由上可知,城镇化对中高

---

① 市政府办公室发布:《融入"一带一路"太原建设国际现代物流枢纽》,太原政府网,http://www.taiyuan.gov.cn/doc/2019/03/15/811462.shtml,2019 年 3 月 15 日。
② 清徐县地方志编纂委员会《清徐县志》,山西古籍出版社,1999 年,第 19 页。
③ 清徐县地方志编纂委员会《清徐县志》,山西古籍出版社,1999 年,第 19 页。
④ 《清徐县 2021 年分批次建设用地(中高白村)土地征收社会稳定风险评估报告信息公示》,清徐县人民政府网,http://www.qx.gov.cn/doc/2021/06/11/1132055.shtml,2021 年 6 月 11 日。

白村三官庙的影响属于积极的一面。

迎泽区新沟村已在 2017 年拆迁,展开整体改造,调研组在 2019 年十一期间调查时,该村正处于大建设中,三清观处于建设工地的包围之中。三清观正处于太原东山旅游带上,是新型城镇化的一部分。新型城镇化使得三清观成为弘扬传统道教思想的重要基地之一。

由此,我们在新型城镇化背景下看两处三官文化谱系的延续。

1. 族群谱系

高白村原为镇,该镇自明末始有人外出经商,清朝乾嘉时代,当地商业繁荣,约有半数人家外出经商;1949 年以后,高白镇分为东高白、西高白、中高白三个行政村。[①] 三官庙在中高白村,年轻人多在附近的工厂打工。信仰群体以中老年人为主,庙平时由专人打理,无道士进驻,只有在上元节、中元节做道场时才有道士出现。[②] 庙内的碑刻指出了修庙的缘起,这离不开村干部的号召与村民的响应,说明信众的本地化特征。中高白村三官庙的信仰群体为本村村民以及附近村子的村民。

新沟村三清观三官殿的情况有所不同,三官殿,亦称"阆苑阙境",供奉天地水三官大帝,二楼供奉三清。信仰群体包括两个方面,一是道士,二是村民以及来自全国各地的信众。首先在道士层面,"三清观在历史上非常有名,是吕祖信仰的重要活动宫观,亦是北天师道在古并州传道的宫观之一,披云子宋德芳道长曾在此修炼;三清观也是明清时期全真教在太原东山地区主要活动场所,尤其在1912 到 1949 年时,更是鼎盛至极;据碑记记载,其影响力辐射北京、天津、内蒙古、陕西、河南、河北、山西等多省,各地朝拜者往来不断。三清观是太原府志记载的太原唯一一处以三清观命名的道教宫观,能够保留至今,在道教界有极高的历史价值和影响力。解放后尚有道人在此居住,据当地村民回忆说,在儿时见到过庙中道士做道场的场景,香火很是旺盛。后因历史原因,宫观毁坏,神像损毁,道人背井离乡,远走他乡,三清观成了当地村居民的临时住所,慢慢地东山地区道教信仰走向没落"。[③] 鉴于其在道教的影响力,2016 年道教协会接手三清观,并修旧如旧,道士驻观,现下有两位道长,管理日常事务以及日常宗教活动。其

[①] 山西省政协《晋商史料全览》编辑委员会编《晋商史料全览　商镇卷》,山西出版集团、山西人民出版社,2007 年,第 348 页。

[②] 田野调查资料:采访人课题组成员,被采访人管庙的张阿姨(50 多岁,本地人),采访时间2019 年 9 月 29 日,采访地点阿姨家中(在三官庙与乐台之间)。

[③]《三清观碑刻》摘录人课题组成员,时间 2019 年 10 月 1 日,地点三清观内。

次,在信众层面,近代三清观的信众很多,达数千人,多来自东山地区。① 在当下,当地新沟社区的居民即原新沟村村民,是该三清庙的重要信众群体。在中元节时,有本地人,还有来自太原其他区的信众,更有来自台湾地区的信众。② 可见,三清观的信众群体较为多元化,分为道士与信众两个方面。

综上,高白村三官庙形成以本地村民为中心,辐射周围村庄的三官文化族群谱系。而新沟社区三清观则形成以道士与本地村民信众为中心,辐射不同地区的三官文化谱系。高白村三官庙对于当地的信众群体非常重要,它是信众面对现实的精神的源泉与支柱,而且是当地传播三官生态思想的重要物质与精神基础之一。与高白村三官庙相比,三清观的服务对象更多、更广,能够通过道士来弘扬道教思想,建造的道教养生馆等也将成为太原弘道的重要基地之一。

2. 形式谱系

当下有着较为丰富的关于太原三官庙的叙事,如语言叙事、物象叙事、行为叙事。

1) 语言叙事

首先,在高白村三官庙,叙事包括两个系统,第一是村民的叙述,第二是碑刻叙事。被采访到的村民有着不同的理解,有些村民认为庙里供奉的三官与其他地方的三官不同,是天官伏羲、地官神农以及水官大禹,而有些人认为供奉的就是天地水三官。③ 这些不同的理解并不妨碍他们各自对三官的崇拜,在各自的话语体系下,逢初一、十五、三官生日都会去三官庙祭拜,同时也会在特定的时间讲述他们自己认为的三官叙事。另外村民对于三官庙的道佛归属并不是很清楚,甚至管庙的阿姨认为三官庙是属于佛教的。在庙里的碑刻上明确写着庙的归属,"信其香火日盛,必成道教圣地"。④ 尽管认识的不同,但是这些都不会影响村民对三官的崇拜。

在庙里的《重修三官庙暨乐台碑记》碑刻上,记录了该庙建造的始末。碑刻由清徐县文联副主席撰写,讲述了三官的身份是天、地、水,功能是赐福、赦罪、解厄,建庙的时间为明朝,当时香火旺盛。但到了近现代以来,庙宇损毁严重。在

---

① 《三清观碑刻》摘录人课题组成员,时间 2019 年 10 月 1 日,地点三清观内。

② 田野调查资料:采访人课题组成员,被采访人刘道长,时间 2019 年 10 月 1 日,地点三清观内。

③ 田野调查资料:采访人课题组成员,被采访人村民(年龄分布在 50～80 岁之间,本地人),采访时间 2019 年 9 月 29 日,采访地点高白村内。

④ 摘录自高白村三官庙碑刻,摘录人课题组成员,地点太原高白村三官庙内,时间 2019 年 10 月 1 日。

传统中本来就有盛世修庙的遗风,高白村也不例外。如前述,高白村在 1998 年就被评为"亿元村""小康标杆村",也就是说,对于高白村村民来说,物质生活已经非常丰富了,他们开始关注精神生活。耗费一年时间即 2007 年 5 月到 2008 年建造三官庙,这一事件有着重要的意义,不仅解决了人们对民间俗信的需求问题,还继承了村庄的传统,使得传统信仰文化得到延续。

其次,太原迎泽区新沟社区的三清观,在"阆苑阙境"内有关于三官的介绍,"阆苑阙境:大殿正中三眼窑洞供奉天、地、水三官大帝,上古祭祀天地水是帝王的权利,乃是道教创教之初最早敬奉的神灵,天官名为上元一品赐福天官紫微大帝,每逢正月十五日,即下人间,校定人之罪福。故称天官赐福。地官名为中元二品赦罪地官清虚大帝,每逢七月十五日,寄来人间,为人赦罪,释放幽冥业满之灵。水官名为下元三品解厄水官洞阴大帝,每逢十月十五日,即来人间,为人消灾减厄、解冤释结"。① 人们能够从中了解三官的身份、功能等。

三清观逐渐融入新型城镇化中,在三清观的简介中,提到三清观今后的发展:"提升周边环境,增加文化符号、配合东山地区发展。适应东山整体发展;依托东山旅游带,打造高品位的文化旅游。三清观坚持和发展道教中国化方向,为中华传统文化的发展和中华民族伟大复兴做出积极贡献。"②体现了其对地方经济的贡献,以及贡献于民族复兴方面的格局。

由上可见,高白村三官庙语言叙事呈现民间与道教话语体系共存的状态,三清观的语言叙事属于道教话语体系,是人们认识、了解三官的叙事基础。高白村三官庙的重建与迎泽区三清观的重修是在城镇化深入发展的基础上,获得实现的。没有东于镇的工业化,就没有高白村的"亿元村",没有"亿元村",三官庙的重建可能会晚一些时候。没有城镇化的进一步深入,新沟村三清观的修缮与重建可能会延后;没有新型城镇化,也就不会有三清观明确融入地方文化旅游的发展方向,以及助力于民族复兴的格局。

除了高白三官庙与三清观供奉三官之外,还有刘家堡三官庙、贾家寨三官庙,当地百姓参加由太原文物局主办的关于"太原市 2018 年'价值研究与传播计划'"③的征文活动,其文均已通过初评。从刘家堡三官庙的征文来看,该三官庙没

① 《阆苑阙境》摘录人课题组成员,时间 2019 年 10 月 1 日,地点三清观内。
② 《三官庙简介》摘录人课题组成员,时间 2019 年 10 月 1 日,地点三清观内。
③ 《太原市文物专栏》,太原市政府网,http://www.taiyuan.gov.cn/doc/2018/09/03/661894.shtml。

有供奉三官,已经成为佛教供奉佛像的场所;贾家寨三官庙还供奉天地水三官。这两则叙事进一步说明城镇化对三官叙事的推动作用,促进关于三官叙事的传播。

综上可见,随着土地城镇化的发展,满足人们精神需求也日渐重要起来,三官庙、三清观等的恢复,离不开新型城镇化的发展。

2)物象叙事

首先在建筑方面。中高白村三官庙与乐台是当地重要的文化景观,但是在2007年之前还是处于有待修缮、重建的状态。从1999年《太原文物名胜录》的记载来看,当时的三官庙已经破败不堪,乐台勉强维持现状。当时认定三官庙"为清代建筑","庙坐西朝东,仅存大殿。殿面阔、进深各三间,有廊,施单昂斗拱。破坏严重"。[①] 对面的乐台,是清徐县重点文物保护单位,"原为三官庙戏台,庙早废,唯戏台独存。始建年代不详,现存为明代建筑。乐台檐施通长额枋,置单昂斗拱,内为斜梁并饰木雕垂莲柱,檐下有木雕雀替等装饰;后台卷棚硬山顶,勾连搭前台歇山顶,檐角高挑,下有石柱,八檩梁架。乐台两侧有门,左侧尚存耳房1间。此台装饰华丽精细,结构别致"。[②] 由此可知,《重修三官庙碑记》中认定三官庙建于明初的原因在于乐台属三官庙,应该与三官庙的建造时间一致,乐台为明朝建筑,那么三官庙也应该建造于明朝。

到2007年三官庙与乐台同时获得重建,"于公元2007年5月动工,一年之际,整体殿宇,于原处增高三尺,对面之乐台亦于原台基上原样重建。告竣之日,整座殿宇腾煌焕彩,香樟神塑庄严肃穆;雕其梁,画其栋,沥粉贴金,一派富丽堂皇之概。对面乐台有水晶台巨匾赫然其上,飞檐拱角遥相呼应"。[③] 三官庙及乐台在沉寂多年之后,再次成为中高白村的重要文化景观。

三清观在2016年以前,历经风雨,处于残垣断壁之态。2016年为道教协会接手后,在迎泽区政府的支持下,获得修缮与重建,"修缮阆苑阙境、烟霞洞、蓬莱洞、降龙洞、伏虎洞、三清阁山门,重建别尘洞,东西单房云厨。古观青砖碧瓦,飞檐拱角"。[④] 建筑以窑洞的样式为主格调,按照九宫八卦布局,阁楼式建筑,体现了山西当地的文化特色,是重要的文化景观。

其次在三官塑像方面。中高白村三官庙"庙堂神塑乃依旧制,三官大殿主奉

---

① 太原文物名胜录编辑委员会编《太原文物名胜录》,文物出版社,1999年,第162页。

② 太原文物名胜录编辑委员会编《太原文物名胜录》,文物出版社,1999年,第149页。

③ 田野调查资料:摘录自高白村三官庙碑刻,摘录人课题组成员,地点太原高白村三官庙内,时间2019年10月1日。

④ 田野调查资料:《阆苑阙境》摘录人课题组成员,时间2019年10月1日,地点三清观内。

紫微、清灵、旸谷三帝君,旁祀周公、桃花女于两侧;文昌、财神分别享于配殿,观音大士尊于后殿,堂壁彩绘尽显诸神赐福"。[1] 三官坐像,头戴冕旒,都是 12 串珠,尽显帝王气质;白面,均留胡须;三位大帝身披红色披风,天官的披风左绣龙右绣凤,地官、水官的披风右绣龙左绣凤,具有浓厚的民俗特色。三清观"重塑三清祖师等尊神十四尊,请吕祖、王灵官、孙大圣。神塑璨璨",[2]三官神像为坐像,白面,长胡须,手执笏板,身披黄色披风。

除了中高白村三官庙、三清观之外,还有清徐县徐沟三官庙,其特别之处是殿内有三官图壁画 26 平方米。[3]

建筑、神像以及壁画,形成了关于三官文化的物象叙事谱系。这些将是文化旅游的重要地方文化景观,还是"一带一路"文化交流的窗口之一。

3) 行为叙事

三官文化的行为叙事主要发生在天地水三官的圣诞之时。中高白村三官庙在农历正月十五日天官诞辰、七月十五日地官诞辰时,信众前来烧香祭拜,一为三官祝寿,二为自己及家人祈福,村里不组织祭拜活动,都是村民的自发行为,有时会有道士前来做道场。[4]

三清观作为道教宫观,每逢三元节必有道场,尤其是每年农历七月十五日中元节时,会有祈福法会。具体内容包括:9:30 庆贺、祈福、诵三官经,12:00 斋饭,下午2:30 三元水忏,4:30 晚课行铁罐施食科仪,晚上 7:00 拜星礼斗。[5] 三官圣诞的道场不仅是为三官祝寿娱神的过程,而且是人们祈福、身心得到释放的时刻。

由上可见,中高白村三官庙、三清观的语言叙事、物象叙事、行为叙事,是关于三官神话与信仰的叙述、展示与展演,是在城镇化不断深化的基础上发展起来的。

(二) 文化认同

太原三官文化的认同是新型城镇化不断发展的结果。中高白村三官庙的建

---

[1] 田野调查资料:摘录自高白村三官庙碑刻,摘录人课题组成员,时间 2019 年 10 月 1 日,地点太原高白村三官庙内。

[2] 田野调查资料:《阆苑阙境》摘录人课题组成员,时间 2019 年 10 月 1 日,地点三清观内。

[3] 太原文物名胜录编辑委员会编《太原文物名胜录》,文物出版社,1999 年,第 162 页。

[4] 田野调查资料:采访人课题组成员,被采访人管庙的张阿姨,50 多岁,本地人,时间 2019 年9 月 29 日,地点阿姨家中(在三官庙与乐台之间)。

[5] 田野调查资料:采访人课题组成员,被采访人刘道长,时间 2019 年 10 月 1 日,地点三清观内。

造一方面离不开作为文联副主席的官方的认同,另一方面离不开当地村民的倾向性认同。三官庙2007年建庙时,中高白村作为"亿元村"已有10年时间,盛世修庙的传统在当时延续下来。三清观2016年由民族宗教事务局接手时,道众重建三清观的想法得到迎泽区政府的支持。太原民族宗教事务局、太原迎泽区政府均是官方的代表,体现对道教的理解与尊重。

综上,山西太原在城镇化进程中,促进了三官文化谱系的延续,形成了更大范围的认同。

二、河南焦作三官文化谱系与认同

焦作市是中原城市群核心发展区的城市之一。2019年焦作"城镇化率60.94%,常住人口359.71万人"。① 焦作的城镇化也是以土地城镇化为中心,当地采取拆迁以及挂牌出售,将"生地"变为"熟地"的方式实现财政收入的增加,②呈现出城市规模扩大,农村人口数量逐渐减少的趋势。不过,在这一过程中,人的城镇化并没有被完全忽视。焦作山阳区的恩村三官庙、柳家庄三官庙,沁阳市怀庆办事处水北关村三官大帝庙,修武县新街村三官大帝庙,是当地政府城镇化过程中人本思想的体现。随着"一带一路"倡议的深入,焦作市势必会融入"一带一路"的发展中,除了城镇化进一步纵横延展外,焦作作为"郑州大都市区门户枢纽城市、中原城市群和豫晋交界地区的区域性中心城市",③还担负着承接与"一带一路"国家与地区间的文化交流的重担,那么三官文化作为道教文化的典型代表,理应成为文化交流的重要内容。4座三官庙中有3座供奉天地水三官,属自然崇拜;1座供奉伏羲、神农、轩辕黄帝,是我们中华民族优秀品质以及圣贤人物的典范。下面分别从焦作的4座三官庙来看三官文化谱系与认同。

(一) 三官文化谱系的延续

1. 族群谱系

焦作市的核心城区为山阳区,在该区的恩村有2座三官庙,1座位于恩村二街村,1座位于柳庄。恩村二街村三官庙是恩村乡年代最为悠久的庙宇,是市级

---

① 《走进焦作·人口民族》,焦作市人民政府网,http://www.jiaozuo.gov.cn/sitesources/jiaozuo/page_pc/zjjz/rkmz/article4c35ca85eec941e390f46f98fbfeee70.html,2019年7月18日。

② 周丽敏《河南焦作:城镇化"绑架"百亿融资平台》,中国经营报,2010年5月24日,第A09版。

③ 《徐衣显在京对接国土空间总体规划编制工作》,焦作市人民政府网,http://www.jiaozuo.gov.cn/sitesources/jiaozuo/page_pc/ywdt/zwyw/article2d0adf5a115e4687bb07777218d9c97f.html,2019年5月17日。

文物保护单位,由村民集资重建于 1995 年。当下信仰群体多为本村村民以及附近村子的村民,还有来自郑州等地的信众。该村具体人数不详,在拆迁后,居住比较集中,每天都有中老年妇女到庙里值班。

柳庄三官庙的信众同样以村民为主,该村有 500～600 人,信众主要以中老年妇女为主。① 该村在明朝万历时期从恩村迁于现址,"明万历年间柳氏鳌公恩州迁此定居,村名柳家庄"。② 恩村,最早称恩州驿,"据《焦作市志》云:武王伐纣途经于此,时为恩州驿的百姓苛担壶浆迎接主帅,武王为表谢意,遂赐此地名为承恩镇"。③《封神演义》中也称其为恩州驿。④ 恩村历史悠久,是古代修武县西部的一个重镇,也是这一带的政治、经济、文化中心,该村宋时称为恩村,元明清均为承恩镇。⑤ 再据《焦作晚报》的报道:"明万历年间从恩村迁来此地居住,取村名为柳庄,也叫柳家庄"。⑥ 由此,可见柳庄与恩村之间的联系。柳氏迁到现址后,建造三官庙,柳氏及其后人对三官庙多有修缮,"清雍正年,柳氏重修三官庙塑圣像之金身,清乾隆年间二次重修,清嘉庆年龙文公会首三次重修,1924 年会首柳允堂、栗瑞兰主持重修四次"。⑦ 最近一次重修是在 2017 年,除了柳氏以外,还有更多姓氏的人们加入进来,如为三官塑像捐款的有栗振亚、王新房、王巨财、李永清等。另外还有焦作市山阳区白云小区的信众送的锦旗,由此看信仰群体的范围可以扩大到其他区域。由此形成柳庄村村民以及附近小区居民关于三官文化的族群谱系。

恩村三官庙与柳庄三官庙之间,因恩村三官庙供奉的是天地人三官,柳庄三官庙供奉的是天地水三官,二者来往较少。在调查中,当问及庙与庙之间的交往时,

① 田野调查资料:采访人课题组成员,被采访人三官庙值班阿姨,时间 2019 年 10 月 3 日,地点柳庄三官庙内。
② 田野调查资料:《柳家庄三官庙简历》碑记,摘录人课题组成员,时间 2019 年 10 月 3 日,地点柳庄三官庙内。
③ 田野调查资料:《三官庙简介》碑记,摘录人课题组成员,时间 2019 年 10 月 3 日,地点恩村三官庙内。
④ 赵德芳、罗火金、崔振海(河南省焦作市文物考古研究所)《焦作恩村玉帝庙、祖师庙调查简报》,《文物建筑》2015 年辑刊,第 30 页。
⑤ 赵德芳、罗火金、崔振海(河南省焦作市文物考古研究所)《焦作恩村玉帝庙、祖师庙调查简报》,《文物建筑》2015 年辑刊,第 30 页。
⑥ 许保金《柳庄三官庙》,《焦作晚报》,2014 年 12 月 2 日。
⑦ 田野调查资料:《柳家庄三官庙简历》碑记,摘录人课题组成员,时间 2019 年 10 月 3 日,地点柳庄三官庙内。

都会提到因供奉不同,来往不多。但是二者都称为三官,在名称上有着一致性。

沁阳市怀庆办事处水北关村三官大帝庙,始建不详,明清时期分别获得重建,到2015年,东巷村村民发愿重建庙宇,村人及周边村民积极响应,"水北关东巷村民朱俊涛,顺应民心,发出倡议,重建三官大帝庙。东巷以及庙后村民,齐心协力,积极响应,为重建三官庙捐款捐物。四方百姓,闻风向善,慷慨解囊。各界有识之士踊跃捐资,添珠集贝"。① 参与重建三官庙的村民来自东巷村、庙后村。再根据捐款碑记,其中涉及的捐款单位有:北关七组、八组、九组,林东涂料厂、城郊供销社、关帝庙、火神庙、清泉寺、孔子庙等。一般情况下,建庙捐款是为功德,但是在上述单位中,不全是但也不能说都是为了功德,不能排除对三官大帝的信仰。由此来自东巷村、庙后村、北关七组、八组、九组等的群众,形成三官文化的族群谱系。

修武县新街村三官大帝庙,始建不详,当下三官庙是2011年重建,该庙在当地形成了一定的信仰群体。根据庙里的碑记,捐款人来自新街、南门、东门、西门、洼村、南马场、东关、公安局家属院、顺城关、大位村、常庄、后雁门、南庄、卫东路、江旁庄、小文案、小韩村、农行家属院、南孟村。这些村民或居民也有部分是为功德而捐款,但不能排除其中有对三官的信仰者。

由以上来看,基本上都是围绕自己村子以及其他村子而形成的谱系联系。

2. 形式谱系

形式谱系包括语言叙事、物象叙事与行为叙事。"叙事性是民俗的基本属性,没有叙事便没有民俗的传承"。② 谱系是通过叙事呈现出来的,没有叙事,谱系很难被发现。

1) 语言叙事

在恩村、柳庄、水北关、新街村等四地的三官庙,当地信众都会讲述灵验故事,多为两种类型:治病与考学。经常会在庙宇看到很多锦旗,都为感谢神灵所赠。除了灵验叙事之外,还有碑刻,碑刻是重要的语言叙事之一,人们通过碑刻能够了解当地的历史、事件的过程等。四地的三官庙中均有碑刻,具有重要的史料价值。

---

① 田野调查资料:《重建三官庙碑记》,摘录人课题组成员,时间2019年10月3日,地点水北关村三官大帝庙内。

② 游红霞《作为仪式美术的圣诞树:多元叙事与节日传承》,《民间文化论坛》,2016年第6期,第93页。

恩村三官庙有多方碑刻,内容丰富:第一,讲述三官庙的历史。恩村三官庙始建时间不详,重修于元代,明清两朝、1912—1949 年时均有修缮,现今在村民的集资下,于 1995 年修缮完成。① 第二,恩村有着深厚的历史文化底蕴,当地曾有古庙 18 座,三官庙时代最为久远,元明清之际商业繁华、文化兴盛、经济发达,被誉为明珠。② 第三,在捐款修建中有独碑一方,呈现捐款之目的。上刻:"为了弘扬我中华民族之光辉,兴起吾恩村三官庙之修复,我全家有感于三官之恩泽浩荡,自愿集资人民币壹仟元帮助修复,以表微忱,保我全家健康"。③ 不仅弘扬了中华文化,还有保佑全家健康的祝愿,体现了传统文化的家国思想。第四,阐述了该庙供奉的三官是天地人,即天官伏羲氏、地官神农氏、人官轩辕氏黄帝。天地人三官是创世神话谱系中重要的一部分,他们突出的特性在于"道德理想的建设、物质技术的创造以及制度礼仪的构建"④等方面。可见,碑刻是文化记忆的表达,承载着地方的历史文化。

柳庄三官庙曾有 1912—1949 年时的碑刻一方,后断为三截,不知所踪。2017 年重修时,刻碑一方记载了三官庙的建造缘起,与尧舜禹三官大帝有关。"相传尧舜禹天灵云游四方,至此一古槐下乘凉,三帝见此风水绝顶。午夜一妇人梦中得知尧舜禹神人降临,遂招众人商议修小庙供之,灵气之大,香火绕境,求之有应,叩之则灵,奈其年遥事远无记,确岁不详",⑤是由尧舜禹三官大帝托梦建庙的,还记载了柳庄的来历,是从恩村搬迁至此地,因都为柳姓,称为柳家庄。三官庙先后重修多次,如雍正、乾隆、嘉庆至 1949 年,重修多为柳姓主持。三官庙曾经香火旺盛,"庙内香火缭绕之资不乏,尤其春节气势不可形容,热闹非凡,解放后犹如前景,荡然巍立,好不气派"。⑥ 另外还有塑像捐资碑,已没有柳氏

---

① 田野调查资料:三官庙内的碑刻,摘录人课题组成员,时间 2019 年 10 月 3 日,地点恩村三官庙内。

② 田野调查资料:三官庙内的碑刻,摘录人课题组成员,时间 2019 年 10 月 3 日,地点恩村三官庙内。

③ 田野调查资料:《重修恩村三官庙集资记》,摘录人课题组成员,时间 2019 年 10 月 3 日,地点恩村三官庙内。

④ 田兆元《以敬畏之心解读中华创世神话——兼谈创始神话的类型与谱系》,《叙事谱系与文化传承:神话学民俗学文集》,上海文艺出版社,2018 年 9 月,第 56 页。

⑤ 田野调查资料:《柳家庄三官庙简历》碑记,摘录人课题组成员,时间 2019 年 10 月 3 日,地点柳庄三官庙内。

⑥ 田野调查资料:《柳家庄三官庙简历》碑记,摘录人课题组成员,时间 2019 年 10 月 3 日,地点柳庄三官庙内。

姓名。

水北关三官庙的碑刻讲述了几个方面,一是水北关为富饶之地;二是当地文化积淀深厚,即"孝子丁兰,刻木事亲;郭巨埋儿,感天动地"①等发生在此;三是三官庙始建不详,明清时期均为重建,后庙宇坍塌,2015年在村民的倡导下集资重建,东巷村以及附近的村民多有参加;四是该庙供奉天地水三官,神诞为农历正月十五、七月十五、十月十五日。

修武县新街三官庙,重建于2013年,其碑刻更多讲述了三官庙重建时捐助人的姓名以及具体金额,碑刻还记载了捐助人的具体村庄名或小区名。② 另外在天官塑像的手上,有祈福带一条,上书"天官赐福,紫气东来",落款为"凤凰山紫阳观开光祈福大典"。根据管庙师傅的阐述,当辽宁紫阳观重修后举行开光大典时,他作为修武县道教协会的一员前往参加。这一互动形成了关于天地水三官的谱系联系。另外因孔庙与三官庙合并,该庙的神诞会有四个:三个是三官神诞,即农历的正月十五、六月十五、十月十五;一个是孔子的神诞,为八月十七日。

这些叙事背后,不仅是人们对信仰需求的表达,而且呈现了当地官方在城镇化过程中,以新型城镇化为中心,强调以人为本,即满足人们对宗教信仰的需求;还呈现了文化的多样性与一体化,即天地人三官(伏羲神农轩辕)、天地水三官、天官尧地官舜水官禹,他们都被称为三官,崇拜空间也都被称为三官庙。

2)物象叙事

物象叙事包括建筑、神像、碑刻、周围的环境等多方面内容,以文化符号的形式展示民俗以及神话,形成文化景观。物象叙事需要语言叙事作为支撑,物象能够引起人们对神话的讲述,人们可以进一步理解物象所呈现的景观的内涵。

恩村三官庙是焦作山阳区新城街道重要的道教文化景观。在建筑方面有宋元、明代的构件,"原有山门拜殿、大殿、钟楼等建筑,现存大殿、拜殿建筑,大殿面阔三间,进深两间,单檐悬山式建筑,上覆灰色筒板瓦,房脊龙吻,及大梁木构件等,尚保留有宋元时期建筑构件,檐下置柱头斗栱四攒方形斗云纹耍头,留有明代建筑构件,拜殿面阔三间进深两间硬山卷棚式建筑,上覆灰色筒板瓦,龙纹,瓦当滴水,庙内现存清乾隆十九年(1754)重修三官庙山门拜殿序,嘉庆十三年(1808)重修三官

---

① 田野调查资料:《重建三官庙碑记》,摘录人课题组成员,时间2019年10月3日,地点水北关三官庙内。

② 田野调查资料:据庙内碑刻整理,整理人课题组成员,时间2019年10月3日,地点新街三官庙内。

庙钟楼山门序,咸丰六年(1856)重修三官庙山门拜殿序,及 1922 年三官庙重修记碑记"。① 1995 年当地村民集资重修后,"山门壮观,殿堂辉映,庙貌焕然一新。成为市区驰名的旅游胜地"。② 庙里的神像是 1995 年再建时所塑。

柳庄三官庙也在新城街道,也属于道教协会管辖,是当地重要的道教文化景观,建筑为现代建筑式样,内供奉天地水三官,神像是 2017 年重建时所塑,庙内有当代碑刻一方。原有大钟一口,"清嘉庆年龙文公会首次三次重修,并出资铸生铁和铜钟一口,高一点五米宽直径一点二米,逢年节庆典礼撞钟声音洪大浑厚,绵长十里以内,钟声悠畅"。③ 该钟曾为电影《地道战》里的钟声配音,"1950 年的电影《地道战》里的钟声是在三官庙录的音"。④ 但是该钟已毁,后在庙宇重建时,村民集资重新铸造一口新钟,比原来的要小很多,高约 40 厘米,直径 20～30 厘米。电影《地道战》钟声的叙事通过碑刻传承下去,成为人们引以为豪的事情。碑刻中的"金龟戏水",其实是水塘加高台,形成自然与人为建造相结合的景观。如果没有语言叙事,很少有人能理解"金龟戏水"的意思。这一方面是物象叙事,呈现出景观状态,另一方面文化符号是人们对文化记忆与传承的象征。从现实中看,是先造三官庙,再挖水塘、垒高台,但是人们在讲述景观的时候,会将其倒过来,亦即讲述尧舜禹三帝发现"金龟戏水"这块宝地后,托梦建庙。

水北关三官庙重建后呈现出新的景观,"重建三官殿,两配殿,东西配房,山门、围墙、硬化地面,路面,彩绘诸神塑像。琢石雕木,共成盛举"。⑤ 庙宇重建,三官神像也已重塑;庙内有碑三方,记录庙宇重建与捐款功德事宜,在庙内左侧的白墙上以篆字及楷书书写《重建三官大帝庙碑记》,形成独特的文化景观。新街村三官庙与孔庙合并,建筑为当代式样。供奉神灵众多,大殿供奉三官,侧殿供奉孔子、观音、三清等,还有碑刻 4 方。

综上所述,4 座庙宇,4 种物象叙事,表现了当地人们对三官的崇拜。

---

① 田野调查资料:《恩村三官庙简介》,摘录人课题组成员,时间 2019 年 10 月 3 日,地点恩村三官庙内。

② 田野调查资料:《三官庙(三皇)简介》,摘录人课题组成员,时间 2019 年 10 月 3 日,地点恩村三官庙内。

③ 田野调查资料:《柳家庄三官庙简历》碑记,摘录人课题组成员,时间 2019 年 10 月 3 日,地点柳庄三官庙内。

④ 田野调查资料:《柳家庄三官庙简历》碑记,摘录人课题组成员,时间 2019 年 10 月 3 日,地点柳庄三官庙内。

⑤ 田野调查资料:《重建三官庙碑记》,摘录人课题组成员,时间 2019 年 10 月 3 日,地点水北关三官庙内。

3）行为叙事

仪式是行为叙事中的典型代表。仪式过程同时也是物象景观叙事的重要方面。4 座庙宇中的仪式是以三元节为代表的，恩村三官庙、柳庄三官庙、水北关村三官庙的三官生日是农历正月十五、七月十五、十月十五，修武县新街村三官庙的三官圣诞有所不同，为农历正月十五、六月十五、十月十五日。在水北关村三官庙，每逢三官圣诞，除了烧香祭拜之外，还有歌舞戏曲演出，是娱神也是娱人。

（二）文化认同

柳庄三官庙、水北关三官庙作为民间三官庙能够获得重建并保留至今，说明了当地政府对民间三官文化的理解与尊重，也是新型城镇化强调以人为本的结果。恩村三官庙、修武村三官庙体现的是在道教体系内的认同。"民俗是一种归属，认同性则是一种'归属'感，民众在民俗叙事中找寻到属于自我的精神家园"。[1] 三官文化谱系的形成本身就是由认同引起的。

从族群谱系来看，每个三官庙均以当地百姓为信仰群体，并向附近村子扩展，呈现出人们对三官的倾向性认同。在形式谱系下，4 座三官庙尽管有着各自的个性与特征，恩村三官庙供奉天地人三官，即伏羲氏、神农氏、轩辕氏，柳庄三官庙供奉天地水三官，即尧舜禹，水北关、修武新街三官庙供奉天地水三官，但是天地水作为自然崇拜，伏羲氏、神农氏、轩辕氏、尧舜禹作为中华民族的创世神，是中华民族都认同的文化传统。他们的崇拜空间均被称为三官庙，是在多元基础上的一体，只有在多元基础上的一体才能够形成更大范围的认同。

因此，随着焦作城镇化的推进，三官文化的认同是民间倾向性认同、政府理解与尊重相结合并得以发展的结果。

三、云南临沧的三官文化谱系与认同

云南是我国西南边疆的重要门户，不仅是我国陆上通往东南亚、南亚并转向非洲、欧洲的通道，而且从西部到南部分别与缅甸、老挝、越南三国交界，与泰国、柬埔寨、马来西亚、新加坡等东南亚国家和印度、巴基斯坦、孟加拉国等南亚国家为近邻。[2] 在"一带一路"背景下，云南有着明显的区位优势，"推进与周边国家的国际运输通道建设，打造大湄公河次区域经济合作新高地，建设成为面向南

---

[1] 游红霞《作为仪式美术的圣诞树：多元叙事与节日传承》，《民间文化论坛》，2016 年第 6 期，第 89 页。

[2] 云南省地方志编纂委员会《云南省志·卷首》，云南人民出版社，2004 年，第 1 页。

亚、东南亚的辐射中心"。^① 因此,西南地区选择以云南为例。选择临沧的原因在于其地理位置的独特性,"临沧是南方丝绸之路和茶马古道上的重要节点。临沧肩挑两洋、纵贯南北,被称为第三欧亚大陆桥;临沧是东西连接太平洋和印度洋国际通道,南北连接渝新欧国际大通道、长江经济带和海上丝绸之路的'十字构架'的中心节点,是云南五大出境通道之一。经临沧清水河口岸出境,是云南、西南乃至中国连接南亚东南亚,直通印度洋的最便捷、最平坦、最短、最有可能最快建成的陆上通道"。^② 由此在"一带一路"背景下,临沧的城镇化势必会进一步加强,新型城镇化是临沧城镇化过程中非常重要的方面。早在 2004 年临沧撤地设市时,政府已经提出在城镇化的过程中应注重人的城镇化,"坚持以人为本,尊重自然,突出自然之美,保护好历史遗产,延续历史风貌,进行精心设计,追求人与自然的和谐发展。加快小城镇建设步伐,推进城镇化进程。合理调整产业结构,促进农村经济向城市经济的转变"。^③ 由此,我们以云南临沧为调查地点,涉及临沧土锅寨三元宫,临沧凤庆的三官阁、东山宫、石洞寺,在城镇化的背景下,探讨当地三官文化谱系与认同。

(一) 三官文化谱系的延续

临沧土锅寨三元宫,临沧凤庆的三官阁、东山宫、石洞寺,都有供奉天地水三官,其中只有东山宫为配祀,其他均为主祀。4 座三官庙宇因供奉天地水三官而形成三官文化谱系,首先体现在族群,即信仰群体上,其次体现在形式谱系,即传说故事、文化景观、仪式等叙事上。下面就以 4 座三官庙宇为基础,重点探讨族群谱系与形式谱系。

1. 族群谱系

2021 年临翔区"全区常住人口城镇化率达到 59.4%"。^④ 土锅寨三元宫坐落在临翔区,曾属于全真随山派,"随山派是腾冲道人胡义静于清同治年间传入。

---

① 国家发展改革委、外交部、商务部《推动共建丝绸之路经济带和 21 世纪海上丝绸之路的愿景与行动》,http://ydyl.people.com.cn/n1/2017/0425/c411837-29235511.html,2015 年 3 月。

② 《临沧市概况》,临沧市人民政府,http://www.lincang.gov.cn/lcsrmzf/lcszf/zjlc/lcgk/710870/index.html,2021 年 4 月 30 日。

③ 中共云南省委副书记王学仁《在临沧撤地设市庆典上的讲话》,临沧人民政府网,http://www.lincang.gov.cn/lcsrmzf/lcszf/zfxxgkml/ldhd/6710/index.html,2004 年 11 月 12 日。

④ 临翔区发展改革局《临沧市临翔区 2020 年国民经济和社会发展计划执行情况与 2021 年国民经济和社会发展计划草案的报告(书面)》,临翔区政府官网,http://www.ynlx.gov.cn/lxqrmzf/lxqrmzf/xxgk76/fdzdgknr72/fzjhbg60/693770/index.html,2021 年 4 月 2 日。

红白旗争战时,云游在临沧的胡道人将父母被杀的土锅村姚家三岁孤女带到腾冲入道,取道名为姚嗣银。十五年后,胡又将姚带回临沧,在土锅村结庐修道。后师徒建三元宫,但还没有塑神像,胡、姚二师徒就去世了,由弟子蒙心玉住持三元宫并塑了神像"。① 这呈现了三元宫族群谱系,一方面是腾冲与临沧之间的联系,另一方面是胡义静、姚嗣银与土锅村的联系,以及师徒的传承谱系。师承关系是胡义静收姚嗣银为徒,姚嗣银又收蒙心玉,蒙心玉又收蒙守富、李守贵、吴守静,蒙守富又收李忠琴,李忠琴又收刘良芳。② 现在三元宫属于全真龙门派,陈教清道长于 2006 年在道教协会的委派下来到临沧市,原在凤庆县。③ 三元宫原在土锅村 92 号,在 1999 年前后,驻庙"仅有李忠琴和刘良芳师徒二人,有一俗家弟子,十多个信徒"。④ 现址在凤翔街道办事处章嘎社区土锅寨下巷 145 号。捐款建庙的有 236 人,48 家单位,⑤但是三元节时来祭拜的人并不多。可能的原因有两个方面:第一,城镇化过程中,庙宇空间让位于印刷厂的发展,在工业化下,印刷厂在当时不仅解决人们的就业问题,而且还能促进当地经济的发展。事实上,城镇化给庙宇带来的直接影响是空间变小,间接影响可能是信众的减少。目前还没有数据说明庙宇空间的狭小化与信众数量之间呈相关关系,但是从历史上来看,有影响力的庙宇的空间都较大。第二,城镇化过程中,人们的生活时间随着工业化的发展而发生变化,可能也是引起土锅村信众较少的原因之一,还需要数据进一步的证明。因此,土锅村三元宫的族群谱系主要体现在道教体系以及土锅村的少数村民上,是以汉族为中心的信仰群体。

凤庆县的石洞寺、三官阁、东山宫,情况有所不同。

石洞寺在凤庆县洛党镇箐头村,该村是一个以彝族为主体的村子,石洞寺"建于清乾隆后期(1794 年前后)",⑥其建造与开山祖师梅复贤有关,"石洞寺院为桃花村一带的梅氏集资创建"。⑦ 梅氏来自桃花村,桃花村属于洛党,距离箐头村约 9 公里,箐头村的石洞处曾建庙供奉,"到此处石岩脚的一个石洞内学道

---

① 施刘怀《临沧地区道教的发展及其现状》,《中国道教》,2000 年第 4 期,第 38 页。

② 施刘怀《临沧地区道教的发展及其现状》,《中国道教》,2000 年第 4 期,第 39 页。

③ 田野调查资料:采访人课题组成员,被采访人陈道长,时间 2019 年 1 月 19 日,地点土锅村三元宫内。

④ 施刘怀《临沧地区道教的发展及其现状》,《中国道教》,2000 年第 4 期,第 38 页。

⑤ 田野调查资料:根据庙里墙上的捐款名单整理,整理人课题组成员,时间 2020 年 5 月。

⑥ 云南省凤庆县志编纂委员会《凤庆县志》,云南人民出版社,1993 年,第 454 页。

⑦ 田野调查资料:《石洞寺简介》碑记,摘录人课题组成员,时间 2019 年 1 月 20 日,地点石洞寺。

修炼,烧香拜佛,某一年的农历二月十五日半夜,忽闻石洞后侧平地上有铙钹钟声、经声不绝于耳,以后每年二月十五日子夜都能听到。梅氏便请了当地的文人绅士于这一天夜晚前往聆听,果然不虚,梅氏断定太上老君要在这里修行(二月十五日是道教祖师太上老君李耳的生日),于是她开始为修寺募化集资,建起了大殿,塑起了太上老君圣像"。① 由此形成桃花村梅氏、箐头村文人等信众谱系。在建庙的当年,"在大理从军的当地人董某回家探亲,敬佩梅氏的人品和精神,欲娶之为妻。梅氏婉言谢绝。第二年董某将家中栽了数十年的茶花'九蕊十八瓣'送予梅氏,梅氏在此院中栽下了这株名贵茶花"。② 箐头村董某的求婚与赠花,使得石洞寺与箐头村村民的联系进一步加强。如果说是梅氏与箐头村的地方文人构建了太上老君的道场石洞寺,形成箐头村的族群信仰谱系,那么箐头村的董某则通过当地重要的文化符号山茶花加强了联系。除此之外还有重修的记录,"1926年邑人杨兆昌、苏芬、杨永启等筹款重修",③即箐头村村民筹款重修。由此,桃花村、箐头村同属于洛党镇,洛党镇的民族成分是以彝族为主体的,而且"凤庆信奉道教的主要有汉族和彝族"。④ 可见,石洞寺的信仰群体除了道观的道士之外,就是箐头村的村民,这一点在调研中也得到了证实。此外,还会辐射到周边地区及凤庆县城。

在城镇化的推动下,根据《凤庆县洛党镇箐头村石洞寺自然村规划成果》,在规划图中设计有垃圾处理站、停车场、活动场所、充电桩、污水池、焚烧池、养老院、党员活动中心、幼儿园以及为旅游设计的徒步路线等。⑤ 根据该规划,石洞寺周边及其所在的箐头村,基础设施会发生巨大的变化。在此基础上,可能还会带来信仰族群的变动。

三官阁位于凤庆县凤山镇龙泉社区攀枝花小区,该小区以前为攀枝花村。凤庆县在清朝时曾称为顺宁县,⑥据《光绪顺宁府志》,在顺宁县有三官阁,在旧城,"三官阁在城东南二里旧城,明土知府猛氏建,康熙二十三年知府郎廷极重

---

① 田野调查资料:《石洞寺简介》碑记,摘录人课题组成员,时间2019年1月20日,地点石洞寺。
② 田野调查资料:《石洞寺简介》碑记,摘录人课题组成员,时间2019年1月20日,地点石洞寺。
③ 《石洞寺简介》,凤庆县人民政府官网,http://www.ynfq.gov.cn/fqxrmzf/zjfq/mzfq79/88390/index.html,2018年7月19日。
④ 云南省凤庆县志编纂委员会《凤庆县志》,云南人民出版社,1993年,第559页。
⑤ 《凤庆县洛党镇箐头村石洞寺自然村规划成果》,凤庆县人民政府网,http://www.ynfq.gov.cn/fqxrmzf/95928/332606/333283/index.html,2019年6月28日。
⑥ 云南省凤庆县志编纂委员会《凤庆县志》,云南人民出版社,1993年,第37页。

修"。① 由此可知旧城三官阁有着悠久的历史,属于官修庙宇。另外还有一座三官阁,"三官阁,在枯柯里官庄九到河",②这座庙宇的地址目前还无法确定。比较两座庙宇,旧城的三官阁与龙泉社区攀枝花村的三官阁可能有一定的联系,但是还没有直接证据说明二者为同一座。由此,可推测攀枝花村的三官阁可能也有一定历史。在城镇化背景下,1995 年攀枝花村拆迁建小区时,③三官阁易地重建,建造在村子附近的姊妹石上。2002 开始建庙,2009 年庙成,重建资金是拆迁费,募捐一部分,村里人合力建庙,现在庙由一对老夫妻来管。④ 由此可见,该村的村民是该庙的主要信众,同时辐射到附近的村子,三官生日以及其他神诞时,原攀枝花村的村民、曾经获得神佑的居民都会来此烧香拜拜,形成该三官阁的族群谱系。

东城东山宫在凤山镇东城社区,是县级文物保护单位。2018 年的农历十一月开光供奉天地水三官大帝,因为东山宫的影响力而在当地形成信仰群体。

综上,从临沧三元宫到凤庆石洞寺、三官阁、东山宫,除了三官阁,其他 3 座都由道教协会管理,都有道士进驻,其中临沧三元宫、东山宫属全真坤道。这样构成了凤庆道士与村民的族群谱系。

2. 形式谱系

如前述,形式谱系以语言、物象、行为等叙事为内容,形成相互支撑、相互联系、相互影响的谱系关系。

1) 语言叙事

语言叙事不仅包括传说故事,还包括对阐述对象历史现状等方面的记录。关于临沧三元宫的语言叙事一方面呈现在著作中,如施刘怀在《临沧地区道教的发展及其现状》一文中,将该三元宫的属性、当家道长的师承关系等方面呈现出来。到 20 世纪 90 年代中后期,只有李忠琴和刘良芳师徒二人,还有一位俗家弟子以及十来个信徒。⑤ 而 2019 年调研的时候,道长于 21 世纪初在临沧道教协会的指派下从凤庆来到土锅村三元宫,道长属于全真派。随山派在该三元宫的传承已经结束。另一方面还有道长的叙述,即三元宫已有上百年的历史,旧址在

---

① (清)朱占科修、周宗洛纂《(光绪)顺宁府志》卷 37,清光绪刊本。
② (清)朱占科修、周宗洛纂《(光绪)顺宁府志》卷 37,清光绪刊本。
③ 杨滋荣、胡炳珠、李映成《云南省凤庆县地名志》,云南人民出版社,1999 年,第 15 页。
④ 田野调查资料:采访人课题组成员,被采访人管庙老夫妻,时间 2019 年 1 月 20 日,地点三官阁。
⑤ 施刘怀《临沧地区道教的发展及其现状》,《中国道教》,2000 年第 4 期,第 38 页。

现印刷厂的位置,之前的庙宇大且宽敞,现在的庙较小。

　　另外三元宫还有唯一的楹联,即"以其吊胆提心倒不如行善早为攒下些生前功德,若只烧香许愿反忘了因果终局料何益耳后是非"。①

　　凤庆洛党镇箐头村的石洞寺道观,因其作为旅游区而有着丰富的语言叙事,包括石洞寺的来历、名贵茶花、云岩阁、楹联等内容。三官殿重建于 2006 年,据说已有 800 多年的历史。② 不过关于三官殿本身的叙事较少,有石洞寺与云岩双阁创建的故事,"九蕊十八瓣"山茶花的叙事,还有楹联。如云岩阁楹联:"双阁耸岩巅拾级登临休忘月白风清夜,万山归眼底凭栏纵眺最好花红草绿时";清虚阁楹联:"石阶有尘清风扫,洞府无锁白云对";三官殿的楹联:"古茶九蕊映古观,秀峰双影照秀阁"。更多的是通过语言讲景,将自然景观与人文景观融会在一起。

　　凤庆县龙泉社区攀枝花小区的三官阁,庙公讲述了三官阁重建、三官灵验等方面的故事。

　　首先姊妹石独特性与建庙坎坷性叙事的构建。"姊妹石这里不能种庄稼,不能种树,种什么都不能成活。这块地的主人想要在这里建庙,怎么建都不能成功。我们都说地主没有福气在这里建庙。建庙时资金来源是拆迁费,募捐一部分,村里人合力建庙,现在庙由我们夫妻来管"。③ 姊妹石寸草不生,就是建庙也不能成功。问题的关键在于庙是由谁来建,老百姓来建庙就能够成功。该叙事构建了庙宇建造的公共性质。

　　其次三官灵验性的构建。"有人脑溢血要去做手术,手术前来三官阁求老爷,获得老爷护佑。还有求学的也有来上香的。有许愿的、还愿的。自从庙建好以后,这里再没有从山上掉下来过石头,以前经常会掉石头下来,说是三官神镇住了这里,或者说神很灵验,就是天神让三官大帝来这里的"。④ 三官神圣性与灵验性的构建,促进人们对三官的认同。

---

① 田野调查资料:采访人课题组成员,被采访人陈道长,时间 2019 年 1 月 19 日,地点土锅村三元宫内。
② 田野调查资料:采访人课题组成员,被采访人石洞寺道长,时间 2019 年 1 月 21 日,地点石洞寺内。
③ 田野调查资料:采访人课题组成员,被采访人管庙老夫妻,时间 2019 年 1 月 20 日,地点三官阁。
④ 田野调查资料:采访人课题组成员,被采访人管庙老夫妻,时间 2019 年 1 月 20 日,地点三官阁。

由此,上述以姊妹石为中心进行了三官阁重造过程以及三官神性的构建,体现出民间传说构建的活力与动力。可见,传说故事的灵动性需要民间信仰的赋能,老百姓通过自己的信仰将神祇的功能等方面进一步丰富。

2) 物象叙事

土锅寨村三元宫是临沧市道教宫观中有着独特景观的一座。临沧道观多属于全真龙门派,仅土锅寨三元宫曾属于随山派,其建筑原貌因拆迁而不可知。当下龙门派三元宫的建筑为钢筋水泥结构,两层,进门正面是三清画像,以及对道教的介绍,左面是捐款功德表以及《三元宫会期日程表》,然后是庭院,里间是厨房,大香炉,二楼供奉天地水三官、王灵官,整体来看地方较为狭窄。在图像与塑像方面,进门可见的三清画像是对该三元宫道教身份的明示,二楼天地水三官塑像的独特性彰显了该三元宫的与众不同。天地水三官塑像与其他三官庙的塑像尽管都是传统的,但是相貌有所不同,形体较为消瘦,1.2～1.3米的高度,三官皆身披大红披风,天官着绿衣蓝袍,黑色胡子,双手持一笏板;水官着绿衣绿袍,黑色胡子,右手执笏板;地官着绿衣绿袍,白色胡子,无笏板。天官两旁有两束香花,两束松柏枝叶,天官的背后还有一对飞腾而来的龙,两龙头相向相对,很有气势。地官左边是王灵官的塑像,水官右边是观音菩萨、送子娘娘等小塑像,有20～30厘米高。神像前有供品橙子、柚子、火龙果、挂面等。塑像塑于2008年,是由大理南诏的师傅完成的。

凤庆县石洞寺以旅游景观著称,处于箐头村,且箐头村被评为旅游名村、旅游扶贫示范村,"乡村旅游激发乡村活力。鲁史古镇和古墨村、安石村、箐头村分别被评为云南省旅游名镇及旅游名村,鲁史镇和沿河村、锦秀村、箐头村分别被评为云南省旅游扶贫示范镇及示范村"。① 因此,石洞寺的自然与人文景观就成为箐头村旅游名村、旅游扶贫示范村建设的重中之重,石洞寺的旅游景观主要包括云岩双阁、500年历史的"九蕊十八瓣"的名贵茶花、三官殿、梅氏修炼处、山崖石刻、莲花池、放生池、长廊、铁塔、财神殿等,伴随这些景观的还有传说、故事以及楹联等。三官殿供奉天地水三官大帝,左边配祀文昌帝君,右边配祀药王孙思邈。三官殿的三官大帝头后有光圈,均手执笏板,肩披大红披风。

凤庆县攀枝花三官阁与石洞寺类似,均以巨石为基础来建造庙宇。三官阁是一座红墙灰瓦的两层建筑,对着马路的墙上写着篆体的"三官阁"三字,屋脊上

---

① 凤庆县政府《2020年政府工作报告》,凤庆县政府网,http://www.ynfq.gov.cn/fqxrmzf/xxgk72/fdzdgknr/zfgzbg65/503506/index.html,2020年5月22日。

有双龙戏珠,供奉的神像有天地水三官、斗公斗母、龙王龙母、二郎神、太乙救苦天尊、文昌帝君、药王孙思邈、紫薇大帝等,2008 年请大理南诏非遗传承人重塑神像,[1]高约 2 米。原来的神像较小,但比较独特,为石刻,人物形象朴实无华,约 40 厘米,着大红披肩头戴瓜皮帽,与现在的三官大帝神像一前一后共同供奉。三官大帝均为坐像,呈现出与其他三官庙所供奉的三官大帝塑像不同的特征,天官为金身,右手持如意,地官、水官手执笏板,地官蓝衣绿袍、水官紫衣紫袍。还有山门与三官阁等楹联,山门楹联横批为"三元胜境",上联是"距仙宫几步心旷神怡",下联是"离世俗半里有此仙境"。灵官楹联:神无常依唯德自辅,山不在高有仙则灵。三官阁两副楹联,第一副:"心诚则灵""诚心礼拜通三界,天尊赐福于人间",第二副:"天官地官水官官官佑民,家运财运官运运运皆通",形成楹联景观。总之,该三官阁是在城镇化的进程中,从攀枝花村搬迁重建到现址的,是当地有着丰富叙事且极具特色的庙宇。物象的民俗化,有利于三官文化的传承。

凤庆县东山宫有三官殿,建于 2018 年,神像于 2019 年开光,是东山宫新增加的一座殿宇,也是凤庆新增的一处供奉天地水三官的场所。此处的三官神像与石洞寺的三官神像有相似之处,也有不同之处,表现在面貌上,东山宫的地官为白胡子,而石洞寺的三官均为黑胡子。石洞寺的天官水官有络腮胡,而东山宫的三官塑像没有,而且东山宫的水官为黑面。这是其他三官庙塑像所没有的特征。

土锅村三元宫、石洞寺、凤庆攀枝花三官阁、东山宫 4 座供奉三官的庙宇宫观,尽管同属于道教,但仍然呈现出多样化的特点。

3）行为叙事

临沧土锅寨三元宫全年的活动,有"正月初一元始天尊圣会、正月初五财神会、正月十五上元天官圣会,二月十五太上老君圣会,二月十九观世音菩萨圣会,三月十六山神会,四月十四吕祖会,四月二十八药王会,五月十五龙华会,六月初一朝南斗圣会,六月十九观世音菩萨出家日,七月十五中元地官圣会,八月初三灶王地君圣会,八月十五财神会,九月初一朝北斗圣会,九月十九观音菩萨成道日,十月十五下元水官圣会,十月十八地母会,冬月十九太阳会,腊月初八腊八圆满会"。还有在不同的仪式中使用的各种表,如《顺心和睦表》等,不同的表有不同的价格。

凤庆石洞寺在上元节、中元节时分别有道场。凤庆三官阁,三官生日为正月十五、七月十五、十月十五日,在这三天,攀枝花小区以及周边小区的居民来烧香

---

[1]　田野调查资料:采访人课题组成员,被采访人管庙老夫妻,时间 2019 年 1 月 20 日,地点三官阁。

的很多,一般是各自烧香拜拜,诵经,中午一起吃饭,均为素餐。

凤庆东山宫,上中下三元节时均有道场,在科仪过程中有《三官疏文》,意在祈求三官赐福、赦罪、解厄。

临沧三元宫、凤庆东山宫、凤庆石洞寺作为道教的道观,在行为叙事上有着一致性,都会在三元节时做道场,区别在于临沧三元宫的道场比较简单,更多的是道长诵三官经,而凤庆东山宫、石洞寺的道场较为全面,如石洞寺在中元节时要做整天的道场,从早课、诵经到下午的科仪。凤庆攀枝花小区的三官阁,更多体现了民间性,以信众个人的诵经、祭拜为主。

(二) 文化认同

从族群谱系来看,临沧土锅寨三元宫的信众以老年人为主,年轻人对该三元宫几乎不了解。凤庆三官阁的情况有所不同,攀枝花村当时建成小区后,当地的村民坚守三官文化,在政府的许可下,集资在小区附近重建三官阁,它不仅是当地居民以及周边百姓满足信仰需求之地,也是当地一道独特的风景线。在石洞寺已经形成当地百姓的倾向性认同。因东山宫三官殿建于 2018 年,原已形成信众基础,三官殿的建造、三官神的供奉容易得到认同。

在形式谱系方面,石洞寺有着丰富的关于其发生、发展的叙事,这些叙事的讲述与多方面的宣传是文化认同的表现。东山宫三官殿的建造,体现了道教体系内三官文化的传承。临沧土锅寨三元宫在城镇化的背景下,易地重建,尽管从宽敞的大殿变为狭窄的小殿,但最终在道教体系内获得政府的理解与尊重。因此,随着新型城镇化的推进与发展,以人为本的核心思想得到贯彻,政府也能够从满足人们对美好生活向往的角度来看待道教以及民间俗信。

还有一点需要强调的是,新型城镇化促使三官文化得到延续,但还存在一些问题,如对那些缺乏旅游景区的庙宇,以及信众的需求并不是特别强烈的庙宇,其空间会被挤占,如临沧三元宫,该宫有着呈现道教历史多元文化的功能,虽一直具有道教性质,为道教协会所管理,但是从建筑空间的局促以及道长的表述来看,处于惨淡的状况。而对于更有经济旅游价值的三官庙,则得到进一步传承,如凤庆石洞寺、凤庆东山宫。还有仅仅在于满足地方百姓需求的三官庙,如攀枝花的三官阁,只有在每月农历初一十五、神诞日开门,其他时间是不开门的,这对于地方文化景观的呈现是不够的。总之,新型城镇化有利于三官文化的延续,满足信众对三官文化的需求,但是同时出现的区别对待,可能不利于三官文化在文化交流方面的发展。

第三节　新型城镇化下浙江三官文化谱系与认同①

华东地区不仅是与三官文化的发生有着重要联系的地区,还是三官文化获得传承与发展的重要地区之一。历史上华东地区共有三官庙1856座,全国共有4677座,华东地区占全国总量的39.68％。历史上浙江有220多座三官庙。当下浙江在历史的基础上开展了针对民间信仰价值重塑的"一庙一故事"工程,有着独特性,对于城市之间的文化交流有着重要作用。杭州和台州均属于长三角城市群。杭州是浙江的省会,到2020年其城镇化率已达到83.3％,②温州市2019年的城镇化率为70.5％,③台州市到2019年城镇化率有63.7％。④再从三官庙的数量上来看,在当下,浙江共有26座,其中嘉兴(1座)、杭州(2座)、温州(9座)、宁波(1座)、台州(9座)、丽水(3座)、绍兴(1座),由此,我们在浙江范围内选择一个城镇化率最高的城市杭州和较低的城市台州为例来看在城镇化背景下三官文化谱系与认同。

一、新型城镇化下杭州三官文化谱系与认同

杭州市辖10个区,⑤根据当前的不完全统计,在杭州的10个区内,在城镇化下尚存三官庙2座,分布在西湖区和钱塘新湾镇。

(一) 三官文化谱系的延续

1. 族群谱系:地方民众的坚守

首先,西湖区骆家庄三官堂。骆家庄是西湖区的城中村,是新型城镇化的结果。当地三官堂,始建于清乾隆年间,供奉天地水三官等神明,至今已有200多

---

① 该节中的形式谱系已发表于《上海文化遗产发展报告2023》,上海人民出版社、上海远东出版社,2023年,第68页。

② 《人口就业》,杭州市人民政府网,http://www. hangzhou. gov. cn/art/2021/5/31/art_1229144714_59035770.html,2021年5月31日。

③ 《人文温州》,温州市人民政府网,http://www. wenzhou. gov. cn/art/2021/3/16/art_1229498128_59047818.html,2021年3月16日。

④ 《把握发展大势　系统谋划长远》,台州市人民政府网,http://www. zjtz. gov. cn/art/2021/3/16/art_1229499194_59036798.html,2021年3月26日。

⑤ 《行政区划》,杭州市人民政府网,http://www. hangzhou. gov. cn/col/col805739/index. html,2021年5月31日。

年的历史,其信仰群体是以骆家庄、浦家桥、三坝及周边的村庄的村民为主。1982年,村民自筹资金重建,1993年进一步扩建,2008年因市政府实施余杭塘整治改造工程,三官堂被临时搬迁,在政府和相关职能部门的大力支持下,复建三官堂,于当年十二月落成,成为余杭塘历史文化节点。① 由此可见,骆家庄、浦家桥、三坝及周边村庄的村民构成该三官文化的族群谱系。该三官堂始建于清朝乾隆年间,后在1982年、1993年重修,到2008年的临时搬迁后又原址复建,形成关于该三官庙的时间谱系。

　　其次,萧山区新湾街道建华村三官殿,即新湾三官殿,供奉天地水三官大帝等神明。建华村在新型城镇化下,已经发生天翻地覆的变化,"从原来的围海造田到现在繁华新城,道路四通八达,不仅有火车总站、地铁总站、名牌大学、大医院,大型购物中心,一座座高楼拔地而起,应有尽有,生态环境一体化"。② 三官殿2003年的扩建是新型城镇化的见证。三官殿始建于清咸丰元年(1851),"1966年,该庙被封,里面菩萨的塑像被村民偷偷藏起来保存。2003年,经有关部门批准着手扩建"。③ 自清咸丰元年创建以来,经历了1966年封庙、2003年的扩建庙宇等,形成三官殿的时间谱系。建华村的村民、上虞等地的老百姓经常到该三官殿,形成族群谱系。根据庙里的功德碑可知其信仰群体的分布,构成三官文化的族群谱系。

　　2. 形式谱系

　　骆家庄三官堂的语言叙事存在于碑刻和文献中,碑刻介绍了三官堂建造的过程;文献如《杭州全书·西溪的历史建筑》,其中有《骆家庄三官堂记》的文章,内容较为详细,是对碑刻内容的进一步细化。三官堂作为民间俗信的神圣空间,碑刻、楹联、建筑本身以及周边自然环境等构成景观叙事,"堂外,竹花夹岸,古樟蔽日,余杭塘河绿化带上游人不断;堂内,佛像庄严,香烛鼎盛,佛号声声,成为西溪湿地一历史文化节点"。④ 三官堂共有神诞日二十次,其中包括正月十五天官生日、七月十五地官生日、十月十五水官生日,庙里要求神诞日以及初一、十五值

---

① 田野调查资料:杭州西湖区骆家庄三官庙复建碑记,摘抄人课题组成员,时间2021年7月22日。

② 田野调查资料:管庙师傅提供的内部资料,摘抄人课题组成员,时间2021年7月22日,地点新湾三官殿管委会办公室。

③ 马时雍《杭州的寺院教堂》,杭州出版社,2013年,第317页。

④ 仲向平、单金发《杭州全书·西溪的历史建筑》,杭州出版社,2012年,第98页。

班人员必须全部到位。①

萧山区新湾三官殿的创建缘由不同于骆家庄,有三种说法:"一说,一天夜里,河湾里漂来一木雕神像,原来是'三官大帝',当地民众便搭草棚供奉。三官大帝即天官(尧)、地官(舜)、水官(禹),在农耕社会直接掌管农业命脉,地处钱塘江滩涂的新湾一带百姓,饱受水患之苦,因而对三官大帝格外尊崇,祭祀最多,草棚香火不断。二说,当时有一农民从潮水中捡到一尊塑像,请师傅认定为三官菩萨,后来该农民就在晒盐的地基上搭起草舍,雕塑三乘菩萨,当时晒盐的地方都需要有大木桶,因而称大桶三官殿。三说,相传150多年前,在钱塘江江道的淤泥边上有两锭白银,被路过的两位百姓看见,但他们相互谦让,都说此白银是对方先看到的,应该归对方,于是他们拿着白银去见地方官。这位官大人听完他们的言辞后,大为惊讶,同时也为这两人的高尚品德深为感动。当即脱下官袍,三人结伴而行,到一个无人知晓的山上修道,最后成佛。当地老百姓为了纪念他们,就在发现白银的江道旁搭建了一个草棚,用木头雕刻了三个头像,分别为:天官、地官、水官,取名三官殿。"②在三种说法中,第一、二种相近,从其他地方随水而来的神像被认定为三官神,并进行供奉。第三种说法比较特殊,蕴含着对拾金不昧、谦让、不贪财等优秀品质的歌颂和敬仰,以及人们对这种精神的追求,是人们对天地水三官来历的构建,同时内涵着凡人只要有优秀的品质、勤奋努力,也会有所成就。

在三官创建缘起之外,还有与中国香港有关的灵验故事,"有一次远方来了一位香港香客到三官殿来拜菩萨,碰到了一位白发老婆婆,老婆婆问他你有什么心愿,为什么这么远到这里来求菩萨,他说,'我听说这里的菩萨很灵,我想祈求三官菩萨保佑我父亲,我父亲快不行了,让菩萨保佑我父亲多活十年,也好让我多尽一点孝道'。老婆婆说,'那你回去吧,你这么孝敬,三官菩萨会如你所愿的'。香港人起先还不相信,以为老婆婆是给他宽宽心,想不到他回到家里,父亲开始坐起来了,还喊:'天钦,你回来了'。他以为父亲是回光返照,不料父亲就这样一点点好起来了,后来他做梦都没有想到父亲就这样年复一年的整整活过了十个年头,直到他父亲圆寂了,香港人才恍然大悟,原来十年前白发婆婆说的且是真的,难道那个婆婆是三官菩萨的化身。亲身经历了这次,2000年也就是现在

---

① 田野调查资料:庙墙叙事摘抄,摘抄人课题组成员,时间2021年7月22日,地点骆家庄三官庙。

② 马时雍《杭州的寺院教堂》,杭州出版社,2013年,第317页。

的三官殿,由当地'王、丁、沈'几位有钱人筹资出力开始重新建造三官殿,香港人主动出资要一个人建大雄宝殿,投资 208 万元。新庙开光,四面八方的佛界人士,人山人海前来拜佛,烧香祈求三官菩萨保佑,三官菩萨也是有求必应,心诚则灵"。① 在这则故事中,三官菩萨化身为一位慈祥的老婆婆,香港人的孝顺感天动地,能够感动神灵使得家人大病痊愈,说明孝顺的重要性。同时,人们应晓得知恩图报的道理,三官菩萨保佑信众平安,那么信众就应该有所回报,表现为出资建庙或塑金身,即香港人出资修建大雄宝殿。这里有一个疑问:是三官菩萨佑护其家人,为什么修建大雄宝殿而不是三官殿呢? 尚待进一步的田野调查。

还有将幸福生活归于三官菩萨保佑的叙事,以及对国家的热爱和祝福的叙事。"我很幸运生长在这片土地上,新城的崛起离不开我们当地老百姓勤勤恳恳的劳动和智慧,更离不开我们三官菩萨的保佑,才能平平安安,顺顺利利,造福我们一方老百姓的福气和福报。祝愿祖国国富民强、国泰民安,愿党光辉永照,祖国万岁!"②这体现出三官殿主动与社会主义发展和建设相适应的态度。

上述叙事蕴含了多方面的寓意:有对外来者神秘性的探究,有对拾金不昧、谦让、勤劳努力等优秀品质的崇敬;有对长辈亲人的孝顺之情,还有知恩图报、报本反始的品质等。

还有楹联所呈现的叙事,如山门联"天地人自造自化尽在此间,儒释道度我度他皆从这里",③道出了该庙的性质,是儒道释三合一的庙宇。三官殿内联为"神灵有感,俾有求而必应;天垂呵护,令所愿以从心",是说三官神很灵验,有求必应,上天会呵护百姓,会让老百姓如愿以偿。两副对联道出庙宇的民间性与抚慰心理的功能。

在当下,三官殿已经成为当地的文化景观、旅游景点之一。三官殿为传统建筑,有山门,上书"三官殿",左右两边为山门联,两边有楹联"天地人自造自化尽在此间,儒释道度我度他皆从这里"。④ 进门后是灵官殿,后面为三官殿、大雄宝殿等。

---

① 田野调查资料:管庙师傅提供的内部资料,摘抄人课题组成员,时间 2021 年 7 月 22 日,地点新湾三官殿。
② 田野调查资料:管庙师傅提供的内部资料,摘抄人课题组成员,时间 2021 年 7 月 22 日,地点新湾三官殿。
③ 田野调查资料:楹联摘抄,摘抄人课题组成员,时间 2021 年 7 月 22 日,地点新湾三官殿。
④ 田野调查资料:楹联摘抄,摘抄人课题组成员,时间 2021 年 7 月 22 日,地点新湾三官殿。

三官殿内供奉天地水三官等神明,三官神像高 1.5～1.6 米,坐像,塑像金面镀身,三官身着龙袍,分别着红绿蓝披风,甚是威严。在神像前的案几上,供奉有鲜花、香烛以及供品等。配祀送子娘娘、财神等神明。灵官殿、三官殿、大雄宝殿等共同构建了儒道释共同供奉的物象叙事。

每年的上中下三元节都有圣诞庆祝活动。上元节法事早晨 8:00 开始,下午 3:00 至 4:00 结束,为天官祝寿,诵《三官经》;三元节中尤以中元节和下元节最为热闹,前来烧香拜佛的人来自各个地方,上虞等地的人也闻名而来;[1]中元节时,从农历七月十五至二十二,历经 7 天,第一天上午是为地官老爷祝寿,诵《三官经》,开始时间为 9:00 以后,下午放焰口、施食,后面多为民众的祭拜行为。[2]

由上可知,随着城镇化的深入,新型城镇化注重人们的需要,因此骆家庄三官堂、新湾三官殿以三官叙事为中心呈现三官文化谱系,两座三官庙因供奉三官大帝而形成空间谱系。

(二) 文化认同

新型城镇化强调以人为本,那么普通百姓对文化的需求会在城镇化的过程中受到重视,这一方面是在官方的理解与尊重的基础上实现的,另一方面离不开老百姓对信仰需求的执着,从三官文化来看,即是老百姓对三官的倾向性认同。

首先,骆家庄、浦家桥、三坝及周边村庄的村民信奉天地水三官,新湾三官殿所涉及的信众范围更加广泛,这些信众形成倾向性认同。

其次,形式谱系中呈现的三大叙事,从建庙缘由、灵验故事、建筑、塑像、三元节节日仪式等方面讲述人们对天地水三官的崇拜,不仅是百姓倾向性认同的表现,还是官方满足城镇化后人们需求的理解与尊重的表现。

由此,政府方面实现了引导三官文化与社会主义相适应的目标,而老百姓也达到了践行三官文化的目的。在这一过程中,各取所需,在与社会主义发展相适应的情况下谱系得到延续,而这一谱系的延续有利于文化的凝聚力和向心力,促进社会主义建设。

二、台州三官文化谱系与认同

台州的城镇化方向在 2006 年发生转变,响应中央的政策,提出走新型城镇

---

① 马时雍《杭州的寺院教堂》,杭州出版社,2013 年,第 317 页。
② 田野调查资料:被采访人:管庙的师傅,采访人课题组成员,时间 2021 年 7 月 22 日,地点新湾三官殿办公室。

化道路,亦即转向以人为本的城镇化。① 到 2019 年,台州常住人口城镇化率为
63.7%。② 台州辖椒江、黄岩、路桥 3 个区,临海、温岭、玉环 3 个县级市和天台、
仙居、三门 3 个县,分设 61 个镇、24 个乡、44 个街道,共 3 033 个村委会、271 个
社区和 97 个居委会。③ 三官庙的分布:黄岩区 1 座,玉环市 1 座,临海 1 座,路桥
区 1 座,椒江区 4 座。其中课题组调查了 6 座,即临海巾山三元宫,路桥区徐翁
村三官庙,椒江区的春潮村三官堂、三甲街道三官堂、海门街道三官堂、古桥村三
官堂。这些三官庙所在地,都受到了新型城镇化的影响。

(一) 台州三官文化谱系的延续

1. 族群谱系

首先,椒江区是台州市的主城区,有 4 座三官庙,即春潮村三官堂、三甲街道
三官堂、海门街道三官堂、古桥村三官堂。各村、街道形成以当地村民及附近村
民为信仰群体的族群谱系。

春潮村三官堂供奉天地水三官。春潮村拆迁后并没有从村庄变成公寓楼,
村民也没有分散到各地,而是形成了各自有宅基地的城中村模式,每家每户都有
自己的宅院。三官堂的信众来自春潮村,据管庙的杨先生讲,信众大多住在村
里,逢年过节、初一、十五、三官生日等都会来烧香拜拜。④ 庙门口右侧有五方
碑,分别为 1990、1993、1995、1996、2005 年所立,根据课题组统计,捐款者多为杨
姓和陶姓,⑤ 呈现出居民群体的稳定性。

三甲街道三官堂在滨海村(五塘村),在村民及周边村民的强烈要求下,1985
年由村民集资重建,供奉天官尧、地官舜、水官禹。⑥ 由此其信仰群体为五塘村
及周边村子的村民。在三官堂墙上的叙事中,有这样的叙述:"正乙福地龙虎山
张真人派下,北极都察使张□,三元满会事,案浙江省台州府黄岩县飞凫乡万岁

---

① 《城镇化》,台州市政府官网,http://www.zjtz.gov.cn/art/2010/7/6/art_1229049464_
　51715991.html,2010 年 7 月 6 日。
② 《把握发展大势　系统谋划长远》,台州市人民政府网,http://www.zjtz.gov.cn/art/2021/
　3/16/art_1229499194_59036798.html,2021 年 3 月 26 日。
③ 《区划人口》,台州市人民政府网,http://www.zjtz.gov.cn/col/col1229049314/index.
　html,2021 年 3 月 26 日。
④ 田野调查资料:采访人课题组成员,被采访人为管庙人杨先生,时间 2019 年 5 月 3 日,地点
　春潮村三官堂内。
⑤ 田野调查资料:功德捐款碑刻,摘录人课题组成员,时间 2019 年 5 月 3 日,地点春潮村三官
　堂内。
⑥ 田野调查资料:故事墙,摘录人课题组成员,时间 2019 年 5 月 3 日,地点三甲街道三官堂内。

里三官堂,会同各庙界保下住居,奉道祈天庆扬三元满会,香官弟子。"①其中"飞凫乡万岁里三官堂"的说法可能是五塘村三官堂的旧称,飞凫乡是黄岩县宋朝至1949 年的一个乡,"飞凫乡在县东南二十里管里七:亲仁、海门、怀礼、安仁、安乐、甘泉、青凫",②可能是延续下来的称呼。在该庙"一庙一故事"的故事墙上,有关于三官的传说,徐一天到天台上修道,得到三官大帝的启示回家乡除瘟疫,后在家乡建三官庙,这至少说明了本地三官庙与天台山的谱系关系,是当地的灾难使得徐一天将天台山三官与五塘村联结起来。从人与人之间的关系到空间上的联系,形成三官文化的族群谱系与空间谱系。

海门街道三官堂,主祀天地水三官,该庙建于 1994 年。根据庙里的《功德捐款碑记》,捐款单位来自社会各界,有台州市椒江饮料、机械厂等,寺庙有杭州上天竺法喜讲寺、海月庵、观音会等,还有海门第八居委的信众、乐清白溪的信众等分别捐款乐助。有一部分信众,尤其是船主与船员,寺庙、佛友、乐助中的信众,第八居委、乐清白溪的信众,形成该三官堂的族群谱系。可见,海门街道三官堂的信众更加多元。

古桥村三官堂建于 2005 年,据说以前没有三官庙,2005 年全村捐款建造三官堂,③至于建造原因,管庙的师傅并没有给出确切回答。三官堂供奉尧舜禹三官,与供奉吴玠的山井头殿万福堂相邻,共用一个院子。古桥村主要为崔姓,他们来自山东,吴玠是他们的主要供奉对象。④ 2005 年,该村在万福堂旁边建三官堂,门口"三官堂"的匾为崔士宝敬献,三官殿的匾为子孙二人所献:卢小兰与其孙杨孙琛。⑤ 在山井头万福堂的乐助碑上,有崔士件、崔士飞、崔士会、崔士仇等的捐款记录,庙宇联系人 7 人中有 6 人为崔姓。除了古桥村的村民捐款之外,还有其他村子的村民捐款,如横岐村、闸头村等。⑥ 这些村子的一些村民会在三官

---

① 田野调查资料:墙面叙事中关于庙会仪式的阐述,摘录人课题组成员,时间 2019 年 5 月 3日,地点三甲街道三官堂内。

② (宋)陈耆卿撰《(嘉定)赤城志》卷 2,地理门 2,清文渊阁四库全书本。

③ 田野调查资料:被采访人吴师傅,采访人课题组成员,时间 2019 年 5 月 1 日,地点古桥村三官堂内。

④ 田野调查资料:被采访人吴师傅,采访人课题组成员,时间 2019 年 5 月 1 日,地点古桥村三官堂内。

⑤ 田野调查资料:三官堂匾额,摘录人课题组成员,时间 2019 年 5 月 1 日,地点古桥村三官堂内。

⑥ 田野调查资料:庙内碑刻资料,摘录人人课题组成员,时间 2019 年 5 月 1 日,地点古桥村三官堂内。

生日时到三官堂烧香祭拜。①

　　可见，椒江区三官文化的信仰群体以各个三官庙所在村庄的村民为中心，辐射到附近的村子，形成三官文化的族群谱系。

　　其次，路桥区徐翁村三元宫，位于路北街道。老庙"坐落在原徐翁村新屋里和管前村、蔡家里义祠东面的河塘边"，②即现在"现路桥区广电大楼的位置"③，庙建于清朝末年，"卢员外相约徐翁和蔡家里、前陈几个村民集资在自己的这丘田里建造三间平房，塑造了天官、地官、水官三尊佛像，取名三官堂"。④ 可知其信仰群体来自徐翁村、蔡家里、前陈三个村子。除此之外，再根据 1949 年之前的三官会的记录——三官会巡游路线，即"从三官堂出发到前洋脚，到高桥章、后洋金、桐屿、马铺桥、墙里贺，并在墙里贺桥头分发麻糍（麻糍用船运来），再游向路桥三桥头，再向朱家店、塔下陈，回到三官堂"，⑤可知三官文化的影响力，形成的族群谱系范围之大。目前，在城镇化背景下已经发生变化，先是徐翁村的拆迁，2008 年三官庙易地重建，老庙土地被征用，从义祠拆迁至徐翁村。根据"徐翁和管前、蔡家里、前陈的善男信女们各方筹资"，⑥该三官庙的信仰群体由这四村的村民组成，而且以前陈的陈姓为中心，陈姓村民是庙宇的管理者，也是三官神诞活动的组织者。由此，形成三官文化的族群谱系。

　　可见，椒江区的 4 座三官堂、路桥区的 1 座三官堂，形成了台州三官文化的空间谱系，各个村的村民以及周边村子的村民形成了三官文化的族群谱系。

　　2. 形式谱系

　　当地进行的"一庙一故事"是城镇化后对庙宇叙事的重构，形成与社会主义发展相适应的语言叙事，同时也形成呈现社会主义农村新气象的物象叙事，不过在当下，庙宇的神诞仪式还没有形成适应城市的叙事模式。三大叙事相互弥补，

---

① 田野调查资料：被采访人吴师傅，采访人课题组成员，时间 2019 年 5 月 1 日，地点古桥村三官堂内。

② 田野调查资料："一庙一故事"徐翁村三官庙，摘录人课题组成员，时间 2019 年 5 月 3 日，地点徐翁村三元宫。

③ 田野调查资料：重修碑记，摘录人课题组成员，时间 2019 年 5 月 3 日，地点徐翁村三元宫。

④ 田野调查资料："一庙一故事"徐翁村三官庙，摘录人课题组成员，时间 2019 年 5 月 3 日，地点徐翁村三元宫。

⑤ 田野调查资料："一庙一故事"徐翁村三官庙，摘录人课题组成员，时间 2019 年 5 月 3 日，地点徐翁村三元宫。

⑥ 田野调查资料："一庙一故事"徐翁村三官庙，摘录人课题组成员，时间 2019 年 5 月 3 日，地点徐翁村三元宫。

形成三位一体的谱系形式。

1) 语言叙事：灵验叙事与核心价值叙事的结合

在"一庙一故事"工程的推动下，"台州市按照'内容通俗化、对象群众化、形式生动化、传播常态化'的要求，推动民间信仰活动场所做到'有故事墙、有故事视音频、有故事小册子、有故事要义标语、有故事宣讲人、有故事戏台'"。① 目前有两座三官庙里有关于三官由来与三官贡献等方面的传说故事，分别为三甲街道滨海村（五塘村）三官堂、路桥区徐翁村三元宫。一般来说，庙宇的香火是由供奉神祇的灵验性来决定的。因此，神祇的灵验性就显得非常重要。但是随着城镇化过程中对人的精神需求的日益重视，以及强调引导宗教与社会主义相适应的要求，灵验叙事中所讲述的诚信、友善、敬业等与社会主义核心价值观相一致的内容，就成为官方在故事挖掘过程中的重点。

首先，滨海村三官堂的语言叙事。

在滨海村（五塘村）三官堂的故事墙上，有关于三官堂由来与传说的叙述：

> 《由来》：滨海村三官堂始建于清光绪年间，是村民们感谢三官大帝护佑一方平安特出资修建。后因庙宇年久失修，1985 年 3 月 16 日，村民们集资在滨海村部后面重新建造三官堂。现三官堂有正堂楼房、厢房、办公室，戏台、食堂等配套设施。每年的农历正月半、七月半、十月半是三官大帝的寿日，庙里举行民俗活动，吸引附近的村民们前来上香，以祈福三官大帝继续保佑全村老百姓。②

大约在清光绪年间滨海村村民因得到三官大帝的佑护，而建庙供奉三官大帝。到 20 世纪 80 年代，村民们重建三官堂，与当时的村委会相邻。无论是初建还是重建，人们围绕的核心都是得到神的佑护，因此三官大帝的灵验性对于其在地方的生长与发展来说非常重要。

如果说《由来》的核心是三官的灵验性，那么在《传说》的讲述中则注重将"热爱家乡、互帮互助、凝聚力"等与社会主义相适应的核心价值融入其中。

---

① 宋瑞《浙江台州：讲好"一庙一故事"　重塑民间信仰价值》，中国民族报，http://www.mzb.com.cn/zgmzb/html/2018-09/18/content_6069.htm，2018 年 9 月 18 日。

② 田野调查资料：《由来》滨海三官堂内墙壁上，摘抄人课题组成员，时间 2019 年 5 月 3 日。

《传说》:清朝年间,当时的滨海村东面是一片汪洋大海,堤塘西面是滩涂,当时潮水时常涨到五条下岸,南北航船在海边经过时,经常遭受台风、洪潮灾害,沉没东海;附近村民也只能在天气晴朗时,出海捕鱼,在滩涂上制卤,晒盐。滨海村有一户从天台山搬入的徐姓人家,生有三子,各有所长,徐一天生得柔弱白净,擅长天文地理,能断风雨,但个性喜静,有一日他便告别家人回天台山找一处庙宇清修;徐二虎黝黑发亮,专心种田,承包数亩良田,一心扑在田间地头;徐三宝高大魁梧,水性极好,常年跟随爹爹在外捕鱼。

有一年,台州遭遇百年不遇的大旱,一时蝗灾、瘟疫、落寇突然而至,村民们颗粒无收,还被落寇洗劫一空。徐三宝和父亲仍在外捕鱼,徐二虎已把家里多年累积的粮食全部都已接济了乡民,他和其他村民们只得挖野菜、草根、树皮维持度日,但因为吃了这些东西解不下手异常难受,加上三甲境河水断流,境内井水也已枯涸,好多人饥病难耐,瘟疫横行,这可把徐二虎急着团团转。就在此时徐一天还在天台山清修,一日正盘跌打坐,刚刚入定,三官大帝撞入大喝:'不肖子徒,你家乡的人现在命在旦夕,你只知清修,不知救人,快快收拾行囊,去救人性命'。猛然惊醒,一头冷汗。急忙启程,翻山越岭,风餐露宿,直奔三甲家中而去。此时,在外捕鱼的徐老和三宝、其他乡民也听闻家乡百姓突遇天灾,都从海上满载归来,大家均未变卖渔或物,以解家中老少燃眉之急。

因三官大帝托梦让徐一天出山救人,而一天本是天台人士,在天台山道观中栖身修行,累年清修苦学,此时也成得道之人,一身本领。回到家中,即刻让人借来大铁锅一口,用三块大石头支好,往锅里倒进一挑水即生起火来。一天俯身往火里吹上一口气,那火苗就噌噌地直往上蹿。不大工夫,沸水翻滚,白气腾空。一天将天台山上采来药材放入水中,并用手指在空中画符,后将手伸入开水中逆转三圈,一锅白水变成了红色的药水。随令旁观者吃惊不已,一天的手完好如初。

染病的乡民们如蒙大赦,纷纷前来。所有人喝了一碗药水,第二天就有人感觉身轻体爽。第三日凌晨时分,一天整理行装想返回天台山道观清修,外出行至村边,突然发现一对红灯从村东方两里外缓缓向北游动到村头就隐去不见,一天甚感蹊跷,于是返回家中观察数日,发现每每如此,许多村民也看到过情景,遂请风水高人住在他家观察数日,红灯每晚行至村北 200 余米处就会消逝。几经推定红灯消逝处是一处龙脉所在,气运极旺。若在此处修一神庙则能闸住脉气,令后辈人福禄绵长、人才辈出。一天听后集合二十余户,又回天台道友筹钱筹粮,在嘉庆三年,建成庙宇,此庙坐南朝北、四面起角、砖木结构、北供三官,一天也未回天台道观,就在建成的三官堂中清修。

　　讲到这里,为了各位看客听得明白,老串要交代几句。何谓三官?传说中尧舜禹三位人间君王住世之日爱民敬天、均有大功德于百姓,死后为神,被玉帝分别封为天官、地官、水官,天官赐福、地官赦罪、水官解厄,反正都是救民济苦的差事。他们也是元始天尊的三个儿子,是天庭仅次于玉帝的尊神,但在凡间立庙祭祀的不多。三官堂自建成以来,当地年年风调雨顺,百姓们的生活也日渐宽裕。①

　　在该《传说》中:第一,讲述徐姓一家籍贯的与众不同,他们来自天台山。天台山不仅是道教发展的重要名山之一,有着道源之称,而且是台州名称的来源,"天台山位于台州境内,以'山水神秀,佛宗道源'而誉满中外。据《台州府志》记载:唐武德五年(622)置台州,以境内天台山得名,台州之名始于此",②也就是说天台山对于台州来说具有特殊性。徐姓一家来自天台山说明他们的与众不同。第二,三官神在故事中表现出灵性。三官在故事中出现两次,第一次是在徐一天打坐入定后出现提醒他家乡遭难一事,第二次是建造庙宇供奉三官。第一次出现时的提醒尤为重要,可以看作是三官显灵,没有提醒就不会有徐一天之后回家乡祛除瘟疫。第三,故事强调"互帮互助、热爱家乡、责任担当、造福一方、一方有难、八方支援"等核心价值。徐一天在天台山专心修道,徐二虎在乡里带着百姓一起耕种,徐三宝与父亲以及其他乡亲在外打鱼。当家乡出现灾难时,他们都回到家乡,与乡亲们互帮互助,共渡难关。第四,风水宝地的发现说明生态的重要性,如故事中所述"若在此处修一神庙则能闸住脉气,令后辈人福禄绵长、人才辈出"。三官堂的修建意味着我们应该做有益于后代的事情,其实与当下提倡的科学发展观有相同之处,二者都是强调自身的行为应有利于后代的发展,只是理论基础不同。

---

① 田野调查资料:《三官堂碑记》,摘录人课题组成员,时间 2019 年 5 月 3 日,地点三甲滨海村三官堂内。

② 朱封鳌《天台山道教史》,宗教文化出版社,2012 年,第 3 页。

由上可见，《由来》从灵验的角度解释了建庙的缘由，《传说》则将灵验与社会主义核心价值观二者相融合。这样不仅满足了在新型城镇化过程中人们对信仰的需求，而且通过对故事的挖掘与创新引导民间俗信与社会主义发展相适应。

其次，徐翁三元宫的语言叙事。

在徐翁三元宫的故事墙上，讲述了三元宫的历史与发展现状等内容：

> 徐翁三元宫又名三官堂，创建于清朝末年，至今有一百二十多年的历史。坐落在原徐翁村新屋里和管前村蔡家里义祠东面的河塘边。前面对着山形逼真的马铺笔架山，后面是有着上古传说的皇焦坑。皇焦坑在管前村和山头矮村交界的徐山脚下。西周穆王时期，徐偃王与其子孙逃避战乱至浙东南沿海曾在此山坑边隐居避难过，后死在升古寺边上，皇焦坑今还留有徐偃王之古墓遗迹，并建有小皇庙。

> 根据徐翁村卢其居老人（已故）生前说，清朝末年徐翁村有个卢姓员外，经过长期观察，发现皇焦坑山脚下的水稻田，水道从北到南，今年这丘水稻生长特别好，明年向南过一丘的水稻生长又特别好，三十多年来一直这样，直到自己在蔡家里义祠旁边的水稻这年生长也特别好，卢员外就相约徐翁和蔡家里、前陈几个村民集资在自己的这丘田里建造三间平房，塑造了天官、地官、水官三尊佛像，取名三官堂，意含天子皇恩年成好，土地好，前面又是水塘，风水好，并希望三官堂从此能保佑当地村民安居乐业，生生息息，兴旺发达。

> 三官堂庙宇虽少（小），但有神则灵，九十多岁的卢其友老人回忆说，在他们孩童时，路桥有几个信家子弟，因在三官堂许了愿，吃了三官堂的香药，重病得到康复后，家人坐着十几台花轿来还愿，带了大量的财物乐助三官堂。

> 三官堂后又称三元宫，历经变迁。台州解放后，停止了活动，后又发生了火灾，到1963年成了荒地。1966年在原址搭起了几间草房，直到1990年国家落实了佛教政策后，徐翁和管前、蔡家里、前陈的善男信女们各方筹资，全部用木料建立了三间门面的大殿。不幸的是，建好后不久的第二年正月初一夜里九时发生火灾，一夜之间成了一片废墟。第二天早上，人们得知此事都议论纷纷，为之可惜，纷纷都表示愿意乐助重建，当即就筹集乐助款两千多元，经过七个月的艰辛努力，用

钢筋水泥立柱重建了三间面的大殿,请了佛像,三官堂的香火又重新
兴旺起来。①

　　该叙事进行了几个方面的阐述:第一,三官堂在历史上所处的地理位置,以
及所拥有的丰厚的文化底蕴,显示出三官庙的重要性;第二,以风水为基础呈现
三官庙所处位置的自然生态性,强调天地水三官的生态内涵;第三,通过讲述三
官堂香药的故事,表现三官治病救人的灵验性;第四,通过庙宇重建的叙事,呈现
三官庙的现状,展示当下的族群谱系,以及人们对三官的虔诚是人们对三官文化
需要的表现。

　　另外在路桥区徐翁村还流传着三官老爷帮助老百姓,老百姓因此供奉三官
的故事,内容如下:

　　　　话说三官老爷是天帝的三个外甥,三人乐善好施,专门行好,后来
就有了道业,成了仙。老大道业深,管天,就是天官老爷;老二管地,就
是地官老爷;老三管水,就是水官老爷,大家合称他兄弟三人为"三官
老爷"。

　　　　有一年,有个地方遭了灾,颗粒无收。老百姓挖尽了野菜,扒光了
树皮,最后什么都没得吃了,就把种粮也拿出来度春荒。命是保住了,
但到了来年种庄稼季节,却没种粮,这迟早还不是死路一条! 土地爷
看看不得了,忙去找三官老爷施援手,正好找到了天官老爷,就答应下
来了。

　　　　这天,忽然来了个小老头,牵一头毛驴,驮两袋种粮,一路说赊种
粮给人家,到庄稼收下来后算账。庄户人家一听这事,都跑来赊。就
这样,家家户户都种上了庄稼。

　　　　说也赶巧,这一年风调雨顺,庄稼长得出奇的好,车拉人担,把粮
食打净了,人们就静等这个小老头来算账,可一等不来,二等不来。这
当儿,土地老爷托梦给一户人家,告诉大家赊给大家种粮的就是三官
老爷,他们是不会回来要种粮的! 受梦这人就问:'土地爷,那我们怎
么感谢三官老爷呢'? 土地爷说:'怎么感谢呀,凑两钱替三官老爷塑

――――――――――

①　田野调查资料:"一庙一故事"徐翁村三元宫,摘录人课题组成员,时间 2019 年 5 月 3 日,地
　点徐翁村三元宫。

金身、立个庙，不就行了吗'？受梦人又问：'修在哪里好呢'？土地老爷这下给问住了，闷了半晌说：'我去问问三官老爷再说'。转身，土地爷去问三官老爷庙修在哪儿，天官老爷说：'等我们到各地转转看看，看哪段好，再定下来。'三官老爷就分开来，各处云游。

这天，天官老爷乘云来到东海，站云头向下一看，就见这山三百六十座山头，座座山头上都有瑞云飘逸，天官老爷按落云头，站在山上，只见山势如同九条青龙同戏一只琵琶，竟是一处"九龙戏琵琶"的宝地啊！天官老爷心里一乐，就想：住下住下，住下为安，庙就盖在这疙瘩岭吧。说着，从怀中掏出个大铜钱，朝琵琶山上一撂，铜钱钻泥里去，记号留了下来。没多久，庙就开工了。

这一天，兄弟三人在天上闲着，就想到，听说东海三官庙快盖好了，谁去看看呢？天官摆起老大的架子说：'老二吃点苦，去看看'。地官摆起老二的架子，说：'老三去吧，快去快回。'水官想摆架子摆不开，没有比他小的了，只好噘着嘴去了。

按理说，神仙出去办事，腾云驾雾一顿饭工夫就能返回。可是都个把时辰过去了，还没见老三回来，天官、地官都着急。天官就支配老二说：'你再去看看，为什么这会儿还没来'？老二有心再支配人，但也没有人理他了，气鼓鼓走了，一个半时辰也没回头。天官这下也没有可支配的人了，只能自己去，心里头急，腿底下就出奇得快，没有一袋烟工夫就到了。落下云头，几步走到三官庙跟前。只见三官庙虽不大，可气派十足，天官老爷虽然心里开心，但也顾不得细看，心里惦记着两个弟弟，赶紧进了三官庙。朝里一看，肝火就从里往外冒。只见三座金像，首席蹲着老三，次席是老二，只留下个末席的位子给他这个老大。

天官老大这下鼻子都气歪了，他气老三没大没小，占着哥哥的位置，他也气老二只顾自己，不敢主持公道。这就是我的弟弟们，我在家担心他俩有什么闪失，他俩却盘算着戏弄我！唉，也罢，我也不争这个首席。天官老爷气量也大，就俯下身子，把真身附到了下首的金像上。这两个弟弟呢，一个都不敢吱声，眼皮耷拉着，装聋作哑，权当没看见。天官老爷坐在下首，心里头越想越气。就这样，一个慈眉善目的善神，竟也气成了一个吹胡子、瞪眼睛、歪鼻子、咧着嘴、竖头发的凶神模样。

人间日子也过得快，转眼就到了大年。往年都是正月十五来赶庙会，这次人们惦记着天官老爷的大恩大德，吃过团圆饭，烧过五更纸，就往东海三官大庙赶。三步一叩，九步一拜，上了大庙，挨着给三官老爷烧香进供，了却一年的心愿。可哪知道，真正帮他们忙的天官老爷只坐在下首，受着可怜的一点儿香火；不够受用时，还只能偷偷捡拾老二老三不要的香火钱。

后来这事叫琵琶山的山神老爷知道了。他打心眼里不乐意老三老二，就又托梦给百姓，点化他们在三官庙下边、'自在天'上面，盖了座灵官殿，专门供奉天官老爷。人们这才知道这其中的根底，上山进香，也是先进灵官殿供奉天官老爷，然后才前去三官庙烧香。天官老爷很感激地方百姓为他主持公道，同时也放下了兄弟之间的隔阂，更尽十二分的力量为这方百姓做事。老二老三也懂得了公道自在人心的道理，感到惭愧，也学着天官的样子，为这方百姓做事。后来，这一方水土就特别肥沃，加上风调雨顺，年年出产优渥的土特产。从此，人们更是尊称三官老爷为三元大帝，三官庙也改叫"三元官"。①

该故事亦见于《中国民间故事集成·江苏卷》，②"讲述者赵开丑，男，72 岁，连云港市花果山乡农民，私塾 3 年；采录者赵士祥，工人，高中，1987 年 5 月采录于连云港市花果山乡"。③ 可能两地都有流传，连云港市花果山乡与台州椒江区徐翁村形成谱系联系。至于二者谱系的具体情况还需要在江苏进一步调查。

与故事墙上的叙事相比，该故事更加生动活泼，三官的个性、行为是老百姓生活的现实反映。其中所蕴含的核心价值在于：助人为乐，即天官老爷对老百姓的帮助；做事情应公平公正，真正的英雄理应受到奖励和鼓励，即人们另建庙宇供奉天官；公道自在人心，为老百姓做过贡献的，老百姓都会铭记在心。在叙事中，也对三官老爷的相貌进行了解释，具有传说的解释功能。

可见，两地三官庙的传说故事都离不开相关部门的挖掘与构建，呈现出与社

---

① 台州市路桥区委统战部、台州市路桥区民族宗教事务局编《一庙一故事》，内部资料 2017 年，第 124－126 页。

② 《中国民间故事集成》全国编辑委员会，《中国民间故事集成·江苏卷》编辑委员会编《中国民间故事集成　江苏卷》，中国 ISBN 中心，1998 年，第 218－219 页。

③ 《中国民间故事集成》全国编辑委员会，《中国民间故事集成·江苏卷》编辑委员会编《中国民间故事集成　江苏卷》，中国 ISBN 中心，1998 年，第 219 页。

会主义社会相适应，与社会主义核心价值观相一致的状态，是地方文人、百姓与官方联手一起进行的对传统的传承与重构。

除了故事之外，还有楹联，不同庙宇使用同一楹联能够体现庙宇之间的联系。如古桥村三官堂与海门三官堂的联系是通过庙宇的楹联呈现出来的，二者拥有相同的楹联，如山门楹联相同，均为"圣德巍巍司岁时风调雨顺，诚意雯雯求覆护国泰民安"，①古桥村三官堂的殿门楹联与海门三官堂的殿内楹联相同："天地水府三官圣德昭彰广运慈悲消万祸，寅申亥月诞辰摅忱颂祝寻声应感降千祥"。② 而殿内楹联同海门三官堂的殿门楹联："官列天地人纪纲维造化，元分上中下运会奠乾坤；天官地官水官三官不昧，求福赐福获福积福为先"。③ 古桥村三官堂与三甲街道三官堂、临海三元宫，各个三官庙在做道场时使用的告神文书都有钤印，有三甲街道三官堂、临海三元宫、古桥三官堂等印章，还有几枚无法辨别。可知，不同的三官庙之间的互动是存在的，而且有互动才能形成谱系，由此，形成了椒江区三官文化的语言叙事谱系。

2）物象叙事

如前述，物象叙事包括建筑、塑像、楹联以及自然景观等方面。

第一，在建筑方面。临海巾山三元宫、海门街道三官堂有着传统的建筑式样，海门三官堂的4个屋脊上有二龙戏珠以及凤鸟石雕，是凤鸟崇拜的遗留。台州椒江区的春潮村三官堂亦为传统建筑砖木结构式样，有两层，屋脊上除了仙人骑马之外还有神兽4只。在供奉三官神像的正殿对面是戏台。戏台两边有楹联：日近长安鸾翔凤翥仙众下，风流千古铜琶铁板大江东，"堂外的九龙壁也是在重建时加上"的。④ 三甲街道三官堂为两层建筑，钢筋水泥结构，三官殿的对面是戏台。古桥村三官堂在建造中，为砖木结构。路桥区徐翁村三元宫为钢筋水泥结构，两层，有佛殿、戏台、厢房等。这些建筑构成了三官文化的神圣空间，对于三官文化谱系的形成与构建有着重要意义。

---

① 田野调查资料：楹联，摘录人课题组成员，时间 2019 年 5 月 3 日，地点海门三官堂及陆桥村三官堂内。
② 田野调查资料：楹联，摘录人课题组成员，时间 2019 年 5 月 3 日，地点海门三官堂及陆桥村三官堂内。
③ 田野调查资料：楹联，摘录人课题组成员，时间 2019 年 5 月 3 日，地点海门三官堂及陆桥村三官堂内。
④ 田野调查资料：采访人课题组成员，被采访人为管庙人杨先生，时间 2019 年 5 月 3 日，地点春潮村三官堂内。

第二,在塑像方面。春潮村三官堂的神像,"2009 年庙宇重建之时重塑金身,三座塑像 2.5 米高,用黄金 9.8 斤;观音及两边的童子、土地、赵公明、关羽,均重塑金身"。[①]　在戏台正中的墙上绘龙王像,两边是雷公雷婆。在画像上方供奉塑像,高约 15 厘米。在这些神像中,三官眼睛微目而视,手捧笏板,庄严肃穆。古桥村的三官堂与万福堂相邻,三官塑像金身,目光炯炯,其神龛周围为暗八仙、金龙装饰。海门三官庙前殿供奉三官大帝,塑像金身,神像头部后有光圈,目光炯炯美须冉,手捧笏板俯瞰天下;配祀南斗星君、魁星、北斗星君、财神、土地等,后殿供奉三清。三甲街道三官堂主祀三官大帝,三官神像头部后有光圈,三官眼观世界,手捧笏板;配祀观音、斗母等神灵。徐翁村三元宫供奉三官大帝、三清、送生娘娘、圣母、北斗、南斗、中斗、斗姆天尊、长生大帝、观音菩萨、文昌帝君、魁星、孔子等,三官大帝与三清在同一个神龛中,三官在前,三清在后,三官神像高约 1 米,在三清后是二龙戏珠的壁画。与椒江区的三官塑像比较起来,徐翁村的三官在形体上较小,独立性不强,未独立供奉,与其他神像共处一个神龛。由此,在三官塑像方面构成叙事谱系。

第三,在其他物质实体方面。其他物质实体是指除建筑、神像之外的不能用单一词语概括的物件,如法器、香炉、石碑以及装饰物等。各三官堂的法器基本相同,香炉上一般都会写制造的时间等信息,几乎每个三官堂都有石碑,一方面记录庙宇创建等信息,另一方面形成物质文化景观,通过上面的语言叙事,能够形成人们对建筑、神像等的认识。还有一些装饰品,比如三甲街道三官堂三官神像旁边的醮联,呈现出独特的景观;徐翁村三元宫三官大帝神龛前金光闪闪的元宝发财树,是人们对财富向往的表现;每个三官庙供桌上的装饰等。这些也能够形成独具一格的关于三官物质实体的文化谱系。

第四,在文学的呈现层面。有两种情况,一是每个三官堂都有的文学表现形式:楹联。不仅在空间上有补白的功能,而且在景观上往往以不同的字体展现书法的魅力,还能够讲述所供奉的神明以及功能等。二是"一庙一故事"的故事墙。在"一庙一故事"工程的推动下,台州提出民间信仰活动场所要有故事要义以及标语,由此,在三甲街道三官堂、徐翁村三官堂就有故事墙,形成以故事墙为主体的文化景观。海门三官庙三官殿后面的墙上有《长春真人西游图及西游记》简介,以图画的形式向人们展示长春真人的故事。

[①]　田野调查资料:采访人课题组成员,被采访人为管庙人杨先生,时间 2019 年 5 月 3 日,地点春潮村三官堂内。

从建筑、塑像、其他物质实体再到文学的表现，呈现出三官文化的物象叙事谱系，不仅是三官文化传统的传承，而且作为物象能够成为人们讲述故事的原因，还能够为人的城镇化过程提供文化景观的享受，满足人们通过旅游获得的精神需求，促进新型城镇化的发展。

3) 行为叙事

椒江区春潮村三官堂在三官生日时不举办圣诞活动，更多的是信众各自去庙里烧香；每年农历三月十二日会唱大戏，邀请宁波勤州越剧团唱戏，农历五月十三关圣帝爷生日时会放 3 个晚上的电影。[①] 古桥村三官堂，每逢三官生日，人们会做法事，诵《三官经》等，在法事中使用的文牒上盖有各个三官堂的印章。[②] 三甲街道三官堂，每逢三官生日都有庆祝活动，不过分为大小会，其中农历正月十五、七月十五是小会，十月十五大会，从十五到二十有法会、唱戏，村民及周边信众会前来烧香祈福。三甲街道三官庙"主要活动日是每年的正月半、七月半、十月半三官会"。[③]

海门街道三官庙，有拜南北斗的习俗，分为两期，第一期农历四月初二、初三、初四三天，第二期四月二十四、二十五、二十六满会，还有上元节祈福大法会。[④] 路桥区徐翁村三元宫，"改革开放以后，路桥民间依然还有较大规模的三官庙会举办，每次庙会时间持续七天"。具体内容包括：第一天有早课、迎三官、大帝入座，第二天早课、第三天早课、第四天早课、第五天早课、第六天早课、第七天早课、送三官等。"改革开放以后，路桥民间依然还有较大规模的三官庙会举办，每次庙会时间持续七天。这一起源于民间的天地水自然崇拜，后又被道教'天师道'纳入祭拜仪式的传统信仰，至今依然盛行。从中不难看出民间信仰以及相关宗教的相互渗透，为人类研究留下了丰富的素材。"[⑤]由此可见，七天的庙会不仅能满足人们的需求，而且是对三官崇拜传统的传承。

除了春潮村不举行三官会之外，其他三官庙多有三元节的庆祝活动。通过

---

① 田野调查资料：采访人课题组成员，被采访人为管庙人杨先生，时间 2019 年 5 月 3 日，地点春潮村三官堂内。

② 田野调查资料：采访人课题组成员，被采访人为管庙人崔先生，时间 2019 年 5 月 1 日，地点古桥村三官堂内。

③ 田野调查资料：二维码信息，浙江省民族宗教事务委员会。扫码人课题组成员，时间 2019 年 5 月 3 日。

④ 田野调查资料：采访人课题组成员，被采访人为住庙道姑，时间 2019 年 5 月 1 日，地点海门三官堂内。

⑤ 田野调查资料：抄录于庙内书籍《佛道拾遗》，当地政府所编，第 311 页。

行为叙事对神话进行周期性展演,展演的过程不仅将地方文化呈现出来,而且还能重述三官神话,巩固人们对三官的记忆,促使人们讲述三官传说,以此传承传说故事中所蕴含的精神,使人们在仪式中感受传统,接受传统,自觉传承传统。三元节的行为叙事能够进一步促进新型城镇化的发展。

新型城镇化助力乡村民间俗信适应社会主义社会的发展,在"一庙一故事"工程的推动下,各个三官的神圣空间逐渐从语言叙事、物象叙事、行为叙事上适应并融入社会主义建设中。

(二) 文化认同

在族群层面,椒江区春潮村、古桥村、海门街道、三甲街道以及路桥区徐翁村三官堂的信众基本都以本地人为主,形成谱系。可见,台州当地的文化认同属于地方村民的倾向性认同。

在形式谱系方面,政府以"一庙一故事"为中心,进行三官故事的重构,对三官文化进行挖掘、梳理以及重构,使得三官文化能够适应社会主义的发展。文化本身就是不断建构、解构与重构的过程。在保持文化多样性的基础上,从传说故事、文化景观、仪式美术等方面实现地方文化的重构,注重地方相关部门的引导与重构,保持地方文化多样性并使其与社会主义社会相适应,最终一方面在新型城镇化下满足人们对俗信的需求,另一方面引导三官文化适应社会主义社会的发展。三甲街道、徐翁村的故事墙及其形成的文化景观不仅是地方文化的呈现与发展,还是仪式美术、文化景观的展示,更是普通百姓精神风貌的展示。由此形成更大范围的文化认同。

通过这一过程,实现三官文化的认同,这种认同更多的是强调对民间文化的尊重、理解及信仰功能的应用,旨在满足城镇化后普通百姓的需求,同时引导普通百姓积极参与社会主义建设。

在宗教层面,三官文化以天地水三官为崇拜对象,能够引起人们的共鸣,将尧舜禹与天地水三官相结合,也能引起人们对尧舜禹三官文化的认同。在每个三官庙中,供奉的神灵不仅仅是三官,还有众多神灵,这样就能够满足人们的不同需求,实现最大范围的认同。这或许是中华文化的特点之一,彰显和而不同、求同存异的智慧。

在新型城镇化过程中,官方通过"一庙一故事"挖掘、重构三官文化,以达到民间俗信与社会主义社会发展相适应的目标;民间地方文人通过配合官方的举措,满足普通百姓供奉三官的精神需求。

第四节　新型城镇化下福建漳州、泉州
三官文化谱系与认同

福建作为"21世纪海上丝绸之路"的核心区,是台湾同胞的祖籍地之一,其中尤以漳泉二籍为多。漳州是台胞的主要祖籍地,现有台湾人口中,祖籍漳州的占35.8%。[①] 泉州是台湾地区汉族同胞另一主要祖籍地,台湾汉族中祖籍泉州的占44.8%。[②] 当下,漳泉还是海峡西岸城市群的重要城市,泉州又是"一带一路"的起点城市。在"一带一路"的促进下,在城市群的带动下,漳泉两地新型城镇化深入发展,城镇化率均在60%以上,城镇化的深化有利于"一带一路"沿线城市之间的交流与互动。

三官文化在福建有着悠久的历史,据不完全统计自宋朝以来有120多座供奉三官的三官庙宇产生,20世纪80年代以来福建共有三官庙32座,有主祀也有配祀,具体分布为厦门1座,武夷山1座,漳州25座,泉州5座。漳州的25座三官庙主要分布在漳浦县和南靖县,其中漳浦县24座,南靖县1座。泉州的6座三官庙主要分布为泉州市1座、惠安崇武镇1座、安溪剑斗镇与安溪桃舟乡各1座、湖头镇各2座。

目前学术界对于漳州三官文化有一定的研究,如林国平在著作《漳州民间信仰与闽南社会》中,就漳浦雨霁顶三官庙的历史、来源、主要祭典、祭典组织的基本规则、族群关系等方面进行了探讨;段凌平在著作《漳台民间信仰》中,介绍了漳州的三官文化的情况,并概述了漳浦雨霁顶三官大帝庙的历史、祭典等相关情况;张宏明从人类学的角度出发,在《村庙祭典与家族竞争——漳浦赤岭雨霁顶三界公庙的个案研究》中探讨了祭典与族群之间的关系;与本题联系紧密的论文有1篇,即王明月的《漳浦县三官信仰的民俗谱系研究》,其中探讨了三官文化在漳浦县的时空谱系、族群谱系与形式谱系。但是上述研究未从漳州整体观出发,未以谱系与认同为中心来研究漳州三官文化的。学术界对泉州三官文化的研

[①]《漳州概况》,漳州市人民政府网,http://www.zhangzhou.gov.cn/cms/html/zzsrmzf/2021-05-17/1778126023.html,2021年5月17日。

[②]《人口与民族》,泉州市人民政府网,http://www.quanzhou.gov.cn/zfb/zjqz/rkmz/201303/t20130313_300.htm,2022年3月4日。

究,目前还未见相关论文。由此可见,漳泉三官文化谱系与认同还有很大的研究空间。

有鉴于此,本节就以漳泉为中心,在新型城镇化下以文化谱系理论为指导,分别探讨三官文化的族群谱系、时空谱系、形式谱系,并在此基础上分析当地三官文化的认同。本节的研究不仅有利于呈现文化的多样性,而且还为"一带一路"沿线城市间的文化交流奠定了基础,助力于闽台民间俗信文化的沟通,达到民心相通。

一、漳州三官文化谱系与认同

漳州在融入"一带一路"的过程中,积极发展新型城镇化。2016 年,漳州市政府为贯彻落实国务院《关于深入推进新型城镇化建设的若干意见》和福建省政府《关于深入推进新型城镇化建设的实施意见》,为实现城镇化率的既定目标,颁布《漳州市人民政府关于深入推进新型城镇化建设的贯彻意见》。[①] 在意见中,漳浦是省级新型城镇化的试点。漳浦在 2016 年也出台《漳浦县城乡总体规划》,[②]对漳浦的城镇化做出了全面部署。在这一过程中,各个乡镇在《漳浦县城乡总体规划》的指导下,如漳浦县南浦乡、官浔镇、赤土乡、赤岭乡等分别制定乡镇级的发展规划。至 2020 年漳浦的城镇化率为 55.5%,[③]还有很大的上升空间。

根据学者的研究,漳州的三官崇拜较为兴盛,其继承了原始祭祀没有神像的传统,许多宫庙会在前门上设"三官大帝"的牌位,以客家为多;有的是露天祭祀,如漳浦著名的赤岭三官大帝祭坛,长期以来为露天,且没有雕像。[④] 据不完全统计,漳州的三官庙分布在漳浦和南靖,漳浦有 24 座三官庙,南靖县有 1 座三官庙。因此,在探讨漳州三官文化谱系时以漳浦为中心。

(一) 漳浦三官文化谱系的延续与发展

1. 漳浦三官文化的族群谱系与空间谱系

1) 漳浦三官文化的族群谱系

---

① 《漳州市人民政府关于深入推进新型城镇化建设的贯彻意见》,漳州市人民政府网,http://www. zhangzhou. gov. cn/cms/siteresource/article. shtml? id = 5203865709632500000&siteId=6204168119084400000,2016 年 12 月 2 日。

② 《漳浦县城乡总体规划》,漳州新闻网,http://www.zpxww.cn/,2016 年 08 月 20 日。

③ 《漳浦县国民经济和社会发展第十四个五年规划和二〇三五年远景目标纲要》,漳浦县人民政府官网,http://www.zhangpu.gov.cn/cms/html/zpxrmzf/2020-12-31/149817664.html,2020 年 12 月 31 日。

④ 段凌平《漳州与台湾地区关系丛书·漳台民间信仰》,厦门大学出版社,2011 年,第 79 页。

　　族群谱系是通过信仰群体呈现的。漳浦三官的信众群体是以赤岭畲族乡山坪村雨霁顶三官庙为圆心展开。漳浦赤岭雨霁顶文化节是以三官庙为中心展开的,是漳州乡镇文化中"一地一品、各具特色"的表现之一。① 同时雨霁顶在地方政府的管理下也有着不一般的定位,"雨霁顶备有 300 亩规划用地以备开发,发展空间广阔。在政府对宗教信仰的有利政策、经济的不断发展、社会各界和信众的有力支持下,将在原有基础上把雨霁顶建设成为更具规模的三官庙宇"。② 这些只有在城镇化的作用下才能成为现实。三官大帝庙不仅是多地三官庙的祖庙,还是文化旅游的中心。三官大帝庙的信众颇广,除县境各地以外,还有来自漳州各地、厦门、龙岩及港、澳、台的,更有来自东南亚国家的如新加坡、马来西亚、菲律宾、泰国等。③

　　首先,从传说故事来看三官文化的族群谱系。漳浦最早信仰三官的信众是赤土乡炉飞村的民众。炉飞村三官大帝祖庙的碑记载,该庙建于宋时,在明朝宣德年间传到赤岭山坪村雨霁顶。这样从明朝宣德年间开始,赤岭山坪村的民众也成为三官大帝的信众。根据小雨霁三界公庙的传说,④小雨霁三界公庙与赤土乡炉飞村的三官庙、赤岭山坪村雨霁顶三界公坛形成了谱系关系,由此当地的民众也成为三官崇拜的信仰群体,信仰群体还扩大到龙海的白水、浮宫、东园、港尾等地。

　　其次,从三官庙宇的空间分布以及庙内捐款功德碑来看三官文化的信仰群体。根据田野调查与文献资料整理,漳浦的三官庙宇分布如下:赤岭乡(畲族)山坪村、石椅村、赤岭村园尾社、油坑村大宅社,湖西畲族乡枫林村、城内村、诒安堡、顶坛村、丰卿村,赤土乡下宫村、埔阳村的炉飞自然村,绥安镇黄仓村,赤湖镇半石村,佛昙镇人坪村、岱嵩村、东坂村、石门,前亭镇刘下村、洛运村、文山村、庄厝村,马坪镇仙都村,官浔镇春建村,霞美镇北江村。⑤ 在功德碑上除了漳浦的信众外,还有龙海市东泗乡、白水镇、东园镇、颜厝镇,厦门思明区、集美公司、石

---

① 中共福建省委宣传部编《树魂强基求先行:福建省基层宣传文化工作实践与创新》,福建人民出版社,2008 年,第 157 页。

② 漳浦县赤岭雨霁顶三官大帝管理委员会编《雨霁顶三官大帝(三界公)》,内部资料,2010年,第 26 页。

③ 《赤岭三官大帝庙》,漳浦县人民政府官网,http://www.zhangpu.gov.cn/cms/siteresource/article.shtml?id=60423208481780001&siteId=60423208258790000,2012 年 8 月 28 日。

④ 在福建、广东、广西、台湾地区等地多将三官称为三界公。

⑤ 王明月《漳浦县三官信仰的民俗谱系研究》,《福建文博》,2022 年第 3 期。

泉路、岭后北里,泉州洛江区,漳州市芗城区等地的一些民众。以上这些地区的民众构成三官崇拜的信仰群体。

最后,从族别来看信仰群体。根据当地人的说法,雨霁顶三官庙自建庙以来都是官浔王姓和赤岭蓝姓村民共同奉祀。蓝姓属畲族,分布在赤岭、湖西二乡,以赤岭为多,畲族人口占赤岭总人口数的92%,湖西约占36%。[①] 王姓属汉族,分布较广。传说赤土三官大帝祖庙的香炉在明宣德年间飞往赤岭山坪村雨霁顶,多是当地人借助传说对畲族和汉族共同祭祀三官的一次文化建构,这一建构带来的是汉族与畲族因共同信仰而和谐共处。历史上,蓝姓在元末时才到漳浦,[②]也就是说宋朝时炉飞村三官文化的信众多为汉族。根据三官庙创建神话,到明朝宣德年间,赤岭蓝姓接受赤土的三官大帝信仰,与王姓一起在雨霁顶供奉三官大帝。从蓝王两姓在雨霁顶供奉三官大帝开始,三官文化的族群谱系逐渐形成并不断发展。随着赤岭蓝姓的繁衍生息,他们将三官文化带到湖西。另外蓝姓最初到达的前亭镇庄厝村也从赤岭分香,供奉三官大帝。这样就形成了漳浦以蓝王二姓为中心的,辐射到周边地区甚至更远地域的三官文化族群谱系。

族群谱系在姓氏上以蓝王二姓为核心,在民族上包括畲族、汉族等族别成分,在地区上以漳浦山坪村雨霁顶三官庙为中心,辐射周围20多个乡镇,还涉及漳州其他县市,还有泉州、台湾地区,更有国外的新加坡、泰国等东南亚国家,使得三官文化呈现出巨大的凝聚力。

2) 漳浦三官文化空间谱系

至2019年,漳浦有24座三官庙,主祀或配祀三官。这些三官庙形成空间谱系。三官庙还与当地其他庙宇形成谱系关系,如广平王庙,在每年正月十六,"广平王庙的广平王及夫人要送三界公到祖庙挂香,送到华侨中学的门口,然后广平王再回来到广平王庙。等挂香回来之后,敲锣打鼓地到广平王庙请广平王和广

---

① 《漳浦乡镇场概况》,福建党史方志网,http://data.fjdsfzw.org.cn/2016-09-12/content_831.html,2016年9月12日。

② 赤岭畲族乡为蓝姓畲族聚居地,开基于明初,始祖庆福,自霞美(今前亭镇庄厝)移来。这一支蓝姓,以汝南为郡望。唐代天授至天宝年间(690—756),该族首领蓝明德曾受命为扬州节度使,蓝姓尊为一世祖。宋末元初,其16世族人蓝常新避乱入闽,居侯官,世代与汉族通婚。22世蓝琛,任临川县尹,生3子:长子蓝兆,元末避乱移居漳浦县二十三都霞美(今前亭镇庄厝)。蓝兆生3子:长子庆福,移居坑坑(今赤岭畲族乡);次子庆禄,移居蓝教(今龙海市隆教畲族乡)。中国人民政治协商会议福建省漳浦县委员会编《漳浦文史资料》(下册),2007年,第1360页。

平王夫人到三界公庙去看戏"。① 在采访中发现这种情况不是个例,其他村庄也是如此。由此可见,漳浦不仅形成了三官文化的空间谱系,还形成了以雨霁顶三官庙为中心的民间俗信群落。

2. 漳浦三官文化的形式谱系

1)语言叙事

在漳浦有四个关于三官文化的传统叙事,分别为"雨霁顶三界公坛""小雨霁顶三官庙""赤岭园尾山三界公庙""畲乡耆老讲述三官来历",这些叙事有不同的视角,但表现了文化谱系的构建过程。

首先,漳浦当地流传着关于雨霁顶三界公坛的故事,该故事讲述了三官如何从赤土乡到赤岭乡,又是如何成为蓝王二姓供奉的对象。具体如下:

> 大明宣德年间,有一天,黄昏时分,众目共睹一颗黄色巨星,从东北方向飞来,一道金光划过中天,窸窸有声。突然,轰然一响,这颗黄色巨星竟降落在雨霁顶的一株独臂撑天的松柏顶上。待到附近村落中蓝、王两姓子孙赶到雨霁顶围观时,经过一番仔细观察,方知道这颗黄色巨星却原来是一尊金光熠熠的七宝铜铸的圆口大香炉。后来才知道,这尊七宝铜香炉,是从漳浦县赤土乡一座七进深的大道观的三官大帝殿中飞来的。那"炉飞"之地从此就叫作炉飞,地名至今沿用。当时,我畲族蓝姓子孙们围着大树,虔诚地膜拜祷告,请求神灵允诺驻跸雨霁顶,卜杯一直未得圣筊。后来,王姓的长辈,一位虔诚的老妇跪下祷告,竟得圣筊,七宝香炉居然飘落下地,那株撑天大树竟然无风自倒,连根拔起。于是,蓝、王两姓,同心合力在树址建立起神坛。谁知道这雨霁顶上是处覆顶金穴,不能构筑土木庙宇,一建起就会遭回禄焚烧,屡试不爽。老人们说,有一年,村里人为三界公做热闹,在神坛上特地扎结起彩楼,刚刚扎结好,当天晚上就被天火烧毁了。海外华侨回来拜会,多次提出要集资修坛建庙,在神坛前卜杯,三界公都不肯赐予圣筊。所以直到现在,只允许在覆顶金穴上用石砌神坛,庙宇只能建在下方。从此形成惯例。三界坛的香火开支,由两姓共同负担,但庙内卖旗子的盈利只能归王姓子孙,因为是王姓祖先求得三界公驻

---

① 田野调查资料:采访人课题组成员,被采访人湖西诒安堡黄先生(地方民俗专家),时间 2018 年 3 月 2 日,地点诒安堡黄先生家。

踔在雨霁顶的。每逢庙里做热闹，蓝姓负责做社戏，王姓负责打醮，这种乡规民约一直延续至今不辍，雨霁顶三官大帝的香火旺盛，五百年来兴旺不衰。海外信士很多，每年上元节，印尼、新加坡、泰国等地的侨胞，台湾地区同胞，回乡参拜三官大帝，虔诚刈香的，不下数万人，从省内各地县及漳属各县来的香客也很多，届时庙会盛况、热闹非凡。①

这个故事除了隐含的族群谱系与空间谱系外，还隐含了蓝、王二姓和谐相处的局面，共同完成重大事件的凝聚人心的过程。这正是文化强大向心力的魅力所在。故事中蓝姓跪拜香炉没有下来，王姓长辈跪拜后香炉从树上飘落。王姓并没有因此强势掌握话语权，而是二者神灵共祭，利益共享。

其次，赤岭畲族乡油坑村大宅社三界公岭的小雨霁三界公庙的传说，为风物传说，解释了三界公岭名称的来历。具体如下：

传说明末时，当地百姓在扑灭山火后，发现有个铜香炉，经筊杯才知道是三界公神降临。三界公本欲选庙址在三界公岭上，观察片刻，觉得三界公岭太小，所以才飞往雨霁顶。从此大宅社百姓就把这座山叫作三界公岭。由于铜香炉仍保存在大宅社，百姓仿照雨霁顶三界公庙的规制，在本村建立了一模一样的小雨霁。龙海的白水、浮宫、东园、港尾等地的香客去雨霁顶，必定先在大宅小雨霁三界公庙拈香朝拜，然后才前往雨霁顶祭拜。②

通过构建，该故事将大宅社小雨霁三界公庙与赤岭雨霁顶的三界公庙相联系，呈现族群谱系和空间谱系。

再次，赤岭园尾山三界公庙的传说，阐述了建庙的原因。具体如下：

相传康熙年间，畲族大将蓝理为感激三界公在其收复台湾地区期间显灵救了他一命，到雨霁顶三界公那儿抽签，卜得重装两尊三界公

---

① 漳浦县赤岭雨霁顶三官大帝管理委员会提供的册子《雨霁顶三官大帝》，内部资料2010年6月。

② 林国平、钟建华主编《漳州民间信仰与闽南社会》（下），中国社会科学出版社，2016年，第484页。

金身。由于传说中三界公的香炉曾飞至园尾山顶,因此蓝理便于园尾山顶建赤岭三界公庙。①

该叙事指出在园尾山建三界公庙的高阶性,与英雄蓝理将军有关。

当我们把这三个叙事联系起来看,就会发现三官文化谱系:赤土炉飞—赤岭大宅社—赤岭山坪村—赤岭园尾社,且大宅社、山坪村的三界公庙都与飞来的三官香炉有关。赤岭山坪村雨霁顶成为三官大帝的选择,是神的选择,也是人的选择。不过在执行神的旨意时,能够和谐地解决话语权的争端,三官香炉留在大宅社,当地依雨霁顶的规制再建小雨霁顶三界公庙,且信众在祭拜时先去大宅社再去雨霁顶,体现出信众对这一叙事的认可。而赤岭园尾社的三界公庙与蓝理有关,蓝理在雨霁顶三界公庙筊杯得以重装两尊三界公神像,为了体现建造三界公庙的合理性,将香炉飞行的地点增加一个即园尾社,使得园尾社三界公庙成为三界公炉飞行的谱系之一。由此,我们发现这一谱系构建的逻辑:三官炉的飞行路线是主线,无论如何建构离不开这条主线,即使将蓝理到雨霁顶三界公庙筊杯引入叙事,也必须通过增加香炉的飞行地点才能使建庙的正当性得到人们的认同。由此,赤土炉飞三官大帝庙、赤岭山坪村雨霁顶三官庙、赤岭大宅社三界公庙、赤岭园尾社三界公庙形成了三官文化的谱系。

最后,雨霁顶畲乡耆老关于三官来历的叙事。该叙事以畲族的视角讲述畲族崇拜三官大帝的原因,盘古与三官的关系,三官的身份等。具体如下:

> 说起我们畲族蓝姓氏族历代何以崇拜三官大帝的起因,据上代祖公传说:天上地下诸神中惟三官大帝最大,是最早的神祇,也最灵感。三官大帝就是"三皇",相传是天皇氏、地皇氏、人皇氏三位大帝。
>
> 在远古太初时期,天地尚未分开,宇宙处于洪荒状态,在黑暗浑沌的太空中,漂浮着一颗巨星,形状非常像一粒鸡蛋,就在这鸡蛋样的巨星里头孕育着一个巨人,他的名字叫"盘古"。盘古在巨星中成长起来了,他不愿永远被困屈在这"鸡蛋壳"中,他的左手拿着凿子,右手拿着一斧头,就不断地凿呀凿呀,不断地劈呀劈呀,不断地用斧劈,用凿开这个厚厚的"鸡蛋壳",经过一万八千年的艰苦努力,终于有一天,盘古

① 林国平、钟建华主编《漳州民间信仰与闽南社会》(下),中国社会科学出版社,2016 年,第 486 页。

氏挥出最后一斧,只听见天崩地裂的一声巨响,这颗巨星终于被盘古氏从当中劈开,分成两半了。

盘古氏凭借他自身的神力,把天地分开了,他头上的一半巨星,化为气体,不断上升。脚下的一半巨星,则变为大地,不断加厚,他自己就伸直了腰杆,站立在天地之间。天每日上升一丈,地每日加厚一丈,盘古氏也每日长高一丈。这位开天辟地的大英雄,就这样顶天立地地站在宇宙之中。可是四周仍然是漆黑一团,伸手不见五指,大地上不仅是寂寞的,而且十分寒冷。盘古氏感到十分忧伤,他说:"我开辟出这样一个世界,实在太可怕,太寂寞了。没有光、没有热、没有山、没有水,什么都没有,我的后代无法在这世界里生存下去,生活中也一点乐趣也没有。我必须舍命为后代创造出光明而温暖的世界,有万物生产,有欢笑和歌声,一个绚丽多彩的世界。"于是他死了。

盘古氏牺牲了自身,去创造了一个新世界,他的死引起一连串新生命的诞生,旧世界在他死后大大地改变了面貌:他的右眼变成了太阳,从此这个世界有了光和热。他的左眼变成了月亮,即使在黑夜里,人间还是有光明。他的血液变成了江河海洋,毛发变成树木花草,齿骨变成金石,精髓变成珠玉,肌肉变成肥沃的田土,汗流变为滋润大地的雨露,呼吸变成风,声音变成雷。欢喜时的笑容变成晴天,烦恼时的愁容变成阴天。他的四肢五体,变成四极五岳:头部变成东岳泰山,腹部变成中岳嵩山,左臂变成南岳衡山,右臂变成北岳恒山,双足变成西岳华山。盘古氏真的为人类创造出一个美好的世界,盘古氏就是我们的伟大祖先。

盘古氏的子孙后代在这个世界上绵延繁殖起来,大地一天比一天热闹繁荣,于是在盘古氏的后裔中出现了"三皇"。

天皇氏是盘古氏后裔中第一位最有卓越成就的帝王,寿命一万八千岁,有十二个儿子,帮助他治理日益增多的人民。这些人民虽然都是盘古氏的后代,但年代太久远了,分散四方,布满五岳,互相间早已生疏,有的还因为利害的冲突,而成为仇敌,纠纷争执,层出不穷。天皇氏就把他们分成若干部落,每个部落推选或指定一位英明能干的人担任酋长。中国人自此形成一个统一的华夏民族了。

天皇氏死后,地皇氏在龙耳山(神话中的仙山)诞生,寿命也是一万八千岁,有十一个儿子。那时由盘古氏眼睛变成的太阳和月亮,以及由睫毛变成的星辰,运转的秩序忽然发生混乱起来。有时一连几天都是白昼,有时一连几天都是黑夜。而有些星星又悬挂得很低,人们走路时,一不小心,头部就会被撞伤。地皇氏就用他无比的神力,逐项加以改善。他首先把太阳和月亮出现的时间加以固定,使他们升落都有规律,昼夜分工分明。他又规定三十天为一个月,十二个月为一年,教人民懂得时间和年龄的计算方法。地皇氏又命所有的星辰上升,升到高高的苍穹去。让他们白昼隐没,夜晚才出来,用星光照耀大地。

人皇氏降生在刑马山(也是神话中的仙山),寿命一万五千六百岁,他有九个弟弟,个个都是神通广大,法术高强的人。人皇氏就把中国分为九个州,命令他的弟弟们各掌一州,各立一座城邑。他自己则住在九州的中央,时常出巡。出巡时坐着像云一样可以在空中奔跑的车辆,驾车的人有六个翅膀,行动像闪电一般的迅速。

所以"三皇"是世界上最早的神,也是人间最伟大的神。三皇之后,就是"五帝"了。"五帝"就是:有巢氏,教人筑巢造屋;燧人氏,教人钻木取火;伏羲氏,画八卦,教人结网捕鱼,养蚕织布;神农氏,尝百草,教人治百病。以后人间英雄辈出,神道就更多了,可是,我们畬乡只崇奉三官大帝。每逢乡间有婚假喜庆大事,首席就供奉三官大帝,神就会保佑合家平安,赐予吉祥如意了。

然而,也有人说,三官大帝是尧舜禹三代帝王。这是道教的说法。道教经书上说:盘古开天辟地功成之后,躯体就蜕化了,变成日月星辰、河流山脉、树木花草、千禽百兽,创造出一个光明美好,欣欣向荣的新世界来了。他的精灵却并没泯灭,遨游在太空中,不知经历了多少劫,过去了多少年,有一天,在嵯峨山中,看见太元圣女,盘古喜爱她的贞洁,就乘她仰天呼吸的时候,化成一道青气投入她的口里,于是太元圣女就妊娠了,她怀孕十二年,才从脊膂窝里诞生下一个婴儿,刚生下来就会说话、走路,自号元始天尊。"元者,本也,始者,初也。"因为他的前身就是开天辟地的盘古氏,以后他就在十二重天上,用紫云为阁,碧霞为城,用金玉装饰,建造一座宫殿,命名"玉清宫",他就和许多神仙住在那里。

由于盘古氏是"生于太元之先,禀自然之气的"开天辟地的始祖,元始天尊是他的后身,自应成为"主持天界之祖",是道教中地位最高的天神了。后来为了要管好人间,惩恶扬善,元始天尊就从口里吐出三个圣人：一个名叫"尧"，一个名叫"舜"，一个名叫"禹"，逐个降生到人间，封为"三官大帝"。[①]

通过该故事就构建了以盘古为始祖的三官文化谱系：盘古—三官大帝（天皇、地皇、人皇）；盘古、太圣元女—元始天尊—尧舜禹三官大帝。从叙事者的身份来看，这则故事的讲述人为畲乡耆老。该故事两次强调畲族人认为最大的神是三官大帝，而且指出尽管有很多不同的神，但是畲族最敬奉的是三官大帝神，而且三官大帝无论是谁，都是盘古的后代，暗含三官大帝是盘古优秀品质的继承者。这是畲族乡耆的本族话语，体现人们认同三官后，三官融入民族文化的过程。这一叙事与雨霁顶三界公庙等的天地水三官有所不同，但是都称为三界、三官，是同一文化下的不同话语表达，是中华传统文化的体现，是中华文化多元一体格局的体现，还隐含着中华民族共同体意识的发展。

2）物象叙事

三官香炉或曰三界公炉、三界公坛、三官塑像、三官庙宇宫观等共同构成三官的物象叙事谱系。

漳浦的三界公坛、三界公炉是三官的指代物。雨霁顶一直没有庙，只有三界公坛，即使在雨霁顶强行建庙也会被烧毁，因此至今只允许在三界公坛上用石砌神坛，而三官庙只能建在下方。[②] 大约到了 1992 年以后，这种独特的景观开始发生变化，由台胞出资，在祭坛上方建顶上有孔的亭子。2001 年在旧庙址上新建了一座三官大帝庙，一改过去三界公没有庙，没有神像，仅有祭坛和香炉的现象。[③] 近年三界公坛已塑三官大帝像，是三官庙管委会的现任理事在请示三界公并卜得圣筊后，塑两组三官大帝像，一组放在三界公坛，一组由各个村子轮流供奉。随着三官大帝像的塑造，三界公坛、三界公炉的指代性可能会逐渐弱化。

前述三官文化空间谱系中所阐述的各个三官庙，是现实的物象叙事。如漳浦县南部霞美镇北江村的玉虚宫，主祀神为三界公，庙坐东向西，由门厅和主殿组成，主祀三官大帝。官浔春建村的三官大帝庙，墙面绘有三尊三官大帝的画

---

① 漳浦县赤岭雨霁顶三官大帝庙管理委员会编《雨霁顶三官大帝庙（三界公）》，内部资料，2010 年，第 9-10 页。

② 漳浦县赤岭雨霁顶三官大帝管理委员会提供的册子《雨霁顶三官大帝》，内部资料，2010 年。

③ 中国人民政治协商会议福建省漳浦县委员会文史委员会编《漳浦文史资料》第 23 辑，出版者不详，2004 年，第 73 页。

像。诒安堡的广安宫供奉三官大帝,没有神像,只在红纸上书写"三官大帝"放于供桌上。佛昙镇井尾王公庙正殿主祀开漳圣王,前殿明间正中神龛内供奉三尊三官大帝塑像。佛昙镇岱嵩嵩山宫主祀妈祖,三官大帝是以牌位形式置于妈祖像前侧。①

这些物象形成独特的三官文化景观谱系,是漳浦地区宗教文化旅游非常重要的文化资源,也是漳浦与其他地区文化交流的重要承载。

3) 行为叙事

挂香是漳浦三官文化行为叙事的核心,在这一过程中,非遗文化的表演体现着每个村子的凝聚力和文化自豪感。

所谓挂香是指分香,是子庙每年定期到祖庙取得新的香火,带回子庙后与原香火相融合,是庙宇亲情关系的延续,与人们每年走亲戚的功能相同。挂香这一行为主要是在天官生日即正月十五,周边村子的信众会在这一天展演地方文化,如辇、艺等。漳浦有三官文化节,每三年一次,农历干支纪年逢寅、申、巳、亥年举行。雨霁顶三官庙理事会有一个合祭的日期,在农历正月二十五日至二十七日之间选择一天,"漳浦、龙海、芗城等县、区信徒前来参加祭祀活动,最多人数达四、五万人,常年也有三万多人。这是超越赤岭畲族范围的大型的民俗祭祀活动。除了祭拜形式外,还有辇和艺,以及舞龙、舞狮等文艺活动,辇是在一个宝塔式的六、七层台架上,糊上纸雕和各种图案等民族美术工艺品;艺是在一个长方形台架上,装满彩花,台架上坐着一对化装的穿着畲族服装的童男女。辇艺都是由四个人扛着游行,很具民族特色"。② 除此之外,每年从正月开始天官大帝和马王爷的神像都要离开雨霁顶到外村出巡,分为上半年农历二月到六月的巡香和下半年农历八月到十二月的谢居安。③ 可见,挂香、巡香、谢居安等民俗活动,将人们走亲戚的行为融入庙与庙的互动中,巩固已形成的亲密关系。挂香、巡香、谢居安等行为叙事,加强了三官庙在空间和族群之间的联系,实质上是通过这样的行为进行情感上的交流,巩固不同村子之间的凝聚力。台湾地区、香港的

① 漳浦县第三次全国文物普查委员会编《漳浦县第三次全国文物普查成果汇编》,内部资料,2008 年。

② 中国人民政治协商会议福建省漳浦县委员会编《漳浦文史资料》(下)15—25 辑,2007 年 6 月,第 984 页。

③ 所谓谢居安是指在农历十月十五日水官生日的时候,五谷入库,喜庆丰收,漳浦当地人要演戏娱神。中国人民政治协商会议福建省漳浦县委员会编《漳浦文史资料》(下),15—25 辑,2007 年 6 月,第 984 页。

信众也会在上元节的时候挂香或朝拜,甚至还有国外的信众,千里迢迢前来祭祀与朝拜。可见,通过行为叙事,能够进一步铸牢中华民族共同体意识。

综上,漳浦三官文化的形式谱系如语言叙事、物象叙事和行为叙事,不仅是三官文化在地方的话语表达,还是地方不同系列的三官与天地水三官融合发展的体现,更是文化向心力的表现。

(二) 文化认同

漳浦县三官文化的发展离不开政府的尊重、理解以及当地百姓的认同,但是二者的认同又各有特点。

1. 地方政府的认同:尊重、理解与引导

地方政府从两个方面认同三官文化,一是开展"优美民间信仰活动场所"创建活动,二是非物质文化遗产的成功申报。

漳州市政府对民间信仰是理解与尊重,表现在政府部门举办的相关评比活动中。漳州市民族与宗教事务局多年来一直实施宗教活动场所、民间信仰活动场所的相关评比活动,2006 年漳浦县赤岭三官大帝庙被评为漳州市民族宗教系统"为构建和谐社会做贡献"模范单位。[①] 自 2014 年以来漳州市民族与宗教事务局连续开展"优美民间信仰活动场所"的创建活动,"开展'优美民间信仰活动场所'创建活动,不仅对辖区民间信仰活动场所管理起到典型示范有效的推动作用,而且引导其与社会主义社会相适应,建成集休闲、健身、文体、娱乐为一体的生态文明场所,为'富美漳州'建设增添光彩的一项重要举措"。[②] 雨霁顶三官大帝庙作为民间信仰之一自然也在这一活动之列。这是政府在空间上的认同。同时应注意的是这一认同是建立在引导民间信仰与社会主义相适应的理论基础上的。在社会主义建设中,作为民间信仰之一的三官文化要获得认同必须与时俱进,为社会主义建设做出贡献。

政府部门还从非物质文化遗产项目的角度表达了对三官信俗文化的认同。赤岭三官大帝信俗已经成为漳浦县第八批县级非物质文化遗产代表性项目,属

---

① 《关于漳州市民族宗教系统"为构建和谐社会做贡献"模范单位的表彰决定》,漳州市民族与宗教事务局,http://zzsmzj. zhangzhou. gov. cn/cms/infopublic/publicInfo. shtml? id ＝ 60421805865380000&siteId＝530418360939360000,2008 年 12 月 30 日。

② 《关于继续开展"优美民间信仰活动场所"创建活动的通知》,漳州市政府官网,http://zzsmzj. zhangzhou. gov. cn/cms/html/zzsmzyzjswj/2020-07-15/310211542. html,2020 年 7 月 15 日。

于民俗类,申报单位为漳浦县赤岭雨霁顶三官大帝管委会。[1] 另外,由县道教协会主办、漳浦雨霁顶三官大帝庙管委会协办的漳浦雨霁顶三官大帝庙文化节,每隔三年举办一次,[2]目的在于促进闽台之间的文化交流。[3] 该活动得到政府的认可。非物质文化遗产项目的成功申报,成为三官文化获得认同的途径之一。

2. 当地百姓:坚守中的倾向性认同

从地方百姓的热情崇拜可以看出,他们对三官文化有着很高的认同度。如诒安堡三官庙与赤岭雨霁顶三官庙的联系:"赤岭与湖西在明清两代时是同一个乡镇,我们这里三官庙的祖庙是在赤岭乡,距离这里(湖西诒安堡)9公里,每年正月十六一定要去赤岭乡去挂香,挂香就是明天(正月十六)6点整的时候,我们闽南这里的礼生泡三杯茶,还有糖果拜一拜三界公,跟三界公说要回祖庙挂一次香,然后敲锣打鼓地把三界公请出来,开车往赤岭去。以前都是人工抬的,抬到赤岭去挂香然后再抬回来。1949年新中国成立后,有车就用车不再用人抬了。"[4]由此可知每年正月十六本地村民要请分庙的三官大帝到祖庙拜见祖庙的三官大帝。因此,当地百姓,不同民族如畲族、汉族等坚守着对三官文化的热爱。

另外,从道教层面来看,道教协会是道教界的代表,漳浦道教协会每隔三年主办的"三官大帝文化节"就说明了其对雨霁顶三官大帝庙的支持。漳浦有着较好的三官文化传承传统,是政府对民众需求的尊重,是民众传承文化传统的结果,也是道教协会积极支持与协调的结果。

由以上的论述可知,漳州三官文化谱系形成了以雨霁顶三官庙为中心的民俗谱系,漳浦的官浔汉族王姓、赤岭畲族蓝姓共同管理,形成的祭祀模式是畲汉两族在民族和谐相处中智慧选择的结果。同时三官文化在漳浦、周边以及台湾地区,国外如泰国、马来西亚、新加坡等得到广泛的认同。除此之外,地

---

[1] 《漳浦县人民政府关于公布第八批非物质文化遗产代表性项目名录的通知》,漳浦县人民政府,http://www.zhangpu.gov.cn/cms/html/zpxrmzf/2020-07-10/242659222.html,2020年7月10日。

[2] 《赤岭举办雨霁顶三官大帝庙文化节"辇艺阵"表演规模空前》,漳浦县人民政府,http://www.zhangpu.gov.cn/cms/siteresource/article.shtml?id=60457831571980000&siteId=60423208258790000,2019年3月7日。

[3] 《赤岭举办雨霁顶三官大帝庙文化节 "辇艺阵"表演规模空前》,漳浦县人民政府,http://www.zhangpu.gov.cn/cms/siteresource/article.shtml?id=60457831571980000&siteId=60423208258790000,2019年3月7日。

[4] 田野调查资料:采访人课题组成员,被采访人湖西诒安堡黄先生(地方民俗专家),时间2018年3月2日,地点诒安堡黄先生家。

方政府将三官大帝庙作为非遗文化传承点、文化旅游景点更加有利于三官文化的发展。

二、泉州三官文化谱系与认同

泉州作为海上丝绸之路的起点，有着重要的地位。其城镇化发展有利于与"一带一路"沿线城市的沟通与交流。与漳州三官文化相比，泉州三官文化呈现出不同的特征。首先，据不完全统计，泉州三官庙宇的数量不多，泉州市 1 座，惠安崇武镇 1 座，安溪剑斗镇、桃舟乡各 1 座，湖头镇 2 座。其次，崇拜的三官呈现出多样化，不仅有天地水三官、尧舜禹三官，还有清朝康熙所封的三官大帝即文天祥、张世杰、陆秀夫。泉州市的三官宫在城镇化下空间不断被挤占，已从三间大屋变为占地约 10 平方米的一间房屋。而安溪剑斗镇、桃舟乡、湖头镇三地，在城镇化下，三官庙宇均有较好发展。

（一）泉州三官文化谱系

泉州以天地水三官为供奉对象的三官庙有两处：一处在泉州市北门河岭巷，一处在安溪县湖头镇半山村三官岩。供奉尧舜禹三官的庙宇是泉州惠安崇武镇的三官宫。[①] 以文天祥、张世杰、陆秀夫为供奉对象的三官庙主要分布在安溪的湖头镇及周边村镇，但是只有湖头镇湖三村的三官被称为三官大帝，其他村镇供奉的三官被称为三官尊王，如白濑乡、剑斗镇仙荣村与举口村、桃舟乡桃舟村等。

在城镇化的背景下，泉州市区的三官宫逐渐走向没落，而其他乡镇村落的三官庙却呈现出繁荣的景象，这是泉州三官文化谱系的特点。

1. 泉州市区三官宫谱系的延续与萎缩

泉州市河岭巷三官宫主祀天地水三官，在时间上呈现延续的状态，在空间上呈现缩小的态势。庙宇建于明朝万历年间，距今有四百多年的历史，随着历史变迁，在 1998 年之前该三官宫为三开间，两进。[②] 1998 年至 2004 年庙宇重建，"境庙在进贤东端，称三官宫，祀道教三官大帝，今重建"。[③] 在三官宫的墙上有《修建泉郡三官宫信众捐资芳铭录》，捐款人数为 88 人。到 2019 年时课题组看到的三官宫即为后来重建，不过庙宇仅有 10 个平方米左右。随着城镇化的发展，庙

---

① 惠安县崇武镇人民政府编《惠安县非物质文化遗产普查成果汇编·惠安县崇武镇卷》第 1 卷，惠安县崇武镇人民政府，2009 年，第 237 页。
② 沈继生《泉郡三官大帝宫的调查报告》，《泉州民间信仰》，总第 15 期，1998 年 12 月。
③ 陈垂成主编《泉州习俗》，福建人民出版社，2004 年，第 334 页。

宇空间在缩小。在族群方面同样呈现缩小的趋势,每逢初一十五前来烧香祭拜的基本上都是中年以上的妇女。调查组前往调查时,了解情况的多为老人,年轻人只知道这里有座小庙,对其中供奉的神灵并不了解。随着庙宇空间的缩小,族群也在不断被解构,三官文化谱系呈现衰弱的发展趋势。

在形式谱系方面。传说讲述了三官宫的渊源。泉州市三官宫源自江西的进贤境,明朝嘉靖年间进士林云程任江西九江知府时,回家省亲路过江西进贤县,将那里的三官大帝神像请到泉州供奉。① 三官宫与江西进贤县的三官形成谱系关系。林云程也是确有其人,"林云程,字登卿。嘉靖乙丑进士,为九江知府。家居厚德古意,为乡邦模楷者,五十余年。寿九十六"。② 不过三官宫的渊源在当下已经较少讲述,可见三官宫与江西的这种渊源关系正逐渐或完全被人们所遗忘。在物象叙事方面,证明庙史的物象要件已经被毁,"原来大殿悬挂一匾额'三官宝殿'四个大字,系明代著名书法家、泉州乡贤张瑞图(1573—1644)手题。后被毁。原来大殿左侧墙壁上嵌有两块黑草石碑刻,一为'庙宇重建碑记',一为'建宫捐资芳名录',后被毁"。③ 尚存的有清同治时期的花瓶一对,"现在看宫人家中仅保存有'清同治乙丑年(1865)孟春善男王新茂敬奉'的江西瓷花瓶一对",④还能作为三官大帝宫的历史见证。在行为叙事方面,当三官过生日以及每月农历初一、十五时,信众会到庙里烧香拜拜,但都是个人行为。综合来看,语言叙事的渊源性已经很少有人讲述,呈现历史见证的物证数量已大为减少,祭拜仪式的集体性已然消失,个体的随意性增强。可见,形式谱系也在当下的发展中呈现出被多方面解构的态势。

2. 泉州三官文化谱系的延续

除了泉州市区外,在泉州的地县也有三官崇拜,如安溪湖头镇湖三村惠泽三官庙、湖头镇半山村三官岩三元宫、惠安崇武三官宫等,形成泉州的三官文化空间谱系。

安溪湖头镇湖三村惠泽三官大帝庙的谱系呈现延续状态。惠泽三官庙供奉宋末三杰即文天祥、张世杰、陆秀夫三官大帝。从时间上看,该庙建于明朝,三杰在清朝康熙二十七年(1688)时因李光地而被封为三官大帝。自 20 世纪 80 年代

---

① 沈继生《泉郡三官大帝宫的调查报告》,《泉州民间信仰》,总第 15 期,1998 年 12 月。
② (清)方鼎修、朱升元纂《(乾隆)晋江县志》卷十二,清乾隆三十年刊本。
③ 沈继生《泉郡三官大帝宫的调查报告》,《泉州民间信仰》,总第 15 期,1998 年 12 月。
④ 沈继生《泉郡三官大帝宫的调查报告》,《泉州民间信仰》,总第 15 期,1998 年 12 月。

以来,因城镇规划已经三易其地,2014 年得以易地重建。[1] 其空间场所因城镇化而三次迁建,城镇化使得庙宇空间一次次变更。信众集中在湖头镇湖三村、白濑乡、剑斗镇仙荣村与举口村、桃舟乡桃舟村等。可见其族群谱系以湖三村居民为中心。

在形式谱系方面。三杰被称为三官的传说流传于湖头镇湖三村,与清朝康熙时的重臣李光地有着直接的联系,"清康熙二十七年(1688),文贞公(李光地)探亲居乡之时,恰逢国丧,须火速前往京都服孝。时值台风季节,蓝溪水路洪水滔天,出行十分凶险。危难之时,三杰之灵护送文贞公安然抵京。清圣祖得知此事后,大为感动,敕封三杰为'三官大帝'"。[2] 这一传说将当地最有名气的文人李光地与地方信仰连接在一起,令当地人引以为豪,也使得"三杰三官"能够在城镇化的推进过程中流传下来。

通过物象叙事讲述传说的真实性,并将天地水三官与三杰相融合。在三官大帝庙正殿上挂着康熙撰写的"三官大帝"四字,使得人们对传说深信不疑。随着时代的发展,天地水三官也进入该庙,形成与三杰三官的融合之势。当地以楹联的形式将天地水三官融入进来,进入大殿后的楹联为"天官地官水官三官之灵纪纲造化,上元中元下元三元之气流行千古"。该联之后三官神像之前的楹联则以歌颂宋末三杰为中心,"正气并分质未生成先有两,英灵齐显量供可就世官三"。两边还有一对楹联:"惠集庙堂共祝风调雨顺,福临古镇惟祈国泰民安",是人们对美好生活的祝愿。正殿左右墙壁上有 4 幅画:《姜太公钓鱼》《老子过函谷关》《刘关张》《孝感动天》。进门后左右两边即碑刻,分别是捐资芳名榜、重建碑记。从景观角度看,庙内所到之处,没有空白的立柱,都有楹联填补空白;该庙的建筑集石刻、石雕、砖雕、彩绘等传统艺术于一身,是湖三村庙宇建筑文化的重要代表;它不仅仅是一座庙宇,更是地方文艺的代表。信众置身其中,不仅是精神上受到洗礼,还能认识与欣赏传统文化。因此,该三官大帝庙的物象叙事不仅是对传统信仰文化的传承,更通过能指与所指传递三杰三官大帝的优秀品质。

庙宇祭拜活动在每年农历正月十一、十二举行,即"三官大帝进香活动",是行为叙事的表现。活动期间有巡境活动,巡境从旧衙门(李光地故居)开始,经金

---

[1] 田野调查资料:惠泽三官大帝庙碑刻,摘录人课题组成员,地点湖头镇湖三村惠泽三官大帝庙,时间 2019 年 7 月 6 日下午。

[2] 田野调查资料:惠泽三官大帝庙碑刻,摘录人课题组成员,地点湖头镇湖三村惠泽三官大帝庙,时间 2019 年 7 月 6 日下午。

寨点、世家点、旧衙点、三衙、二衙点、下官厅（这些点总称为第四股）。① 在进香中，要到湖头大成庵、宗兴堂等庙宇，每到一处庙宇，鞭炮不能停止，据说要放到108 圈才能结束。在该仪式中，第一天有进香腰鼓队、礼鼓队，第二天有礼鼓队，还有随香、主持、龙伞、小旗、扛佛等活动。② 这是礼佛的仪式，也是信众共同完成一件村庄文化大事的时候，彰显人们的凝聚力与行动力。

由上可见，湖三村惠泽三官庙因与李光地家族的联系而得到传承与发展。尽管受到城镇化的影响，在空间上有所变化，但并不影响其在现代社会的传承。其以湖三村与周边村民为中心形成族群谱系，以传说、庙宇、巡境活动等形成形式谱系。其在新型城镇化下以及文化旅游背景下得到稳定传承。

湖头镇半山村三官岩的中华三元宫是泉州的另一座供奉天地水三官的庙宇，该宫始建于 2019 年，有三官的临时大殿，其他工程尚未结束。具体情况还需进一步的田野调查。

另外，惠安崇武三官宫也是供奉三官大帝的庙宇之一，供奉天官尧、地官舜、水官禹。从时间谱系看，三官宫建于明弘治十三年（1500），在明万历十七年（1589）、崇祯九年（1636）、清康熙二十六年（1687）时，百姓集资重建，1912—1949年，祭祀活动依然繁盛，不过多次挪作他用。1949 年后因破除封建迷信，神像被毁，祭祀活动停止，三官宫改为国家粮食仓库、工厂厂房等。1977 年以后，国家宗教政策落实后，道姑进入管理，敬祀活动逐渐恢复。在热心人士的募捐整修中，经过二十多年的艰辛努力，在 2003 年得以整修重建，香火旺盛。从文化接受的群体看，族群较为多样化。

在形式谱系方面。首先，当地有着丰富的语言叙事即三官大帝的神话传说，如三官宫的选址是由三官大帝亲自完成的，使用的杉木、设计图纸也是由三官大帝显灵选购审定，并标好宫名从海上漂流过来的。还有在明嘉靖三十九年（1560）倭寇侵犯时，三官大帝显灵，化作狂风把贼船卷翻，后倭寇偷袭攻陷崇武城，贼人欲烧毁三官宫，当时拜亭起火，东面石柱有大水迸出熄灭大火。因此，当地百姓敬祀三官大帝非常虔诚，对三官宫爱护有加。其次，三官宫建筑等形成物象叙事。三官宫坐北朝南，主建筑有门殿、大殿、后殿三进，均为五开间、梁木构

---

① 田野调查资料：采访人课题组成员，被采访人李先生，地点湖头镇湖三村惠泽三官大帝庙，时间 2019 年 7 月 6 日下午。

② 田野调查资料：采访人课题组成员，被采访人李先生，地点湖头镇湖三村惠泽三官大帝庙，时间 2019 年 7 月 6 日下午。

架结构,大殿屋顶为重檐歇山式。大殿前有拜亭,三面天井,花木掩映,两侧各有长廊直连后殿。门殿前铺大石埕筑长照墙,东侧辟出口大门,西侧建朱子祠。宫前临街竖石构山门。宫后有小花园,整座宫宇雄伟壮丽。在大门前还有大石狮一对,是当地青石雕刻品的精品之一。天官尧帝、地官舜帝、水官禹帝祀于大殿内,为大型泥塑坐像,两侧祀泥塑文武判官立身神像,还配祀有三世尊、观音菩萨、妈祖。更有楹联景观,如"圣心神道设教,帝德人情为母";"大道运行,福泽推诚万物;圣德广被,恩波普济群生";"造化九州,大帝垂恩远;泽沾百姓,三元赐福多";"道冠古今,普天皆尊尧舜禹;德配乾坤,举世同歌日月星";"帝德唯物,一衣一食须自念;神心似镜,是正是邪有天知";"天官赐福、地官赦罪,水官解厄,三官恩波浩荡;孔氏讲仁、老氏自然、释氏谈空,诸氏道德渊深"。①

　　在三官诞辰时有相关活动,如正月十五日上元节,当天会做表示圆满的上元丸,中午祭拜祖先和神佛,烧"替身"祈求平安;有连续三夜的活动,如把银箔和绣鞋烧成的灰包好放在厕所的墙缝中,第二天来根据灰的颜色判断十岁女孩乖巧与否;而十岁以下的男女孩子提花灯。还有街头文艺表演、扛"活佛"妇女的"听香"等活动,这些活动现在已经不存。② 到中元节时,崇武人敬奉祖先和神鬼。在传统社会,中元节普渡与结尾宴非常隆重热闹,特别是十五日和十六日及八月初一、初二日,常唱对台戏,不过现在都很简单。③ 下元节有十月十二日的水上普渡,凡以海航或以渔为业的人家,都备办菜肴、五牲到各宫祭拜,还常演木莲的木偶戏。现在基本多在家门口,仪式等都很简单。④

　　综上可见,4座庙形成泉州的三官文化谱系,不过泉州市区的三官宫已然呈现萎缩的状态,而作为城镇文化多样性表现的惠泽庙、中华三元宫、惠安崇武三官宫,在当下有着较为兴盛的发展。再次说明即使是在同一政策下,在不同地区,三官文化谱系会呈现出不同的发展态势。

(二) 文化认同

　　泉州市河岭巷三官宫空间的缩小、三官圣诞仪式的个人化、信仰群体的老龄化,是城镇化过程中,信仰群体与官方呈现出不同类型文化认同的结果。地方信

----

① 崇武三官宫的时间谱系、族群谱系、形式谱系中的语言叙事、物象叙事均参考:惠安县崇武镇人民政府编《惠安县非物质文化遗产普查成果汇编·惠安县崇武镇卷》第1卷,惠安县崇武镇人民政府,2009年,第236－237页。
② 陈国强、蔡永哲主编《崇武人类学调查》,福建教育出版社,1990年,第82页。
③ 陈国强、蔡永哲主编《崇武人类学调查》,福建教育出版社,1990年,第90页。
④ 陈国强、蔡永哲主编《崇武人类学调查》,福建教育出版社,1990年,第90页。

仰群体对三官文化延续原有的倾向性认同,当地政府不仅对三官文化持有尊重与理解,而且强调以文化旅游为基础的文化多样性。在泉州河岭巷巷口有二维码,通过扫二维码可以发现对河岭巷三官宫的介绍:"河岭巷东接华侨新村,南通平水庙巷,北至下孝友巷。河岭巷内宗教信仰文化深厚,巷内坐落着泉郡三官大帝庙、惠仁寺,以及巷子南的普陀精舍。其中,三官大帝庙奉祀着相公爷,是附近居民常来烧香拜佛的庙宇。"①不过这里对三官大帝庙供奉的神灵表述不准确,应为天地水三官大帝。河岭巷坐落着的三座庙宇,是文化多样性的表现。

而安溪湖头镇湖三村的惠泽庙、半山村的中华三元宫,文化认同的情况有所不同。首先,安溪县认同三官文化作为文化的表述,成立了三官文化研究会,三官文化研究会在 2019 年 5 月得到安溪县民政局的同意,即《关于同意成立安溪三官文化研究会的批复》,②批复强调了三官文化的交流。中华三元宫的建造与三官文化研究会有着直接的联系。三官文化研究会的批准成立,说明了当地政府对三官文化的理解与尊重。

其次,湖头镇作为历史文化名镇,是清朝康熙时期重臣李光地的家乡,且与李光地及其家族有着重要的联系。在这一背景下,惠泽庙不仅得到当地民众的倾向性认同,还得到当地政府的理解与尊重,这从其时空谱系、形式谱系中即可看出。

最后,在文化旅游的话语下,建造以中华三元宫为中心的三官文化旅游园,打造当地的旅游特色项目。这是地方政府在城镇化过程中注重文化旅游的背景下对三官文化的认同。

惠安崇武三官宫一方面作为物质文化遗产,另一方面又作为非物质文化遗产,得到政府的双重保护,可见政府对其在历史、艺术、科学性方面的认同。同时随着三官宫的重建与祭祀的开始,也表明政府在城镇化的过程中,对人的城镇化的强调,是对三官文化的理解与尊重。崇武是国家级 4A 风景区、历史文化名镇、石雕之乡,一方面可以呈现地方文化的多样性,另一方面也是地方文化展演展示的文化空间,将地方文化符号石雕等融入三官文化中,人们在三官宫祭拜的同时,也是对地方文化认知的过程,更进一步促进人们的文化认同。

总之,从泉州三官文化谱系来看,城市与乡镇对三官文化呈现出不同的认

---

① 田野调查资料:调查人课题组成员,地点泉州市河岭巷,时间 2019 年 7 月 5 日。

② 《关于同意成立安溪三官文化研究会的批复》,安溪县人民政府网,http://www.fjax.gov.cn/zwgk/zdgkxx/ggwhty/zcfg/201905/t20190516_1658234.htm,2019 年 5 月 16 日。

同,尽管二者都在面上对三官文化有一定的尊重,同时强调文化旅游与文化交流,但是随着城镇化,信仰群体减少,使得政府对三官文化的认同中缺少文化理解,市区的三官宫呈现出衰败的气象;而乡镇三官文化则是在信仰群体的倾向性认同下发展起来的,乡镇政府在这一认同下,更加理解地方三官文化,借助地方三官文化发展文化旅游。这样不仅满足了地方群众的需要,同时满足了地方经济的发展,形成政府与百姓各取所需的局面。

综上所述,从三官文化的多样化角度看,漳州三官文化形成了天地水三官文化、天地人三官、尧舜禹三官的崇拜谱系;泉州不仅有天地水三官的崇拜,还有地方崇拜即湖头镇湖三村形成的"宋末三杰"信仰,惠泽庙供奉的宋末三杰由清朝康熙帝封敕为"三官大帝"。不过三杰三官大帝有与天地水三官大帝融合的趋势,在湖三村惠泽庙,进门后大殿的第一副对联即是讲天地水三官的,三杰前面的对联才是讲述"宋末三杰"的,三官大帝进香巡境的过程中,也有关于天地水三官的醮联。

从祖庙的角度看,漳州三官文化的地方性强,如漳浦三官文化的祖庙源自当地赤土乡炉飞村,但是随着历史的发展,雨雾顶三官庙已经成为当地众多庙宇的祖庙,甚至是台湾地区很多三官庙的祖庙。泉州三官文化的祖庙呈现多样化,泉郡三官大帝宫的祖庙在江西的进贤境,湖头镇惠泽庙三官大帝是地方文化的表现。

从叙事的角度看,漳州以漳浦为代表注重在三官文化节上非物质文化遗产的展演,而泉州以安溪为代表开始注意乡镇三官文化的文化旅游、文化研究。

从文化认同的角度看,两地都强调文化旅游和文化交流。漳浦雨雾顶三官庙的规划正在逐步呈现出地方的旅游远景;泉州河岭巷巷口的二维码说明了当地对文化旅游的重视,湖头镇惠泽三官大帝庙、湖头镇半山村三官岩风景区更注重文化旅游的发展。漳浦每四年一次的三官文化节是重要的文化旅游与文化交流的时刻,泉州安溪成立了三官文化研究会,民政局在批复中专门指出了文化交流的服务功能。

漳州和泉州的三官文化谱系是福建三官谱系的重要代表,当然,福建其他地区还有丰富的三官文化形态,如厦门的三官道院是对原三官宫的继承,武夷山桃源观的三官殿等共同构成福建的三官文化谱系。

∽ 小 结 ∾

本章以"一带一路"倡议为背景,城镇化的两种表现土地城镇化与人的城镇化为基础,探讨了三官文化谱系的断裂与延续。

首先，土地城镇化因注重城市空间范围的扩大，而挤占三官文化的庙宇空间，使得三官文化的谱系呈现出断裂的状态。不过在这一过程中，有些三官庙因为本身的文物性质而被保存下来，通常会成为民居，仅有建筑物的呈现，如北京地区的民间三官庙。有些地方会将三官庙直接拆除，不予重建。一般来说地方更加重视道教系统内部的三官庙，如北京的白云观三官殿、四川成都的青羊宫等。

其次，在新型城镇化下，强调以人为本。三官文化在这一背景下能够得到延续，呈现出一些特点：第一，随着经济的发展，当地人能够延续历史上的三官文化而重建三官庙，使得三官文化谱系得以延续，如山西太原高白村的三官庙，云南临沧凤庆县攀枝花的三官阁，河南焦作柳庄三官庙、焦作水北关三官庙、修武县新街村三官庙，浙江杭州西湖区骆家庄三官堂、杭州萧山区新湾三官殿以及台州的三官庙，福建漳州漳浦的雨霁顶三官大帝庙、泉州市鲤城区的三官宫等，这些三官庙的功能重在满足当地人的信仰需求；第二，历史价值高且有着文化旅游价值的庙宇能够融入地方的新型城镇化中，促进文化旅游的发展，有利于地方经济发展，如山西太原三清观，云南临沧凤庆的东山宫、石洞寺，河南焦作恩村三官庙、福建泉州安溪湖头镇湖三村的惠泽三官大帝庙等；第三，地方政府从民间信仰与社会主义相适应的角度出发，进行三官文化叙事的重构，融入社会主义核心价值观，如浙江省政府倡导的"一庙一故事"项目，要求庙宇中有故事墙，并形成文化景观。浙江杭州、台州在三官庙中所呈现的故事，不仅满足地方百姓的需求，而且是地方文化的保留与延续，更通过与地方文人以及老百姓的合作，实现流传于世的故事的去芜存菁，达到三官文化与社会主义核心价值观相适应的目标。

第六章

中国闽台三官文化的谱系与文化认同

　　闽台一衣带水,很早就有了经济与文化的联系。到明清时期福建有更多的移民迁入台湾,移民以分灵的形式将三官文化带入台湾,并形成三官文化谱系。闽台寺庙之间逐渐形成了以福建寺庙为祖庙、台湾一些寺庙为开基庙和进一步为分灵庙的关系,三者之间形成谱系联系。[①] 亦即福建祖庙为根,台湾开基庙为枝干,分灵庙为叶。后来由于历史原因,闽台之间的联系在一段时间中断,到 20世纪 80 年代末,闽台交流逐步展开,以三官文化为中心的交流也逐渐兴盛起来,闽台三官文化的谱系从断裂走向重建。[②]

　　学术界对闽台关系多有研究,在宗教信仰方面主要有闽台道教研究、闽台民间信仰研究,但是学术界较少对闽台三官文化谱系联系进行深入探讨;在认同方面,宏观研究较多,微观研究较少。从单个信仰出发进行闽台谱系与文化认同的研究还有很大空间。因此,本章以闽台为地域范围,探讨闽台三官文化之间的谱系联系。

　　本章共分为四节,第一节为台湾三官文化谱系与认同,第二节至第四节是中国闽台三官文化谱系与认同,具体包括漳州与台湾、泉州与台湾、福州与台湾的谱系,以及台湾对福建三官文化的认同。

第一节　台湾三官文化谱系与认同

　　如前文所述,台湾在清朝时有 58 座三官庙,1912—1949 年有 20 座三官庙。1999 年时全岛共有三官庙 105 座。[③] 根据田金昌的统计,至 2005 年台湾共有

---

① 詹石窗、林安梧主编《闽南宗教》,福建人民出版社,2007 年,第 92 页。
② 台湾的三官文化是从闽粤传过去的,由于闽人到台湾的时间较早,清朝时台湾属福建管辖,因此本书探讨闽台三官文化谱系与认同,而对于粤台三官文化将另撰文探讨。
③ 沈继生《泉州三官大帝宫的调查报告》,《泉州民间信仰》,总第 15 期,1998 年 12 月。

122 座三官大帝庙宇。再根据成孝华的研究,到 2016 年时,三官大帝的庙宇共有 114 座。① 课题组通过田野资料和文献资料统计,台湾现有三官庙的数量为 85 座。通过资料的比对,很难说明台湾三官庙的确切数字。本课题组认为田金昌的统计较为全面,在台湾三官庙数量的选择上,以田金昌的硕士论文中的数据 122 座为基础,同时参考学者巫俊勋、涂志伟等的研究,结合课题组的调查,认为台湾三官庙有 136 座。② 台湾供奉三官大帝是在康熙二十四年(1685)之前,但第一座三官庙产生于雍正时期,从开始供奉三官迄今已有约 340 年的历史,有着丰富的文化形态,形成三官文化谱系,是对三官文化的传承与发展。

本节从文献资料、田野资料出发,探讨台湾三官文化谱系与认同,由于第四章已经阐述过台湾三官文化的时空谱系,因此族群谱系与形式谱系成为本节的重点。

一、台湾三官文化的谱系

台湾最早供奉天地水三官是在康熙二十四年(1685)之前,康熙二十四年(1685)蒋毓英完成的《台湾府志》载:"观音庙,在诸罗县目加溜湾社,中堂祀观音,左塑天地水三官。"③由此可知,康熙二十四年之前天地水三官就已经在台湾有所流传。诸罗县在台湾南部,即现在的嘉义。

台湾的开发从南部开始,逐渐向台中、台北发展,台东为最后的开发地区。因此,本题依此顺序展开对高雄、台南、台中、桃园、台北、花莲瑞穗等地的三官文化谱系研究。

(一)高雄三官文化谱系

根据田金昌的研究,高雄有 2 座三官庙,即旗山镇玉井承天府、林园乡三元殿。课题组调查了高雄的 3 座三官庙,分别为三元殿管委会、左营启明堂、高雄三官庙。其中三元殿管委会即林园乡三元殿,旗山镇玉井承天府没有找到。另外还有 2 座配祀三官的庙宇,如高雄道德院、大树乡天公庙。

---

① 成孝华《三官大帝信仰与地方社会之研究——以台中市陈平聚落为例》,台湾逢甲大学硕士论文,2016 年。

② 参考的论文:田金昌硕士论文《台湾三官大帝信仰——以桃园地区为中心(1683—1945 年)》、巫俊勋《谈瑞穗三元宫的沿革及信仰特色》;参考的著作:谭培根主编,涂志伟《台湾涉漳旧地名与聚落开发》;课题组的田野调查资料。

③ (清)蒋毓英撰,陈碧笙校注《〈(康熙)台湾府志〉校注》,厦门大学出版社,1985 年,第 65 页。

1. 时空谱系与族群谱系

首先看林园区的三元殿。三元殿位于高雄林园区三官路 12 号中厝村,供奉尧舜禹三官大帝,还配祀南斗、北斗、天师、玉皇大帝、太岁、观音等神祇。庙里的碑刻载:"汉刘世祖彭城刘裕支族,沿淮泗流域,绵延至福建漳州府,彭城县集居之彭城堂诸多后人,追随郑成功渡海来台,嗣即落脚于台南府凤山县小竹下里金京潭(即今之林内、中厝、潭头,三村原称三庄)。继之以后有多宗族迁此居住,安居下来。适新居甫告完成后,突于夜间显现毫光,再三指引,毫光之处有一桶盘,盘上有铜炉一只,炉内插香三柱,正值此时,三官大帝显示转达德意,嘱庄民将此香炉妥慎挂三界公厅梁,焚香跪拜,将必赐福众生。三元殿距今已历时数十寒暑,旧殿简陋残破不堪。村民感念神恩,决再筹集巨资,兴建三元殿一座,历时三载,于 1984 岁次甲子年全部竣工。"① 可见,该庙在建庙群体上与郑成功有一定的联系,供奉对象是因洪水而来的三官香炉。因此,村民建造三元殿,供奉三官炉,后在 1984 年重建三元殿。其信仰群体源于彭城刘裕支系,后辗转至福建漳州,又有部分族人追随郑成功至台。在进入台湾后,聚族而居,逐渐形成林内、中厝、潭头三村,当地的村民就成为三官的信仰群体。根据碑刻上的捐款芳名,刘姓为多数,再次说明刘裕支系的渊源。

其次看左营启明堂。启明堂位于左营区莲潭路 36 号,庙里的碑刻载,该庙始建于 1984 年,建成于 1996 年。建庙原因是"叨蒙神真降鸾谕示,命兴建凌霄宝殿、三官殿于东南帝阙殿后,恭奉祀三界诸圣仙佛,以报天恩浩荡,同表感恩敬畏,并冀上苍赐福,四时无灾,八节有庆"。② 庙里供奉三官大帝、玉皇大帝、南斗、北斗、地藏王菩萨、观世音菩萨、文昌帝君、太岁星君、金母娘娘、太上老祖、释迦牟尼等。左营区是漳州籍人的聚居区,③可见启明堂的信仰群体以漳州籍人为主。

最后看高雄三官庙。三官庙位于前镇区康和路 103 号,建于 2014 年。据楹联"三元贯德天地水衡朝天阙,官理循道乾坤坎位衍万年"可知,该庙供奉的三官为天地水,还供奉三清、玉皇大帝、太上老君、妈祖、虎爷等神祇。该庙的信仰群体不详,因该庙无人值守,亦无其他资料说明其信仰群体,故在此存疑。

---

① 田野调查资料:三元殿碑刻摘录,摘录人课题组成员,时间 2019 年 8 月,地点林园乡三元殿内。

② 田野调查资料:摘录碑刻资料,摘录人课题组成员,时间 2019 年 8 月,地点左营启明堂内。

③ 谭培根主编、涂志伟《台湾涉漳旧地名与聚落开发》(下),厦门大学出版社,2012 年,第 1932 - 1933 页。

由上可知,3 座三官庙形成空间谱系,最早供奉三官的是林园乡三元殿,而启明堂到 1984 年开始供奉三官,高雄三官庙建庙时间最晚,由此 3 座庙形成时间谱系。从三元殿到启明堂,形成了漳籍先民及后裔供奉三官的族群谱系。

2. 形式谱系

首先,林园区三元殿语言叙事的"神奇性"。

庙里的碑刻讲述了三官随洪水而来的故事:"有一天倾盆大雨,洪水泛滥。突于夜间显现毫光,再三指引,毫光之处有一桶盘,盘上有铜炉一只,炉内插香三炷。正值此时,三官大帝显现转达德意,嘱庄民将此香炉妥慎悬挂三界公厅梁,焚香敬拜,将必赐福众生。"①在新居建成后,三官香炉随洪水而来,得到三官神的旨意后,村民将三官香炉悬挂,并焚香膜拜,这是"神奇性"的叙事表现。故事属于"石佛浮海"类型。三官香炉成为三官文化传承的重要物象,后在 1984 年,开始供奉三官神像。人们焚香膜拜成为地方巩固三官文化的重要仪式。由此,三官大帝的灵验性进一步提升了人们对三官大帝的信仰度,三官炉、三官大帝像成为三官文化现代传承与发展的重要物象,一年三次的三官圣诞仪式是三官灵验、三官延续的重要体现。

其次,左营启明堂建造缘起的"神奇性"。

该庙始建于 1984 年,建成于 1996 年。建庙原因是"叩蒙神真降鸾谕示,命兴建凌霄宝殿、三官殿于东南帝阙殿后"。②可见,是在神灵的指示下开始修庙。人们会借助神灵来表达自己的愿望,是神的愿望,更是人的愿望。三官殿供奉天地人三官,"三德咸尊上中下界群生皆化育,官民共仰天地人间万类尽昭苏"。③左营启明堂每年农历正月十五、七月十五、十月十五都有三官圣诞活动,还有慈善活动。

最后,高雄三官庙丰富的物象景观与多元化的神诞仪式。

与上述两座庙相比,高雄三官庙中未见碑刻,但有其他物象,展现出很多信息。庙内有"恭祝高雄三官庙入火安座大典志庆"匾,时间为 2014 年。由此判断建庙时间为甲午年(2014)。该庙的信徒在 2017 年曾徒步前往高雄道德院进香恭祝太上老君圣诞,这是两座庙宇之间谱系联系的表现。该庙有天官地官画像、

---

① 田野调查资料:三元殿碑刻摘录,摘录人课题组成员,时间 2019 年 8 月,地点林园乡三元殿内。
② 田野调查资料:摘录碑刻资料,摘录人课题组成员,时间 2019 年 8 月,地点左营启明堂内。
③ 田野调查资料:摘录楹联资料,摘录人课题组成员,时间 2019 年 8 月,地点左营启明堂内。

三清画像、玉皇大帝神像、太上老君像、妈祖、虎爷等,这是以三官神明为中心的神灵谱系的物象表现,还有徒步进香匾、入火安座庆典匾,表现信众愿望的光明灯,以及山门、三官像、金炉两侧的楹联,这些形成了物象景观。

行为叙事具有多样化的特征,每年约有 10 次神诞庆典,包括玉皇圣诞、天官圣诞、太上老君圣诞、地官圣诞、水官圣诞。农历十二月二十四日送神,准备过年。这些行为叙事在讲述三官、太上老君等众神的神话,从精神上抚慰人们的心灵。

另外,除了上述主祀三官的庙宇之外,还有高雄道德院、大树乡天公庙配祀三官大帝等。道德院是郭腾芳于 1955 年创建的"道教布教所",由高雄县大树乡姑婆村天公庙迎请太上道祖暨三官大帝金身供奉于旧大港,随后于 1960 年在金狮湖畔设立高雄道德院。[①] 可知,高雄道德院的三官大帝来源于大树乡姑婆村的天公庙,二者之间形成谱系关系。由此,左营启明堂、林园区三元殿、前镇区三官庙、大树乡天公庙形成了三官文化谱系。另外,从三官神像上看,三元殿、三官庙的塑像均为金身,而启明堂的塑像为金身白面黑须。

综上可见,左营区和林园区的三官庙形成了以漳州后裔为中心的族群谱系,形成了具有神奇性的语言叙事谱系,其中林园区三元殿供奉尧舜禹三官,启明堂供奉天地人三官,高雄三官庙则供奉天地水三官,还有丰富的物象景观谱系,并形成以不同神明的神诞为中心的多样化的行为叙事谱系。

(二)台南三官文化的谱系

根据田金昌的总结,台南有 10 座三官庙,其中台南县有 8 座,即白河镇三官宝殿建于 1954 年;麻豆镇三元宫建于道光九年(1829);玉井乡三官大帝庙 2 座:一座建于 1929 年,一座始建不详;南化乡三界坛,建于咸丰十年(1860);左镇乡福恩宫,建于 1933 年;关庙乡 2 座:三官府、三元宫,始建不详;台南市有 2 座,南区三官大帝庙,中区三官庙建于乾隆四十三年(1778 年)。[②] 课题组实地调查的三官庙有 6 座:台南中和境开基三官庙、麻豆三元宫、内层林三官庙、台南新兴路三官庙、新化三元宫、左镇睦光三官大帝庙。从课题组的实地调查来看,内层林三官庙即田金昌所收的玉井乡 2 座三官庙中的 1 座,田金昌未收新化三元宫,可能是因为供奉的不是天地水或尧舜禹。下面以田野调查资料为准进行台南三官

[①] 《台湾高雄道德院》,道教之音,http://www.daoisms.org/article/sort022/info-8432.html,2013 年 11 月 13 日。

[②] 田金昌《台湾三官大帝信仰——以桃园地区为中心(1683—1945 年)》,台湾硕士论文,2005 年,第 178 页。

文化谱系的探讨。

1. 时间谱系与族群谱系

首先,以尧舜禹三官为主神的三官庙。

台南市三官大帝庙与左镇睦光三官大帝庙供奉的都是天官尧帝、地官舜帝、水官禹帝。左镇睦光三官大帝庙的香火来自台南市三官大帝庙。[①] 二者形成祖庙与分庙的关系。

台南市三官大帝庙位于南区新兴路 234 号,"庙始建于明末清初,称三界坛,后为日人强行拆除,香火为陈府请回家中膜拜。约 1958 年时,坛主陈连平在家中设坛,信众膜拜,名为圣安宫。1966 年在神灵的指示下建庙,并赐庙名为三官大帝庙。至 2001 年完工"。[②] 可知,一方面,从明末清初至今是该庙宇发生发展的时间谱系;另一方面,其信仰群体与陈姓有关。陈姓家族是三官的信众之一。1958 年建圣安宫后,三官的灵验性不断显现,"弘法济世,受惠者不计其数,香火鼎盛,终日不已",[③]说明当时附近的居民多是信仰三官的。

左镇睦光三官大帝庙在台南市左镇区睦光里 58－1 号,左镇区为山区,移民在明郑时期迁入,因当地地势险要,兵营在辖区左隅驻扎,由此称为左镇。[④] 睦光三官大帝庙源于乾隆时期,从台南市三官大帝庙获得香火后,历经多次灾变,清同治初大地震,庙墙坍塌;1915 年被日本侵略军烧毁;1964 年 6 月 18 日台南地震,庙宇坍塌,同年十月初二重建;1988 年应地方人士的要求重建更大规模的庙宇;2000 年建造完工并举行安座仪式。[⑤] 该庙始建以来,香火旺盛,信众遍布左镇,信仰主体由八角头组成,即内庄顶角、下角、三角潭顶角、下角、睦光角、横山角、山脚角、口社寮角的乡民,形成族群谱系。[⑥]

八角头各村庄供奉的神明形成神灵谱系。之所以有八角头是因为从台南三

---

① 田野调查资料:摘录碑刻资料,摘录人课题组成员,时间 2019 年 8 月 14 日,地点台南左镇睦光三官庙内。

② 田野调查资料:摘录碑刻资料,摘录人课题组成员,时间 2019 年 8 月,地点台南新兴路三官庙内。

③ 田野调查资料:摘录碑刻资料,摘录人课题组成员,时间 2019 年 8 月,地点台南新兴路三官庙内。

④ 李子迟、王志标《台湾台南市:三步一庙》,中国科学文化音像出版社,2010 年。

⑤ 田野调查资料:摘录碑刻资料,摘录人课题组成员,时间 2019 年 8 月 14 日,地点台南左镇睦光三官庙内。

⑥ 田野调查资料:摘录碑刻资料,摘录人课题组成员,时间 2019 年 8 月 14 日,地点台南左镇睦光三官庙内。

官庙分香后,随着祭拜人数的增加,民间自行将村庄分为八角头,以便于三官大帝的祭祀。但是随着村庄的发展,在 1984 年前后,八角头各村都有了自己的庙,如口社寮角有北极殿,供奉玄天上帝;内庄角有保中宫,供奉保生大帝;三角潭亦有保中宫,供奉保生大帝和三太子等。当时为睦光三官大帝庙选址时,八角头各庙都奉各庙神灵的旨意参与其中,而且在三官庙建造完工、三官神像的安座庆典时,八角头各庙众也参与其中。还有在神灵圣诞之间的互动,"每年农历三月初一北极殿前往睦光三官大帝庙,恭请三官大帝来北极殿看戏,顺时上帝公迎回祝寿做生日;农历三月初四庆典结束,才请三官大帝及上帝公回睦光三官大帝庙。上帝公 2000 年入庙安座。满月后,睦光三官大帝管理委员会主委及委员送玄天上帝回到北极殿,而后每年农历十一月十四日收冬后,也请过上帝公到睦光三官大帝庙看戏,感谢玄天上帝驻驾建庙帮忙"。① 由此可见,八角头各庄的村民不仅是三官的信仰群体,村庙还与睦光的三官大帝庙构建了类似于亲戚关系的谱系联系。

其次,以天地水三官为主神的三官庙。

中和境开基三官庙与内层林三官庙均以天地水三官为主祀神,有着历史渊源,并形成以当地信众为中心的族群谱系。

中和境开基三官庙位于中西区忠义路二段 40 号,庙源于乾隆四十年(1775)蒋元枢的别馆。乾隆四十三年(1778),蒋元枢任期已满离开台湾,百姓为蒋公立生祠。其他神灵供奉依旧。嘉庆初,官府认为老百姓祭祀是对蒋公的亵渎,遂在顶打石街建三界坛,这一举动使得原庙的香火受到影响,信众更多去三界坛祭祀。到咸丰初,蜀医袁明高在原庙悬壶济世,使得三官庙的香火得以恢复。咸丰十年(1860)时,庙宇重建。日本侵略时期,庙宇被占用。1949 年后,庙宇得以重建,神灵得以迎回。后于 1987 开始重建,1997 年完工并圆满完成建醮。2005 年完成后殿的建造。② 重要的时间点如乾隆四十三年(1778)、嘉庆初、咸丰初、1949 年、1987 年、1997 年、2005 年至今,形成该庙的时间谱系。

其信仰群体以当地信众为主,还包括来自台中的信众。庙里有来自清水寺、台南市三官庙即新兴路三官庙、台南市中和境北极殿管委会、开基永华宫、

① 田野调查资料:摘录碑刻资料,摘录人课题组成员,时间 2019 年 8 月 14 日,地点台南左镇睦光三官庙内。

② 田野调查资料:摘录碑刻资料,摘录人课题组成员,时间 2019 年 8 月 14 日,地点台南中和境开基三官庙内。

大天后宫、台中南兴宫等赠送的匾额,使得庙与庙之间形成空间上的联系。这些庙宇之间或以神灵之间的关系为中心,或以祖庙分灵为中心等,形成谱系联系。

内层林三官庙位于台南市玉井区714号,据说其香火源于外层林三官大帝庙。当地原有神明会,在炉主家中供奉盘古万岁、清水祖师及观音佛祖,后建庙供奉天地水三官大帝。一方面,内层林从外层林请三官大帝的香火,说明当地民众对于三官大帝的崇拜与信仰;另一方面,该庙与其他宫观在互动过程中形成谱系关系,如有玉田太子庙、望明振安宫、新庄中坛元帅庙、玉井北极殿等管理委员会敬赠的锦旗,还有捐助功德金的信众名单。这些都说明内层林三官庙与信众、其他庙宇之间的互动,由此形成与其他庙宇的谱系联系。

最后,供奉其他三官所形成的三官文化模式,即麻豆区的唐葛周三元崇拜和新化区的陈王孙三元帅崇拜。麻豆区的北势里形成以唐葛周三元为崇拜中心的族群谱系,麻豆三元宫在麻豆区北势里尪祖庙41号,供奉唐葛周三元真君,且三真君已与平埔族的尪祖相结合,形成了大尪祖(唐宏　七月二十一日圣诞)、二尪祖(葛雍　二月十三日圣诞　现在二月初二办庆)、三尪祖(周武　十月初二圣诞　现在十月初一办庆)。而台南新化区三元宫,与麻豆区唐葛周不同,供奉的是陈王孙三元帅,"清朝时有土匪要来抢东西,然后三元帅见义勇为被土匪打死。信徒捐款建庙"。① 庙位于民生路太平里,因供奉的是地方性神灵,其信仰群体以当地百姓为中心。

台南三官文化形态丰富,有天地水三官、尧舜禹三官、唐葛周三官、陈王孙三元等自然崇拜与英雄崇拜,形成谱系,是对中华传统三官文化的传承。

2. 形式谱系

首先看台南新兴路三官大帝庙。该庙的语言叙事主要体现在碑刻上,"弘法济世,受惠者不计其数,香火鼎盛,终日不已"。② 这是庙宇建成后灵验叙事的表达。物象叙事以庙里供奉的神灵为中心,以物象的形式阐述神灵的神话。其中三官神像均为黑面,天官的笏板为三角尖头,地官、水官的笏板为方形,均着金黄色披风,与台南其他三官的形象有所不同。行为叙事则体现在每年的三官诞与

---

① 田野调查资料:采访资料,采访人课题组成员,被采访人庙公,时间2019年8月14日,地点台南新化三元宫门口。
② 田野调查资料:摘录碑刻资料,摘录人课题组成员,时间2019年8月,地点台南新兴路三官庙内。

其他神诞的仪式中。每年农历正月十五、七月十五、十月十五时,庙里都会举办三官圣诞活动。[①]　这样,语言叙事、物象叙事、行为叙事就成为巩固信仰群体、吸引其他信仰群体、促进庙宇发展的重要基础。

其次看左镇睦光三官大帝庙。睦光三官庙的形成与发展离不开灵验叙事,碑刻记载,自从供奉三官大帝以来,民众有求必应,五谷丰登。[②]　睦光三官庙的香火来自台南市三官大帝庙,又在 1999 年到福建泉州请三官大帝神像。神像鎏金色,三官手持尖头笏板,与中和境的三官手持的笏板相同,均为三角尖头,与台南新兴路三官庙三官的笏板不同,神像背后均为二龙戏珠的雕塑。庙宇建成后,楹联给庙宇增添光彩,如三官殿楹联以金字书写在红色的柱子上,"三皇主宰光昭睦光香烟盛,官吏清高福锡人间俎豆馨"。还有三官殿侧墙上的彩色壁画,分别为岁岁进财、祈求和合,是人们美好愿望的体现。庙里有清朝同治时期重建三官庙的石碑一方,可惜内容大多已经漫漶,只有碑额"重建三官大帝碑记"与落款"同治辛未年"尚可辨认。每年的农历十一月十四日,是演戏酬神的日子,每次八角头等民众聚集在睦光,热闹非凡。灵验叙事、物象叙事、行为叙事巩固了三官文化的族群谱系。

再次,中和境开基三官庙。在形式谱系方面,语言叙事以神祇的灵验性为主,以治病的有效性为核心。如咸丰时期蜀医袁明高悬壶济世,当地方政府另立三界坛吸引信众时,其治病的有效性使得三官庙重新获得信众的青睐。[③]　该庙的独特之处在于三官神像有三组,"本庙供奉三组三官大帝,最高的一排是本庙供奉的三官大帝,也即是清朝蒋元枢别馆所供奉的三官大帝;第二排是原天公坛的三官大帝,当时日本侵入台湾后,三官大帝神像被保护起来,后来没有地方放,就放到了本庙;第三组小神像是以前信众每年轮流在家里供奉的,现在三官大帝已经不出去了,因此在本庙供奉"。[④]　三官神像前有中坛元帅,除此之外,还有其他配祀神灵,形成三官庙供奉的神灵谱系,呈现文化景观。每一个神灵左右都配

①　田野调查资料:摘录碑刻资料,摘录人课题组成员,时间 2019 年 8 月,地点台南新兴路三官庙内。

②　田野调查资料:摘录碑刻资料,摘录人课题组成员,时间 2019 年 8 月 14 日,地点台南左镇睦光三官庙内。

③　田野调查资料:摘录碑刻资料,摘录人课题组成员,时间 2019 年 8 月 14 日,地点台南中和境开基三官庙内。

④　田野调查资料:采访资料,采访人课题组成员,被采访人庙公吴先生,时间 2019 年 8 月 14 日,地点台南中和境开基三官庙内。

有楹联，如三官殿的楹联，以隶书呈现，"三界光茫治水有功瞻帝泽，官曹严肃安邦无缺显神灵"，①"三帝齐名赫赫灵光昭宇宙，官衔并列巍巍圣泽播寰区"，②集颂赞、教化与装饰于一身。行为叙事较为丰富，上元节的规模是最大的，其次是中元节和下元节。中元节圣诞 14 号晚上 11 点开始祝寿，15 号早晨开始烧香祭拜，下午 2 点到 6 点是普度仪式，先是诵三官经，再是祝寿的科仪。③

可见，人们在供奉神灵的同时，更加注重现实的观照，蜀医袁明高的悬壶济世促进了三官文化的发展。这一过程揭示了人们对三官文化认同的过程，信众到官方另设的三界坛祭拜，是对官方这一行为的认同，但是信众更加注重的是现实的结果，原庙能够解决信众的现实健康问题，那么信众就会放弃当局所设的三界坛，转向原来的三官庙。这是在满足现实需要情况下的认同。

最后，新化三元宫。该三元宫是地方英雄崇拜的表达。"相传清朝时新化地区盗贼甚多，每遇盗匪袭击，地方总要自组自卫组织，时值有陈、王、孙三位义勇民众奋力击退盗贼，追赶至此地时却不幸被贼匪所杀害，地方民众为感念他们遂在此建碑纪念，后于 1983 年，由新化地区热心人士发起建庙"。④ 该叙事阐述了三元宫供奉的主神陈王孙三元帅，是当地人对有功于民者记忆的表达，也是人们知恩图报观念的体现。

三元宫面积 10～20 个平方米，庙的左边是烧香和烧锡箔纸的设施，周围绿树成荫，呈现一派乡村景观的气象。庙里的三尊神像 30～40 厘米高，均是古代元帅的装扮，神像前有供品。该三元宫每年在农历十一月十八日为三元帅做圣诞千秋大典。

由上可见，台南三官文化具有多元化特征，内容包括尧舜禹三官、天地水三官、唐葛周三元、陈王孙三元帅等。其中台南新兴路三官庙、左镇睦光三官庙供奉天官尧、地官舜、水官禹，台南中和境开基三官庙、内层林三官庙供奉天地水三官，麻豆三元宫供奉唐葛周三元真君，新化三元宫供奉陈王孙三元帅。

---

① 田野调查资料：摘录楹联资料，摘录人课题组成员，时间 2019 年 8 月 14 日，地点台南中和境开基三官庙内。

② 田野调查资料：摘录楹联资料，摘录人课题组成员，时间 2019 年 8 月 14 日，地点台南中和境开基三官庙内。

③ 田野调查资料：采访资料，采访人课题组成员，被采访人庙公吴先生，时间 2019 年 8 月 14 日，地点台南中和境开基三官庙内。

④ 台湾文化资源地理咨询系统，http://crgis.rchss.sinica.edu.tw/temples#c1＝Temple&b_start＝0。

(三) 台中三官文化的谱系

田金昌认为台中有 12 座三官庙,其中台中市有 4 座:东区的青龙宫、西屯区的清隆福宫、北屯区的三官堂(道光十五年 1835 年)、紫微宫(始建于道光四年1824 年),台中县有 8 座:太平市福禄宫、丰原市玉霄清虚宫、大里市福圣堂、清水镇三官玉府尊宫、神冈乡慈皇宫、潭子乡三元宫、乌日乡南兴宫、雾峰乡源隆堂法扬宫。这些三官庙已经不能完全找到,课题组调研的有 6 座三官庙:紫微宫、太平市三元宫、三官舜天宫、神冈三官庙、圣明宫三官庙、忠信市场三官大帝庙。

1. 时空谱系和族群谱系

紫微宫位于台中市北屯区中清路二段 568 号,所处位置原属于陈平庄。紫微宫供奉三官大帝,即天官尧帝、地官舜帝、水官禹帝。其源于福州福清县,"雍正年间先民陈平由福建福州府福清县海口赤土里,奉为渡海保护神,恭请三官大帝神像来台,其孙陈元谋于乾隆六年入垦本庄,乃由府城台南迎奉于庄内公馆以祀"。[①] 可见,紫微宫是雍正时由陈平恭请三官大帝神像至台,到乾隆六年(1741年)由陈平之孙陈元谋带入陈平庄,由当时的台南府城迎接到陈平庄内。成孝华对紫微宫的建造时间作了考证,认为紫微宫在乾隆六年已经存在,是陈氏的保护神,到道光十四年(1834)之前,紫微宫获得其他庄民的认同,成为庄内的地标。[②] 由此可以确定,乾隆六年(1741 年)三官大帝已经在陈平庄供奉。从族群谱系来看,紫微宫三官大帝的信仰群体以陈平庄的民众为中心。1991 年紫微宫重建之前均是陈姓为主任委员,在此之后多为赖姓担任主任委员。这或许体现的是文化承载主体的变更。

太平市三元宫在台中市太平区宜昌东路 1 号,地处大宜欣,供奉天地水三官,配祀虎爷将军、关圣帝君等神灵。1974 年之前都是供奉三界公炉,三界公炉的来历不详,根据记载,为了顺利整治大宜欣,当地人在 1971 年祈求三界公,"大宜欣——旧名溪洲仔(大坑溪与廊子溪冲积的沙洲)故土地贫瘠,且多杂草丛生,不利农事耕作,先贤来此开垦,遍地荆棘,难有收成,致人口稀少,为太平发展最差的地方。遂于 1971 立春置香案祈求上天请三界公作主,顺利进行溪洲仔地区整治计划"。[③] 1971 年启请三界公,1974 年人们获得神示,请塑三官金身,"1974

---

① 田野调查资料:摘录碑刻资料,摘录人课题组成员,时间 2019 年 8 月 13 日,地点台中紫微宫内。

② 成孝华《三官大帝信仰与地方社会之研究——以台中市陈平聚落为例》,台湾逢甲大学硕士论文,2016 年。

③ 田野调查资料:庙公提供资料,摘录人课题组成员,时间 2019 年 8 月 13 日,地点台中紫微宫内。

年。大帝降灵显化,明示要信众雕塑金身,由时任炉主及地方士绅巫得围、汤炳华、陈王月桃、陈韦舜等集资敦请(蔡炳林)先生雕塑金身并开光点眼。往后每年十月十五日三官大帝圣诞万寿,再掷筊选出新炉主将金身及炉请回家膜拜"。① 由此看,三官对大宜欣整治土地有佑护顺利进行之功,得到当地人的膜拜与供奉。太平市三元宫的信仰群体以大宜欣为中心,并形成族群谱系。

由上可见,北屯区的紫微宫建庙时间较长,而太平市三元宫建庙的时间较短,且在很长一段时间内都是供奉三界公炉。紫微宫与福州三官文化相联系,太平市三元宫供奉三界公炉是闽南三官信仰习俗的反映。

2. 形式谱系

首先,紫微宫的形式谱系。

紫微宫有多种语言叙事,如碑刻、公告、楹联与疏文等。楹联是语言叙事也是物象叙事的一部分。疏文是信众了解和理解道场的基础,不仅是语言叙事,也是行为叙事的内容之一。

碑刻上除了阐述紫微宫供奉的渊源、历史外,还讲述了建庙缘由与重建庙宇的过程,具体如下:"当时垦地六业户开圳以资灌溉,历尽艰辛,苦于低渠引上之难,渥蒙三官大帝灵佑恩泽,圳成而水畅,故为共祀之神,鸠资建庙,名曰紫微亭。同治六年陈妈色等六十人组成庆元祭祀会,轮值炉主。同治九年(1870)购置祀田。1974 年成立管理委员会,1984 年庙名改称紫微宫。原庙狭窄,不足以容信众膜拜。于是前届管理委员会倡议重建,成立重建委员会,广为募捐,而众善信大德感戴神恩,踊跃捐献,1985 年破土兴工重建二层古式殿宇。1987 年农历十月初七日安座。"②可知,建庙的原因是在三官的佑护下,水利工程建设顺利,使得更多的民众接受或者说认同三官,并出资建庙。从清乾隆到同治,最后到1987 年,最终建成传统建筑格局的庙宇,紫微宫成为台中市重要的庙宇之一。

紫微宫的楹联有颂扬神灵的,如"体恤天心考察原灵求不昧,传授大道弘扬圣教本为先";③另外还有公告、疏文等叙事,如地官、水官的神像安座庆典、神灵圣诞,庙方会以张贴公告的形式告知信众,同时还会将仪式过程、疏文张贴出来,

---

① 田野调查资料:庙公提供资料,摘录人课题组成员,时间 2019 年 8 月 13 日,地点台中紫微宫内。

② 田野调查资料:摘录碑刻资料,摘录人课题组成员,时间 2019 年 8 月 13 日,地点台中紫微宫内。

③ 田野调查资料:摘录楹联资料,摘录人课题组成员,时间 2019 年 8 月 13 日,地点台中紫微宫内。

以便信众了解详情,做好准备。

紫微宫有着多方面的物象叙事,庙宇的建筑样式是传统建筑风格的呈现,建筑内外的装饰如木雕、砖雕、石雕等是对传统工艺的继承与发展;神像也有其特点,如天官笏板正持,地官笏板右持,水官笏板左持;紫微宫的每一根柱子上可能空白的位置,多有楹联呈现其上,不仅有叙事功能,还有装饰作用,红色的柱子,金色的字,每一副对联都以黑色为底色,红、金、黑三种颜色的搭配具有强烈的视觉效果。在视觉冲击下,人们会关注其中的内容,达到内心与神灵互动的效果。

紫微宫的行为叙事以神灵的圣诞为主,具体如下:

> 天官大帝,圣诞农历正月十五日,地官大帝,圣诞农历七月十五日,水官大帝,圣诞农历十月十五日;每逢农历初一、十五日均举办消灾解厄祈福活动,农历七月十二、十三、十四日连三天特举办慈恩(祈福)超拔大法会,科仪内容:拔荐祖先、度化婴灵、超拔冤亲债主、超拔地基主、中元大普度等。①

由上可知,除了圣诞之外,在农历每月的初一、十五还有相关的祈福消灾活动。中元节大法会是紫微宫每年非常重要的日子,做三天大法会,即农历七月十二、十三、十四,从早晨 8:00 之前开始,到下午 5 点左右结束,诵《九幽法忏》《三官经》。在仪式进行过程中,会诵"庆赞中元"疏文。为地官大帝祝寿是在农历七月十四日晚上,要求全体委员参加,"在农历七月十四日晚上为地官大帝圣诞,请全体委员回宫祝寿"。②

"庆赞中元"的仪式是在紫微宫内大门到殿堂的院子举行,场地呈长方形,坛场称为"通应坛",共分为 13 个祭台。2 号祭台为主祭台,正对着 3、4、5 号祭台的背面;3、4、5 祭台与大门齐平,且 3 号祭台在中间,上供奉大士爷,腰系虎头带,后背有靠旗,其头顶上有观音菩萨像;4 号祭台在 3 号祭台的右边,为"翰林院",左右两边书"龙飞""凤舞",有对联"寒来暑往□,林密山深□";5 号祭台在 3 号的左边,为"同归所",对联为"同登道岸闻宣□,归向云台听□□"。祭台装饰

---

① 田野调查资料:摘录庙内资料,摘录人课题组成员,时间 2019 年 8 月 13 日,地点台中紫微宫内。

② 田野调查资料:摘录庙内资料,摘录人课题组成员,时间 2019 年 8 月 13 日,地点台中紫微宫内。

华彩美丽,充满民俗意味。在3、4、5祭台的上方,挂着法会的名称,即"慈恩超拔法会",启请超升托化大天尊,并有醮联4副,"谈经能使功德显,说法从此悟真常;传经传法传科教,度生度死度幽冥;太乙宏开救苦台,青狮座上说仙阶",具有颂赞法会、谈经、说法、传经、法与科仪等功能。该组祭台的后面一端就是2号祭台,最上面书"道德庄严"四个大字,供奉三清画像、三官大帝塑像,右銮驾醮联为"道有五常生五帝,道分三炁降三皇"、左銮驾醮联"道德巍巍朝上帝,道坛济济立天根",左下方銮驾的醮联为"道未分仙生天地,道有灵文哉伍仟"。在2号祭台的正上方悬挂"庆赞中元",启请"寻声救苦大天尊",2、3、4、5号祭台上方的醮联相同。1号祭台在2号祭台的前面,3、4、5祭台的后面,供奉的是前来参香的苗栗县后龙清海宫的三官大帝;6号祭台供黑无常,在4号祭台的左后侧;7号祭台是白无常,在5号祭台的右后侧;8、9、10、11、12、13祭台分立2号祭台两侧,供奉解冤释结大天尊。具体分布如图6-1所示。①

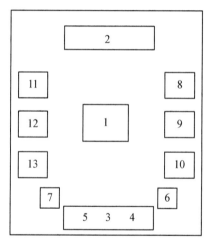

图6-1　紫微宫中元节现场布置图

资料来源:课题组的田野调查。

　　13座祭台以民俗审美为基调,以红色、金黄色为主调,是仪式美术的重要呈现。

　　在紫微宫的行为叙事中,还有其他庙到紫微宫会香、参香的,即庙宇之间的

---

① 田野调查资料:采访人课题组成员,根据现场课题组自行绘制,时间2019年8月13日,地点台中紫微宫内。

互动,如玉圣宫到紫微宫参香,"玉圣宫三官大帝圣驾,择予农历二月十九日前往台中紫微宫会香,合境平安"。[①] 员山、山前三兴宫到紫微宫参香,"员山山前三兴宫奉三官大帝圣驾,择定农历三月四日前往台中紫微宫参香,合境平安"。[②] 有台中少英堂到紫微宫参香,"台中少英堂三官大帝圣驾,择予农历五月十四日至台中紫微宫参香,合境平安"。[③] 有 2019 年农历七月中元节,后龙清海宫携三官大帝到紫微宫参香。由此,供奉同一神灵的庙宇之间因参香、会香、绕境等形成谱系关系。

综上,紫微宫作为陈平聚落供奉三官大帝的重要的庙宇,不仅成为聚落的中心,在台中也有着重要的地位。

其次,太平市三元宫。

太平市三元宫建造的原因与当地溪洲仔地区整治计划的顺利实施有关。从整治计划顺利实施的叙事可知,普通百姓面对苦难希望获得三官神灵的帮助,并在灵验之后,进一步加强对三官的祭拜。从三界公炉到三官神像的塑造再到庙宇的建造,这一过程都是三官神灵验性的表述。三官炉、三官神像、三官庙是构成物象叙事的主要物件,一切从人们面对的难题即开垦土地的艰难开始,在启请到三官炉供奉之后,三官神像的塑造、三官庙的建造,每一次神圣叙事的开始都是三官神的旨意。神的旨意的发送离不开行为叙事,三元宫建庙前后的行为叙事都是以三官圣诞为主体,建成三元宫后,举办多次神诞,如正月十五上元天官大帝圣诞千秋,七月十三日本宫中元普度,七月十五日中元地官大帝圣诞千秋,十月十五日下元水官大帝圣诞千秋,十月十五日年尾平安戏,祭天台设公坛三天,诵经礼忏,祈安植福。[④] 各个神灵圣诞千秋都会在子时举行团拜会。一般在圣诞千秋团拜会时,会获得神的示意来完成某事。在这一过程中语言叙事成为物象叙事的先导,同时每年三官圣诞成为形象讲述三官神圣性的重要时刻,讲述三官故事,凝聚信众。族群谱系需要语言叙事、物象、行为叙事等形式谱系来加

---

① 田野调查资料:摘录庙内资料,摘录人课题组成员,时间 2019 年 8 月 13 日,地点台中紫微宫内。

② 田野调查资料:摘录庙内资料,摘录人课题组成员,时间 2019 年 8 月 13 日,地点台中紫微宫内。

③ 田野调查资料:摘录庙内资料,摘录人课题组成员,时间 2019 年 8 月 13 日,地点台中紫微宫内。

④ 田野调查资料:庙公提供资料,摘录人课题组成员,时间 2019 年 8 月 13 日,地点台中紫微宫内。

强与巩固。

除了上述两座规模较大的三官庙外,还有圣明宫三官庙、三官舜天宫、忠信市场三官大帝庙、神冈三官庙,面积多在 10～20 平方米以内。这些庙大多始建未详,相关资料较少,不过根据田野调查获得的资料,可以阐述三官庙的谱系。

首先,从庙宇的空间谱系来看,圣明宫三官庙与老庙逢甲三官庙的谱系呈现断裂状态。根据圣明宫三官庙庙主的讲述,"老庙在逢甲,当时父亲在老庙有 18 位师兄弟,分散在周边地区,均供奉三官大帝,后来随着父亲年迈,来往渐少,对他们的情况已经不了解"。[①] 而逢甲在西屯区,西屯区三官文化的情况目前尚不清楚。由庙公的阐述至少可以判断,台中的三官庙之间可能有一定的谱系联系,但是这种联系已经弱化。

其次,从族群谱系来看,圣明宫三官庙、三官舜天宫、忠信市场三官大帝庙、神冈三官庙等的信仰群体多以附近的居民为主;圣明宫三官庙、神冈三官庙、三官舜天宫均为家庙,以家庭为主为地方提供服务。

最后,从形式谱系看,圣明宫庙公的讲述使得我们对三官的供奉有进一步的认识。三官并非总是三位神灵按照既定的排位一起供奉,如在圣明宫三官庙,是以地官为中心供奉的三官大帝,左边天官,右边水官,这样的供奉已有 80 多年,而神冈三官庙则仅供奉天官,已有 70 多年。三官神像在外貌上均为黑面。在建筑样式上,除了两座家庙为现代建筑样式外,其余均为传统样式。每座庙都用楹联在说明自己的特色,如圣明宫三官庙的楹联:"圣德三天一孝能存千古仰,神随六合总持运会救众生",即是在讲地官舜的品德。每逢三元节都有相应的圣诞庆典,只是侧重不同。圣明宫三官庙、三官舜天宫侧重地官圣诞,神冈三官庙侧重天官圣诞。

由此,神冈三官庙没有明示自己是否为尧舜禹三官,仅讲天地水三官;圣明宫三官庙则是尧舜禹三官,以地官舜为主祀;三官舜天宫则是尧舜禹三官,以地官舜为中心。上述 4 座面积较小的三官庙各有特色,是民间根据自己的需要进行的三官崇拜。民间通过语言、物象、行为等方式,不断加强自身在信众中的地位,保证家庙或体量较小的庙三官供奉的有效性。

综上,台中三官文化最早是在乾隆六年(1741)以前就有发生,即紫微宫三官大帝庙,有可能在该庙的影响下,台中三官文化才形成谱系。

---

① 田野调查资料:采访人课题组成员,被采访人庙公,时间 2019 年 8 月 13 日,地点台中圣明宫三官庙内。

（四）桃园三官文化的谱系

根据田金昌的研究，桃园共有 21 座三官庙。[①] 课题组调查的三官庙有 5 座，即中坜市兴元宫、龙潭三洽水联庄三官宫、八德三元宫、龙潭三角林三元宫、大溪区员树林三元宫。在调研时考虑到桃园地区已有丰富的研究成果，对桃园三官庙调查的数量相对较少。当时在确定调查地点时，考虑了时间、距离、庙宇涉及范围的大小等因素。下面以课题组的调查资料为主，田金昌、黄淑贞的研究为参考来看桃园的三官文化谱系。

1. 时空谱系与族群谱系

在龙潭三洽水联庄三官宫、龙潭三角林三元宫、八德三元宫、大溪区员树林三元宫、中坜市兴元宫这 5 座三官庙中，均供奉尧舜禹三官大帝。最早建造的三官庙是龙潭三洽水三官宫，建于清朝乾隆二十五年（1760）。下面来看具体情况。

第一，龙潭三洽水联庄由三水里、三和里、东平里三里组成，三洽水联庄三官宫在龙潭乡三水里。该庙源于广东梅县，"东晋永嘉年间，客家族群为避战火而背井离乡南迁祈求平安，离乡前向祖庙求得灵符（香火）戴在胸前祈求平安。随后南迁经徐州至福建晋安，过千余年再迁徙至广东梅县海丰等山区辗转两千余年。代代相传供奉参拜，约公元 1760 年间，再东迁到台湾，从淡水经大汉溪到三坑，下船至龙潭各地。三洽水联庄的三官宫即其中之一"。[②] 由此可知，三洽水联庄三官宫的香火来自广东，成为龙潭乡三官文化传播的枝干之一，后在 1966 年建庙，2016 年重建新庙。这样就形成该庙的时间谱系。

当地的村子也从三洽水三官宫获得香火。1949 年时，三和里村民从三洽水三官宫获得香火，分灵至三和里，并建造三元宫。[③] 由此形成三洽水联庄三官宫与三和里三元宫的枝叶关系。另外在 1953 年时，三和与三水的居民共同祭祀下伯公三官宫，[④]虽然三和里已经建造三元宫，但是三和的信众也到三洽水三官宫祭拜三官大帝。三官宫供奉尧舜禹三官大帝。三洽水联庄三官宫的信仰群体由

---

① 田金昌《台湾三官大帝信仰——以桃园地区为中心（1683—1945 年）》，台湾硕士论文，2005 年，第 176 页。

② 田野调查资料：摘录庙内资料，摘录人课题组成员，时间 2019 年 8 月 12 日，地点桃园三洽水三官宫内。

③ 田野调查资料：摘录庙内资料，摘录人课题组成员，时间 2019 年 8 月 12 日，地点桃园三洽水三官宫内。

④ 田野调查资料：摘录庙内资料，摘录人课题组成员，时间 2019 年 8 月 12 日，地点桃园三洽水三官宫内。

三水里、三和里、东平里的村民组成,亦即形成族群谱系。

第二,龙潭三角林三元宫的历史可以追溯到乾隆三十七年(1772),当时入垦的先民黄庆兴、叶振旺、杨荣生等,以邀约的形式邀请三官大帝等神灵,并分别进行供奉。其中三官大帝由信众一户一年轮流供奉。直到光绪四年(1878)才由庄民杨清连、叶庆兴、张澄生等建砖瓦庙。[①] 后在2008年庙宇整修,至2009年工程竣工,庙貌巍峨,成为当下的建筑格局。[②] 由此形成龙潭三角林三元宫的时间谱系。

这里我们注意到先民在邀约三官大帝的时候,还邀约了其他的神灵,该现象值得注意,众神有着不同的功能,可以满足人们生活中的多种愿望或需求,并将众神分开供奉于不同的家户或公屋,只有三官大帝的香炉每家每户轮流供奉,形成了以三官为主祀、众神为配祀的神灵谱系,体现众人对三官大帝的认同。龙潭三角林三元宫,信仰群体从镇细城杨家、镇清水坑上公馆王爷屋、镇村头发展到现在的三角林庄居民,即三林村的北半部区域,形成关于三官文化的族群谱系。

第三,八德三元宫位于桃园市八德区中山路2号。八德三元宫建庙时间有多种说法,《台湾旧地名之沿革》认为三元宫建于乾隆二年(1737),"境内有创建于乾隆二年之古庙三元宫,奉祀三官大帝(中山路一号)"。[③] 庙内宣传资料显示三元宫"创建于乾隆三十八年(1773)",[④]黄淑贞认为八德三元宫建于乾隆四十六年(1781),[⑤]《桃园县志卷首·治略篇》认为八德三元宫建于乾隆五十二年(1787)。[⑥] 另有《淡水厅志》认为八德三元宫建于嘉庆八年(1803),"三官祠,一在霄里社,乾隆三十八年(1773)岁歉,黄燕礼等祈安建设。一在八块厝庄,嘉庆八年疫灾,庄民建设"。[⑦] 同时指出建于乾隆三十八年(1773)的三官祠是霄里社

---

① 田野调查资料:摘录庙内《三元宫序》,摘录人课题组成员,时间2019年8月12日,地点龙潭三角林三元宫。同时因当时庙内物品遮挡,有部分内容参照田金昌《台湾三官大帝信仰——以桃园地区为中心(1683—1945年)》,台湾硕士论文,2005年,第99页。

② 田野调查资料:摘录庙内《2008年庙宇整修大德芳名》,摘录人课题组成员,时间2019年8月12日,地点龙潭三角林三元宫。

③ 洪敏麟编著《台湾旧地名之沿革》第二册(上),台湾文献委员会,1984年,第51页。

④ 田野调查资料:摘录庙内资料,摘录人课题组成员,时间2019年8月12日,地点桃园八德三元宫内。

⑤ 黄淑贞《桃园地区三官大帝庙宇楹联研究》,台北市立教育大学硕士论文,2010年,第40页。

⑥ 郭熏风主修《桃园县志卷首·治略篇》,成文出版社1962年,第79页。

⑦ 陈培桂、林豪《淡水厅志》,台湾文献丛刊第172种,台湾银行经济研究室,1963年,第152页。

的三官祠。根据田金昌的研究,康熙时期,桃园已经有三官文化的传播,是香火袋或三官炉的形式。① 到乾隆时期,更多移民进入桃园,"乾隆二年(1737),粤东客家移民薛启隆率漳、泉隘丁等闽粤移民数百人迁台。薛启隆先从台南安平港登陆,而后北上开垦,进入桃园开拓,成为大规模入垦桃园之始"。② 到乾隆六年(1741),薛启隆与霄里社通事知母六(萧那英)共同集佃开凿霄里大圳。③ 由此,当信众聚集到一定数量时,生活变得相对宽裕之后,人们就有了建庙的需求。乾隆三十八年(1773)建八德三元宫的可能性是存在的,但是还需要多重证据才可下定论。

徐贵荣认为乾隆三十八年(1773)淡水厅霄里社的三元宫为台湾北部第一座三官庙,④也就是说八德三元宫在霄里社三元宫之后,应晚于乾隆三十八年。田金昌认为八德三元宫的香火源自霄里三元宫,"在乾隆初期薛启隆及知母六开凿霄里大圳时,曾在霄里大圳的圳头兴筑三官庙,后来因庙内失火,附近各庄都来抢救,并将受灾之庙内器物携回各庄分别建庙供奉;至今八德三元宫仍与附近南兴永昌宫、霄里玉元宫、茄冬元圣宫等三座庙宇有轮祀三界爷(三官大帝)的活动"。⑤ 由此看,乾隆二年(1737)建造小庙供奉三官香火是可能的,在发生火灾后,各庄救火后带走庙内的器物,这些器物就成为三官的象征,具有三官文化符号的性质。因此就有了轮祀三官大帝的习俗。再据霄里玉元宫的碑记,该宫建于乾隆时期,具体什么时期并没有说明。目前来看,八德三元宫的建庙时间还无法断定,只能说是在乾隆三十八年(1773)到乾隆五十二年(1787)之间,后在1925年、1955年、1967年重修。

上述内容中蕴含着空间谱系与族群谱系。先看空间谱系,即南兴永昌宫、霄里玉元宫、茄冬元圣宫与八德三元宫因轮流供奉三官大帝而形成的空间上的互动关系。再看族群谱系,纵向来看,清朝康雍乾及以后来自闽南漳、泉与粤东的移民及其后裔;横向来看,八块厝的居民,即庄头、庄尾、稻埕头、连城、旧城、城

① 田金昌《台湾三官大帝信仰——以桃园地区为中心(1683—1945年)》,台湾硕士论文,2005年,第126页。
② 谭培根主编、涂志伟著《台湾涉漳旧地名与聚落开发》(上),厦门大学出版社,2012年,第1160页。
③ 田金昌《台湾三官大帝信仰——以桃园地区为中心(1683—1945年)》,台湾硕士论文,2005年,第128页。
④ 徐贵荣《台湾客家三官大帝信仰及其民俗探讨》,《嘉应学院学报》,2018年第9期。
⑤ 田金昌《台湾三官大帝信仰——以桃园地区为中心(1683—1945年)》,台湾硕士论文,2005年,第76页。

外、公馆、祖仓等,也就是当下的八德地区的居民。

第四,大溪区员树林三元宫,亦称员林里三元宫,建于清朝同治十一年(1872),2019 年庙宇重建。课题组调研时,该三元宫的外貌、内饰已经完成大部分。根据庙公提供的资料,该三元宫供奉尧舜禹三官大帝,还有天上圣母、王母娘娘等神灵。在建庙之前已有三官神明会,以三官香炉进行轮祀,轮祀的范围包括员林里、三元里、光明里三区域。① 不仅体现了三官文化的空间谱系,还说明了三官文化的族群谱系,即以员林里、三元里、光明里三个区域的信众为中心。另外,该庙在每年的新春佳节,组成新春进香团,前往著名的妈祖庙——大甲镇澜宫、彰化南瑶宫、鹿港天后宫、新港天后宫及北港朝天宫进香,在这些妈祖庙,均供奉三官大帝。在进香过程中,信徒之间的友谊会增加,人们对神明的敬畏也在增加,进香是增强凝聚力的重要活动。同时北港进香活动已成为桃园地区三官大帝庙宇的共同活动。② 由此也说明员树林三元宫乃至于桃园的三官庙与台湾中部庙宇之间的谱系联系。

第五,中坜市兴元宫位于桃园市中坜区龙冈路三段 37 巷 92 弄 102 号之 1,供奉天官尧、地官舜、水官禹三官大帝。在空间上,兴元宫三官大帝的香火来自平镇市的元和宫,这就构成了二者在空间上的联系;在时间上,兴元宫的建造经历了近百年的发展演变,最终完成建庙。最早是在 1901 年从元和宫获得三官大帝的香火供奉,1990 年开始建庙,2000 年建成,历经十年时间,从获得香火到庙成共有近百年的时间。

在信仰群体上,庙宇的建造需要信众的积极参与,兴元宫的建造离不开"当时七里里长:后寮—吴祥荣、新兴—陈亲传、后兴—朱清江、龙冈—廖振鹏、龙平—黄昌周、龙东—郭恒毅、龙昌—宋培琳",③以及信众的大力支持。这里的信众即七里的村民,大多为三官信众,也可以说,正是他们形成了兴元宫三官大帝的信仰群体,进而因相同的价值观形成三官文化的族群谱系。根据庙里的捐款芳名碑刻,还有"振兴里、龙兴里、龙德里、明德里、至善里、龙安里"等民众在中元节时捐款,由此可知,后寮、新兴、后兴、龙冈、龙平、龙东、龙昌等七里的信众以及

---

① 田金昌《台湾三官大帝信仰——以桃园地区为中心(1683—1945 年)》,台湾硕士论文,2005 年,第 79 页。

② 田金昌《台湾三官大帝信仰——以桃园地区为中心(1683—1945 年)》,台湾硕士论文,2005 年,第 80 页。

③ 田野调查资料:摘录庙内资料,摘录人课题组成员,时间 2019 年 8 月 12 日,地点桃园兴元宫内。

振兴里、龙兴里、龙德里、明德里、至善里、龙安里等六里的信众一起构成了三官文化的族群谱系。

由上,这5座三官庙均与当地的其他庙宇形成互动关系、谱系联系,均因供奉尧舜禹三官大帝而形成空间谱系,均以当地具有历史渊源的群体形成关于三官文化的族群谱系。同时桃园的三官庙又与台湾中部供奉妈祖的庙宇形成谱系,这涉及人们对妈祖与三官之间神灵的认识,以及闽粤地区对于妈祖、三官之间的历史渊源关系的习俗认知。

2. 形式谱系

三洽水三官宫有关于建庙缘由的语言叙事与灵验叙事的讲述,有着香炉、神像、楹联等物象叙事的呈现,以及神灵圣诞庆典等行为叙事的展演,通过三大叙事叙述神性、巩固信众对三官等神灵的崇拜。

三官宫的语言叙事包括建庙缘起与灵异叙事两个方面。建庙缘起有如下传说:

> 先民恭请三官大帝分灵至三洽水时,恐怖传说也油然而生,三洽水先民落脚时尚未建造庙宇,而三官大帝是有家户(有耕田)者,用掷圣筊方式,以年为期轮流供奉,据说以最多筊为凭,最多筊者即为下届值年炉主。但不知何因原或是巧合,约1861年值年炉主者,家中必定有丧事,年复一年,皆有发生,弄得人心惶惶,诸多巧合导致上界神仙在众信心中变成了魔。敝人的曾祖父在轮值炉主期间,家中一样难逃此劫,谁轮值家中就必有丧事,当敝人曾祖父第二次又轮值时,就在田里搭一草寮供奉,早晚固定到草寮烧香,结果还是一样倒霉,因此信众有此一说三界爷喜欢看丧事,地方迷信者众说纷纭,闹得种田者人心惶惶,后经众人商议理应建宫参拜,方能一劳永逸,永保平安,由值年炉主及地方人士召集建宫,当时信士有钱出钱有力出力,用土砖造墙于现址。约在1966年因为老庙破旧不堪有倒塌的危险,经众信再三研商,决定重建新庙于原址,至今信众四季平安。[①]

————————

① 田野调查资料:摘录庙内资料,摘录人课题组成员,时间2019年8月12日,地点桃园三洽水三官宫内。庙内资料显示:田野学员为林天祥,撰者为林邱盛,指导单位为三洽水联庄三官宫炉下管理委员会,时间2012年10月16日。

可见三官经历了从无庙到建庙的过程：无庙时期，值年炉主供奉三官；1861年开始值年炉主家遭遇丧事，直到建庙祭拜之后，值年炉主家出现丧事的情况才消失；1966年重建新庙，信众四季平安。即使是神也不愿意过居无定所的日子，也希望稳定下来，只有建庙安神，人才能安。这是信众以人的标准看待神的思想的体现。

在上述建庙缘由叙事中，还体现了从三官香炉向三官神像的转变过程，三官香炉与三官神像都是三官文化符号，属于物象叙事。信众通过对香炉、三官神像的膜拜以获得神的佑护，说明香炉、三官神像有着指示作用。三官宫有10副楹联，不仅讲述了庙里供奉的神灵，如"三会九源流凤翥龙腾地纬天经环帝座，官铨千慧典人文国粹恩敷泽被镇山河"，[①]还颂赞神的功德，如"神圣尝百草勋业彪炳垂青史，农耕艺五粮裕民富邦扬古今"。[②] 同时也起到装饰作用，满足人们的审美需求。

行为叙事由祭祀仪式组成。信众对神的祭祀在特定的日子进行，如神诞日，"尧帝天官赐福正月十五日圣诞，舜帝地官赦罪七月十五日圣诞，禹帝水官解厄十月十五日圣诞"。[③] 节日也是祭祀神灵的重要时刻，2019年的节日列表如下："正月十一日（星期五）北港进香，正月十二日（星期六）北港进香，正月十五日（星期二）祈福起斗，正月十九日（星期四）妈祖戏，七月十五日（星期四）中元普度，八月二十三日（星期六）平安戏，十月十五日（星期一）法会，十二月十六日（星期一）圆斗。"[④]正月十一到十九是庙宇之间联系的重要时刻，北港进香即是典型。上元节祈福上灯，年底十二月十六日圆斗即要关灯表示一年的圆满，下年的正月十五再重新上灯。之后的节日多为一天时间，说明正月上元节是该庙的重要时刻。

龙潭三角林三元宫的语言叙事除了前面阐述庙宇时空谱系的碑刻外，还有9副楹联，其中正殿的1副楹联说明了供奉的三官大帝乃尧舜禹，"三帝相承谦

① 田野调查资料：摘录庙内楹联，摘录人课题组成员，时间2019年8月12日，地点桃园三洽水三官宫内。
② 田野调查资料：摘录庙内楹联，摘录人课题组成员，时间2019年8月12日，地点桃园三洽水三官宫内。
③ 田野调查资料：摘录庙内资料，摘录人课题组成员，时间2019年8月12日，地点桃园三洽水三官宫内。
④ 田野调查资料：摘录庙内资料，摘录人课题组成员，时间2019年8月12日，地点桃园三洽水三官宫内。

让孝慈尧舜禹,官民绍继推仁揖逊夏虞唐"。① 在物象叙事方面,供奉的三官大帝等神像,建筑式样与装饰等构建了多样化的叙事模式。该宫供奉天地水(尧舜禹)三官大帝、观音佛祖、五谷神农、中坛元帅、财神、三山国王、华佗神医、注生娘娘、王母娘娘、太岁、文昌帝君等神灵,其中三官神像手执笏板,天官的笏板持中,地官的笏板持右,水官的笏板则持左。建筑为传统式样,装饰繁复。砖雕彩绘,多样化表现神话、传说、故事,如大门边上的彩绘"岳母刺字",彰显庙宇的教化功能。在行为叙事方面,中元节普度法会、进香行程是农历七月、八月的重要活动,呈现庙宇的功能以及庙宇之间的联系。2019 年的中元普度法会在农历七月十五日周四举行,"上午八点至十二点祈福法会,下午二点至五点普渡法会",②服务的项目包括"消灾判化、超拔祖光、冤亲债主、祭拜地基主"。③ 2019 年的进香行程为"进香地点:宜兰、三兴宫、宜兰紫微宫、土城三元宫。9 月 3 日早上 7 点出发,第一天三元宫出发—宜兰三兴宫—宜兰紫微宫,第二天清水地热—玉兰茶园—长埤湖风景区—土城三元宫—龙潭三元宫"。④ 由此形成了宜兰三兴宫、宜兰紫微宫、土城三元宫、龙潭三元宫之间的联系。除此之外,还有每月十五日(农历)的诵经礼斗仪礼。

八德三元宫的语言叙事包括碑刻、宣传彩页、楹联、匾额、海报、公告等。碑刻属于庙宇的核心叙事,碑刻上除了庙宇的沿革外,还讲述了庙宇的灵验性。"历来香火灵显,胕响昭著,风调雨顺,物阜年丰,祈旸祷雨,屡验休征,赐福降祥,惟善是择,赫赫三官,民具而瞻"。⑤ 灵验叙事是在讲述三官对八德的佑护。宣传彩页一方面讲述了三元宫的历史沿革,简要介绍了八块匾,同时还对庙宇重修过程中所请的工匠作了说明,如"大木匠师叶金万,惠安石匠张火广,交趾陶大师陈天乞"。⑥ 由

---

① 田野调查资料:摘录庙内正殿楹联,摘录人课题组成员,时间 2019 年 8 月 12 日,地点龙潭三角林三元宫。

② 田野调查资料:摘录庙内公告,摘录人课题组成员,时间 2019 年 8 月 12 日,地点龙潭三角林三元宫。

③ 田野调查资料:摘录庙内公告,摘录人课题组成员,时间 2019 年 8 月 12 日,地点龙潭三角林三元宫。

④ 田野调查资料:摘录庙内公告,摘录人课题组成员,时间 2019 年 8 月 12 日,地点龙潭三角林三元宫。

⑤ 田野调查资料:碑刻资料,摘录人课题组成员,时间 2019 年 8 月 12 日,地点桃园八德三元宫内。

⑥ 田野调查资料:宣传彩页,摘录人课题组成员,时间 2019 年 8 月 12 日,地点桃园八德三元宫内。

所请的技艺高超的工匠来说明庙宇建筑的完美性,至少在庙方拥有着来自民族工艺的自豪感。八德三元宫有 23 副楹联,其中一副点明了该庙供奉的是天官尧、地官舜、水官禹,"三官望重位尊舍尧舜禹莫任,元气存神过化观天地水可知"。① 另外还有产生炉主的公告、歌仔戏演出以及感谢捐助者的海报,更有"三元宫二三事的座谈会","咱的八块厝由心开始,流金岁月,厝边相招来拜拜,讲往事,听故事,交朋友"。由此可见,庙宇需要一些活动来吸引更多信众。

八德三元宫的物象叙事包括建筑本身、神像、楹联等。建筑本身是承载三官等神灵的神圣空间,在这一空间中,庙内外以传统工艺进行装饰,以雕刻神话故事等来呈现庙貌的神圣性,营造内部庄严性给人以敬畏之感的氛围。由此可见,三元宫不仅是一座庙宇,也是传统工艺的承载空间。三元宫正殿供奉天地水(尧舜禹)三官大帝,后殿二楼奉祀玉皇大帝,后殿一楼奉祀天上圣母。配祀太岁星君、文昌帝君。23 副楹联更是集解释、装饰、赏析等功能于一体。在上述物象中,神像是庙宇的核心,任何叙事都是围绕神灵展开的,因此,神像成为现实中人们叙事的所指。

八德三元宫的行为叙事包括三界公炉的轮祀、三元节的圣诞活动等。三元宫最重要的活动是三界公炉的轮祀,该香炉每年轮祀一次,分别在八德三元宫、南兴永昌宫、霄里玉元宫、茄冬元圣宫之间轮祀,每年的农历八月,由隔年的宫庙到当年供奉三官炉的宫庙选择吉日迎回三官炉,在本宫祭祀,依次轮流,每四年为一轮。② 除此之外,还有三元节的圣诞活动,上元节巡境,以保八德地区的平安;中元节拜"好兄弟",唱歌仔戏;下元节是最隆重的,巡境的路线要比上元节复杂,队伍比上元节要壮大。③ 下元节的仪式是回报思想的表现,要在特别的日子举行盛大的庆典以感谢神的佑护。

大溪区员树林三元宫语言叙事与物象叙事相结合,以物象叙事为中心,以彩绘的形式表现出来,绘画的内容有尧聘舜、大禹治水、三皇演化、传说时代圣王五帝等故事。这样的叙事方式使得信众更形象地认识尧舜禹等圣人的叙事,触动心灵,实现庙宇三官文化的传承。行为叙事以神诞仪式、进香活动为中心。神灵圣诞庆典是该庙重要的活动,正月十五日上元节天官生日,会邀请埔顶仁和宫、

---

① 田野调查资料:楹联,摘录人课题组成员,时间 2019 年 8 月 12 日,地点桃园八德三元宫内。
② 田野调查资料:采访人课题组成员,被采访人庙公,时间 2019 年 8 月 12 日,地点桃园八德三元宫内。
③ 田野调查资料:采访人课题组成员,被采访人庙公,时间 2019 年 8 月 12 日,地点桃园八德三元宫内。

月眉山观音寺、瑞源宫的神尊到员树林三元宫,请神时神驾会在员树林先绕境,之后再到三元宫供奉,正月十六日将各庙神尊恭送回原庙。农历七月十五日中元地官圣诞,三元宫夜间庆赞中元,供品有神猪一只、生鸡、鸭、鱼各一支,麻薯、面龟一盘、牲礼一副、水果、金香、茶酒,由道士完成庆赞仪式,祭拜后神猪祭品由炉主、首士分发给邻长,炉主、首士,有关工作人员另取,另外牲礼交由餐厅料理共餐。农历八月十二日唱平安戏,即三官大帝赐福合境平安。炉主要提前给各庙发请帖于八月十一日邀请神灵,十三日送神。十二日当天应备清圆三碗、麻薯三碗、素菜十二碗、茶酒、五牲乙付、面龟一盘、寿桃寿面一对、水果三盘、五色金一组,由道士完成仪式,祭拜完毕后,牲礼由炉主、首士共餐。当日下午一点钟炉主、首士举行掷筊,产生下年度炉主、首士,并在十月十五日水官圣诞时完成新旧炉主、首士的交接。农历十月十五日下元水官圣诞,由炉主、首士协办祭品,面线三碗、麻薯三碗、素菜十二碗、茶酒、水果三盘、五牲、面龟、寿面寿桃,金香爆竹,时间为上午九点由主任委员、炉主、首士、本宫委员共同参拜完共同餐叙,并进行新旧炉主、首士的交接。^① 另外还有进香活动。该庙在每年的新春佳节,组成新春进香团,前往著名的妈祖庙——大甲镇澜宫、彰化南瑶宫、鹿港天后宫、新港天后宫及北港朝天宫进香。不管是庙宇本身的关于三官生日的行为叙事,还是前往妈祖庙进香,都是在加强信众的凝聚力,以及培养信众对神明的感恩、敬畏之心。

兴元宫的语言叙事分为两类:一为神话类叙事,包括三官大帝与中坛元帅的简介、楹联;二为公告类叙事,包括神灵圣诞千秋公告、为信众服务的项目、上香的方式方法、阉鸡竞赛的公告等。

在第一类神话叙事中,三官大帝的简介是对三官的神话式解释,讲述天官尧、地官舜、水官禹的品德、尧舜禹的功德。中坛元帅的简介解释了很多三官庙在三官神像前都供奉哪吒三太子的原因,"道教以他为护法主将,凡瘟疫或驱邪消灾,都祭拜太子爷以化难解厄。在中国民间信仰中,相传哪吒系玉皇大帝驾前的中营元帅,统帅东西南北中五营的天兵神将,故称为中坛元帅、中营神将或中营大将军。而在宫庙的中坛必供奉李哪吒为中坛元帅,成为把守宫庙的主帅护法神将"。^② 在台湾,三官大帝神像巡境,先锋必然是中坛元帅像。兴元宫共有

---

① 田野调查资料:庙内资料,摘录人课题组成员,时间 2019 年 8 月 12 日,地点大溪镇员树林三元宫。

② 田野调查资料:摘录庙内资料,摘录人课题组成员,时间 2019 年 8 月 12 日,地点桃园兴元宫内。

26 副楹联,主要内容为颂扬三官大帝等众神的功绩、教化信众等。

在第二类公告式叙事中,在神诞千秋时庙宇会事先发出公告,使得信众知悉具体的时间、地点以及供品等信息。随着时代的变迁,有些信众可能并不是很熟悉祭拜的顺序,庙方也会通过张贴公告的方式告知信众,还有一项是当地信众积极参加的民俗活动即一年一度的"阄鸡竞赛",参加者为辖内 12 里的里民,会评出特、一、二、三等奖各 1 名,优胜奖 3 名。

第一类神话叙事是我们认识理解兴元宫的重要文本,而第二类公告式叙事有助于我们了解兴元宫平时的活动。公告式叙事是神话叙事的补充,神话叙事是兴元宫的根基,公告式叙事则是兴元宫的日常。

在物象叙事方面,兴元宫建筑本身,供奉的神灵、碑刻、楹联等都属于物象的范畴,它们还具有静态的叙事功能。建筑是传统式样,装饰富丽堂皇。供奉尧舜禹三官大帝、观世音菩萨、天上圣母、注生娘娘、福德正神、玉皇大帝、中坛元帅等神灵,可见该庙功能的多样化。三官神像与台中紫微宫的神像有相似之处,都是天官笏板正持,地官笏板右持,水官笏板左持。楹联作为装饰物,不仅成为神灵的重要点缀,且是人们认识、理解三官文化的重要物件;其上的文字尽显中国书法的独特魅力,有楷书、隶书、小篆等,具有审美效应。在这些物象中,供奉的神灵是核心,建筑是重要的空间载体,碑刻是人们认识了解三官的重要的叙事载体,楹联则承担了人们进一步理解三官神性、文化审美等功能。

在行为叙事方面,三官大帝等神灵圣诞千秋是兴元宫重要的仪式。上中下三元节作为尧舜禹三官的圣诞,兴元宫都有庆典,"上元节时,上午有开灯仪式,即祈福灯,至当年的农历十二月关灯,祈福灯事先会发公告,信众报名。下午还专门聘请师傅为信众做补运仪式。中元节时,上午 9 点钟开始,炉主、理事等都会参加,会有祝寿三献礼。上午活动结束。下元节时,会有一天的活动,上午是祈福仪式,下午有歌仔戏"。① 在这些仪式中,三官的圣诞仪式,是对三官神话的再次演绎,也是对三官文化的巩固。

由上可见,从语言叙事来看,五座庙中除员树林三元宫的语言叙事不足之外,其他庙宇都有着丰富的语言叙事,多包括建庙缘起与过程、楹联、公告类叙事等。从物象叙事来看,三官供奉空间、三官神像、楹联、彩绘和砖雕、碑刻。在行为叙事方面,神诞仪式、进香朝拜等是多数庙宇的核心,5 座庙宇中除了八德三

---

① 田野调查资料:采访人课题组成员,被采访人庙公,时间 2019 年 8 月 12 日,地点桃园兴元宫内。

元宫没有进香的讲述外,其他 4 座三官庙均有进香的记录。

综上,上述 5 座三官庙供奉的都是尧舜禹三官大帝,除了大溪区员树林三元宫外,其他 4 座三官庙的三官大帝手持笏板的动作均是一致。5 座庙除了主祀三官大帝外,还供奉其他神灵,形成神灵谱系。在这一谱系中,每一位神灵都在满足当地百姓的不同信仰需求。5 座庙中有 4 座庙要去妈祖庙进香,这一互动是两地渊源关系的表现,也呈现了两地的谱系关系。

另外,黄淑贞对新屋乡的三官文化进行调查后发现,当地有着丰富的三官文化,只不过没有建造庙宇供奉三官罢了。"新屋乡有很特殊的'八本簿三官文化',没有固定庙宇,只有碛炉、棹片、棹帏、大旗、神轿、烛台等物品,于每年农历八月中,值年炉主交换,将碛炉供奉于自宅正厅。所供奉主神为三官大帝,并同祀天上圣母娘娘、千里眼及顺风耳三者金身,还有福德正神、曾茂公碛炉等"。① 八本簿祭典于清嘉庆五年(1800)十月十五日创立,以轮值地区户长在神坛前逐户掷圣筊数最多者为炉主,在每年八月中交接。② "以新屋乡及杨梅镇、观音乡辖区少部分地区为范围,划分八大地区"。③ 八个区为:头洲区与富源区,上田区,九斗与埔顶区,新屋、新生、东明、后湖及石磊、清华部分地区,赤栏、下田及石磊部分地区,笨港与下榔椰区,大坡、社子、望间、上榔椰区,员笨、瑞原、丰野区。④ 由此可见,新屋乡三官文化涉及范围较广,时空谱系关系较为清晰,而且呈现出有别于其他地区的独特性。

(五) 台北三官文化的谱系

台北供奉三官大帝的宫庙有 4 座,一是台北三元宫,在士林区延平北路五段 244 巷 21 弄 6 号 4 楼,供奉天地水三官大帝,为主祀;二是陪祀三官的指南宫,位于台北文山区指南录上的猴山,供奉的是尧舜禹三官大帝;三是位于松山区的奉天宫,也是陪祀三官大帝;四是台北万华区圣德宫,供奉三官大帝。⑤

(六) 新北三官文化的谱系

根据田金昌的总结,新北共计有 9 座三官庙:板桥市潮和宫、新店市润济宫、

---

① 黄淑贞《桃园地区三官大帝庙宇楹联研究》,台北市立教育大学硕士论文,2010 年,第 25 页。
② 黄淑贞《桃园地区三官大帝庙宇楹联研究》,台北市立教育大学硕士论文,2010 年,第 29 页。
③ 黄淑贞《桃园地区三官大帝庙宇楹联研究》,台北市立教育大学硕士论文,2010 年,第 29 页。
④ 尹章义编纂《新屋乡志》,桃园县新屋乡公所,2008 年,第 661 页。亦见于黄淑贞《桃园地区三官大帝庙宇楹联研究》,台北市立教育大学硕士论文,2010 年,第 29 页。
⑤ 借助数据库补充台北的三官文化:台湾文化资源地理资讯系统,http://crgis.rchss.sinica.edu.tw/temples#c1=Temple&b_start=0。

土城市三元宫、土城市圣德宫、芦州市清海宫、莺歌镇三湖宫、贡寮乡朝晖庙、金山乡圣德宫、万里乡天护宫。课题组调查的是新北三重三元宫,在三重区仁昌街111号。因该庙后建,所以田金昌的总结中没有该庙。

新北三重三元宫地属顺德里,源于20世纪60年代人们对三官炉的供奉。当时顺德里与瑞德里的信众共同祭拜三官炉,直到20世纪90年代之前,顺德里与瑞德里的人们每年在空地上举行庆赞法会,并由值年炉主将三官炉请回家供奉。随着人口增加,分开祭祀已经势在必行。信众通过掷筊的方式,对三官物象即香炉和三官金身进行了分配,顺德里得开基香炉,瑞德里掷得开基金身,从此两里分开供奉三官大帝。三重三元宫所处顺德里,2014年租得现址作为建庙的开基土地,同年农历八月十九日开光建宫金身,第二天午时入火安座。① 由此可见,从1960到1990年的分开祭祀,再到2014年顺德里建庙,形成顺德里三重三元宫的时间谱系,顺德里的三元宫与瑞德里的三官供奉形成空间谱系,两地的信众因共同的信仰形成族群谱系。另外台北港口奉天宫在顺德里入火安座时送来匾额,说明二者的联系。

再看形式谱系。庙里的语言叙事除了上述庙宇沿革外,还有例行祭祀日期表,告知供奉神灵圣诞千秋的时间,另外还有2个公告:中元普度法会、购香捐香。庙公称他们非常重视慈善事业,每年中元节都接受大米捐赠,并将大米捐给生活困难的人。该庙面积较小,不超过20平方米,建筑为砖混水泥结构。供奉的主神为天地水三官,配祀观音佛祖、关圣帝君、天上圣母、福德正神、中坛元帅。天地水三官的形象为天官持正,地官右持笏板,水官左持笏板,神像约20厘米高。每年最重要的时节就是大年初一与神灵的生日,"农历正月初一日子时迎新春贺正团拜。农历正月十五日子时敬拜天官大帝圣诞,暨消灾补运植福法会。农历七月十五日敬拜地官大帝圣诞暨中元普度法会。农历十月十五日子时敬拜水官大帝圣诞暨谢平安消灾植福法会"。② 农历七月十五日中元普度法会,上午祝寿,下午两点半普度法会,庙里会提供"普赞"③一份,需要报名缴费才能获得。

---

① 田野调查资料:庙内资料,摘录人课题组成员,时间2019年8月11日,地点新北三重三元宫内。
② 田野调查资料:庙内资料,摘录人课题组成员,时间2019年8月11日,地点新北三重三元宫内。
③ 普赞包括:特级精盐、砂糖、泰山蔬菜油、金兰酱油膏、真空包装白米、泰山冰镇红茶、担仔拉面、鲜大王乌醋、高级新竹炊粉、青叶面筋、紫菜苏打饼、大茂花瓜、绿豆麦仁、高级红豆、矿泉水、更衣、银纸。田野调查资料:庙内资料,摘录人课题组成员,时间2019年8月11日,地点新北三重三元宫内。

三重区三元宫的现状以及涉及的范围还不能作为新北三官庙宇的代表,但是作为民间三官庙,它有着与其他地区三官庙类似的特点,都是以村庄为中心形成的村庙,都为村民提供服务。

(七) 花莲三官文化谱系

根据田金昌的总结,花莲有 2 座三官庙:花莲市三官宝殿与瑞穗三元宫。不过三官宝殿已成为养老院,故在花莲市主祀三官大帝的庙宇仅有瑞穗三元宫。[①] 另外有配祀三官的庙宇,如新城保安宫、花莲市福天宫、花莲市港天宫、慈惠堂、吉安圣安宫等,一般来说只要供奉玉皇大帝的庙宇就会有三官大帝的祭祀。这些宫庙形成花莲三官文化的空间谱系。可见,瑞穗三元宫成为花莲三官文化的代表。因时间等原因未对花莲三官文化作田野调研,故以巫俊勋的论文《谈瑞穗三元宫的沿革及信仰特色》为基础,对瑞穗三元宫的情况进行简要阐述。

从时间上看,瑞穗三元宫经历了传说祭祀(1875—1913 年)、合祀建庙草创期(1913—1952)以及迁建发展(1952 年以后)三个时期。传说祭祀时期,三官大帝由祖籍地传入,由家户轮流祭祀三官;从 1913 年开始,三官大帝配祀于当地的福德祠,供奉的是三官大帝神位,1948 年瑞北村四邻吕阿石的一块地,风水很好,吕阿石捐地用于建造三元宫,1951 年开始建造;1952 年庙成,并有三官大帝金身三尊,司命帝君、福德正神各一尊,1984 年三元宫重建,1985 年建造完工,并举行安座仪式,供奉的神灵有三官大帝、天上圣母、司命真君、济公菩萨、福德正神。[②]

从信仰群体来看族群谱系,在庙宇的建造过程中,有来自瑞北、瑞穗、瑞美、瑞祥、瑞良、鹤冈、舞鹤及富源等村的信众的捐款,还有来自玉里镇、花莲市、台北、桃园、台中、台南、高雄、台东等地的信众的捐款。这些信众形成族群谱系。瑞穗三元宫的重要庆典即三官的诞辰,在农历正月十五、七月十五、十月十五都有祝寿活动,其中下元节最为盛大,除了准备丰盛的供品祭神之外,还举行阉鸡比赛,以最肥美的阉鸡酬祭神灵。三官作为道教非常重要的神灵之一,不管是主祀三官的庙宇还是配祀三官的庙宇,在三元节时都会举办类似的活动,如瑞穗青莲寺、富源保安宫等都有上元祈福、中元普度、下元还福的活动。这些仪式叙事

[①] 巫俊勋《谈瑞穗三元宫的沿革及信仰特色》,刘美珍主编《第一届花莲客家学术研讨会论文集》,花莲县政府 2013 年,第 146 页。

[②] 巫俊勋《谈瑞穗三元宫的沿革及信仰特色》,刘美珍主编《第一届花莲客家学术研讨会论文集》,花莲县政府 2013 年。

通过三官神话的重复演示,巩固人们对三官的信仰。[1]

除了上述各地的三官宫庙外,澎湖还有马公市三官殿,供奉三官大帝。[2]

综上可知,三官文化在台湾多有分布,每个地区多有各自的特点。在供奉对象方面,台南的三官文化呈现多系列的状态:天地水系列、唐葛周系列、尧舜禹系列、陈王孙三元帅系列;高雄的三官文化以天地水系列为中心;台中三官文化包括天地水系列、尧舜禹系列,而且台中有的庙宇或者强调天官的供奉,或者强调地官的供奉;桃园的三官庙多以尧舜禹为祭祀对象;台北三官庙以天地水、尧舜禹为祭祀对象;新北三重三元宫是以天地水三官为供奉对象;瑞穗三元宫的资料中未言具体供奉的是天地水还是尧舜禹,仅称三官大帝,还需进一步的田野调查。从南到北,三官文化的形态逐渐缩减,从台南的天地水系列、唐葛周系列、尧舜禹系列、陈王孙三元帅系列到台北的天地水系列与尧舜禹系列。

二、文化认同

田金昌认为三官大帝具有调和族群关系的功能,尤其是桃园地区之所以有21座主祀三官大帝的庙宇,是因为不同族群如客家人、漳泉人、少数民族平埔族人等对天地水三官的认同,他们认为在农垦社会,不同族群更容易接受天地水信仰,由此使得天地水三官文化成为不同族群共同供奉的对象。本书较为认同这一观点,不过其中还有三个问题需要探讨:第一,认同的历史基础;第二,从时空谱系看,在移民时代、定居时代,三官文化认同的发展过程;第三,从族群谱系看,神明众多,选择天地水三官这一全国性神祇的原因。

(一) 认同的历史基础:康雍乾时期统治者的偏好

康雍乾时期三官文化得到兴盛发展,康熙时期仅有新疆一地尚未有三官文化的传播,全国其他地区均有了三官庙。到乾隆时期,全国几乎每一个市镇都有了三官庙宇。这一状况的形成离不开清朝皇太极、多尔衮、顺治、康熙、乾隆等对三官文化的认同或崇拜。由此,皇家成员的偏好对于普通百姓有着重要的引导作用,他们的爱好很快会为普通百姓所接受。这是三官文化得到更多民众认同的原因之一。台湾三官文化最早发生于清朝康熙时期,即是这一现象在民间的反映。

---

[1] 巫俊勋《谈瑞穗三元宫的沿革及信仰特色》,刘美珍主编《第一届花莲客家学术研讨会论文集》,花莲县政府 2013 年。

[2] 蔡平立编著《澎湖通史》,众文图书股份有限公司,1979 年,第 545 页。

如前章所述,皇太极在沈阳建皇宫时将当地的三官庙变成皇宫内部的庙宇,并使其成为后来笼络明朝汉族官员的重要场所。皇太极死后,多尔衮、鳌拜等四大臣在三官庙盟誓辅佐福临为帝。三官庙在清朝紧急时刻发挥着重要的作用。后来顺治、康熙、雍正都对该三官庙进行了修缮。乾隆时,改为景祐宫,三官庙搬迁出皇宫。尽管如此,皇家对三官的崇拜在民间的示范作用已经产生,从康熙到道光时期,全国各地建三官庙、修三官庙的数量大幅度上升,甚至到光绪时期,三官庙的数量再一次增加。

因此,在清朝皇家的示范下,三官文化在百姓中流传。到清朝乾隆时期,三官文化就已经遍布全国各地。这是台湾在清初时开始祭拜三官大帝的宏观环境。

台湾供奉三官有明确记载时间的是康熙二十四年(1685),诸罗县目加溜湾社的观音庙,配祀天地水三官。由此可见,台湾开始祭拜三官的时间与西藏、黑龙江、吉林供奉三官的时间一致。也就是说,在皇家供奉三官的影响下,到康熙时期,全国大部地区因上行下效,更多民众认同三官文化。

(二) 时空谱系下清朝台湾移民时代与定居时代的三官文化认同

台湾从移民社会走向定居社会是一个漫长而又复杂的过程,各地形成定居社会的时间不一致,在此,我们仅关注在移民时代的族群对抗以及定居时代的和谐共处过程中的三官文化认同。陈支平主编的《台湾通史》认为"清代前期台湾社会的主体属于移民社会,清代中期开始加快向安居社会的转变,清代后期基本完成"。[①] 清代前期是指顺治、康熙、雍正三朝(1644—1735),中期是指乾隆、嘉庆、道光三朝(1736—1850),晚期指咸丰、同治、光绪、宣统四朝(1851—1911)。[②]

1. 移民时代的族群对抗

移民时代族群的对抗不一定必然与文化认同有关,但是随着族群对抗的发生发展,势必会走向缓和,那么文化认同一定会在族群缓和、和谐共处的情况下发生。

所谓移民时代是指清乾隆时期以前,在这一时期,移民大多没有在台定居,他们大多在祖籍地和台湾之间奔波,当遇到族群之间对抗时,会撤回自己的家乡。而且这一时期人口的增长也与移民的数量相关。移民时代的特点之一是以

① 陈支平主编,林国平、马海燕《台湾通史》第四卷,清代(下),福建人民出版社,2020年,第41页。

② 杨玄博《1912—1949年杭州与新式交通》,杭州出版社,2013年,第43页。

同乡或同族而居,之二是供奉自己家乡的神灵。如此,来自其他地区的百姓较难形成认同。

清朝时台湾有三大族群,即河洛人、客家人、少数民族。河洛人主要是来自闽籍的漳州籍、泉州籍移民及其后裔,客家人是以粤籍客家移民及其后裔为主。漳州籍是漳州府属各县和部分潮州籍移民,粤籍则是以广东客家人为主,再加上福建汀州府各县客家移民。少数民族主要是平埔族。其中闽南移民较早来到台湾地区,而粤人要到康熙三十五年(1696)以后才进入台湾,闽南人中漳州人、泉州人最多,因垦地、水利等问题与粤人的矛盾也最尖锐。另外还有平埔族,在闽粤人到来之前,平埔族有广大的鹿场等可以获得生活资料,但是随着闽粤人的到来,平埔族的生产生活范围一再缩小。因此,三大族群之间矛盾重重,械斗时有发生,这些械斗均属于民间私斗。械斗分为分类械斗与一般械斗,分类械斗专指台湾不同祖籍的汉人社会群体间发生的矛盾与冲突,包括闽粤械斗、漳泉械斗、顶下郊拼,在康雍年间,闽粤械斗大多发生在台湾南部,其中凤山县最为频繁,乾隆之后转移到北部的彰化、淡水等地。① 这一类械斗主要发生在乾隆后期至咸丰初期,之后便逐渐消失。② 一般械斗包括异姓、同姓、同业、兵丁四类械斗,这四类械斗不仅仅发生在汉族之间,少数民族各社之间也发生。③ 群体间的械斗破坏力极强,其中之一就是对村庙的破坏。村庙是民间文化的载体,具有凝聚人心的功能,且花费了人们的心血才得以建造出来。在械斗之后,人们还要耗费更多物力、人力、财力重新修缮村庙。

这一时期很难形成不同群体间的文化认同,更不用说对三官文化的认同,更多是对本群体文化的认同。

2. 定居社会的和谐:走向文化认同

乾隆以后,台湾逐渐从移民社会转向定居社会,大约在嘉庆年间最后完成这一转化过程。④ 从对自身文化的认同走向地区文化的认同,逐渐实现文化的交

---

① 族群以及械斗的内容参见:程微微《清代台湾的闽客械斗》,《宜春学院学报》,2013 年第 8 期。

② 陈孔立《清代台湾移民社会研究》,九州出版社,2003 年,第 366 - 379 页。

③ 陈支平主编,林国平、马海燕《台湾通史》第四卷,清代(下),福建人民出版社,2020 年,第 75 - 80 页。

④ 陈支平主编,林国平、马海燕《台湾通史》第四卷,清代(下),福建人民出版社,2020 年,第 312 页。

融。① 在走向定居社会的过程中,械斗问题的最终解决是官方与民间共同完成的。在官方,清政府宣讲儒家道德伦理,团结各族群众,并制定庄规、禁约;在民间,不同族群间开始达成共识,祭祀三方都认同的神明,即全国性神明,很多选择了天地水三官,在共同的神明下解决族群之间存在的问题。

　　这一认同的焦点在于:三个族群都有自己崇拜的神灵,选择哪一个神灵以及选择的原因要足以说服每个族群。河洛人、客家人有自己家乡的神灵崇拜,"粤人所至之地,多祀三山国王,而漳人则祀开漳圣王,泉人则祀保生大帝,是皆其乡之神,所以介福禳祸也"。②"以泉人而言,他们多有保生大帝、清水祖师、王爷等主要神祇崇祀;以汀州客人而言,则以定光古佛为主祀神;以粤东客人而言,则以三山国王、三官大帝的崇拜为其标志;而漳人就是以开漳圣王的信仰为主"。③ 平埔族也有自己的信仰崇拜。

　　焦点问题的解决在于人们的反思与解决争斗的智慧。咸丰年间,台湾北部漳泉分类械斗时有发生,他们经常因为习俗、信仰、土地耕作、农田境界或灌溉水利等事情起冲突。基隆街的漳州人与泉州人常有械斗,每次械斗时,双方都会将自己的保护神轿抬到械斗现场。双方打斗过程中,不仅各有伤亡,而且神明也会为对方所损毁。咸丰三年(1853),有一次激烈的械斗,双方共有108人死亡。双方地方士绅为革除械斗恶习,相约出面调解,并提出以姓氏轮流超度那些在械斗中死去的人,以血缘代替地域观念,以赛阵头代替械斗打破头的情形,建立老大公墓以告慰亡灵。双方士绅于是沿袭中原风俗,议定农历七月举行中元普度醮祭。从咸丰五年(1855)起,基隆的中元祭典开始举办。④

　　由此,当从移民社会走向定居社会,士绅阶层认识到械斗会造成多方伤亡以及财产损失,要想得到社会安定,就必须在风俗和神明的供奉上达成一致,而且人们认为各自的神明只会佑护各自的信众。因此,民间械斗问题的解决,势必要突破地域的限制来发现共同的风俗与同一的神明。风俗方面他们选择了每年农历的中元普度,事实上中元普度在清乾隆以前已在福建流行,如康熙《漳浦县志》

---

① 郑晓云《文化认同论》,中国社会科学出版社,2008年,第81页。
② 连横《台湾通史》,九州出版社,2008年,第359页。
③ 尹全海、余纪珍、乔清忠编《中原与闽台渊源关系研究三十年1981—2011》,九州出版社,2012年,第356页。
④ 谭根培主编、涂志伟《台湾涉漳旧地名与聚落开发》(下),厦门大学出版社,2012年,第1040-1041页。

载"中元夕人家各祀先人,乡里或敛钱延僧为盂兰盆会,斋品傅极丰丽谓之普度",①乾隆《泉州府志》载"中元祀先寺观作盂兰会,俗名普度"。② 可以说他们将双方共同的风俗拿出来作为共有资源,在特定的日子共同完成,以加强彼此的联系以及文化的认同。而在神明方面,天地水三官属于全国性崇拜,更易形成不同族群之间的认同。

因此,当三大族群以移民社会逐渐走向定居社会时,三大族群最终找到三方都能认同的神灵即天地水三官以实现共处。在闽粤人中,尽管有不同的地方性信仰,但是天地水三官他们肯定是认同的,而且天地水三官对于平埔族同样非常重要。由此引出第三个问题,即三大族群选择三官的原因。

(三) 不同族群对三官的认同

全国性神明包括妈祖、关帝、观音、三官大帝等,各个族群都有人信奉,比较没有地域和族群色彩。③ 那么为什么选择天地水三官,而不选择其他的神祇?该问题的解决需要从人口的占比上来看。"乾隆末年,有人对台湾人口的族群结构和地理分布作了一个估计:全台大势,漳泉之民居十分之六七,广在三四之间。以南北论,则北淡水、南凤山多广民,诸漳二邑多闽户;近海多漳泉之土著,近山多广东之客庄"。④ 再根据田金昌、葛剑雄的研究,台湾闽籍人口最多,闽籍中漳州移民人口总数又是最多的。再与其他地区进行比较,发现漳州移民最多的地区是台北、台中、台南、高雄、台东、花莲,在新竹,广东嘉应、惠州的移民均高于漳州移民,在澎湖,福建安溪与同安的移民较多。⑤ 可见台湾的大部地区都是以漳州人为主体的,漳州人尽管供奉开漳圣王,但是它们同样供奉天地水三官。

因此,我们认为当某个族群的人口占据多数时,其所供奉的全国性神祇就能够成为各个族群认可的对象,天地水三官即是如此。因为是全国性神祇,闽粤人均能够认同,受到汉族文化影响较多的少数民族也能够认同,如桃园霄里社的平埔族头目知母六汉化后起名萧那英,该族在头目的带领下,逐渐与当地汉族融合。⑥

最终,天地水三官成为各个族群认同的共同供奉的神明。不同祖籍的人群

① (清)陈汝咸修、林登虎纂《(康熙)漳浦县志》卷3,1928 翻印本。
② (清)怀荫布修、黄任纂《(乾隆)泉州府志》卷20,清光绪八年补刻本。
③ 谢重光《客家民系与客家文化研究》,广东人民出版社,2018 年,第 235 页。
④ 谢重光《闽台客家社会与文化》,人民出版社,2013 年,第 180 页。
⑤ 葛剑雄等《中国移民史》,福建人民出版社,1997 年,第 332 页。
⑥ 谢重光《闽台客家社会与文化》,人民出版社,2013 年,第 231 页。

除了供奉各自的主神以外，逐渐形成一些共同奉祀的神祇，这的确是一个变化。这个变化和台湾从移民社会到定居社会的转型是有关联的，它可以说明不同祖籍的分类意识逐渐减弱，信仰也从地域性的小传统走向共同性的大传统。[①]

不同族群通过主祀三官大帝达到和谐后，与各自地方性信仰形成谱系。有三种情况：一是地方神作为三官的配祀，与三官文化一起形成神灵崇拜谱系，即三官＋地方神的模式，如前述的桃园龙潭三角林三元宫；二是建庙主祀地方神，并形成与三官庙之间的谱系关系，或者以三官炉等为信物在不同庙宇轮流供奉，保持几座庙宇的联系，如桃园地区的八德三元宫、南兴永昌宫、霄里玉元宫、茄冬元圣宫四座庙宇即是如此；三是不同村庄建庙供奉地方神灵，会有一个核心村庄供奉三官大帝，形成以三官大帝为中心的崇拜谱系，如台南左镇睦光三官大帝庙。

（四）三官的特性

要完全讲清楚选择三官的原因，除了族群的因素外，还有与其他全国性神灵相比，三官有其独特性。

三官在台湾的形态约有几种：天地水三官大帝、尧舜禹三官大帝、唐葛周三官大帝、陈王孙三元帅，其中天地水与尧舜禹具有普遍性，那么他们各自有什么特征能得到三大族群的共同认同呢？天地水三官属于自然神系列，且有着悠久的祭拜传统，到清朝康熙时期，全国绝大部分地区天地水三官已经得到较为广泛的流传，其具有赐福、赦罪、解厄的功能，而这一功能又是人们生活中最需要的，且人们的生活离不开天地水，这种生活的必需性特点是三大族群共同认同的基础。尧舜禹三官晚出，约在康熙时期的小说《历代神仙通鉴》中出现天地水与尧舜禹的结合，尧舜禹品德高尚，尧重仁义，舜重孝义，禹重国家大义，故有治水过程中"三过家门而不入"之说。关于尧舜禹的传说家喻户晓，那些接受汉族文化的平埔族自然是了解尧舜禹的高尚品德的，也能够接受尧舜禹三官。在这种情况下，与天地水相结合的尧舜禹三官，不仅因其伟大的品德，还因其具有赐福赦罪解厄的功能而为不同族群所认同，成为台湾尤其是台湾北部供奉三官的主要形态。

除了神话故事外，行为叙事也是重要的方面。三官文化一年三次的圣诞庆典，上中下三元节是强化认同的重要神圣叙事，"共同的节日是人们文化认同的重要时刻，也因此起到了联系一个民族的作用。人们有对民族的认同，才认同这

① 陈孔立《清代台湾移民社会研究》，厦门大学出版社，1990年，第45页。

一节日是自己的节日。在节日中，人们的情感得到了满足，而更重要的节日也在强化着人们对于民族及其文化的认同"。① 还有从无庙在家轮祀到小庙再到大庙，是认同从小众走向群体的结果。

综上，台湾三官文化谱系形成的渊源有两种：一是移民带三官香火或三官炉等物件进入台湾，在家里供奉；二是台湾已建三界公坛或三官庙，请得香火建庙供奉。如前述，移民带着家乡三官文化的香火使得三官呈现不同的文化形态，如天地水与尧舜禹结合成为天官尧、地官舜、水官禹三官，有台南市三官大帝庙、左镇睦光三官大帝庙，高雄林园区的三元殿，台中的紫微宫，桃园的龙潭三洽水、三角林三官庙、八德三元宫、大溪区员树林三元宫、中坜市兴元宫等；如天地水三官，有高雄三官庙，台南中和境开基三官庙和内层林三官庙，台中太平市三元宫，台北三重三元宫等；如天地人三官，如高雄左营启明堂；台南麻豆三元宫供奉唐葛周三官，台南新化的三元宫供奉陈王孙三元帅。从时间谱系上看，最早供奉三官是在康熙时期，以配祀的形式存在于嘉义县的观音庙，到乾隆时期开始出现主祀三官的庙宇。从空间谱系上看，从嘉义县观音庙供奉三官开始，三官庙宇已经遍布台湾，空间上呈现出北多南少的分布态势，以嘉义县为中心，嘉义县以南、以北供奉三官的时间均为乾隆时期，基本上至乾隆时期，现在的高雄、台南、台中、桃园、台北已有三官崇拜的中心。在形式谱系方面，三官诞辰三元节为神祝寿、为人祈福，赐福、赦罪、解厄的观念深入人心，其神话故事、庙宇、香炉、神像以及神诞仪式等成为凝聚人心、加强人们记忆的最重要的形式。

人们对三官文化的认同离不开历史基础，即清时皇家对三官的崇拜，上行下效，三官崇拜遍布全国；与时空谱系相联系，三官崇拜在台湾的发生发展与移民时代、定居时代紧密联系；这一联系又离不开三官庙宇本身的功能。

总之，台湾三官崇拜是中国三官文化谱系的组成部分，与福建、广东等地的三官文化一样，形成了自己的特点，传承着中华传统的三官文化，是中华文化重要的组成部分。

第二节　漳台三官文化的谱系

台湾的三官文化大多来自漳州，其与漳州三官文化之间呈现的是分庙与祖

庙的关系。下面以族群谱系、形式谱系为经,时间为纬来看漳台三官文化谱系。

一、漳台三官文化族群谱系的形成与发展

文化的发展离不开族群,迁徙的族群会带着祖籍地的民俗进入迁入地,同时与祖籍地的族人形成谱系联系。他们有的因血缘形成联系,有的因同一文化形成联系,进而形成关于民俗的族群谱系。随着漳州移民进入台湾,崇拜三官的习俗群体逐渐在台湾形成并有所发展。同时,漳州与台湾的信仰群体会因血缘、祖籍地等形成族群谱系,包括两个层面:一是福建的漳州人与迁徙到台湾的漳州人因三官文化而形成的族群谱系;二是二者的后裔之间因三官文化的互动而形成族群谱系。在下文的论述中,谱系的形成期即为第一个层面,谱系的发展等则为第二个层面。但是在发展期,第一、二层面有时并存。

(一)族群谱系的形成:清朝前期即顺治、康熙、雍正三朝(1644—1735)

这一时期在台湾三官庙中,与漳州人有关的庙宇有高雄林园区三元殿、台南市南区三官大帝庙、嘉义新港乡西庄村三官庙。逐一来看。

高雄林园区三元殿碑刻中载:"三官大帝庇佑吾土斯民,溯源于公元1661年间亦即明末清初时期。当时有汉刘世祖彭城刘裕支族,沿淮泗流域,绵延至福建漳州府,彭城县集居之彭城堂诸多后人,追随郑成功渡海来台,嗣即落脚于台南府凤山县小竹下里金京潭(即今之林内、中厝、潭头,三村原称三庄)。继之以后有多宗族迁此居住,胼手胝足,斩荆披棘,兴宅建厝,安居下来。"[①]其中有三个方面的信息:一是溯源当地受到三官神明惠泽的时间,即明末清初。二是信仰族群与彭城刘裕支族的后代有关,他们居住在福建漳州府,在郑成功平定台湾时入台。"福建平和大坪乡人刘求成随郑成功渡台,入垦今台南柳营"。[②]漳州平和县也有三官崇拜,如在坂仔心田宫,"右边廊庑放着一木制式小神龛,内供三官大帝的香炉"。[③] 不仅有平和县,还有南靖县的移民,"刘姓移垦台湾者,刘开七派下居多,依其祖籍,来自福建省有漳州府之平和县、南靖县"。[④] 南靖县也有三官文化,如山城镇的三官大帝庙。三是移民的落脚点为台南府凤山县小竹下里的林内、中厝、潭头三庄。再根据杨绪贤的《台湾姓氏堂考》,"刘姓到台湾移垦之来

---

① 田野调查资料:庙内碑刻资料,摘录人课题组成员,时间2019年8月,地点林园乡三元殿内。
② 严雅英主编《客家族谱与两岸情缘》,厦门大学出版社,2016年,第101页。
③ 段凌平《漳州与台湾关系丛书·漳台民间信仰》,厦门大学出版社,2011年,第206页。
④ 段凌平《漳州与台湾关系丛书·漳台民间信仰》,厦门大学出版社,2011年,第206页。

源有:来自福建省漳州府者。刘氏后裔在台湾繁衍数代后,到 1979 年时,总人口约 547934 人,为台湾第八大姓。使用的堂号有:彭城、沛国、弘农、河间、中山、梁郡、顿丘、南阳、东平、高密、竟陵、长沙、河南、藜照、德馨等,以彭城为最著"。① 而且在林园区,漳籍居民比泉籍居民多。② 由此,高雄林园区三元殿与漳州平和县、南靖县的三官庙形成空间与族群谱系。

台南市南区新兴路 234 号三官大帝庙在建庙前为三界公坛,可溯源至明末清初。在日本侵略时,三界公坛被强行拆除,香火由陈府请回家中膜拜。③ 由此,三官文化在台南的传播可能与陈氏有关。"明郑以后,陈氏先民便大量涌入台湾。明天启元年(1621),漳州府海澄县陈衷纪(? —1628)随同颜思齐等 28 人迁台。南明永历十五年(1661),海澄县陈泽随郑成功收复台湾,其裔繁衍台南市。清乾隆末,漳州府龙溪县陈志成迁居台南市,后移垦今苗栗苑里。乾隆年间,漳州人陈杉迁入新营区王宫里"。④ 因与漳浦的邻近关系,漳浦雨霁顶三官大帝庙的信众遍及海澄。因此,从台南陈府请回三官香火在家崇拜这一事件来看,陈氏家族也是崇拜三官大帝的,有可能是陈氏入台时带着三官大帝的香火,到台南后,建三界公坛进行供奉。族群来自漳州海澄,而三官大帝香火则来自漳浦,与漳浦雨霁顶三官庙形成祖源谱系关系。

嘉义县新港乡西庄村三官大帝庙与漳州有关,"清康熙初年,因官庄招佃,漳州府云霄马铺何地的何氏十一世何复四兄弟相携渡台,随带家乡三界公圣像渡台到嘉义西庄村开垦。何复兄弟于村中央修建三官大帝庙,主祀三官大帝,道光年间重建,位于 6 邻西庄 616 号。西庄村民保存着纯朴农风,庆丰收、入大厝、娶新妇、求平安,都要到庙里祭拜"。⑤ 这里的三界公圣像是当时请画师临摹的,"据传,当时请画师临摹一幅三官大帝像,随着来台保佑,供奉在自家厅堂,后再修建为宫庙"。⑥ 由此可知,何氏兄弟来自漳州云霄县马铺乡何地,何地是多地

① 严雅英主编《客家族谱与两岸情缘》,厦门大学出版社,2016 年,第 101 页。
② 谭培根主编,涂志伟《台湾涉漳旧地名与聚落开发》(下),厦门大学出版社,2012 年,第 1930 页。
③ 田野调查资料:庙内碑刻资料,摘录人课题组成员,时间 2019 年 8 月,地点台南市南区新兴路三官大帝庙内。
④ 谭培根主编,涂志伟《台湾涉漳旧地名与聚落开发》(下),厦门大学出版社,2012 年,第 1874 页。
⑤ 谭培根主编,涂志伟《台湾涉漳旧地名与聚落开发》(下),厦门大学出版社,2012 年,第 1734 页。
⑥ 谭培根主编,涂志伟《台湾涉漳旧地名与聚落开发》(下),厦门大学出版社,2012 年,第 1732 页。

何姓的大宗祖地,而且当地有供奉三界公即三官大帝的习俗。何氏兄弟带着三界公圣像到西庄村,最先是在自己家里供奉三官画像,在得到越来越多的民众的认同后,在村中央建庙。

在清朝前期,三官庙宇分布在高雄、台南、嘉义,这与台湾的开发、漳州移民的移动先南后北的趋势是相一致的,信仰群体均为漳州移民。在渡海来台的过程中,他们至少都带着关于三官神明的信物,比如香灰、三官炉、画像。可见在信仰的传播过程中,物象是至关重要的一环。漳州与台湾三官文化的族群谱系以及时空谱系为:高雄漳籍族群来自漳州的平和县与南靖县,台南漳籍族群来自漳州的海澄县(今龙海市),嘉义的漳籍来自漳州的云霄县。在清朝前期,康熙雍正时期,来自福建漳州平和县、海澄县以及云霄县的移民将家乡的三官文化带至台湾。

(二) 族群谱系的发展:清中期、后期漳州移民的增加与定居

1. 清朝中期漳州移民的增加与定居:乾隆、嘉庆、道光三朝(1736—1850)[①]

这一时期随着海禁的解除,出现闽粤移民潮,移民同籍或同族而居,供奉来自家乡的神明。在土地开垦过程中,不同族群之间的矛盾加深,随之发生各类械斗,使得祖籍地相同的移民不得不团结起来以对抗来自其他地区的移民。与漳州移民有关的三官庙宇有 11 座,按照建庙时间顺序排列,分别为台南市中和境、嘉义县梅山乡太平村、嘉义县新港乡潭大村、云林县古坑乡新庄村、台中市北屯区四张犁、台北金山区三界里、桃园八德市、桃园地区、宜兰礁溪乡三民村、新北市新店区安坑双城里、台中大雅区大雅里。

(1) 台南市中和境开基三官庙最初与乾隆三十九年(1774)任台湾府知府的蒋元枢有关。"蒋元枢,常熟人,生于乾隆四年(1739),乾隆二十四年(1759)中举人,二十九年(1764),以知县分发福建,历署惠安、仙游、崇安知县,补授晋江知县,三十五年(1770),以同知补用,三十七年(1772)任泉州府厦门海防同知。三十九年(1774)十二月,升署台湾府知府,次年四月到任,曾护理福建分巡台澎兵备道兼学政,四十三年(1778)离任。任职台湾期间,特编制《重修台郡各建筑图说》,重建台湾郡城、洲南盐场、台湾县学,重修台湾府署、府学、台郡崇文书院魁星阁、台湾府城隍庙、台郡先农坛、天后宫、万寿宫、海会寺、关帝庙、风神庙、台郡桥梁。政绩居功甚大,台湾百姓建生祠纪念,并勒其政于石"。[②] 常熟在宋朝时

---

① 清朝分期参考:杨玄博著《1912—1949 年杭州与新式交通》,杭州出版社,2013 年,第 43 页。

② 《苏州通史》编纂委员会编,李峰主编《苏州通史·人物卷》(中),明清时期,苏州大学出版社,2019 年,第 283 页。

就已经有了三官文化,当时有 1 座三官庙;明朝时有 2 座,1 座洪武时建嘉靖时重修,1 座正统时建;清朝时有 4 座,2 座为明朝时建,康熙时修,1 座为宋朝时建康熙时修,1 座为康熙时建。① 可见常熟有着三官文化基础,蒋元枢可能受到家乡三官文化的熏陶。再看福建的情况,明朝时仙游有 1 座三官庙,建于明嘉靖时;崇安县属武夷山市,明时武夷山有 1 座三官庙,建于明弘治时;清朝延续了明时的 2 座三官庙,另外顺治时晋江有 1 座三官庙。② 可见在蒋元枢任职的仙游、崇安、晋江多有三官崇拜。结合蒋元枢的家乡与任职地域的三官文化状况,可以说在这样浓厚的三官文化氛围下,他才会将三官文化带到台湾,才会在其别馆中供奉三官大帝,使其成为台南市由官府开基的三官庙。由此可见,因文化的熏陶使得蒋元枢对三官文化有着天然的认同之感,也就使得台南市中和境开基三官庙与福建的仙游、武夷山,甚至江苏的常熟有了三官文化上的联系,以此形成空间谱系。

在族群方面,当地有声望的信众之先祖可能与福建漳州有关。咸丰时期重建三官庙的实施者为叶履中,"咸丰十年(1860),由士绅叶履中总经理重建"。③ 其中叶履中的先祖可能来自漳州,"康熙三十五年(1696),台湾黄教作乱,福建海澄人叶恒章被害,其子子文来台护柩归葬,旋即入台居郡(今台湾台南)"。④ "叶恒章,海澄人,清乾隆中期迁徙台湾台南市。叶子龙,海澄人,清乾隆中期迁徙台湾台南市"。⑤ 再据《漳州与台湾族谱对接指南》,叶氏家谱中的《平和芦溪许坑潭皮甲石鼓楼叶氏家谱》载:"芦溪正寿支系,十二世祉,字君诏,讳光铺,谥敦信,卒于台湾诸罗县斗六门角带园庄,后运棺回葬平和,子士琏、士纯居台。"⑥其中海澄即今漳州龙海。由此,叶氏家族自福建漳州来台,在台湾南部一带居住繁衍。考虑到在康熙时期,漳州已形成三官文化谱系,迁往台湾的叶氏家族成员对三官神明是知晓甚至是崇拜的,最后至咸丰十年(1860)时叶履中

---

① 根据如下文献整理:(明)冯汝弼《(嘉靖)常熟县志》卷 10,嘉靖刻本;(清)高士鹍《(康熙)常熟县志》卷 13,康熙二十六年刻本。

② 根据如下文献整理:(明)陈道《(弘治)八闽通志》卷 77,弘治刻本;(清)郝玉麟《(乾隆)福建通志》卷 63,清文渊阁四库全书本;(清)王椿《(乾隆)仙游县志》卷 13,清同治重刊本;(清)方鼎《(乾隆)晋江县志》卷 14,乾隆三十年刊本。

③ 田野调查资料:庙内碑刻,摘录人课题组成员,时间 2019 年 8 月,摘录地点台南中和境开基三官庙内。

④ 平阳叶氏志编纂委员会编《平阳叶氏志》,方志出版社,2011 年,第 36 页。

⑤ 政协福建省龙海市委员会《龙海姓氏》,内部资料 2008 年,第 474 页。

⑥ 江玉平编《漳州与台湾族谱对接指南》,厦门大学出版社,2011 年,第 842 页。

重建三官庙。也就是说,在三官庙的重建中,福建漳州叶氏后裔起到决定性作用。由此形成以三官文化为中心的族群谱系。

（2）嘉义县梅山乡太平村有三元宫,"三元宫主祀三官大帝。源自漳州先民渡台时,随迎三界公香炉奉祀,初建于清乾隆三十年(1765)间,1981年重建,位于嘉义县梅山乡太平村四邻13号之1"。[①] 该三元宫与漳州海澄县的薛氏有关,"康熙末年至乾隆初年。漳州府海澄县人薛珍允、薛浦父子的薛大有垦号招佃入垦大坪庄"。[②] 如此看来应是薛氏渡台时带来三界公炉供奉。原因在于漳浦雨霁顶三官庙的信众分布很广,其中包括龙溪和海澄的民众。

（3）嘉义县新港乡潭大村三官庙,建于乾隆三十八年(1773年),主祀三官大帝与观音佛祖,三官庙是由黄定茂、江弼万等发起,募款建造的。[③] 村民为什么建造三官庙呢? 这与潭大村的居民组成有关。潭大村曾由大竹围、六斗子、潭仔墘庄、大客、小客、顶客、篮仔厝等聚落组成,早在清康熙初年,漳州南靖县河溪镇六斗村的黄承细来此开垦,去世后葬在六斗子。大竹围以陈姓为主,六斗子以黄姓为主,潭仔墘庄以江姓为主,且村庄较小,大客以来自汀州府永定县(今龙岩市永定区)的客家人为主,顶客以阮姓为主,下客以漳州府南靖县魏姓为主。[④] 移民的祖籍有漳州南靖县、龙岩永定区,姓氏有黄、陈、江、阮、魏。其中黄姓在六斗村有着重要的影响力,黄定茂、江万弼提议建造三官庙,一方面可能受到西庄村何氏兄弟的三官庙的影响,另一方面还有对来自家乡的三官神明的信仰。可见漳州信仰群体直接影响到移民的信仰。总之,新港乡潭大村的三官大帝庙与漳州的三官文化形成空间谱系,何氏、黄氏等家族形成三官文化族群谱系。

（4）云林县古坑乡新庄村在乾隆末年建有三泰宫,主祀三官大帝,位于新庄43号。新庄村先民来自漳州平和县庵后墟(今安厚镇),先民中有赖姓,赖姓聚居于此。[⑤] 如前述,平和县有三官文化。可以说漳浦平和县与云林县两地的三官文化形成了谱系关系。

---

① 谭培根主编,涂志伟《台湾涉漳旧地名与聚落开发》(下),厦门大学出版社,2012年,第1815页。

② 谭培根主编,涂志伟《台湾涉漳旧地名与聚落开发》(下),厦门大学出版社,2012年,第1815页。

③ 徐贵荣《台湾客家三官大帝信仰及其民俗探讨》,嘉应学院学报,2018年第9期。

④ 谭培根主编,涂志伟《台湾涉漳旧地名与聚落开发》(下),厦门大学出版社,2012年,第1734页。

⑤ 谭培根主编,涂志伟《台湾涉漳旧地名与聚落开发》(下),厦门大学出版社,2012年,第1607页。

（5）台中市北屯区四张犁，属于杂姓混居，且以漳籍林姓为主。道光十五年（1835），漳籍的江文兰提倡建造庄庙三官堂，主祀三官大帝。其中林姓、江姓均列于北屯区十大姓之中。[①] 台中北屯区原属于彰化，在清朝周玺所修的《彰化县志》中指出，"三官堂：在拣东四张犁街，里人捐建"。[②] 在彰化四张犁街里人捐建三官堂，四张犁街即台中的四张犁街，在方志中并没有讲该三官堂的建造时间。该志修于道光十一年（1831），也就是说在道光十一年之前该堂已经存在，因此说道光十五年建造三官堂时间可能有误。台中林姓望族当属在乾隆十一年（1746）来自漳州平和县的林石家族，被称为雾峰林家。[③]

（6）台北金山区三界里有三界坛，供奉三官大帝，建于道光十一年（1831），由乡民兴建，今名为圣德宫。该庙香火应来源于漳州府平和县李氏家族，在嘉庆七年（1802），平和县李富开垦三界坛及半岭聚落，建屋居住，同时入垦的还有漳州府平和县琯溪约（今平和县小溪镇）西林村的李敦朴。[④] 李氏家族在当地有一定势力后，于道光十一年建造三界坛。

（7）桃园八德市的八德三元宫与漳籍先民有联系。八德市旧称八块厝，以漳州籍人为主要族群。乾隆初年，漳州诏安县人吕朝金、吕蕃堂、邱理臣、邱汉明、邱强芝及漳浦人潘光义入垦，乾隆十七年（1752），有谢、萧、邱、吕、赖、黄、吴、李姓等8户人家到八块厝开垦，从乾隆中叶至末年，先后有诏安县吕氏家族入垦，南靖县、平和县等地均有家族入垦。[⑤] 到乾隆三十八年到五十二年（1773—1787）之间，建造八德三元宫以供奉三官大帝。

（8）桃园的平镇三崇宫，其香火源于漳州府，是先民随身带来的三界公炉，漳籍先民是在乾隆三十年（1765）卜居安平镇北势庄，后来到1980年建庙供奉三官大帝。[⑥] 注意到平镇市属于南桃园，是广东移民的聚居地。但是最早开发平

---

① 谭培根主编，涂志伟《台湾涉漳旧地名与聚落开发》（下），厦门大学出版社，2012年，第1307页。

② （清）李廷璧、贾懋功修，周玺等总纂《彰化县志》，道光十一年修，道光十六年刻本。

③ 谭培根主编，涂志伟《台湾涉漳旧地名与聚落开发（上）》，厦门大学出版社，2012年，第776页。

④ 谭培根主编，涂志伟《台湾涉漳旧地名与聚落开发（上）》，厦门大学出版社，2012年，第1006页。

⑤ 谭培根主编，涂志伟《台湾涉漳旧地名与聚落开发》（下），厦门大学出版社，2012年，第1153页。

⑥ 田金昌《台湾三官大帝信仰——以桃园地区为中心（1683—1945年）》，台湾硕士论文，2005年。

镇的是漳籍移民,后来粤民成为主要居民的原因在于闽粤械斗的发生,最终形成北桃园为闽籍、南桃园为粤籍的格局。平镇市分别与八德、中坜相接,乾隆时期,中坜地区包括平镇,该地区的大规模开垦始于漳州龙溪县(今龙海市)升平岱山郭文达派下郭氏家族,乾隆三十年(1765)郭氏家族组成开垦团从桃园、南嵌由北南下开垦土地。他们在南下的时候还有垦号,如业主郭龙辉垦号、郭际堂肯号等,他们的拓垦的田园就有北势庄。① 由此可见,平镇三崇宫的漳籍先民即龙海的郭氏。

(9)宜兰礁溪乡三民村有天农庙,主祀神农大帝,配祀三官大帝。该庙的香火源于嘉庆十一年(1806),周、赖、游姓从祖籍地漳州府诏安县携带香火入垦宜兰三民村。三民村曾有十六结、七结、田三庄三个聚落,十六结还包括三围。周、赖、游姓入垦后将香火供奉在三围建造的茅草屋内,后来漳州人范际捐出十六结良田,才兴建庙宇。庙宇涉及的空间谱系包括林尾、三围、番割田、柴围等,族群谱系涉及三地的居民,在十六结聚落有李、吴、林、黄、简大姓,三围有赖、游、吴、林、黄大姓。②

(10)新北市新店区安坑双城里有润济宫主祀三官大帝,建造时间为嘉庆年间。据润济宫《中兴碑文》载:"兹我安坑内五庄,当未成庄以前,林密谷暗。不能安居乐业以保境而庇民乎! 从兹假堂而尊三官大帝,始时当嘉庆年间。向后凡遇番灾厄,每祷必验。庄民深信赖之,于是逐年实行四季福祭。"③由此可见,当年开垦时之艰难。润济宫由廖姓家族领衔捐建,廖姓家族为诏安籍,于乾隆末年入垦安坑,与其同时入垦的还有诏安的游姓,他们都是诏安籍的客家人。双城里除了廖姓、游姓外,还有其他漳籍人。④

(11)台中大雅区的大雅里有供奉三官大帝的庙宇,即大雅里的永兴宫,其建造与来自漳州的移民有关。大雅里在大雅区中部,入垦的漳州府移民有漳浦县张天赐,长泰县吴唱、吴宗枝、吴仙序,诏安县朱成展等垦户。⑤ 漳浦县雨霁顶

---

① 谭培根主编,涂志伟《台湾涉漳旧地名与聚落开发》(下),厦门大学出版社,2012年,第1179页。
② 谭培根主编,涂志伟《台湾涉漳旧地名与聚落开发(上)》,厦门大学出版社,2012年,第1097-1098页。
③ 谭培根主编,涂志伟《台湾涉漳旧地名与聚落开发(上)》,厦门大学出版社,2012年,第1016-1019页。
④ 谭培根主编,涂志伟《台湾涉漳旧地名与聚落开发(上)》,厦门大学出版社,2012年,第1016-1019页。
⑤ 谭培根主编,涂志伟《台湾涉漳旧地名与聚落开发》(下),厦门大学出版社,2012年,第1356页。

三官庙始于明宣德年间,因三官大帝属于全国性神灵,能够得到长泰县、诏安县的认同。漳浦县、诏安县的妈祖信仰,有着悠久的历史,"漳浦县的佛昙镇、岱嵩岛嵩山宫(妈祖庙),始建于南宋绍熙年间(公元1191—1195)。诏安县南诏镇西门街妈祖庙建于宋末元初,是诏安最早兴建的妈祖庙"。① 因此,大雅里的永兴宫主祀妈祖即天上圣母,配祀三官大帝等,"永兴宫,位于大雅市场对面的大雅路37号,主祀天上圣母,道光二十七年(1847)建庙,供奉三官大帝、观世音、注生娘娘、文武二圣"。② 这样的主祀妈祖、配祀三官大帝等神灵的模式是来自漳州的信仰群体共同选择的结果。

在这一时期,嘉义与云林的三官庙形成了时间上的连续性,台中北屯区四张犁街(原属彰化)在台中的中东部,而宜兰的礁溪在北部,因此,我们认为嘉义、云林、台中因时间的先后性形成台湾中部三官文化谱系,桃园、新北、宜兰、台北因时间的先后性形成台湾北部三官文化谱系。假设我们只考虑与漳州人有关的三官庙,就可以发现,事实上会形成时空谱系的两个中心:一是台湾南部的台南、高雄、嘉义、云林、台中形成空间谱系,以及从明末清初到乾隆时期的时间谱系。其中台中被列入台南谱系主要是因为台中的三官庙所在地大雅区、北屯区均距离宜兰较远,台中北屯区四张犁的三官庙本来就是在彰化,因此我们将台中列入台湾南部的三官空间谱系中。二是台湾北部的桃园、宜兰、新北、台北形成空间谱系,以及从乾隆到嘉庆的时间谱系。

另外,到道光十一年(1831)时,三官文化在台湾已经非常普遍,"今俗不知三官所由来,而家家祀之,且称为三官大帝。以上元为天官诞,则曰天官赐福;以中元为地官诞,则曰地官赦罪;以下元为水官诞,则曰水官解厄。谬妄相沿,牢不可破。故考其由来,祀三官者,知三官之所自始也"。③ 这是道光时彰化县县令周玺《彰化县志》中的记载。

这一时期漳州与台湾三官文化族群空间谱系为:嘉义与龙海、南靖,云林与平和县,台中与平和、漳浦,宜兰与诏安,桃园与龙海、平和,新北与诏安,台北与平和。

2. 咸丰、同治至光绪二十年(1894)漳州移民的定居

这一时期增加4座三官庙,分别在:嘉义县水上乡粗溪村(2座)、台中大雅

---

① 段凌平《闽南与台湾民间神明庙宇源流》,九州出版社,2012年,第154页。

② 谭培根主编,涂志伟《台湾涉漳旧地名与聚落开发》(下),厦门大学出版社,2012年,第1356页。

③ (清)李廷璧、贾懋功修,周玺等总纂《彰化县志》,道光十一年修,十六年刻本。

区员林里、桃园县大溪镇员树林庄。逐一来看。

嘉义县水上乡粗溪村,是以漳籍张姓为主的村落,咸丰三年(1853)建三界公庙,主祀三官大帝、五谷王、观音佛祖。[①] 同治十三年(1874)建令兴宫,主祀三官大帝。[②] 张姓来自云霄县,康熙六年(1667年),漳州云霄县莆美镇的张赞海入垦水上乡。[③]

台中员林里位于大雅区北部,其移民多来自漳浦县,"康熙末年,漳州府漳浦县眉田保人张涌昌移民入垦。漳浦县眉田保,即今霞美镇眉田村。他们以张涌昌、张源昌为垦号,开发上枫树脚、下员林等地。同治年间,属开漳部将张伯纪后裔的漳浦县人张登才兄弟,由水里港迁至员林里,其后裔张国扬于光绪十四年(1888)中武举人,张国扬之弟张瑶山也于光绪十七年(1891)相继中武举人。同安县张姓、晋江县人吴姓也入垦员林里"。[④] 在这些移民中,有漳浦移民,还有来自泉州同安、晋江的移民,而漳浦张姓移民是早于泉州同安、晋江移民来到员林里,因此漳浦人的信仰就成为主流,亦即宝兴宫将三官大帝、天上圣母均作为主祀神,"员林里建有宝兴宫,原名三界公庙,创建于咸丰五年(1855),主祀三官大帝、天上圣母。1899年,改名为宝兴宫"。[⑤]

桃园县大溪镇员树林庄有三元宫,主祀三官大帝,同治十一年(1872)由黄天富发起建庙,1897年黄近水重建。[⑥] 2019年课题组调查时正在重建。黄姓来自漳州,漳州南靖县和溪六斗村黄氏族人十二世黄启龙的后裔迁到桃园龟山兔仔坑,南靖县高仓社十四世掌妹移居桃园新庄仔,平和县黄姓也有移居桃园的,如小溪乡十一世黄川移居桃园大溪三层崎,大坪本楼西歌十五世斉公移居桃源县大园乡等。[⑦] 可知员树林庄的黄姓亦是来自漳州。

① 谭培根主编,涂志伟《台湾涉漳旧地名与聚落开发》(下),厦门大学出版社,2012年,第1769页。

② 谭培根主编,涂志伟《台湾涉漳旧地名与聚落开发》(下),厦门大学出版社,2012年,第1769页。

③ 谭培根主编,涂志伟《台湾涉漳旧地名与聚落开发》(下),厦门大学出版社,2012年,第1763页。

④ 谭培根主编,涂志伟《台湾涉漳旧地名与聚落开发》(下),厦门大学出版社,2012年,第1357页。

⑤ 谭培根主编,涂志伟《台湾涉漳旧地名与聚落开发》(下),厦门大学出版社,2012年,第1356页。

⑥ 谭培根主编,涂志伟《台湾涉漳旧地名与聚落开发》(下),厦门大学出版社,2012年,第1196页。

⑦ 谭培根主编,涂志伟《台湾涉漳旧地名与聚落开发》(下),厦门大学出版社,2012年,第1196页。

由上可见,清朝后期三官文化的空间谱系为嘉义、台中、桃园,是对清中期空间谱系的延续。这一时期台湾与福建三官文化的空间谱系与族群谱系为嘉义与云霄、台中与漳浦,桃园与南靖、平和。

(三)族群谱系的再延续:日本侵占时期(1895—1945)

1894年中日甲午战争后,次年清政府与日本签订不平等条约《马关条约》,台湾岛与澎湖列岛割让给日本,从此台湾为日本所侵占,直至1945年日本投降。这一时期台湾人民一方面抵制日本侵略当局的皇民化运动,一方面继续传承中华文化,其中三官庙的建造是传统文化延续的表现之一。这一时期漳籍移民建造三官庙总数不多,有9座,主要分布在台中市乌日区、南投草屯镇、新北市石门区、新竹横山乡、嘉义水上乡、宜兰冬山乡、台南玉井乡、宜兰员山乡、桃园大溪镇,其中台南玉井乡、宜兰员山乡、桃园大溪镇是在田金昌与涂志伟两位学者的研究成果上总结得出。具体如下:

台中市乌日区东园里平和堂,主祀太子元帅,为漳州府平和县移民入垦台湾的保护神,当时在家供奉,之后还供奉三官大帝等。该堂建于20世纪初。① 其从家庙变为村庙,是地方民众认同与选择的结果。东园里有来自漳州平和县的林姓、诏安县的廖姓、涂姓。②

南投县草屯镇双冬庄双冬里建有庄庙紫云宫,主祀三官大帝、太子爷,位于双冬街中正路83号,③建于1906年。④ 草屯镇双冬庄双冬里、平林里属姓氏混杂的地区,因多山地,少平原,故开垦较晚。一部分客籍移民从东势翻越山岭,从国姓乡方向沿北港溪下来;一部分经过草屯东进。居民中漳籍占73%,其他多为客籍,来自国姓乡。⑤ 双冬庄是姓氏混杂之地,漳籍所占比例很高,为了实现信仰的均衡,遂以全国性的信仰三官大帝为该地区的共有神明,且该信仰为漳籍所主要供奉。双冬里的居民主要来自漳州,如洪、李、林、简姓等,洪姓来自漳浦

---

① 谭培根主编,涂志伟《台湾涉漳旧地名与聚落开发》(下),厦门大学出版社,2012年,第1344页。

② 谭培根主编,涂志伟《台湾涉漳旧地名与聚落开发》(下),厦门大学出版社,2012年,第1343页。

③ 谭培根主编,涂志伟《台湾涉漳旧地名与聚落开发》(下),厦门大学出版社,2012年,第1502页。

④ 田金昌《台湾三官大帝信仰——以桃园地区为中心(1683—1945年)》,台湾硕士论文,2005年,第178页。

⑤ 谭培根主编,涂志伟《台湾涉漳旧地名与聚落开发》(下),厦门大学出版社,2012年,第1502页。

县,林姓、简姓来自南靖县,李姓来自平和、南靖、漳浦。①

新北市石门区老梅里有凌虚宫,主祀三官大帝、妈祖等神明,建于 1916 年,由许永吉等倡建。② 许姓家族的先祖来自漳州,"乾隆末年,漳州人许成万入垦老梅村的公地聚落"。③ 许姓捐自己开垦的土地作为公地修建三界公庙。这里的问题是凌虚宫与三界公庙的关系,目前还不清楚三界公庙是否为凌虚宫的祖庙,还有待进一步的调查。尽管如此,可知三官大帝的供奉与漳州许姓有关,漳州南靖县、诏安县、长泰县、龙溪县、漳浦县等均有许姓,不过目前还没有找到相应的资料说明许成万、许永吉的祖籍具体是漳州哪个县。

新竹横山乡内湾村的漳籍移民于 1928 年建造广济宫,主祀开漳圣王,配祀天上圣母、三官大帝、义民爷。④ 内湾是以粤籍移民为中心的村落,在此配祀三官大帝,说明闽粤移民选择了共同认可的神灵即三官大帝,同时,在同一空间,供奉全国性神灵以及不同地区的地方神,能够将文化认同达到最大化。

嘉义县水上乡国姓村在 1931 年建三界公庙,主祀三官大帝,到 1988 年建造大庙。当地以漳籍林姓、郑姓为主,属漳籍、粤籍杂居的村落。⑤

宜兰县冬山乡大进村,1905 年前后,原台北州新庄郡林口庄居民陈和清等人应募前来开垦。1943 年,由三星乡健行村村民修建玉尊宫,主祀玉皇大帝,配祀三官大帝等诸神。并在 20 世纪 90 年代之后,展开与漳州的互动,即 1999 年,该玉尊宫管委会捐资 600 多万元人民币,重建漳州市芗城区天宝镇珠里村的玉尊宫,玉尊宫始建于唐代。⑥ 三星乡与来自漳州府漳浦县赤湖的陈辉煌有关,咸丰四年(1854),陈辉煌渡台,后在同治初年率众开垦今三星乡健行村,同治十三年(1874)又开垦三星乡田心仔、三星乡月眉村。⑦ 由此可见,陈辉煌家族及募集

① 谭培根主编,涂志伟《台湾涉漳旧地名与聚落开发》(下),厦门大学出版社,2012 年,第 1487 页。
② 谭培根主编,涂志伟《台湾涉漳旧地名与聚落开发》(上),厦门大学出版社,2012 年,第 1000 页。
③ 谭培根主编,涂志伟《台湾涉漳旧地名与聚落开发》(上),厦门大学出版社,2012 年,第 1000 页。
④ 谭培根主编,涂志伟《台湾涉漳旧地名与聚落开发》(下),厦门大学出版社,2012 年,第 1214 页。
⑤ 谭培根主编,涂志伟《台湾涉漳旧地名与聚落开发》(下),厦门大学出版社,2012 年,第 1753-1754 页。
⑥ 谭培根主编,涂志伟《台湾涉漳旧地名与聚落开发》(上),厦门大学出版社,2012 年,第 1148 页。
⑦ 谭培根主编,涂志伟《台湾涉漳旧地名与聚落开发》(上),厦门大学出版社,2012 年,第 1063 页。

的移民在宜兰进行开垦,那么玉尊宫的建造也与陈氏有关。

从上述的三官庙分布来看,随着漳州移民及其后代对日本侵略的抵抗,三官文化的空间谱系进一步延续,即在台北、新北、宜兰、嘉义的基础上增加了新竹和南投。

可见,这一时期台湾与漳州三官文化的空间谱系与族群谱系为:台中与平和,南投与南靖、平和、漳浦,宜兰与漳浦。

(四) 族群谱系的断裂:1945 年至 1987 年

1945 年日本投降,台湾回归中国。1949 年后进入特殊时期,1987 年台湾当局逐渐放开探亲规定。在这一时期,台湾漳籍供奉三官的族群与漳州的信仰群体之间是断裂的。不过这一断裂是形式上的断裂,事实上,血缘关系、地缘关系、宗亲关系仍然存在,只是在空间上的暂时分割。

据不完全统计,这一时期与漳籍人相关的三官庙有 4 座,2 座在宜兰,1 座在台南、1 座在桃园。第一,在宜兰礁溪乡时潮村埔底庄,即玉尊宫,主祀三官大帝,始建于 1962 年。埔底庄为漳籍杨姓聚居处,还有林、张、吴、陈等大姓在此聚居。[①] 第二,在宜兰礁溪乡玉田村有玉圣宫,主祀三官大帝,1983 年后建造,建造原因待进一步的资料说明。不过该庙的建造应与当地的漳籍居民有关,当地的大姓有林、吴、李、黄、游、赖,先民均来自漳州。[②] 第三,台南市中西区的永华里,1948 年改为启智里,当地有三官庙。始建不详,始建当与漳州龙溪县人陈永华或其后人有关,陈永华曾倡建台南孔庙、首建开基祖庙永华宫。但是目前还没有资料证明三官庙与其一定有关,仅是具有可能性。当地有陈姓、郑姓。[③] 第四,桃园县大园乡和平村有三界坛,供奉三官大帝。和平村早期为林姓的蔗园,1949 年以后为梁姓居住。在三界坛之南,有许姓在此居住。也就是说和平村属于多姓混杂,即林姓、梁姓、许姓,三姓皆来自漳州。[④]

综上,显然闽台三官文化的关系是根与枝的渊源关系,台湾的三官文化源自

[①] 谭培根主编,涂志伟《台湾涉漳旧地名与聚落开发》(上),厦门大学出版社,2012 年,第 1097 页。

[②] 谭培根主编,涂志伟《台湾涉漳旧地名与聚落开发》(上),厦门大学出版社,2012 年,第 1099 页。

[③] 谭培根主编,涂志伟《台湾涉漳旧地名与聚落开发》(下),厦门大学出版社,2012 年,第 1866 页。

[④] 谭培根主编,涂志伟《台湾涉漳旧地名与聚落开发》(下),厦门大学出版社,2012 年,第 1169 页。

福建,在台湾进一步发展,是中国三官文化谱系中重要的组成部分之一。如果没有台湾的三官文化,那么中国三官文化则是不全面、不完整的。

(五) 族群谱系的重建:1987 年至今

1987 年至今,随着闽台交流的增多,台湾的漳籍后裔中崇拜三官的群体,遂开始到福建漳州寻根问祖,拜谒三官祖庙。随着漳籍后裔与漳州宗族联系的加强,三官文化的族群谱系也从断裂走向重建。这不仅是宗族关系的重建,更是三官崇拜群体关系的重建。由此,三官文化族群谱系的重建包括两个方面:一是台湾的漳州分灵或分香的三官庙拜谒祖庙与寻根问祖,二是漳台崇拜三官的群体加强了三官文化的互动与交融。

1. 族群谱系的重建与延续:台湾三官庙的寻根问祖

20 世纪 80 年代起,很多台湾的宗教团体到福建寻根问祖,拜谒祖庙,[①]以三官文化为中心的宗教团体也不例外。到 1990 年代,便有台胞到漳浦雨霁顶三官庙进香,捐资在原祭坛上建一座顶上开孔的大葫芦顶亭,便利香客拜祭。[②] 这可能是台湾三官信众到漳浦雨霁顶三官庙寻根问祖之始。21 世纪初,台北、桃园的蓝姓宗亲,台北、高雄、闽南各地的信众,还有来自国外的信众如印尼和新加坡等,捐款在雨霁顶三官大帝庙旧址上新建一座规模更大的三官大帝庙。[③]

台北圣德宫的住持还找到漳浦雨霁顶三官庙,"有个台胞,是台北圣德宫的信众,据他说到处找,说三界公托梦给他,他才找到这边来,看到三界公就掉眼泪了"。[④] 当时给雨霁顶三官庙赠"保境佑民"匾,同年还有台北天后宫的信众,赠"神威显赫"匾。在寻根问祖愿望的推动下,越来越多的台湾信众到雨霁顶三官庙,2019 年就有多家台湾三官庙在雨霁顶三官文化节时前来进香,而且,每年到雨霁顶来进香的台胞累计有上万人。[⑤]

可见,1949 年至 1980 年前后,三官文化谱系断裂,1992 年时闽台三官文化之间有了一次联系,重建谱系的过程比较缓慢,2010 年时台湾与漳浦雨霁顶三官文化谱系的重建才有了基础。不过漳浦雨霁顶三官庙对台湾的分灵庙的记录

---

① 詹石窗、林安梧主编《闽南宗教》,福建人民出版社,2007 年,第 96 页。
② 段凌平《闽南与台湾民间神明庙宇源流》,九州出版社,2012 年,第 94 页。
③ 段凌平《闽南与台湾民间神明庙宇源流》,九州出版社,2012 年,第 94 页。
④ 田野调查资料:采访人课题组成员,被采访人蓝理事,时间 2018 年 3 月 2 日,地点漳州漳浦雨霁顶三官庙内。
⑤ 田野调查资料:采访人课题组成员,被采访人蓝理事,时间 2018 年 3 月 2 日,地点漳州漳浦雨霁顶三官庙内。

尚未展开。这方面的档案记录非常重要,不仅将有利于文化交流,还在于通过文化认同能够形成实现祖国统一的最广泛的统一战线。在台湾调查的三官庙中,这一部分的资料或者叙述也较为少见。谱系重建并得以延续,还需要更多的互动交流以及档案建设与管理。

2. 谱系的巩固:漳台三官文化的互动与交流

从 20 世纪 80 年代起,闽台宗教信仰开始互动与交流,如 1990 年台湾保生大帝联谊会、学甲慈济宫董事长周大围和顾问李炳南先生到泉州访问等。另有福建的道教组织和地方宫观到台湾交流,如 1999 年泉州市道教协会应台湾玄天上帝弘道协会邀请赴台交流。2006 年 5 月,台湾宗教界代表 30 多人护送漳州武庙关帝神像和大刀回到漳州,并在武庙举行了隆重的交接仪式和祈求国泰民安、祖国早日统一的大法会。①

漳台两地三官文化有一定的互动交流。如前所述,台北圣德宫的住持在 2010 年前后找到雨霁顶三官庙,之后与雨霁顶三官庙多有交流。在圣德宫的带动下,台湾 30 多座宫庙 170 人到雨霁顶三官大帝庙进香,"2011 年 6 月 29 日,台北县金山乡圣德宫等 30 多座宫观 170 人,在大统国际集团董事长兼漳州市台商协会常务副会长谢铭洋的带领下,到我县赤岭畬族乡雨霁顶三官大帝庙寻根谒祖,朝圣交流"。② "台胞们还与雨霁顶三官大帝庙管委会成员、县民宗局、赤岭乡、县道教协会和山坪村领导就今后开展漳台三官大帝文化交流进行座谈。同时邀请雨霁顶三官大帝到台湾参加台北圣德宫三官大帝庙 240 周年庆典活动"。③ 雨霁顶三官大帝庙的蓝理事讲述了他们与台北圣德宫交流的情况:"我们与他们交流三年了。交流没有具体时间,就是什么时候有空什么时候过去。我们作为祖庙,有一年真身过去到台北新北市交流。"④2010 年开始,交流进一步增加。

2016 年,有更多来自台湾的三官信众到漳浦朝拜,如"2016 年 3 月 5 日,赤岭乡举办四年一次的'三官大帝文化节',桃园市八德三元宫主委邱垂宗率 48

---

① 詹石窗、林安梧主编《闽南宗教》,福建人民出版社,2007 年,第 96 - 97 页。

② 《台北三官大帝庙信众到漳浦县朝圣》,福建省民族与宗教事务厅官网,http://mzzjt. fujian. gov. cn/fjzj/mjxy/201107/t20110706_2078279. htm,2011 年 7 月 6 日。

③ 《台北三官大帝庙信众到漳浦县朝圣》,福建省民族与宗教事务厅官网,http://mzzjt. fujian. gov. cn/fjzj/mjxy/201107/t20110706_2078279. htm,2011 年 7 月 6 日。

④ 田野调查资料:采访人课题组成员,被采访人蓝理事,时间 2018 年 3 月 2 日,地点雨霁顶三官庙内。

人,新北市金山乡圣德宫主委陈阿海率 36 人前往参加活动"。① 2019 年更进一步,到漳浦三界公庙的台胞有上万人。

尽管有上述的互动与交流,但是对于台湾 100 多座三官庙,漳浦近 30 座三官庙来说,这一交流互动还是远远不够的。闽台关于三官文化方面的交流互动还需要双方的共同努力才能实现。

由上可见,从清朝初期至今,三官文化的族群谱系经历了从移民与漳州宗亲到移民后裔与漳州宗亲的过程,这种血缘、地缘以及文化上的纽带,铸牢中华民族共同体意识。

二、漳台三官文化的形式谱系

如前所述,台湾三官文化来自福建,在台湾 136 座三官庙中,其中至少有 37 座三官庙是由漳州移民建造的,这些移民自然是将漳州的三官供奉习俗带到台湾,但漳台的三官文化习俗的具体联系是怎样的,有着怎样的谱系,这些问题还需要进一步的探讨。因此我们从语言叙事、物象叙事、行为叙事三个方面来看漳台三官文化的联系,主要以漳浦赤岭雨霁顶三官庙、台南新兴路三官大帝庙为中心展开。

1. 从语言叙事看漳台三官文化的联系

在漳浦赤岭雨霁顶三官庙,至少有三种关于三官身份的说法。第一种认为是自然神天地水三官,"三官大帝全名为三元三品三官大帝,也就是'上元一品天官赐福紫薇大帝,中元二品地官赦罪清虚大帝,下元三品水官解厄洞阴大帝'的总称。在玄黄判分,天地肇定后,乃出而治理天地水三界"。② 第二种认为三官大帝是三皇,即天皇氏、地皇氏、人皇氏,……位在盘古氏之后,排第二位。第三种认为三官大帝是尧舜禹,天官尧、地官舜、水官禹,而且这三官与盘古有着紧密的联系,盘古与太圣元女生元始天尊,元始天尊口中吐出尧舜禹三个圣人,降生人间,封为三官大帝。③

台南新兴路三官大帝庙的建造渊源与来自漳州的移民陈氏有关,如前所述,

---

① 《2017 年漳浦年鉴》,漳浦县人民政府网,http://www.zhangpu.gov.cn/cms/html/zpxrmzf/2018-02-28/714200524.html,2018 年 2 月 28 日。

② 漳浦县赤岭雨霁顶三官大帝庙管理委员会编《雨霁顶三官大帝(三界公)》,内部资料,2010 年,第 4 页。

③ 漳浦县赤岭雨霁顶三官大帝庙管理委员会编《雨霁顶三官大帝(三界公)》,内部资料,2010 年,第 10 页。

陈氏家族来自漳州海澄(今龙海市),从漳浦三官文化的空间分布来看,海澄属于漳浦三官文化谱系,所以台南三官大帝庙的香火可能来自漳浦雨霁顶三官大帝庙。台南三官大帝庙的三官也有两种说法:第一种是天地水与尧舜禹相结合的三官大帝,即天官尧、地官舜、水官禹;[①]第二种是天地水三官。[②] 台南的天地水三官与漳浦的关于天地水三官的阐述内容几乎完全相同。而台南尧舜禹三官的讲述与漳浦雨霁顶相比,漳浦畲乡耆老的讲述是将尧舜禹纳入盘古创始的谱系,而台南的三官大帝庙未进行追溯。

可见漳浦三官大帝的讲述包含了台南三官大帝的阐述,漳浦雨霁顶关于三官的不同讲述,是不同话语的表现。这些进一步说明漳浦雨霁顶三官庙是台南三官大帝庙的祖庙,二者呈现出谱系联系。

2. 从物象叙事看漳台三官文化的联系

雨霁顶三界公坛亦称为三界公庙,是祭拜天地水三官的神坛,早期没有神像,到 20 世纪 90 年代以后才塑三官大帝的神像。台南新兴路三官大帝庙与雨霁顶三界公庙的情况相同,明末清初,当地开始祭拜时也是建三界公坛,没有神像,日本侵占台湾时三界公坛被强制拆除,当时由陈府将香火请回家中祭拜。1966 年建庙供奉,后塑三官神像供奉。雨霁顶三界公庙供奉的神灵有天地水三官、辅顺将军马仁马王爷。台南新兴路三官大帝庙供奉的神灵较多,"主神:三官大帝、宫府三殿下、三清道祖,配祀:南斗星君、北斗星君、五文昌、天上圣母、注生娘娘、许府尊王、福德正神、张府天师、雷府大帝、玉阙大殿下、普化天尊、观音佛祖、斗母大天尊、太岁星君、中坛元帅、柯府千岁、仙姑娘娘、洪元帅"。[③] 说明台南有来自不同地区的移民,而漳浦的族群已经形成固定的村落、固定的姓氏等,已经形成共同的信仰,对三官也有着充分的认同。在村落中更有其他不同的庙宇,供奉其他的神灵,这些神灵与三官也形成了谱系。这些神灵在三官生日的时候,都要到雨霁顶三官庙来为三官大帝庆贺生日,形成互动。

还有一点需要说明的是,台湾更多的是以哪吒三太子为三官大帝的武将,而漳浦是以辅顺将军马仁为三官大帝的武将,在台湾也有供奉马仁的庙宇,如宜兰

---

① 田野调查资料:庙内碑刻资料,摘录人课题组成员,时间 2019 年 8 月 12 日,地点台南新兴路三官大帝庙内。

② 田野调查资料:庙内碑刻资料,摘录人课题组成员,时间 2019 年 8 月 12 日,地点台南新兴路三官大帝庙内。

③ 田野调查资料:庙内碑刻资料,摘录人课题组成员,时间 2019 年 8 月 12 日,地点台南新兴路三官大帝庙内。

乾门庆和里有马公庙。可能在人们去往台湾时,马仁还没有和三官同祀,所以就不会有马仁与三官共同祭祀的情况出现。

3. 从行为叙事看漳台三官文化的联系

在三官生日即三元节都有相应的祭典活动。在雨霁顶三官庙,围绕三界公有较多祭典,有头尾四年一次的"大闹热"活动以及三年一次的为神重新装扮的"做神妆"活动,还有每年举行的"春祈醮""巡村""三官大帝与辅顺将军的神诞祭典",以及与大祭典相联系的小祭典。[①] 头尾四年一次的"大闹热"即"漳浦雨霁顶三官大帝庙文化节",头尾四年是指将头尾加上总共四年,如2019年举办一次,2022年再举办一次。

台南新兴路三官庙,也有三官的圣诞,如上元天官大帝正月十五日祝寿,中元地官大帝七月十五日,下元水官大帝十月十五日。

雨霁顶三官庙与台南新兴路三官庙都有三官圣诞的相关庆祝活动,体现出二者的相关性。二者可能在庆典的活动细则上有所不同,但是并不妨碍祖庙与分庙的关系。

综上所述,从族群谱系、形式谱系来看,漳台三官文化之间形成谱系联系,证明了台湾的三官文化源于漳州的观点。

第三节　台湾与泉州、福州三官文化的谱系

在台湾的福建移民中,除了漳籍,还有泉州籍和福州籍。泉籍、福籍先民将祖籍地的三官文化带入台湾,使得台湾与泉州、福州等地因三官文化形成谱系关系。下面以泉台、福台等地区为中心,以谱系为内容展开探讨。

一、泉台三官文化的谱系

泉州有6座三官庙,其中强调天地水三官或尧舜禹三官的有泉州市河岭巷三官宫、惠安崇武镇三官宫、安溪湖头三官岩三元宫,另外还有安溪湖头镇湖三村的三官大帝庙供奉张世杰、文天祥、陆秀夫三官,该庙在楹联上体现出天地水三官崇拜的倾向。这些三官庙除安溪湖头镇三官岩三元宫属于2020年新建的

---

① 林国平、钟建华主编,林国平、钟建华等《漳州民间信仰与闽南社会》(下),中国社会出版社,2016年,第507页。

庙宇之外，其余均有着悠久的历史，是台湾一些三官庙可能的祖庙。之所以讲"可能"是因为课题组还没有找到证据证明对应关系，只是发现了有可能源于泉州的一些线索。由于资料的限制，还不能对泉台三官文化的谱系做出较为详细的阐述与探析，这里更多是对谱系的初步描述。

首先，泉州进贤境三官庙即泉州市河岭巷三官宫，其香火可能由泉籍移民带到台湾。进贤境三官庙曾经香火旺盛，"泉州三官庙在进贤境，也是至尊大神。信众以为'天官赐福、地官赦罪、水官解厄'，都与人生有非常密切的关系。每年农历正月十五三官大帝诞辰，众多信徒不避进贤三官庙在府城西北隅，路远偏僻难行，早早来庙烧纸钱敬祀，尤其是虔诚的老太太也同样不辞辛苦来到三官庙行香"。① 在正月十五天官诞辰时，信众不辞辛苦前往烧香祝寿。明清时期，前往台湾的移民中，总体来说漳泉、粤各占一半，但从地区来看，会呈现出地域间的不平衡，即有的地区漳泉人多，有的是广东人多。另外据沈继生对进贤境三官庙的调查，"据陈沧海介绍说，今年元宵节（1998 年），有台湾高雄、淡水两地的三官信众到泉州西门'西明国'佛像店，订制三官大帝木雕神像，并想携到泉郡三官大帝宫'过炉'、'点眼'，但找不到宫址，颓然而归。"。② 由台湾高雄、淡水两地的信众到泉州订制三官大帝神像，以及想要在三官庙过炉、点眼的行为来看，三官庙的香火很有可能被带到了台湾。

其次，台南泉籍居民占比超过漳籍、粤籍，促使信众到泉州请三官塑像。台南左镇睦光三官大帝庙住持曾于 1999 年前后赴福建泉州请三大尊镇殿神像。台南左镇睦光三官大帝庙的香火来自台南新兴路三官大帝庙，但左镇的居民由漳泉粤组成，漳泉约占汉族人口的 90%，其中泉州占汉族人口的 60% 以上。③ 可能正因为有人了解泉州进贤境的三官庙，才会到泉州去请三官大帝的塑像。

最后，泉州惠安崇武港自古被称为渡台的捷径，在其附近的崇武镇有三官宫。明清时崇武港作为渡台的重要港口，是台湾同胞的重要祖籍地之一，其三官文化可能也传到台湾，但是关于这方面的资料较为少见，关于崇武三官宫（亦称三元玄宫）的研究论文也不多见。

---

① 陈垂成主编《泉州习俗》，福建人民出版社，2004 年，第 301 页。
② 沈继生《泉郡三官大帝宫的调查报告》，《泉州民间信仰》，1998 年第 15 期。
③ 谭培根主编，涂志伟《台湾涉漳旧地名与聚落开发》（下），厦门大学出版社，2012 年，第 1837 页。

　　由以上三点可见，泉州三官文化很有可能已传入台湾，并在台湾有所发展。还有一点即桃园八德三元宫在修建时有三位关键的工匠：叶金万为桃园首席匠师原籍泉州同安县，张火广原籍泉州惠安县，陈天乞原籍泉州同安县，他们都是泉州人。可以说八德三元宫的三官大帝是由漳泉移民共同供奉的。

　　除了泉州三官可能传到台湾之外，另有从台湾彰化县回归的天地水三官，即安溪县湖头镇山头村的"中华三元宫"，源自彰化县社头乡上元宫，三官神像在2012年回归，先由厦门三官道院保存，2017年选址为湖头镇山头村，2019年三官大帝临时殿建造完成，并在中元地官诞辰举行盛大的三官大帝安座仪式。

　　综上可见，泉台三官文化的谱系主要是以泉州进贤境的三官宫、惠安崇武的三官宫为基础展开的，泉州移民可能也会带着三官宫的香火到台湾，至少他们是知道泉州三官宫或者惠安崇武三官宫的，这样才能在台湾的漳泉械斗、闽粤械斗，甚至是与当地少数民族的械斗中找到可以共同供奉的神灵，最大限度地实现文化认同。

二、福台三官文化的谱系

　　除了漳泉之外，福州也是台湾移民的主要来源地之一。在福州供奉三官大帝的寺庙有福清县海口三官堂、平潭县流水镇东海村流水玉封寺。根据目前搜集的资料，台湾有两座三官庙与福州的三官庙形成了谱系联系。

　　首先，台中紫微宫与福州福清县三官堂形成谱系。从空间谱系看，台中的紫微宫源于福清县海口三官堂。紫微宫位于台中市北屯区中清路二段568号，所处位置原属于陈平庄。紫微宫供奉三官大帝，即天官尧帝、地官舜帝、水官禹帝。其源于福州福清县，"雍正年间先民陈平由福建福州府福清县海口赤土里，奉为渡海保护神，恭请三官大帝神像来台，其孙陈元谋于乾隆六年入垦本庄，乃由府城台南迎奉于庄内公馆以祀"。[1] 在福清海口有三官堂，"崇祯元年（1628），增建东岳行宫观音堂、三官堂"，[2]在明末时海口就已经有三官文化。由此可见福州福清海口三官堂可能是台中紫微宫的祖庙。从族群谱系看，福清县海口的先民将当地三官庙的香火带入台中，由此形成了台中与福清县关于三官文化的族群

① 田野调查资料：摘录碑刻资料，摘录人课题组成员，时间2019年8月13日，地点台中紫微宫内。

② 《福清海口志》编纂委员会编，俞达珠主编《福清海口志》，福清海口志编纂委员会，2013年，第5页。

谱系。

其次，平潭县流水玉封寺是新竹玉封寺的祖庙，二者形成空间谱系。两座寺庙均主祀三官大帝，根据二者所供奉的三官大帝的金身判断，神像十分相似，由此可以看出福州平潭县流水玉封寺可能是台湾新竹玉封寺的祖庙。[①]

两地关于三官文化的交流加强了祖庙与分庙的谱系。2013 年 6 月 18 日至 6 月 19 日，福州平潭道教协会主办的海峡道教文化活动在平潭县流水盘团麒麟道院举行，当时台湾封神堂赠送"三官大帝"金身及香炉给麒麟道院，麒麟道院举行祭奠仪式，并举行三官大帝巡境活动。该活动旨在扩大天、地、水三官大帝信俗的影响力，弘扬道教文化，展示闽台民间团体交流的多元性。[②] 明清时期，移民带着福州三官大帝的香火到台湾，现在台湾又将三官大帝的金身、香炉赠送给福州福清的麒麟道院。这一互动再次表明了台湾三官文化与福州三官文化的渊源关系，这一回传现象更是文化认同的体现。麒麟道院举行的仪式以及三官大帝的巡境活动，有助于进一步加强二者的谱系联系。

由上可见，台湾与泉州、福州也形成了以三官文化为中心的族群谱系和空间谱系。

综上所述，就目前的总结来看，台湾与漳州的三官庙的谱系联系最为详细，即顺康雍时期有 3 座三官庙，乾嘉道时期有 11 座三官庙，咸同光时期 3 座，日本侵占时期有 9 座，1945 至 1987 年有 4 座，建庙时间不详的有 10 座，[③]由此就形成了闽台的三官文化谱系。台湾与泉州、福州等地的谱系还需要更多的研究才能更加详细地呈现。

第四节　台湾对福建三官文化的认同

谱系的形成离不开认同。明清至今，从三官文化谱系的发展来看，台湾对福建三官文化的认同呈现从"强"到"弱"，有时甚至并存的态势。三官文化随

---

① 林山主编《福州涉台文物图录》，福建美术出版社，2010 年，第 165 页。

② 《平潭麒麟道院举办两岸道教活动》，福建省民族与宗教事务厅官网，http://mzzjt.fujian. gov.cn/fjzj/zjgzdt/201307/t20130703_2076411.htm，2013 年 7 月 3 日。

③ 10 座三官庙：台南市中西区的永华里，嘉义民雄乡菁埔村、东湖村，南投县竹山镇云林里、下坪里，台中市乌日区东部的溪心坝、西屯区西大墩街、潭子区东宝村，宜兰县员山乡深沟村，桃园县大园乡和平村。

着移民进入台湾地区,从清初到 1990 年,属于文化认同较强的时期,而 1990
年至今,属于文化认同较弱的时期,主要是指台湾当局意在解构中华文化,建
构所谓的"台湾文化"。在民间,文化认同则呈现较强的状态,主要表现在民间
与福建祖庙的交流与互动。由此,以时间为经,以文化认同的强弱表现为纬分别
来看。

一、清朝初期至 1990 年:三官文化认同的"强"势表现

这一时期文化认同的"强"势表现之一是在庙宇建造的数量上。据不完全统
计,三官庙的建造数量为 84 座,①其中能够确定与福建是根枝关系的约有 30
座。建庙时间不详的有 37 座,其中能够确定与福建是根枝关系的有 11 座。尤
其是在日本侵占时期,所建三官庙有 9 座,说明尽管日本捣毁了民间信仰的神圣
空间、建造日本神社等,都未影响到人们对三官的崇拜。从空间谱系看,三官庙
宇遍布台湾;从族群谱系来看,台湾大部分百姓的祖籍地在福建漳泉、福州等地,
多认同三官文化;从形式谱系看,台湾三官文化的来源、灵验等语言叙事,三官塑
像、香炉等物象叙事,以及每年上中下三元节圣诞仪式等行为叙事,均讲述着对
福建三官文化的认同。文化认同是情感的体现,无论是人们内心深处的情感体
验抑或情感表达,都是与外部世界联系与互动的结果,是集体生活与语境塑造的
结果。② 既然情感可以被形塑,需要在集体生活中与外部世界的互动才能实现,
那么文化认同的形成与巩固就需要在每年特定空间、时间的活动来实现,只有这
样,认同所铸就的凝聚力才能在情感上长久存在。随着活动的举行,互动的实
现,一方面从情感上加强人们对三官文化的认同,另一方面从思想上加强人们对
中华三官文化的认同。

另外,从 1949 年到 1990 年,还没有直接材料说明台湾三官信众到福建拜谒
祖庙的,但是,有到福建拜谒妈祖的,信众组成人数众多的进香团,到福建湄洲祭
拜妈祖。总体来看,从清初到 1990 年,台湾民众认同福建三官文化,对中华文化
有着强的认同。正是在这种强文化认同下,三官文化的谱系在断裂一段时间之
后能够迅速重建。

① 田金昌《台湾三官大帝信仰——以桃园地区为中心(1683—1945)》,台湾硕士论文,2005
　年,第 62 - 64 页。
② (英)威廉·雷迪《感情研究指南:情感史的框架》,周娜译,华东师范大学出版社,2020 年,
　第 59 页。

二、1990 年至今：三官文化认同的强弱并存

这一时期文化认同的强弱并存是针对台湾当局与民间而言的。台湾当局的文化认同呈现"弱"的状态，台湾民间的文化认同呈现"强"的态势。

首先，台湾当局对福建三官文化的认同呈现弱势，他们强调的是对所谓"台湾"的三官文化的认同。1990 年以来，台湾当局在一段时期采取"去中国化"的策略。如台湾当局教科书的改版，"台湾社会科教科书自 70 年代的 1974 年版至目前正在使用的 2015 年版，'国家认同'教育呈现了一个不断'去中国化'，同时'台湾化'不断强化的趋势"。① 在民间信仰方面，蔡英文采取"去中国化"的措施，企图建构"台湾信仰"与"台湾认同"，并进而掌控台湾民间信仰的话语权。② 其目的还在于虚化中华文化在台湾的主导地位，割断闽台的连接纽带，摧毁和破坏和平统一的民意基础。③ 这就直接影响了台湾年轻人对福建三官文化的认同。

其次，与台湾当局相比，台湾民间对福建三官文化的认同相对"强"势。这主要是针对台湾当局的"去中国化""文化台独"的策略而言的。主张统一的三官文化信众自 1992 年以来多次到漳浦雨霁顶三官庙拜谒祖庙，同时漳浦雨霁顶三官庙也去台湾开展交流活动。这些都说明尽管在台湾当局的影响下，闽台还不能展开正常的交流，但是在民间有着丰富的联系闽台的民俗活动，如以三官为中心的文化交流。因此，在民间，主张统一的三官文化信众，与福建有着更多的互动，其实质是对中华传统文化的认同，是对"一个中国"的认同。

可见，尽管在台湾当局的"去中国化""文化台独"等策略的影响下，台湾民间对于福建三官文化的认同呈现较强态势。

三、闽台三官文化认同中存在的问题

问题一：闽台年轻人对三官文化的陌生，会影响闽台三官文化的交流，也会影响台湾青年对中华文化的认同，会造成年轻人对"台湾的中华文化"的感知，而忘却"台湾文化"的认知，忘却台湾三官文化来自福建的事实。台湾地方文化有

---

① 肖振南《台湾社会科教科书"国家认同"教育变迁研究》，九州出版社，2018 年，第 117 页。
② 徐步军《蔡英文当局推行民间信仰"去中国化"动态分析》，《现代台湾研究》，2018 年第 2 期，第 43 页。
③ 徐步军《蔡英文当局推行民间信仰"去中国化"动态分析》，《现代台湾研究》，2018 年第 2 期，第 45 页。

自己的特色,但都是中华文化的一部分。如何让更多的年轻人知晓三官文化,了解三官文化中的自然崇拜与英雄崇拜,是当下强调闽台三官文化认同时的重要问题之一。在课题组调研的过程中,闽台各地信众多为中老年人,从信仰自由的角度来说没有问题,关键在于如何让年轻人了解已经存在上千年的三官文化,实现闽台年轻人多方位的文化交流。

问题二:主要在台湾当局方面,台湾当局采取"文化台独",蔡英文已经将触角伸向民间信仰,企图建构"台湾信仰",造成"台湾认同",并营造"台湾的中华民间信仰"的氛围。如到台湾举办展览也会变味,"蔡英文收编后的'中华文化总会'举办妈祖展览,宣称妈祖文化是'各国共享的华人文化,不能被一个国家垄断','台湾是该文化圈的核心,中华文化是台湾文化的一部分'"。① 在这样的情况下,台湾对福建三官文化的认同就会比较困难。

四、台湾对福建三官文化认同的可能路径

根据以上的分析,台湾对福建三官文化认同的可能路径有两个方面。

首先,应加强年轻人对三官文化的感知。一方面可以从学科角度切入,认识天地水崇拜的生态性,唐葛周三官以及具有地方文化代表的英雄三官的优秀品质,并切实理解民间建造三官庙的内涵;另一方面从地方文化入手,借助非物质文化遗产项目的申报,抢救展示地方英雄的三官神话、传说、故事等,恢复三官文化原本丰富的形态,使得更多的年轻人认识三官文化的丰富性。

其次,应在厘清三官文化内涵的基础上,进一步推动闽台三官文化的民间交流。可以挖掘三元节的节日内涵,挖掘三官叙事的内涵等,以三元节为依托展开三官文化的民间交流交往。正如学者所述,"共同的信仰作为闽台关系的桥梁和纽带,将有力推动政治缓和与经济贸易往来",②"闽台共同的信仰是中华传统文化的一部分,可以升华为宗教文化认同,成为构筑国家统一的重要基础"。③

综上,一方面台湾信众从对三官文化的认同走向对中国国民身份的认同;另一方面通过中国三官文化谱系的构建与重塑,强调中国三官文化谱系的构建,形

---

① 徐步军《蔡英文当局推行民间信仰"去中国化"动态分析》,《现代台湾研究》,2018 年第 2 期,第 43 页。
② 黄飞君《台湾宗教单元之社会动能研究——一个比较的视角》,上海人民出版社,2016 年,第 17 页。
③ 黄飞君《台湾宗教单元之社会动能研究——一个比较的视角》,上海人民出版社,2016 年,第 17 页。

成闽台民间关于三官文化的更大范围的交流与互动。

小 结

本章旨在探讨闽台三官文化谱系与文化认同。首先分析台湾三官文化谱系与认同，其形成的渊源有两种：一是移民带三官香火或三官炉等物件到台，在家里供奉；二是从台湾已建三界公坛或三官庙请得香火建庙供奉。从康熙时期开始至今形成了多个形态，而且从南到北，三官文化形态的数量逐渐缩减，从台南的天地水、唐葛周、尧舜禹、天地人、陈王孙等 5 种系列到台北的天地水与尧舜禹 2 种系列。在空间上呈现出北多南少的分布态势，嘉义县以南、以北供奉三官的时间均为乾隆时期，基本上至乾隆时期，现在的高雄、台南、台中、桃园、台北均有了三官崇拜。在谱系的基础上，探讨了台湾三官文化的认同，认为台湾三官文化的发生受到清时皇家供奉三官的影响，同时也离不开闽粤等移民的供奉。在时空谱系下，探讨不同时期三官文化的认同，并认为族群的人口数量是决定供奉某位神灵的主要因素之一，当某个族群占据多数时，其所供奉的全国性神祇就能够成为各个族群认可的对象，天地水三官即是如此。

其次，探讨闽台三官文化的谱系。分别对漳台、泉台、福台等进行了分析，就目前掌握的资料与本文的分析看，台湾与福建漳州的三官文化的联系最为紧密，自清初以来与漳州有关的三官庙共有 42 座，由此就形成了关于闽台的三官文化谱系。台湾与泉州、福州等地也是闽台三官文化谱系中的一部分。

最后，从强认同、弱认同两个方面探讨闽台三官文化的认同，认为从清初到 1990 年前，基本上是以强文化认同为中心的，而在 1990 年以后，三官文化的认同呈现二重性，即台湾当局的弱文化认同，台湾民间三官信众的强文化认同。同时我们认为闽台三官文化认同，呈现出与其他地区不同的特点，即台湾信众从对福建三官文化的认同走向对中国国民身份的认同。

第七章

三官文化在东南亚东亚国家的谱系与认同

三官文化通过古代海上丝绸之路由移民带入东南亚国家。在这一过程中，闽粤人带着他们的信仰历经磨难在东南亚国家落地生根，他们的信仰或为当地一些民众所接受，或仅在当地华人中流传发展，在与其他信仰文化的碰撞与交流中实现文化认同，形成谱系。

在习近平总书记的倡导和推动下，海上丝绸之路进入新的发展时期，称为"21世纪海上丝绸之路"，与"丝绸之路经济带"合称为"一带一路"。因有着古代海上丝绸之路的积累，东南亚诸国的华人信仰文化能够与祖国实现民心相通，但是要实现更大范围尤其是东南亚各国除华人之外的民心相通，就需要有体现共同价值的信仰文化，以实现多族群的文化认同。在华人的文化中，如关公的忠义仁勇，[①]妈祖的立德、行善、大爱精神，[②]三官的赐福赦罪解厄的奉献与大爱精神等等，有望得到更多不同国籍不同民族的认同，而这一认同的发生发展需要学者的研究参与。

学术界关于关公、妈祖等民间信仰在东南亚诸国的研究已经非常丰富，研究的视角有人类学、民俗学、社会学、民族学、宗教学等，研究的地域范围多以新加坡、马来西亚为中心，研究内容包括渊源、流变、民俗医疗、海外传播、文化认同等方面，使用的研究方法有历史文献法、田野调查法、访谈法等。时间跨度从20世纪40年代到21世纪。由这些研究可知，关公、妈祖等民间神明已经在东南亚甚至更广阔的范围传播，但是针对个体神明的认同对于中国民间信仰的整个谱系来说，还是不够的，只有大范围挖掘并实现认同，才能够实现对中华文化的多方面认同。因此对东南亚单个信仰文化的研究就非常必要。

有鉴于此，本章在"一带一路"背景下，以越南、马来西亚、新加坡为中心来看

[①] 王扬、郭娅主编《记忆历史文化：湖北大学历史文化学院教学研究论文集　第3集》，中国地质大学出版社，2010年，第35页。

[②] 任清华《妈祖文化导论》，厦门大学出版社，2016年，第14页。

三官文化的状况,探讨谱系的形成与发展,并分析三官文化在不同国家的认同,进而思考不同国家对中国传统文化的认同。研究三官文化的谱系对于中国与东南亚铸牢人类命运共同体有着重要意义。

本章共分为四节。第一节是三官文化在越南的谱系与认同,第二节是三官文化在马来西亚的谱系与认同,第三节是三官文化在新加坡的谱系与认同,第四节是三官文化在东亚、东南亚其他国家的情况。

第一节　三官文化在越南的谱系与认同

越南与中国有着较为长久的联系,自秦汉以来,越南与中国的文化交流源远流长,信仰文化的影响与交流是重要的方面之一,其中道教随着官员、教徒等进入越南,民间信仰由移民带入,二者在越南得到本土化发展。

学术界关注道教在越南的发展演变,也关注移民带入的民间信仰的发展状况。关于越南道教的著作有宇汝松《道教南传越南研究》,姜永仁、傅增有等《东南亚宗教与社会》,孙衍峰、兰强、徐方宇等《越南文化概论》、陈耀庭《道教在海外》,在著作中均有越南道教的部分内容;关于越南道教的期刊论文有许永璋《论道教在越南的传播和影响》,宇汝松《北属时期道教南传越南研究》,陈筱微《对中越道教的几点认识》。关于越南民间信仰的研究,有专著一部,即吴云霞《文化传承的隐形力量:越南的妇女生活与女神信仰》;有三篇硕士论文,阮氏玖《越南本土民间信仰对越南佛教的影响研究——以越南北部地区为例》,杨翠明《红河三角洲的越南人在母信仰中体现的人生观》,郑青青《越南民间信仰中的中越异源鬼神圣崇拜研究》。关于越南民间信仰的研究,知网上有19篇论文,涉及的研究对象有天后、城隍、土地、圣娘、福神等,同时还有祖先崇拜与生殖崇拜等。三官文化在道教及民间均有着悠久的历史,约在东汉末随着五斗米道传入越南。不过在学术界的研究中,仅有关于三官文化与越南母道教、高台教的简单阐述,在已有的论文中,较少涉及三官文化的研究,这与三官文化的悠久历史不相匹配。因此,本题以三官文化在越南的历史与现状为中心,探讨三官文化在越南的谱系与认同。

三官文化进入越南有两条线,一条是随着道教的传入而进入,一条是随着移民的迁入而进入。中国传统道教在汉建安六年(201)随着官员进入越南,三官文化作为道教最早的神祇,自然也是随着道教的传播而传入越南。但是遗憾的是少有直接证据表明这一情况,有一些间接证据可以说明三官文化在越南早期发展的境况,如三元节、母道教、高台教等,同时三官文化随着移民的输入而传入越南。从谱系的视角来看,越南三官文化谱系包括时间、空间、族群与形式谱系,图谱绘制如图7-1:

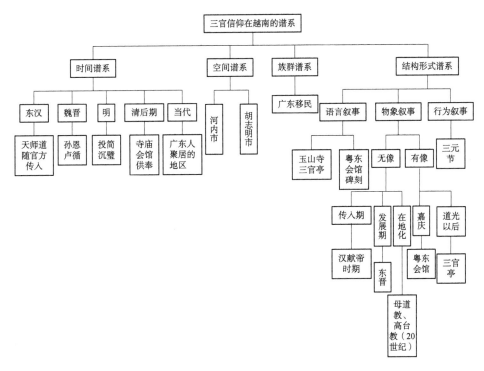

图7-1　三官信仰在越南的谱系　课题组根据资料绘制

我们就以该图谱为中心,来分析三官文化在越南的时空谱系、族群谱系以及形式谱系。

一、三官文化的时间谱系

三官文化在东汉末进入越南,历经各朝各代,至今仍有三官文化的流传。[①]

1. 东汉末三官文化随着五斗米道的输入而传入

五斗米道,亦称天师道,输入越南是由当时东汉派遣的官员进行的。汉献帝

① 吴云霞《越南北部乡村民俗对汉文化记忆的本土化建构》,《开放时代》,2016年第6期,第212页。

建安六年(201),张津任时称交州(即今越南)的刺史,且信奉道教,"好鬼神事,常著绛帕头巾,鼓琴烧香,读道书"。① 绛巾是天师道的标志,可见张津所信仰的是天师道。② 因此有学者认为公元2世纪末3世纪初道教正式传入越南,交趾刺史张津是传播先锋。③ 天师道所崇拜的神祇之一就是天地水三官,张津在传承天师道的过程中,也会将天地水三官传播到越南。这是在官方层面。

在民间也有输入,汉献帝建安二十年(215年),张鲁的汉中政权以其降于曹操而结束,五斗米道随之解散,其道也随着曹操采取的移民政策在民间传播开来。当时社会动荡不安,道士多有被杀者,致使移民纷纷南下。因越南远离中原,尚能偏安一隅,因此,当时与母亲一同避乱的牟子后来在其著作《牟子理惑论》中记录了当时的情况:"是时灵帝崩后,天下扰乱,独交州差安。北方异人咸来在焉,多为神仙辟谷长生之术,时人多有学者。"④这里的交州即越南北部红河流域一带。由此可见在民间,五斗米道也于公元3世纪初传入越南。随着五斗米道的传入,天地水三官文化没有理由未传入越南。

可以说至少在公元3世纪时,天地水三官文化已经随着天师道进入越南。

2. 东晋时期天师道徒起义促进三官文化的传播

东晋末年,孙泰、孙恩、卢循起义,波及越南,促进了天师道在越南的传播,同时也促进了三官文化的传播。孙泰师从钱塘杜子恭,孙恩与孙泰为叔侄关系,卢循是孙恩的妹夫,几位均为天师道信徒。"孙恩,琅琊人,孙秀之族也。世奉五斗米道。恩叔父泰,字敬远,师事钱唐杜子恭。广州刺史王怀之以泰行郁林太守,南越亦归之。泰见天下兵起,以为晋祚将终,乃煽动百姓,私集徒众,三吴士庶多从之。道子诛之。恩逃于海。恩聚合亡命得百余人,志欲复仇。"⑤可知孙泰曾为郁林太守,南越包括今越南,孙泰可能曾在越南传播道教,因聚众起义,被诛杀。其侄子孙恩聚集百余人,打算为其报仇。后孙恩因进攻临海失败而投海自尽。孙恩的妹夫卢循继承其志,带领起义军转战广州、交州等地,在进攻交州时,得到交州道教徒的响应,但在交州刺史杜慧度的积极应战下再次败北,卢循投水自尽,起义军失败。⑥

---

① 陈荆和编校《大越史记全书》,东京大学东洋文化研究所,1984年,第132页。
② 宇汝松《道教南传越南研究》,齐鲁书社,2017年,第61页。
③ 宇汝松《道教南传越南研究》,齐鲁书社,2017年,第61页。
④ 宇汝松《道教南传越南研究》,齐鲁书社,2017年,第63页。
⑤ (唐)房玄龄等《晋书》,中华书局,1974年,第2631-2632页。
⑥ 宇汝松《道教南传越南研究》,齐鲁书社,2017年,第83-84页。

这里的关键点还在于交州道教徒的积极响应,可见越南道教已经有了一定的发展。正如我国学者所言:"轰轰烈烈进行了十多年的孙恩、卢循大起义最终被交州刺史杜慧度打败,卢循投水自尽。这次起义活动以'长生人'相号召,在客观上扩大了江南天师道在越南的影响。"①由此可知天师道的神祇之一天地水三官随着天师道影响力的扩大而得到进一步的传播。

3. 明朝时"投简沉璧"彰显天地水三官文化

"投简沉璧"是自唐朝以来《投龙璧仪》的延续。《投龙璧仪》不仅是天地水三官崇拜的现实体现,还是先秦天地山川崇拜的现实流传,更是"三官手书"仪式的传承。"中国古代,祭祀天地和水的传统由来已久;道教以天、地、水为三官,又叫三元,投龙仪式正是在此基础上发展起来的"。②"投简沉璧"是将写有消罪、祈愿的文简和玉璧、金龙、金钮一起,用青丝捆扎,举行醮仪后,投入名山大川、岳渎水府,以祈求保安宗社。③ 在陈氏统治越南时,越南道教在伞山泸水之间"投简沉璧",祭祀伞山泸水之神。伞山即伞圆山,泸水即泸江,都是越南非常重要的祭祀之地。④ 由此可见,越南道教进行的投简沉璧即是天地水崇拜的仪式。

4. 清朝晚期经移民带入

清朝末期,越南有很多来自中国广东、福建和海南的移民,其中尤以广东移民最多。广东移民建造会馆处理广东移民的事务,粤东会馆建于清朝嘉庆八年(1803),馆中除了供奉关帝、妈祖外,还供奉三官大帝。《重修粤东会馆碑记》中云:"崇祀三元三官大帝以祈福禄攸同,而康强逢吉之永藉也。"⑤除了会馆供奉三官外,在家里也会祭拜三官,即以"天官赐福"为标志,"17—19 世纪,除了在庙宇中祭拜外,越南粤籍华侨华人家中都有神桌供奉神祇,二是天官赐福"。⑥

另外在河内市的玉山寺有座三官亭,约建于道光至光绪时期,"玉山寺,在剑湖中心,杂在绿树红花丛里,四面濒湖,清波荡漾,建于十四世纪初叶,祀水仙神

---

① 孙亦平《论道教在越南的传播方式》,郑筱筠主编《东南亚宗教与社会发展研究》,中国社会科学出版社,2013 年,第 186 页。

② 朱连法《叶法善传略》,上海人民出版社,2012 年,第 118 页。

③ 张泽洪《道教斋醮科仪研究》,巴蜀书社,1999 年,第 8 页。

④ 宇汝松《道教南传越南研究》,齐鲁书社,2017 年,第 117 - 118 页。

⑤ 严艳《17—19 世纪粤籍华侨华人民间信仰在越南的传播与流变》,《越南研究》,2020 年第 1 期,第 155 页。

⑥ 严艳《17—19 世纪粤籍华侨华人民间信仰在越南的传播与流变》,《越南研究》,2020 年第 1 期,第 154 页。

女。在湖的东南隅，又筑了一座三官亭"。① 如果从当时中国对三官崇拜的普遍性来看，玉山寺的三官亭很可能供奉天地水三官。

5. 当代对三官文化的传承

在当下，民间继续传承三官文化，广东移民聚居的地区仍有三官文化的流传。我国学者吴云霞曾对胡志明市进行民间信仰的调查："在 2013 年 2 月初在越南胡志明市第五郡第六郡看到很多住宅门口在高处供奉着'天官赐福'神龛，在地面供奉着'土地门口接引财神'的小神龛，在附近居住的华人主要来自中国广东省，三官文化在胡志明市华人社区依然保存。"② 可见，胡志明市尚有三官文化的传承。

根据以上论述，越南三官文化的时间谱系是：从东汉末、东晋、明朝、清朝至今，三官文化一方面与当地文化相融合，一方面在华人移民中获得传承。

二、三官文化的空间谱系与族群谱系

根据第一部分的内容，可知三官文化的空间分布主要是在河内市与胡志明市。河内市历史上曾经有两座供奉三官的神圣空间，即玉山寺三官亭以及粤东会馆。在当下，在胡志明市，根据吴云霞的调查，第五郡第六郡等住宅的高处都会供奉"天官赐福"神龛。③ 由此可知，三官文化在越南主要分布在河内市和胡志明市，形成寺庙、会馆以及家庭供奉的三位一体的空间谱系。

河内市的三官文化群体一方面与道教徒有关，另一方面还与移民有关。河内市、胡志明市三官神祇的信仰群体主要来自广东籍移民，"越南华侨华人祖籍半数为广州，其次为潮州、海南、福建"。④ 据 1989 年的数据，越南华人主要聚居在胡志明市、湄公河三州、海防、河内等。⑤ 胡志明市的堤岸明乡庙每年都有上中下三元诞，由此可确定当地有三官文化的流传。⑥ 堤岸聚居着很多广州人，以

---

① 潘醒农《东南亚名胜》，南岛出版社，1963 年，第 210 页。
② 吴云霞《越南北部乡村民俗对汉文化记忆的本土化建构》，《开放时代》，2016 年第 6 期，第 212 页。
③ 吴云霞《越南北部乡村民俗对汉文化记忆的本土化建构》，《开放时代》，2016 年第 6 期，第 212 页。
④ 张晔编著《东南亚华侨华人历史与现状》，旅游教育出版社，2001 年，第 22 页。
⑤ 张晔编著《东南亚华侨华人历史与现状》，旅游教育出版社，2001 年，第 22 页。
⑥ 华侨华人百科全书·社区风俗卷编辑委员会《华侨华人百科全书·社区民俗卷》，中国华侨出版社，2000 年，第 74 页。

至于广州话成为当地的通用语。[①] 胡志明市第五郡第六郡等，多有三官崇拜的传承，住宅外高墙上的"天官赐福"神龛即是明证。另外来自福建、江浙安徽的移民，"越南的同乡会，称为府公所，共有 7 个府公所，即福建的泉州府、漳州府，广东的广州府、潮州府、客家府、琼州府，江浙安徽的徽州府"。[②] 而在福建、江浙、安徽均有着供奉三官的传统，越南是否有以福建、江浙、安徽移民为中心的三官文化传承，目前还不能确定，需田野调查予以确认。

另外越南民族中的艾族、山由族源自中国广东移民，艾族来自广东防城县（今广西防城港市），山由族在明末时从广东迁入，[③] 可以说广东是越南华侨华人的重要输入地。[④] 尽管如此，现在尚无证据表明来自广东防城县的移民将三官文化带到越南，但是可以作为一条线索，有待以后的文献搜集与田野调查。

综上，就目前的资料来看，三官文化在越南的信仰群体是以广东移民为中心的。

三、三官文化的形式谱系

三官文化在越南的语言叙事主要表现在广东会馆中关于三官的阐述；物象叙事表现在三个时期，即无像时期、有像时期、与当地文化融合时期；行为叙事主要以三元节为主。

1. 语言叙事：会馆供奉三官的故事

越南关于三官的神话传说故事尚未搜集到，三官演化为"三府共同"的叙事更多是中国学者推断，而越南学者对于三府共同的论述还未搜集到相关文献。一般来说，灵验故事是语言叙事的重要内容，但是越南关于三官的灵验叙事暂时还没有搜集到。能够看到的关于三官的神话是在胡志明市的穗城会馆的碑刻上，《重修粤东会馆碑记》中云："崇祀三元三官大帝以祈福禄攸同，而康强逢吉之

---

① 华侨华人百科全书·社区风俗卷编辑委员会《华侨华人百科全书·社区民俗卷》，中国华侨出版社，2000 年，第 74 页。

② 张晔编著《东南亚华侨华人历史与现状》，旅游教育出版社，2001 年，第 196 页。

③ 严艳《17—19 世纪粤籍华侨华人民间信仰在越南的传播与流变》，《越南研究》，2020 年第 1 期，第 151 页。

④ 严艳《17—19 世纪粤籍华侨华人民间信仰在越南的传播与流变》，《越南研究》，2020 年第 1 期，第 151 页。

永藉也。"①"粤东会馆当于清嘉庆八年(1803年)创建,二十年(1815年)重修,二十四年(1819年)竣工。"②会馆建于嘉庆时期,历经两次重修。碑刻上关于三官的阐述说明了三官大帝的功能,即福禄、赦罪、解厄,以及吉祥如意等。

2. 物象叙事:本土化的表现与移民祖籍地传统的传承

首先,三官文化在越南的发展中逐渐本土化,形象也发生改变。本土化是在清朝时实现的,即越南母道教中的四府信仰:天府、地府、水府、岳府,源自天地水三官文化,"母道教是受道教三官大帝的影响,而形成了系统化的'三府—四府'信仰神系的"。③ 陈耀庭在《道教在海外》中亦指出:"在母道教的神灵体系中,柳杏圣母属'诸位'神系,而'诸位'神系是由道教'三官'信仰衍变而成的越南'三府'信仰,具有越南本土化的特色。"④"'诸位'神系是从道教'三官'神(天、地、水)衍生出来的。但是,由于越南固有的民族观念和精灵崇拜的影响,因此,'诸位'神系又有许多自身的特点。例如:三府所指的天、地、水原是独立的,但是在'诸位'神系中,称'三府共同'。即视其为一体的。'四府'信仰则是越南本土山岳信仰与道教三官文化相结合基础上的一种信仰创新。"⑤三府共同可以说是三官文化本土化的发展。三官的男性形象在越南发生转变,形成以女性形象为中心的三府—四府信仰神系。

其次是移民对其祖籍地三官文化的物象传承,即"天官赐福"神龛、供奉三官大帝的碑刻、供奉三官的空间。胡志明市广东籍华人居住地区如第五郡第六郡等,住宅的外墙上多有"天官赐福"的神龛,它们成为三官文化的指代物。嘉庆时期胡志明市穗城会馆《粤东会馆碑刻》讲到供奉的神灵中就有三元三官大帝。除此之外,在道光二十八年(1848)到光绪九年(1883)之间,河内玉山寺建造的三官亭也是三官崇拜的实物,具有指向作用。

综上,三官文化一方面是与越南当地文化相融合,另一方面是对中国文化传统的传承。关于三官文化的物象叙事使得三官更加形象化、具体化,有利于其传承与发展。

---

① 严艳《17—19世纪粤籍华侨华人民间信仰在越南的传播与流变》,《越南研究》,2020年第1期,第155页。
② 吴智刚《21世纪海上丝绸之路与妈祖文化》,广东旅游出版社,2017年,第117页。
③ 宇汝松《道教南传越南研究》,齐鲁书社,2017年,第334页。
④ 宇汝松《道教南传越南研究》,齐鲁书社,2017年,第328页。
⑤ 陈耀庭《道教在海外》,福建人民出版社,2000年,第84页。

3. 行为叙事:三元节节日仪式的展演

越南三元节节日仪式展演分为三个方面:一是道教天地水三官生日的上中下三元节;二是高台教的上中下三元节;三是民间百姓的三元节,不仅吸收三元节文化,还专注于对祖先的祭祀,尤其是中元节,祭祖仪式尤甚。分别来看。

首先,三元节是在中国移民的会馆和庙宇中举行。"越南客属群宾会馆,建于同治十年(1871),光绪十六年(1890)由客属乡人重修。每年正月十五上元节,七月十五中元节,十一月十五下元节,分别举行隆重庆典。由会馆设酒席宴请老幼同乡,及远近进宫奉香者。每次盛会都非常热闹"。① 此处的下元节为十一月十五日,与中国下元节的时间有所不同。会馆的三元节主要在于通过神明的祭拜加强同乡的凝聚力,无论是宴请还是进香的过程,都围绕这一目的展开,使得同乡在遇到困难时能够互相帮助,也能一致对外。胡志明市堤岸明乡庙有三元节,"1788 年建于嘉盛乡,原为嘉定省嘉盛会馆。阮朝明命(1820—1840 年在位)初年,经郑怀德、吴仁静等重修。内祀明代皇室与陈上川、陈安平等先贤。每年上中下元诞,俱行祭拜"。② 显然,三元诞是庙里的重要节日,虽然还不能判定该庙是否供奉三官大帝,但是从三元诞的祭拜可知,堤岸的华人在清朝晚期是崇拜三官大帝的。

其次,高台教的上中下三元节是在接受三官文化体系的基础上进行创新的,强调三教同源、五道合一,"佛教、仙教和圣教三教同源。五道合一是指孔子仁道、老子仙道、释迦牟尼佛道、耶稣圣道和姜太公神道五道合一"。③ 主要组织活动为万灵会,包括三会如上会、圣会、人生会,"上会:每年 1 月 15 日召开由宗主教、护法、上品、上生,及三位法长和三位头师参加的会议。圣会:每年 7 月 15 日召开由太正配师主持的全体神职人员大会。人生会:每年 10 月 15 日召开,由上正配师主持,参加者除每一教户(500 名信徒以上可建立一户)执事委员会的代表外,每户可另选举一名至五名信徒代表参加"。④ 万灵会吸收了三官文化的上中下三元模式,形成上会、圣会、人生会,并与三元节的时间相同。而且在高台教两大类礼仪之一的天道礼仪中设置三元节,"高台教一年中的主要天道礼仪有:

① 罗英祥《漂洋过海的"客家人"》,河南大学出版社,1994 年,第 189 页。
② 华侨华人百科全书·社区风俗卷编辑委员会《华侨华人百科全书·社区民俗卷》,中国华侨出版社,2000 年,第 74 页。
③ 宇汝松《道教南传越南研究》,齐鲁书社,2017 年,第 342 页。
④ 宇汝松《道教南传越南研究》,齐鲁书社,2017 年,第 342 页。

十月十五纪念高台教开道目的下元节礼;正月十五上元节;七月十五为中元节"。① 不过,目前还不清楚具体的仪式过程,尤其是在三元节时供奉的神明有哪些,需要进一步的田野调查。

最后,越南风俗中的三元节,一方面是越南节日系统吸收了三官文化中的节日文化,三官文化随着道教南传越南后,三元节成为越南的习俗文化:上元节是祈福日,对应天官;中元节是赦罪日,对应地官;下元节是解厄日,对应水官,已融入当地的新米节中,即越南人会在这一天将新米作为供品献给祖先、神灵享食,以表达酬谢、感恩之心等。② 另一方面表现了越南民间百姓对先祖的重视。越南阮朝(1802—1945)组织编写的《大南一统志》中记载了安南的风俗:"正、七、十月十五日谓之三元,各具礼荐其先祖。"③当时的三元节祭祀已成当地习俗。

由上可知,无论是传统的道教三元节,还是高台教的三元节、民间的三元节,都是三官文化在越南的发展与传承。

四、越南对三官文化的认同

文化认同包括倾向性认可、尊重与理解两个方面。倾向性认可是指当地人接受异文化并将异文化融入自己的文化内容中,尤其是与异文化的本土化相联系。而尊重和理解并不会成为践行该文化的一份子,但是在尊重和理解的基础上,该文化可以流传和传播。认同是谱系的基础,谱系的形成与发展离不开文化认同,而文化认同的发展是由谱系呈现的。在越南,三官文化的认同包括两个方面:一是三官文化的本土化,二是中国移民对三官文化的世代传承。

1. 倾向性认可:三官文化的本土化

越南人在面对来自中国的宗教信仰时,从本土的神灵信仰出发,对外来的信仰进行吸收和创新,形成符合越南人习惯的信仰模式。④ 三官文化即是如此,从天地水三官到母道教、高台教,是三官文化实现本土化的过程。

三官文化随着天师道的传入而进入越南。东汉末年,官员张津作为当时的交州刺史,以自己信奉道教的方式将道教带入越南,由于张津信奉的是天师道,而三官又是天师道供奉的神祇,因此,三官文化是在张津任职期间传入越南的。

---

① 宇汝松《道教南传越南研究》,齐鲁书社,2017 年,第 342 页。
② 孙衍峰、兰强、徐方宇等《越南文化概论》,世界图书出版广东有限公司,2014 年,第 180 页。
③ 李未醉《中越文化交流论》,光明日报出版社,2009 年,第 93 页。
④ 韦凡舟《越南人信仰中的中越共同神研究》,广西民族大学硕士论文,2010 年,第 37 页。

母道教中的四府即天地水岳崇拜,是天地水三官文化与越南传统民间信仰结合的产物;三官文化的节日文化已经融入越南的宗教信仰文化和节日文化中,高台教是 20 世纪初产生的新的宗教,其一年中举行的礼仪就有上中下三元节;在民间风俗中,还有与上中下三元节相结合的祭祖习俗。

2. 来自中国移民对三官文化的世代传承

明朝末年,越南已经有来自中国广东的移民,根据当时中国的情况,明朝中后期,明宪宗的母亲就是三官的信徒,明宪宗曾为母亲建造大慈延福宫,供奉天地水三官大帝,明孝宗的皇后也信仰三官。所谓上行下效,明朝中后期三官在全国大部地区都有建庙供奉。由此,来自广东的移民对三官文化有一定的了解或者认识。到清朝时,来自中国的移民将三官文化再次带入越南。因已有移民基础,三官文化能够快速得到人们的认同。根据当下的资料,河内市和胡志明市的华人聚居区更能认同三官崇拜。在形式谱系下,胡志明市穗城会馆的三官神话体现来自广东的移民对三官的传承,至今胡志明市第五郡第六郡住宅外面的高墙上有"天官赐福"神龛,是三官文化在当下仍然流传的标志。

总之,三官文化在越南的文化认同,呈现出本土化的特色,即与越南文化融为一体,同时在华人中还传承着来自中国移民的三官崇拜模式。三官文化在越南能够继续流传,也离不开越南当地人对三官文化的尊重和理解。

第二节 三官文化在马来西亚的谱系与认同

马来西亚是"21 世纪海上丝绸之路"南线中重要的节点之一,有约 20% 的华人,华人文化是促进双边合作的重要基础之一。在清朝后期,华人移民将三官文化携带至马来西亚,至今有近两百年的历史。据不完全统计,迄今有 11 座庙宇供奉天地水三官。从东南亚各国来看,三官文化对于文化相通乃至于民心相通有着重要的意义。从这个角度看,研究马来西亚华人的三官文化就有了必要性。

目前学术界关注马来西亚华人宗教与认同的研究。在宗教或民间信仰方面,以中国知网为中心,以"马来西亚""信仰"为关键词,相关期刊论文有 25 篇,研究对象有妈祖、节俗信仰、水尾圣娘、大伯公、闽南王爷、阮梁圣佛、佛教、三一教、开漳圣王等。还有著作如宋燕鹏《马来西亚华人史:权威、社群与信仰》、李恩涵《东南亚华人史》、王琛发《马来西亚客家人的宗教信仰与实践》。在文化认同方面,以"马来西亚""文化认同"为关键词,期刊论文有 11 篇,与信仰有关的只有

1篇,即王光海、高虹《妈祖信仰与马来西亚华人社会——文化认同的视角》。学位论文有4篇,如张健的博士论文《马来西亚华人文化认同之汉字影响研究》等,论文集有宋燕鹏《马来西亚吉隆坡福建社群史研究:籍贯、组织与认同》、陈志明《迁徙、家乡与认同——文化比较视野下的海外华人研究》。尽管取得了上述成果,但是还未见有关于马来西亚华人三官文化的研究论文。

有鉴于此,我们以收集到的文献与田野资料为基础,以三官文化为中心,探讨三官文化在马来西亚的谱系与认同。马来西亚三官文化随着移民的到来而传入,发展至今已形成时空、族群和形式谱系。

一、时空谱系

(一) 时间谱系

马来西亚有供奉三官的庙宇,也有供奉天官的庙宇。从1835年开始至1949年,据不完全统计有10座供奉三官的庙宇,其中8座有建造时间,如1869年成立的雪兰莪万挠师爷宫、1913年以前成立的霹雳章卡遮冷中华佛宫、1913年以前成立的柔佛古来万仙庙、1943年以前成立的雪兰莪万津三官庙、1970年成立槟城高渊上清阁、1985年成立槟城牛汝莪莲花殿、1986年成立雪兰莪八打灵再也千百家新村玄天上帝宫、1968年成立1993年供奉三官大帝的槟城爱民律青灵坛;[①]有2座建造时间不详,如柔佛州笨珍县龟咯村的慈德庙[②]、雪兰莪玉皇庙[③]。还有供奉三官指代物三官香炉的,如1835年成立的槟城龙山堂邱公司。另外有4座供奉天官大帝的庙宇,如1874年成立的霹雳怡保城隍庙、1910年以前成立的霹雳实兆远品仙祠大伯公庙及观音堂、1976年成立的霹雳丹戎红毛丹南天门玉皇宫、1984年成立的槟城天灵宫等。[④]

(二) 空间谱系

马来西亚的11座供奉天地水三官或三官香炉的庙宇,分布在槟城(4座)、雪兰莪(4座)、霹雳(1座)、柔佛(2座),还有供奉天官大帝的4座庙宇,分布霹雳(3座)、槟城(1座)。另外在槟城和吉隆坡的传统街区有天官赐福的神龛,在

---

① 马来西亚华人创建的一庙一路网,http://angkongkeng.com/,创建人为陈学方女士。

② 黄振良《闽南文化在南洋的传承保护》,福建省炎黄文化研究会等编《闽南文化新探·第六届海峡两岸闽南文化研讨会论文集》,鹭江出版社,2012年,第619页。

③ 刘崇汉主编《走进巴生神庙·巴生港口班达马兰新村庙宇文化初探》,新纪元学院,2014年,第95页。

④ 马来西亚华人创建的一庙一路网,http://angkongkeng.com/,创建人为陈学方女士。

雪兰莪还有三元诞。由此可见,槟城、雪兰莪、霹雳、柔佛、吉隆坡共同形成三官信仰的空间谱系。

我们注意到在马六甲尚未见有关三官崇拜的庙宇。中国漳州、泉州、潮州均有三官庙,马六甲作为漳、泉、潮州人首先到达的地区,应该有三官文化的神圣空间,但是在马六甲尚未发现有供奉天地水三官的庙宇。根据新加坡庆德会的创建过程,庆德会成立于1831年,这是新加坡早期福建商人的互助团体,创始人是35位侨生华人中介商,他们在三官大帝(赐福天官紫微大帝、赦罪地官清虚大帝、解厄水官洞阴大帝)灵前发誓结为兄弟,这些人皆与马六甲漳泉集团有密切关系。他们或为马六甲华人甲必丹后裔,或为新加坡和马六甲华社领袖薛佛记的亲戚,或为马六甲青云亭亭主之后裔等。[①] 可知,马六甲的华人社团或集团,应该是信仰天地水三官的,否则不可能共同在三官神明前盟誓。庆德会的成立是马六甲华人信仰三官的间接证据。

二、族群谱系

至2015年,马来西亚约30 995 700人,其中马来人占比61.8%,有19 150 900人;华人占比为21.4%,约有6 620 300人。[②] 华人多为来自中国福建、广东等地移民的后裔。同时马来西亚崇拜三官神明的族群为来自中国闽南、广东等地的移民。根据《福建省志·华侨志》可以了解马来西亚华人的占比:"按方言划分人口统计,福州华人占马来西亚华人的4.16%,广东华人占34.8%,闽南华人占31.58%,客家华人占24.24%,其他占5.14%。"[③]总体来看,广东人最多,闽南人其次,客家人处于第三位。

来自广东、福建的移民"主要分布在马来半岛两岸的槟榔屿、马六甲、吉隆坡等城市和东马的古晋、诗巫及山打根等城镇"。[④] 三官文化主要分布在马来西亚的槟城、雪兰莪、柔佛、霹雳等地区。移民的分布与三官文化的分布有直接的相关性。

---

① 丁荷生、许源泰《新加坡华文铭刻汇编1819—1911》(上),广西师范大学出版社,2017年,第115页。

② 《人口信息》,马来西亚政府官网,https://www.malaysia.gov.my/portal/content/30114,2021年10月17日。

③ 赵麟斌《略述福州华侨对马来西亚经济发展的影响》,闽都文化研究会编《海外福州人与海上丝绸之路》,海峡文艺出版社,2017年,第24页。

④ 张晔编著《东南亚华侨华人历史与现状》,旅游教育出版社,2001年,第41页。

马六甲是华人首先到达的地区。根据历史记载,明朝时已经有福建人到马六甲定居。马欢在《瀛涯盛览》中就提到"嘉靖间,漳泉及潮州人,多至满剌加(马六甲)、勃泥、暹罗"。① 朱杰勤在《东南亚华侨史》中也考证说:"据 1613 年伊利亚狄手绘的满剌加城市图,在满剌加河西北,志有中国村(今吉宁仔街水仙门一带),漳州门及中国溪三名,即华侨居留地。"②还有在马六甲组建用于祭祖的社团组织以及建造相应的空间等,如马六甲的三保山,至今还保留着祖籍漳州的甲必丹郑芳扬等倡建的闽人用于祭祖的青云亭和《青云亭碑记》。③ 可见,在马六甲,华人族群是以漳州、泉州以及潮州人为中心的。"19 世纪中期以前,马六甲华侨形成一个独特的社群——巴巴华人。在巴巴华人中,以祖籍为福建者居绝大多数。19 世纪以后的华侨中,则有很多广府人。目前马六甲市人口 28 万,其中华人超过 20 万。马六甲广府籍华人约 3 万~5 万"。④

19 世纪初,槟城的华人来自福建和广东,他们曾共同创建广福宫。⑤ 在福建人中,漳州人占大多数⑥ 漳州人中很有影响力的当属来自漳州海澄的邱氏,龙山堂邱公司可以说是邱氏在马来西亚的祠堂,该公司成立于 1835 年,有三官香炉为证说明其供奉三官大帝。⑦ "龙山堂邱公司并非孤立的姓氏团体。乔治市还有四个类似的公司聚落,即与邱公司合成福建'五大姓'的石塘谢氏福侯公公司、霞阳植德堂杨公司、九龙堂林公司和颍川堂陈公司。五个公司以本头公巷的大伯公庙(福德正神庙)为精神中心,互为邻里,形成一个闽南人的团结地带"。⑧ 由此可以推测,"五大姓"的精神中心还包括三官大帝。广东帮人口也有一定的势力,光绪年间,槟城华人又建平章公馆,为广东人和闽南人共同组建,其中大姓有黄、胡、许、朱、伍、周等。⑨ 同时,在槟城还有潮州人。槟城的青灵坛即为"福建

① 杨力、叶小敦《东南亚的福建人》,福建人民出版社,1993 年,第 12 页。
② 杨力、叶小敦《东南亚的福建人》,福建人民出版社,1993 年,第 12 页。
③ 杨力、叶小敦《东南亚的福建人》,福建人民出版社,1993 年,第 12 页。
④ 牛军凯《东南亚华侨与广州》,广东人民出版社,2002 年,第 57 页。
⑤ 宋燕鹏《马来西亚华人史:权威、社群与信仰》,上海交通大学出版社,2015 年,第 110 页。
⑥ 王琛发《马来西亚客家人的宗教信仰与实践》,马来西亚客家公会联合会,2006 年,第 31 页。
⑦ 田野调查资料:邱氏公司内的碑刻资料,摘抄人课题组成员,时间 2019 年 8 月 8 日,地点槟城龙山堂邱氏公司内。
⑧ 田野调查资料:摘抄龙兴堂邱公司的介绍,摘抄人课题组成员,时间 2019 年 8 月 8 日,地点槟城龙兴堂邱公司内。
⑨ 牛军凯《东南亚华侨与广州》,广东人民出版社,2002 年,第 57 页。

惠安县社内村庄同乡梯航南渡后聚居之处",①该青灵坛到 1993 年时开始供奉天地水三官大帝。

在雪兰莪和柔佛,也是闽南人与广东人、客家人占据优势,另外还有琼州人。"据 1970 年人口调查统计数据,闽南人在雪兰莪、柔佛、槟城三州占优势,客家人、广府人则在雪兰莪、霹雳两州。琼州人在雪兰莪、柔佛、丁加奴最多"。②

在霹雳州,两广、客家人数占据优势,还有福州人也有相当势力,"据 1970 年人口调查统计数据,客家人、广府人则在雪兰莪、霹雳两州。广西人在彭亨与霹雳两州占优势,福州人在砂拉越、霹雳州为数最多"。③ 另外霹雳州的首府怡保,是以华人为主的城市,"在早期开发霹雳地区的锡矿华工中,以广府籍华工最多,客家籍次之。在目前怡保市 40 万人口中,广府籍华人应超过 50%,即 20 万人以上"。④

在吉隆坡的华人中,广府人约占三分之一。⑤ 广府人中尤为著名者即甲必丹叶亚来,其曾创建仙四师爷宫,该宫的庆典中有上中下三元诞,是为转鸿运,时间同三元节。除了广府人,还有客家人、福建人,福建人到 20 世纪 30 年代时成为吉隆坡华人的第三大社群。⑥

可见,来自中国的闽南人、广东人及其后裔是马来西亚华人的主要组成部分,同时也是他们在传承天地水三官文化。

三、形式谱系

在形式谱系中,马来西亚华人不仅讲述因神谕供奉三官的叙事,还以物象的形式呈现对三官的信仰,更以三元圣诞仪式叙事进一步展演对三官的崇拜。

(一) 语言叙事:神明谕示的力量

马来西亚三官文化的语言叙事强调解释三官的具体身份,比如三官是指天地水、尧舜禹等。槟城的青灵坛配祀天地水三官大帝,配祀的缘由是五显华光大帝谕示信众供奉三官大帝,"1993 年遵神谕示,增奉三官大帝,即上元一品赐福

① 田野调查资料:摘抄庙里的资料,摘抄人课题组成员,资料提供人青灵坛主人,时间 2019 年 8 月 8 日。
② 吴华《马来西亚华族会馆史略》,新加坡东南亚研究所,1980 年,第 5 页。
③ 吴华《马来西亚华族会馆史略》,新加坡东南亚研究所,1980 年,第 5 页。
④ 牛军凯《东南亚华侨与广州》,广东人民出版社,2002 年,第 58 页。
⑤ 牛军凯《东南亚华侨与广州》,广东人民出版社,2002 年,第 58 页。
⑥ 宋燕鹏《马来西亚华人史:权威、社群与信仰》,上海交通大学出版社,2015 年,第 43 页。

天官紫薇大帝；中元二品赦罪地官清虚大帝；下元三品解厄水官洞阴大帝"。[1] 供奉的三官神像也来自中国福建。[2] 另外在青灵坛建立 40 周年的纪念册中，讲到了天地水三官与尧舜禹的结合，即天官尧，地官舜，水官禹。[3]

（二）物象叙事：三官文化的衰落与复兴

马来西亚三官文化的物象叙事较为丰富，包括五种形式，即三官神像、三官炉、天官大帝神像、"天官赐福"神龛、以三官诞辰庆典展示三官文化等，三官炉、"天官赐福"神龛是三官的指代物，是以"文化符号"来代替三官神像；三官诞辰的庆典过程中的神像或画像、神龛的陈列等，是通过物象和行为相结合的方式来演绎和传承三官文化。

第一，马来西亚有供奉三官神像的庙宇，形成三官神像的物象叙事。在槟城供奉三官的庙宇有爱民律青灵坛。该坛的三官塑像来自中国福建，三官为坐像，中间天官、右边是地官、左边为水官，地官手执笏板右向，水官手执笏板左向，均以天官为尊。其他庙宇的三官神像因疫情还未见到。

第二，供奉三官炉的有槟城龙山堂邱公司。该公司二楼的主殿供奉"王孙大使爷爷"，主殿内外各有一个三官香炉，一个是吊在大使殿门口的亭子内，一个是放在殿内的供桌上。据说，放在桌子上的香炉是为方便老人们插香而专门设置的，两个香炉都是先民带着香火到槟城以后购买的，可能吊起来的香炉里面有来自厦门的香火。[4]

第三，有 4 座供奉天官大帝的庙宇，即霹雳怡保城隍庙、霹雳实兆远品仙祠大伯公庙及观音堂、霹雳丹戎红毛丹南天门玉皇宫、槟城天灵宫等，[5]可以看作是当地华人对三官大帝的选择。

第四，供奉"天官赐福"神龛的有很多，如槟城和吉隆坡的传统街区。在槟城，"天官赐福"神龛目前存在于当地的传统街区：姓氏桥和亚美尼亚街。首先，在姓氏桥，有两种形式的"天官赐福"：一是在门口的墙上写着"天官赐福"，前面

---

[1] 田野调查资料：摘抄庙里的资料，摘抄人课题组成员，资料提供人青灵坛主人，时间 2019 年 8 月 8 日。亦见于孙联荣《青灵坛概要》，《青灵坛四十周年纪念特刊》，2008 年，第 7 页。

[2] 田野调查资料：摘抄庙里的资料，摘抄人课题组成员，资料提供人青灵坛主人，时间 2019 年 8 月 8 日。亦见于孙联荣《青灵坛概要》，《青灵坛四十周年纪念特刊》，2008 年，第 7 页。

[3] 孙联荣《青灵坛概要》，《青灵坛四十周年纪念特刊》，2008 年，第 7 页。

[4] 田野调查资料：调查人课题组成员，被调查人陈先生，地点马来西亚槟城，时间 2019 年 8 月 9 日。

[5] 马来西亚华人创建的一庙一路网，http://angkongkeng.com/，创建人为陈学方女士。

有香炉和灯；二是龛，里面写"天官赐福"，有小香炉。有对联如"天官临吉宅，赐福满华堂"，横批"金玉满堂"；有的仅是"天官赐福"四个字，无香炉，前面一杯白酒、两边两个橙子。姓氏桥的朝元宫，主祀保生大帝，门前有"天官赐福"的祭台，上有天公炉，有两个烛台，供品有三杯酒。① 其次，在亚美尼亚街，其情况与姓氏桥"天官赐福"的模式相同，但"天官赐福"神龛的对联更加丰富，如"天上赐百福、人间祝三多"，横批为"迎祥"，左为"天降世间"，右为"神赐如意"。前有铁香炉，有酒一杯，两个烛台。②

在吉隆坡的茨厂街，街上很多商家的门口多有天官赐福的神龛。在马来西亚道教总会的街道上，商铺门口也有天官赐福的神龛。

马来西亚雪莱莪巴生港口班达马兰新村，有玉皇庙，"玉皇庙：门右首是'天官赐福'壁画，'信士杨志爱、林文辉、王振光同敬奉。'道教奉天地水三神，亦叫三官，天官即其中之一。天官名为'上元一品赐福天官紫微大帝，'隶属玉清境。天官每逢正月十五日下人间，校定人之罪福，故称'天官赐福'。一般壁画上除绘有天官和'天官赐福'字样外，再加四季花和祥云等内容，用作祈福消灾的吉利话，也代表了普通民众的美好祝愿"。③

第五，以三官诞辰庆典展示三官文化，如雪兰莪仁嘉隆铜锣庙无神像，有三官大帝千秋宝诞，时间是正月十三；还有雪兰莪的万津三官庙，未见供奉三官大帝，但是有三官大帝的千秋宝诞，时间是十月十五。

综上，在马来西亚，三官的物象叙事呈现出多样化的特点，是移民对三官文化的记忆呈现。

（三）行为叙事

三官文化的行为叙事包括三官千秋宝诞等内容。众多的庙宇中，有一些庙宇会有三官千秋宝诞，主要分布在雪兰莪、吉隆坡、槟城等地。雪兰莪的万津三官庙，该庙未见供奉三官大帝，但是有三官诞辰的庆典，时间为中国农历十月十五。雪兰莪仁嘉隆铜锣庙，有三官大帝千秋宝诞，时间为中国农历正月十三。槟城牛汝莪莲花殿供奉三元大帝，上元大帝千秋宝诞（正月十五）、中元大帝千秋宝诞（七月十五）、下元大帝千秋宝诞（十月十五）。槟城龙山堂邱公司有祭祀三官

---

① 田野调查资料：调查人课题组成员，地点马来西亚槟城，时间 2019 年 8 月 8 日。
② 田野调查资料：调查人课题组成员，地点马来西亚槟城，时间 2019 年 8 月 8 日。
③ 刘崇汉主编《走进巴生神庙·巴生港口班达马兰新村庙宇文化初探》，新纪元学院，2014年，第 95 页。

活动。雪兰莪巴生宗孔堂,庆上元(正月十三至十五)、庆中元(七月十三至十六)、庆下元(十月十三至十五)。吉隆坡仙四师爷庙,庙宇的庆典活动中包括正月十五(2019年2月19日),星期二,上元旦,转鸿运;七月十五日(2019年8月15日),星期四,中元旦,转鸿运;十月十五日(2019年10月11日),星期一,下元旦,转鸿运。庆典活动的具体情况还需进一步的调查。

马来西亚中元节的活动内容非常丰富,有祭拜祖先,祭祀好兄弟,演布袋戏、唱歌台等活动,"马来西亚的大型活动,每个地区都会组织中元会。人们认为中元节时鬼门开,地官大帝在诞辰时会大赦天下。每个地方举办'中元会'有不同的时间,但是都会在农历七月完成。人们拜祖先、好兄弟,好兄弟就是没有家人的孤魂野鬼。被赦罪的鬼魂到人间享受供品。民间有歌台,传统上是给神明看布袋戏,但是现在有的地方改为歌台"。[①] 根据举办方的身份可以分为寺庙与民间两种中元会。据不完全统计举办中元会的寺庙有89座,其中槟城有36座,雪莱莪有19座,霹雳有10座,柔佛有7座,吉打有7座,马六甲有6座,吉隆坡2座,森美兰有1座,玻璃市有1座。民间举办中元会的活动的团体也有很多,一般多由社区或行业公会举办,如吉隆坡甲洞星光岭花园社区举办的中元会,吉隆坡茨厂街的庆赞中元,槟城的立信花园山边区暨如意苑公寓的中元会等。

尽管中元节的活动内容是以祭祀祖先为核心,但是在一些道场中,仍然将"天官赐福"作为供奉对象。如上述吉隆坡甲洞星光岭花园社区举办的中元会,在设置的神坛中就有"天官赐福"神龛。由此可见,尽管在中元节期间,人们较少提到中元地官赦罪,更多的是与佛教有关,但是在道场上,还是有"天官赐福"神龛的法位。这些说明三官文化仍然有一定流传。

三官大帝千秋庆典和中元会能够生动地呈现三官文化,并在每年的同一时刻进行仪式的展演,并在展演的过程中,促进人们认识并了解中华文化,这对于三官文化的传承有着重要的意义。

四、文化认同

在时空谱系方面,时间上呈现的是华人对三官文化的传承,空间上彰显的是华人与其他族群的和谐相处。从时间上看,文化认同有不同的阶段,即殖民与独立。在马来西亚被殖民时期,西方殖民者出于攫取经济利益的目的,对包括三官

---

① 田野调查资料:采访人课题组成员,被采访人陈会长,地点马来西亚吉隆坡道教协会,时间2019年8月7日。

文化在内的中华文化采取自治或者说"事不关己"的做法。在马来西亚独立后，马来西亚政府曾经有一段时间对华人文化的不认同，但是在华人的坚持下以及随着中国经济实力的发展，中马关系进一步加强，马来西亚政府对华人文化有了一定的认同。从空间上看，三官文化的分布彰显了华人移民对三官崇拜的空间拓展，以及其他族群的文化理解。在族群谱系方面，强调华人移民及其后代对三官文化的认同。形式谱系通过叙事不断巩固三官文化在族群内部的传承与传播，不断彰显自我以及宣示民族身份。

1. 从时间上看，三官文化的认同因不同的历史时期而呈现不同的特点

首先，殖民时期殖民者淡漠下的传承。在西方殖民统治时期，殖民者的关注点仅在于如何获得经济利益，对华人采取自治的政策，使得包括三官文化在内的中华传统文化得到保留。马来西亚各州先后受到过葡萄牙、荷兰、英国的殖民统治，当时华人移民在葡萄牙、荷兰、英国统治者的统治下处于自治状态，"19 世纪和 20 世纪上半叶，东南亚虽然受欧美国家的殖民统治，但在自治形态下其社会文化得以保留，华人在其中也可以保留自己的语言、习俗和宗乡组织，从而可以自由表达对中国文化或中国国籍的认同与归属"。① 三官文化在这一状态下得以传承下来。

其次，马来西亚独立后，华人加强了对包括三官文化在内的中华传统文化的认同。建立马来亚联邦后，《马来西亚联邦宪法》规定：最高元首由马来人担任；所有马来人、土著等自然是马来亚联邦的公民，其他人可以经过申请成为登记公民或归化公民；申请过程中要履行一系列复杂的手续，并须具备相当多的条件。凡入籍为公民或登记为公民者不得被任命为总理。② 可见，在国民地位上是马来人优先，还有在华文教育上的一些限制等。但是马来亚联邦政府又规定"虽然将伊斯兰教作为联邦宗教，但其他宗教也能在全国范围内安全且和平地为人们所信仰"，③并强调人们的宗教信仰自由，"每个人都有权力信仰自己族群的宗

---

① 杨宏云《东南亚华侨华人的跨国实践与认同流变——以印尼华商为例》，厦门大学出版社，2017 年，第 177 页。

② 陈衍德编著《多民族共存与民族分离运动 东南亚民族关系的两个侧面》，厦门大学出版社，2009 年，第 194 页。

③ 马来西亚政府官网，原文为英文，由课题组成员翻译，https://www.malaysia.gov.my/portal/content/30116。

教。"①因此,1957 年马来亚建立联邦后,到 1993 年,36 年时间中,增加多座供奉中国传统神灵的庙宇,如 4 座庙宇供奉天地水三官:槟城高渊上清阁、槟城牛汝莪莲花殿、雪兰莪八打灵再也千百家新村玄天上帝宫、槟城爱民律青灵坛;②还有 2 座供奉天官大帝的庙宇,如霹雳丹戎红毛丹南天门玉皇宫、槟城天灵宫等。③ 从 1835 年至 1949 年,111 年的时间供奉三官的庙宇有 4 座,还有 4 座供奉天官大帝。④ 而 1957—1993 年仅 36 年时间,就有 4 座庙宇供奉三官以及 2 座供奉天官的庙宇。在这一过程中,还有 1969 年的"5·13 排华事件",使得华人更加注重自己的民族文化。这说明,当华人所居国加强对华人的政治经济等方面的控制时,华人移民会在文化方面加强对自己的母国——中国传统文化的认同,同时会在庙宇中供奉华人都认同的全国性神明,即天地水三官。在确定马来西亚国籍的身份后,马籍华人在延续中华文化传统方面有着强烈的动力。⑤

最后,1994 年以后,中马两国政府间的交往频繁且不断加强,华人对三官文化的认同处于平缓态势,一方面在空间上,三官神明的供奉空间没有增加;另一方面,在供奉的族群中,华人中一些新生代信仰的转变。1974 年 8 月 31 日中国与马来亚联邦建交后,到 1994 年以后,政治、经济、文化方面的交往与交流、互动逐渐频繁。尤其是两国历届元首的互访,进一步促进了两国之间各方面的交流与互动。马来西亚又成为中国"一带一路"倡议的东南亚的重要节点,再次使中马关系进入新阶段。在这样的背景下,华人的地位虽然没有发生变化,但是在经济领域得到很大发展。由此华人更加认同中华文化,其中的三官文化更在其列。

尽管如此,随着全球化的发展,马来西亚受到来自西方流行文化等方面的冲击,马来西亚华人后代中,尤其是年轻一代,对中华传统文化的认同出现问题。华人作为马来西亚的公民,不仅认同马来西亚的文化,还认同自己族源国的文化,"在当代全球化的过程中,人们之间共同关系以及民族认同都会被强化,形成一个基于共同的民族和历史关系之上的文化圈,这种文化圈有着较大的现实影响。在这种现实之下,同一个民族不仅有对自己国家的认同和国家文化认同,同

---

① 马来西亚政府官网,原文为英文,由课题组成员翻译,https://www.malaysia.gov.my/portal/content/30116。
② 马来西亚华人创建的一庙一路网,http://angkongkeng.com/,创建人为陈学方女士。
③ 马来西亚华人创建的一庙一路网,http://angkongkeng.com/,创建人为陈学方女士。
④ 马来西亚华人创建的一庙一路网,http://angkongkeng.com/,创建人为陈学方女士。
⑤ 杨宏云《东南亚华侨华人的跨国实践与认同流变——以印尼华商为例》,厦门大学出版社,2017 年,第 185 页。

时还有对本民族的民族文化认同（这种基于民族渊源关系上的文化认同是跨越国界的），形成了文化认同的多重性特征"。[1] 马来西亚华人的文化认同具有多重性。那么回到问题本身，即华人的年轻一代对中华传统文化的认同有些已经发生变化。龙山堂邱氏公司的创建者邱氏，其后代大多已不能使用中文。这些会影响华人的年轻一代对三官文化习俗的认同，年轻人对三官文化的认同正发生变化或者已经发生变化。以前当人们住在农村的时候，人们将香炉挂在家里的屋梁上供奉三官，但是随着城镇化的脚步，随着信徒慢慢变老，年轻一代的信徒逐渐减少，老人与年轻人同住新屋时，年轻人与老人产生分歧，老人已经不能在厅堂挂三官炉祭拜。[2] 因此，现在年轻人越来越少安置"天官赐福"的神龛或三官炉，他们有些信佛教，有些信基督教。[3]

2. 在空间上，三官庙宇的分布呈现出三官文化认同的不平衡性

马六甲作为华人最早到达的地区，未见有三官崇拜记录，而在槟城出现马来西亚最早的三官神明。这恐怕与当时两地华人族群对中国全国性信仰认同相关。在马六甲，1825 年之前，华人多来自广东，1825 年之后，来自福建的移民更多，而且福建帮逐渐成为马六甲当时人数最多的帮派，其中的佼佼者会成为青云亭的亭主，如薛佛记等，甚至成为殖民政府承认的甲必丹，如梁美吉等。[4] 这也就是说在马六甲由于福建帮的强大以及甲必丹、青云亭的建制，华人之间还不会产生特别激烈的矛盾，人们供奉大家都认可的神明的需求还不是特别强烈。但是在槟城情况有所不同。槟城来自广东、福建的移民数量相当，势均力敌，尽管他们于 1800 年合建了广福宫，作为敬神拜祭与服务社区排难息争之所，但是英人在 1808 年时起实行一种称为"饷码承包"的税收制度，将鸦片、酒、猪肉、烟草、盐等交由华人承包专卖，这样就使得华人各私会党互相竞争，甚至不惜诉诸武力。[5] 这就需要各族群共同认同的神明，天地水三官成为首选之一，因此在龙兴堂的邱公司会供奉天地水三官炉。这是来自中国的不同族群共同选择的结果。

① 郑晓云《论全球化时代的文化认同》，中国社会科学出版社，2008 年，第 27 页。

② 田野调查资料：采访人课题组成员，被采访人陈先生，地点马来西亚槟城，时间 2019 年 8 月9 日。

③ 田野调查资料：采访人课题组成员，被采访人陈先生，地点马来西亚槟城，时间 2019 年 8 月9 日。

④ 宋燕鹏《马来西亚华人史：权威、社群与信仰》，上海交通大学出版社，2015 年。

⑤ 李恩涵《东南亚华人史》，东方出版社，2015 年，第 134 页。

3. 在族群层面，华人数量、居住规模以及中国的崛起促进三官文化的认同

在族群方面，除了华人移民因不同族群之间的矛盾而认同中国的全国性神明如三官大帝之外，文化认同还与华人在马来西亚数量的多少、分布的范围有关。根据前述，至 2015 年华人人口数量在马来西亚约占总人数的 21.4%，且在吉隆坡、槟城、马六甲、雪兰莪、沙捞越等城市或州均有分布，而且集中居住。因此，人数较多、居住范围集中，能够产生较大的影响力，也就会影响马来西亚政府对华人的态度以及政策的制定。人数越少，影响力越小。还有一点也需要在文化认同中谈到，即族源国有着一定的经济实力，族群的母国在世界上或者说在两国关系中有话语权。由此华人的母国——中国的崛起促进了华人文化在马来西亚的稳定性。因此，包括三官文化在内的传统文化能够在马来西亚延续下来，华人族群的数量、力量、背后母国的经济实力等都是重要的因素。

另外，在当下，三官文化在马来西亚的文化认同方面的问题，还在于华人新生代对三官文化的认同，如前所述，曾经屋梁上悬挂的三官炉、屋外墙上的"天官赐福"等在年轻人的新居中已经很难见到。随着老一辈华人信仰群体的老去，尤其是对三官文化有相当熟悉度的老人，其后代又不能延续其影响力，当地的三官文化很有可能难以传承下去。如槟城的上清阁，为林氏家庙，林氏先辈来自广东潮州，是马来西亚华人医药总会传统治疗师。曾经每逢三官圣诞时有庆典活动，原因是该阁供奉张天师，会用到张天师的相关符咒，符咒上明示有天地水三官，因此每逢三官生日，林氏先辈都会为三官祝寿，尤其是在中元节时，会做赦罪法会，但是随着林氏先辈的老去，前来祭拜的人的数量较之以前大大减少，而且当地人更多认同盂兰盆节，对中元节地官诞辰不以为然。① 可见，三官文化在马来西亚发展的核心问题在于华人新生代对三官文化的认同。

4. 从形式谱系方面来看，叙事巩固认同

华人通过叙事巩固认同，以神明谕示讲述某个神明的旨意，以达到供奉三官的目的。借助物象如三官神像、三官炉、天官像、"天官赐福"神龛等日常生活中的可见之物，不断加强符号的指示性功能，促进人们的认同，在特定的时间如三官诞辰以三官神像、画像等再次巩固人们对三官的认知。还有三官千秋宝诞的仪式，一年三次的展演，其中中元节延续农历七月整月，进一步加强了人们的记忆，并巩固了文化认同。

---

① 田野调查资料：采访人课题组成员，被采访人林先生，时间 2019 年 8 月 8 日，地点槟城上清阁。

可见,通过三官文化谱系可以发现三官文化认同的发展状况与过程。谱系的形成离不开文化认同,而借助谱系能够进一步认识、彰显文化认同。从文化认同的发展来看,认同马来文化不影响华人对自己传统文化的认同,也不影响马来西亚华人对自己国家——马来西亚的热爱。

总之,三官文化谱系与认同是"一带一路"倡议提出的"民心相通"的重要文化基础之一。马来西亚三官文化从 1835 年发展至今,已有约 190 年的历史,空间分布与华人的居住范围相联系,以华人聚居的地区为中心。在 190 年的历史中,包括两个阶段,即殖民时代与马来西亚独立时代。在殖民时代,在自治的背景下三官文化得到一定发展;在独立时代,华人文化受到一定的抑制,但是三官文化空间进一步增加,说明华人对自身文化的认同加强。三官文化作为中国的全国性信仰,来自中国的人们容易认同。马来西亚的华人多来自福建、广东,两省有着多样化的民间信仰神祇系统,而且在两省的内部也崇拜不同的神明。在这样的情况下,马来西亚华人要实现来自不同地域华人的身份认同,非常重要的就是面对共同的神明实现认同,三官文化成为他们共同的选择。在实现三官文化的认同的过程中,形式谱系以叙事为中心,以关于三官的故事、三官塑像与指示物、三官庆典仪式等促进、巩固人们对三官文化的认同。同时我们认为天地水三官是对天、地、水崇拜的人格化,天地水对任何一个国家、任何一个民族都非常重要,强调对天地水的崇拜,能够更大范围实现文化认同。

第三节　三官文化在新加坡的谱系与认同

新加坡有史以来是华人重要的谋生地之一。从 1819 年开始,中国移民大量进入新加坡。经过近 30 年的积累,1845 年以后,华人人口比例已经超过其他种族,1860 年,华人已占总人口的 61%;进入 20 世纪,1921 年华人占总人口的75%,1947 年华人占全部人口的 78%。[1] 华人移民到来的同时也带来了家乡的神明,其中就有天地水三官。新加坡最早供奉三官神像是在 1831 年,来自马六甲的华人因经商的需要在新加坡创建了庆德会,供奉三官大帝,他们在三官大帝神像前宣誓,强调加强合作、共担事务。至今三官文化在新加坡已有 190 多年的

---

① 曾玲《越洋在建家园:新加坡华人社会文化研究》(上),江西高校出版社,2007 年,第 7 页。

历史,并形成谱系。

学术界关注新加坡华人的民间信仰,以"民间信仰""新加坡"为关键词在中国知网上搜索,发现有 13 篇论文,涉及的研究对象有妈祖、大伯公、黄老仙师、清水祖师、广泽尊王、蔡府王爷、福德正神、城隍神等,涉及的内容有仪式、信仰建构、海外传播等方面。研究新加坡华人信仰的著作有徐李颖《佛道与阴阳:新加坡城隍庙与城隍信仰研究》、邱新民《新加坡宗教文化》等。目前还没有将三官文化作为研究对象的。不过有针对中元节展开研究的论文,如伏木香织、毕雪飞《帐篷下的中元节:新加坡的社区仪式与娱乐》、李志贤《新加坡万山福德祠中元节田野调查(2015—2016 年)》、曾玲《创造传统:当代新加坡中元节研究》。由于研究重点的不同,上述研究均未从谱系的角度来思考三官文化。

有鉴于此,本节探讨三官文化在新加坡的谱系与文化认同。

一、时空谱系

自 1831 年庆德会开始供奉三官大帝以来,至今,新加坡三官文化并未达到兴盛发展的局面,在空间分布上,供奉三官的庙宇也不是很多。但是其地位不容忽视,华人初到新加坡时,为了团结一致,曾面对天地水三官大帝盟誓。

(一) 时间谱系

时间谱系分为两个部分:第一是供奉三官神明的谱系,第二是中元会或"庆赞中元"的谱系。

首先,供奉三官神明的时间谱系。新加坡的三官文化始于 1831 年,当时的庆德会供奉天地水三官大帝,1977 年庆德楼曾被列为国家保护单位,之后又因缺乏资金无法展开修复而被迫出售,到 2009 年,庆德楼不得不转让给新加坡道教协会,改名为新加坡玉皇宫。[①] 真人宫创建于 1870 年代,供奉三官大帝。[②] 玉皇殿创建于 1887 年,在合洛路,供奉主神为玉皇大帝,配祀三元大帝等神明。[③] 三清宫于 2003 年开始供奉天地水三官大帝。另外还有北海社也供奉三

---

① 丁荷生、许源泰《新加坡华文铭刻汇编 1819—1911》(上),广西师范大学出版社,2017 年,第 115 页。

② 苏庆华《马新华人研究:苏庆华论文选集 第 3 卷》,联营出版(马)有限公司,2010 年,第 183 页。

③ 邱新民《新加坡宗教文化》,《星洲日报·南洋商报》,1982 年,第 283 页。

官大帝,不过该庙是个人会员的家庙,具体供奉时间不详。[①]

从 1831 年至 1887 年,三官文化有一定的发展,之后 100 多年的时间里,随着庆德会的转让、真人宫的两次搬迁,三官文化处于缓慢发展期,到 2003 年三清宫的创建以及三官大帝的供奉,三官文化在新加坡有恢复之势。不过从时间的发展来看,三官文化发展总体较为缓慢。

其次,看庙宇宫观"庆赞中元"的情况。在新加坡,华人庙宇多会举行中元节活动,但是在庙庆日期中标示出来的仅有 7 座,如建于 1831 年的庆德会、建于 1928 年的凤山宫、1918 年的韭菜芭城隍庙、建于 1940 年的天圣坛、建于 1979 年的关帝庙,建于 1973 年的兴山坛,树头伯公暨广进殿,属于个人会员,始建时间不详。[②] "庆赞中元"的活动每年都会举办,有华人商会举办的,如牛车水商联会;有寺庙道观举办的,寺庙举办的"庆赞中元"更多的是盂兰盆会,而道观举办的"庆赞中元"更强调"中元地官赦罪",如韭菜芭城隍庙的中元节;另外还有创建时间不明的临水夫人庙,在中元会的主坛上供奉天地水三官大帝。[③]

如果说三官文化本身还处于缓慢恢复与发展时期,那么其中的中元地官文化蓬勃发展,"庆赞中元"自 1831 年中元会活动以来,已经成为新加坡的中华文化发展的标志。农历七月一个月的庆赞活动,从住家户到街道、社区、商业区以及寺庙宫观,华人均以虔诚之心为祖先祈福、为地官做寿,地官则赦免人间以及逝者的罪过,是人们供奉地官,地官回报人们,体现报本返始的传统思想观念。

(二) 空间谱系

如前述,供奉三官的庙宇有 5 座:庆德会在牛车水区域内的直落亚逸街 150 号(已成为玉皇宫)、真人宫在红山区、玉皇殿在合洛街、三清宫在勿洛北区第四道 21 号、北海社位于贝克多商业中心附近。除了这些庙宇之外,三官文化更融入人们的日常生活中,芽笼很多家门口都有"天官赐福"的神龛。"庆赞中元"是农历七月新加坡的重要节日活动,遍布新加坡的整个地域。

通过时空谱系可见,在新加坡,相比较而言,尽管供奉三官大帝的庙宇不是很多,但是三官曾经融入人们的生活,有着重要的地位。

---

① 北海社可能为私人庙宇。2006 年由新加坡道教总会进行登记造册,至 2019 年,已经发生很大变化,课题组去调查的时候,电话已经不能接通,地方也发生很大变化,周围的居民也无人知晓。

② 徐李颖主编《新加坡道教总会会员名录》,内部资料,2006 年。

③ (日)田仲一成《关于〈黄录九幽醮无碍夜斋次第仪〉的流传地域》,连晓鸣主编《天台山暨浙江区域道教国际学术研讨会论文集》,浙江古籍出版社,2008 年,第 367 页。

二、族群谱系

三官文化作为中国的全国性信仰,随着华人的迁徙而传播到新加坡。这些华人移民主要来自中国福建、广东和海南等地,"其中大部分是福建人,其次是潮州人、广府人、客家人和海南人等"。① 新加坡在 1819 年由英国殖民者开埠,开埠到 1963 年,加入马来西亚联邦,再到 1965 年独立,至今已有 205 年时间,华人一直是新加坡人口总数最多的民族。"早期的新加坡福建移民主要来自闽南的漳州、泉州和永春,操闽南语,最早的方言组织是闽帮领袖薛佛记倡建的坟山组织恒山亭义冢"。② 如下表 7 - 1 所示,1819 年至 1957 年华人人口数量及祖籍分布情况。

表 7 - 1　新加坡 1819 年至 1957 年华人人口数量及祖籍分布情况表

单位:人

时间	人口总数	华人人口数	福建	广府	客家	潮州	琼州	广西	其他
1819	150	30	—	—	—	—	—	—	—
1820	4 724	1 150	—	—	—	—	—	—	—
1823	10 683	3 317	—	—	—	—	—	—	—
1830	16 634	6 555	—	—	—	—	—	—	—
1834	26 329	10 760	—	—	—	—	—	—	—
1836	29 984	13 479	—	—	—	—	—	—	—
1881	—	77 139	22 981	21 023	—	22 644	8 319	—	272
1921	—	315 877	—	—	—	—	—	—	—
1931	560 165	403 772	186 467	94 742	19 317	82 405	19 896	945	—
1937	644 181	498 549	—	—	—	—	—	—	—
1947	940 824	730 133	312 433	157 980	40 036	157 188	52 192	742	9 582

---

① 孔庆山主编《新加坡社会文化与投资环境》,世界图书广东出版公司,2012 年,第 7 页。

② 朱寿清《实用主义主导下的新加坡教育》,云南大学硕士论文,2010 年。亦见于林琳《当代新加坡华人宗教信仰研究》,云南大学硕士论文,2015 年,第 38 页。

(续表)

时间	人口总数	华人人口数	福建	广府	客家	潮州	琼州	广西	其他
1953	—	860 500	341 000	18 6000（含广西）	47 200	185 300	62 400	—	38 600
1956	—	965 274	—	—	—	—	—	—	—
1957	1 445 930	1 090 570	446 000	236 000	60 000	234 000	79 000	—	35 570

注:1931年的人口总数560 165,是根据华人占总人口数的74.9%计算所得。福建人口总数186 467＝福建180 108＋福州6 359。

1947年福建人口数312 433＝福建289 167＋福州9 477＋兴化7 466＋福清6 323。1953年的数据为约数,与总数差9人。

数据来源:根据唐志尧编《新加坡华侨志》的人口数据整理所得。[①]1881年的数据来源于(清)李钟珏著,许云樵校注《新加坡风土记》,[②]其中华人总数77 139中未包括三州府9 527人。三州府是指海峡殖民地,即槟榔屿、马六甲、新加坡。

从表7-1可知,1819年到1881年,华人的数量在逐渐上升,1881年77 139人,其中福建人、广府人、潮州人的数量相当。1931年,福建人的数量远远超过其他族群,之后1947年、1953年、1957年均是如此,而广府人与潮州人在数量上比较接近。

再看2010年与2020年根据方言确定的人口数据。[③]

由表7-2可知,仍然是说闽南语的人口数量最多,达到百万以上,且人口数量均呈现上升的趋势。

表7-2 2010年与2020年不同祖籍地的方言人口数

单位:人

年份	人口		方　言								
	总人数	华人	闽南	潮州	广东	客家	海南	福州	兴化	上海	其他
2010	3 771 721	2 793 980	1 118 817	562 139	408 517						
2020	4 044 210	3 006 769	1 180 599	583 963	429 329	259 153	183 312	76 679	26 702	22 503	244 529
变化	＋	＋	＋	＋	＋		＋	＋	＋	＋	＋

① 唐志尧编《新加坡华侨志》,华侨文化出版社,1960年,第18-33页。

② (清)李钟珏著,许云樵校注《新加坡风土记》,南洋书局有限公司出版,1947年,第8页。

③ 新加坡统计局官网,https://www.singstat.gov.sg/publications/cop2010/census10_stat_release1, https://www.singstat.gov.sg/-/media/files/publications/cop2020/sr1/cop2020sr1.pdf,2021年11月7日。

在前文中,我们已经论述过在闽南有着较为丰富的三官文化表现,是闽南人将三官文化带到新加坡。与马来西亚相比,福建移民的数量占比最高,且多来自漳泉,说明新加坡华人族群之间的地域矛盾没有那么突出,并不需要一个更高阶的神灵来实现不同华人族群之间的认同。因此,我们认为,从竞争关系来看,来自闽南的移民及其后裔没有受到来自其他地区的华人移民的挑战,这或许是新加坡三官文化不兴盛的可能原因之一。

三、形式谱系

(一) 语言叙事:三官的解释性叙事

在新加坡,三官文化的语言叙事属于解释性质的神话,有口头、书面以及碑刻等形式。

首先,在口头叙事方面,在三清宫、真龙宫采访中,道长认为尧舜禹三官仅是一种说法,道教认为三官指天地水。[①] 其次,在书面叙事方面,在道观免费发放的关于神像介绍的册子中,对三官大帝进行了解释,"三官大帝指的是天官、地官和水官三位尊神。中国上古就有祭天、祭地和祭水的礼仪。东汉时,祖天师创立天师道,就以祭祀天地水三官,上三官手书作为道教徒请祷治病的方法,'其一上之天,着山上;其一埋之地;其一沉之水。谓之三官手书。'南北朝时,天地水三官神和上中下三元神合二为一。'天官'为上元一品赐福天官,紫薇大帝,隶属玉清境。天官由青黄白三气结成,总主诸天帝王。每逢正月十五,即下人间,校定众生罪福。故称天官赐福。'地官'为中元二品赦罪地官,清虚大帝,隶属上清境。地官由元洞混灵之气和极黄之精结成,总主五帝五岳诸地神仙。每逢七月十五日,即来人间,校戒众生罪福,为人赦罪;并大赦地狱众生个,得离地狱。'水官'为下元三品解厄水官,洞阴大帝,隶属太清境。水官由风泽之气和晨浩之精结成,总主水中诸大神仙。每逢十月十五日,即来人间,校戒众生罪福,为人消灾解厄。三官大帝圣诞:天官正月十五日,地官七月十五日,水官十月十五日"。[②] 三官是指天地水三官,天官赐福、地官赦罪、水官解厄,三官生日即中国农历的正月十五日、七月十五日、十月十五日。除此之外,真龙宫也讲述了天地水三官大帝

---

① 田野调查资料:三清宫与真龙宫的资料为采访所得,采访人课题组成员,时间 2019 年 8 月 3 日,地点三清宫、真龙宫。

② 调查资料:三清宫介绍彩页,调查人课题组成员,时间 2019 年 8 月 3 日,地点新加坡三清宫。

的神话,三官生日为中国农历的正月十五日、七月十五日、十月十五日,均有相应的庆典活动。最后,在碑刻方面,庆德会供奉天地水三官大帝。当时来自马六甲漳泉集团的商人等在创建庆德会时,在三官大帝的神像前发誓结为兄弟。[①]

总之,在新加坡,三官文化特指天地水三官,同时形成了一些以口头、书面等表现形式的解释性叙事。

(二)物象叙事:三官文化的多彩呈现

新加坡三官文化的物象叙事包括三官塑像、《天官赐福》版画、"天官赐福"神龛、"庆赞中元"的场景布置等内容。

1. 三官塑像

在新加坡,三官塑像有着不同的表现。原庆德会的三官塑像可能供奉在天福宫,[②]三官塑像的详细情况还有待进一步调查。真龙宫是由真人宫等四座庙宇整合后形成的新的庙宇,真人宫供奉三官大帝,2019 年 8 月调查时,真龙宫正在建造中,神像集中在一间大屋中集中供奉。三官塑像高约 20 厘米,金身,红绶带。三清宫的三官塑像来自中国福建,2003 年开始供奉,地官神像造好后先供奉,其次是天官与水官。三官为金身、坐像。从中国福建请三官大帝,是新加坡三官文化是中国三官文化谱系的在地理范围上的延展,同时也预示着道教文化交流的进一步发展。

2.《天官赐福》版画

新加坡的《天官赐福》版画,是中国版画的传承。该版画构图严谨,单边黑框,上方有双龙戏珠的图案,其下有"天官赐福"的匾额,匾额下又以单边重勾内框,内框中上下为各位神灵,之间有如意云纹相伴,上方右侧空白之处以华盖为饰,下方左侧下角以半个转轮为饰。其中共有 6 位神仙,天官位于上排左起第一位,无须,戴翅官帽,着官袍,手持经卷;居中一位头戴官帽,手持如意;右侧一位披甲,持立斧;下列左起一位倚龙头而立;中间一位文官装束,持杖;最后长须武将,着武服,手持锤。6 人的位置等份相等。除天官外其他几位神灵的面目难以辨认,一般来说手持如意是禄官,两位武将可能为门神。[③] 这种以天官为名的赐福版画,是"天官赐福"意蕴在民间的体现,将各种不同的神灵放在一起,共同为

① 丁荷生、许源泰《新加坡华文铭刻汇编 1819—1911》(上),广西师范大学出版社,2017 年,第 115 页。

② 丁荷生、许源泰《新加坡华文铭刻汇编 1819—1911》(上),广西师范大学出版社,2017 年,第 115 页。

③ 韩丛耀主编《中华图像文化史·皮影卷》,中国摄影出版社,2016 年,第 338 页。

百姓赐福,具有群神共祝的幸福意象。

3. "天官赐福"神龛与"庆赞中元"的场景①

在芽笼,很多人家门口有"天官赐福"的神龛,商家门口还有"庆赞中元"的祭坛。形成具有中华文化特征的文化景观。

首先,芽笼的 22 巷、24 巷、24a 巷多有"天官赐福"的神龛,一般设在门口的立柱或外墙上。符氏社(世界符氏商会新加坡联络处)门口的左侧墙壁上有"天官赐福"的神龛,神龛的正中间书"天官赐福"四个大字,有对联一副:"大降世间财、神赐如意□"。普通人家的"天官赐福"神龛上左右两条龙,对联为"朔望三叩首,晨昏一炷香"。顺兴社旁边也有"天官赐福"神龛,对联仍为"朔望三叩首,晨昏一炷香"。刘关张赵古城会馆的"天官赐福"神龛与顺兴社的神龛、装饰以及对联相同。还有的写着不同的对联,如在神龛的"天官赐福"四个字上面写着"迎祥"二字,对联为"天降财源广,神赐安康宁",神龛前有蜡烛与供品。另外,在芽笼的街上,有三官庙一处,大门紧闭,通过铁栅栏可以看到三官庙的牌子,里面已是杂草丛生。

其次,"庆赞中元"分为民间与道观两种情况。在民间,农历七月的新加坡以"庆赞中元"为名,各商家、各社区、各道观均有该活动。在芽笼有"无招牌"餐厅,该店设"庆赞中元"的祭台,可以称得上是一部立体的美术画卷,上面的帘幕书:庆赞中元。祭台上有醮联:普度众生脱苦海,□□幽魂登□□。图像是寿星老人,供品有两个柚子、两个菠萝,苹果、梨子、桃子、饮料等,桌围上绣有菊花、龙以及"庆中元"三字。还有潮州江夏堂的门口有"庆中元"祭台。在祭台上有"庆中元"三个字的香桶,两边插蜡烛,香桶右边是"江夏堂已故历代先贤之神位"的牌位,桌围上面是八仙过海的刺绣像,下面绣五只狮子两朵花,中间一只大狮子,额头上有王字,四只小狮子在周围,两朵花上下各一朵。

牛车水是新加坡著名的华人商业街,"庆赞中元"是农历七月非常重要的活动之一,街道上挂着横幅,上书"牛车水大庆中元会",以及"庆赞中元"四个大字,庆赞中元的左边是小字"七月吉立",右侧是"101 生果、李福明、何少华同喜敬"。可知是商家所做的横幅。在牛车水大厦内,也设有"庆赞中元"祭台(祭台有围帘,上书牛车水大厦中元会,所绣图案为二龙戏珠),布置非常华丽,里外三层,最里层书"牛车水大厦中元会　合境平安",对联为"烟生香里祥云合,花发灯前瑞

---

① 田野调查资料:调查人课题组成员,时间 2019 年 8 月 3 日,地点新加坡芽笼、牛车水、真人宫等。

色明",图案为寿星、蝙蝠、鹿、鹤,意寓福禄贺寿之意;中间层对联是"金炉永结平安字,银台长悬富贵花",对联中间是"牛车水大厦中元会 合境平安,左书戊子年,右书兴隆菜社、琼华猪肉粥喜敬";第三层对联是"香烟盘绕呈吉祥,灯烛光辉映瑞色",对联中间"牛车水大厦中元会庆赞中元,左书某某年,右书黄耀光 明发鱼圆面喜敬"。最外层左右两侧为所绣的龙帘。祭台外的左侧是"大士爷"(大士爷尚未开眼,处于蒙面的状态,大士爷右手拿令箭,上书"分衣施食"),大士爷头上有一尊观音菩萨的神像,右侧是新加坡的国旗。祭台附近还有白无常,以及3个坐着的蒙着脸的纸人,都没有开眼,旁边有一桌及8张椅子(圆凳),桌布中间是金鱼与牡丹画图案,周围是"牛车水大厦中元会,落款为乙未年古福□,喜敬",另外还列有"各界善男信女标投福物芳名"的名单。

在道观同样有祭坛。在芽笼的安圣宫设有祭坛,祭桌上有香炉,两边有香烛,右侧是菠萝,菠萝前面是香炉,香烛前面是祭灯,有酒六杯,供品还有苹果、梨子、橙子、香蕉食用油、两种饮料等。桌围上面是八仙的绣像,下面是一对狮子、花。祭桌上方有帘幕,上书"安圣宫庆赞中元",两边还有写有"庆赞中元"的大红灯笼。

中元节是新加坡华人的重要节日之一,随着历史的发展,已经形成了"庆赞中元"月的文化奇观。在新冠疫情前,每年暑假来自中国的游客众多,游客可以在新加坡的"庆赞中元"文化景观中发现中华传统的祭祀文化,同时形成共情与反观,再次认识并发现自我文化的价值,进而形成对自我文化的认同。

综上,三官塑像、天官赐福版画、天官赐福神龛、庆赞中元的场景等以物象的形式传承传播三官文化,形成文化景观,尤其是"庆赞中元"已然成为新加坡具有特色的文化景观,这一景观对于新加坡华人是耳熟能详的文化,对于中国人则是中华传统文化在异域的传承;对于来自其他国家的游客则是文化奇观,他们可以在此领略中华文化在新加坡发展后的风采,形成文化尊重与理解。

(三)行为叙事

行为叙事是在特定的时间、特定的空间以行动的方式进行情节的铺陈与展示,不仅区别于日常生活,而且有着极强的目的性,有着加深记忆、巩固凝聚力以促进文化认同的功能。如果说物象叙事能够引起神话故事等的讲述,那么行为叙事则是物象叙事、语言叙事的集中展示与讲述,没有不叙事的行为,没有不展示物象的行为。行为叙事过程中,物象叙事以及语言叙事会被融入其中,三者共同讲述、展示关于神明的文化意象。在新加坡,三官文化的行为叙事主要为三官的生日庆典,其中最盛大的为中元节,即"庆赞中元"。民间、道观多有庆典仪式。

根据记载,在民间,三官圣诞的庆典活动起于马六甲漳泉集团于 1831 年在新加坡创建的庆德会,"庆德会成立于 1831 年,位于 150 号直落亚逸街,是新加坡早期福建商人的互助团体,创始人是 35 位侨生华人中介商,他们在三官大帝(赐福天官紫微大帝、赦罪地官清虚大帝、解厄水官洞阴大帝)灵前发誓结为兄弟,每年的新炉主从旧炉主手中接过任务时,这个隆重仪式必须在农历正月十五日上元节和三官大帝神祇前举行。所有会员也必须在七月十五中元节和十月十五下元节出席祭祀三官大帝盛典"。① 庆德会在 2009 年转让给了新加坡道教协会,且更名为新加坡玉皇宫。② 我们已经无法知道当时的盛况,但能够发现仪式的严肃性,对三官的敬畏性,盟誓的庄重性以及背后所强调的一诺千金的诚信品格。不过三十五位华人的后裔之间是否还在维持这种虚拟的亲属关系,当年对着三官盟誓的誓言是否还在当下传承,还需进一步的田野调查。

20 世纪三四十年代,英国殖民地、日本侵略占领时代,乡村人每年农历七月会组织中元会,他们通过打杯(即一种祈祷神灵的方式)的方式选出炉主或头家来负责中元会,活动经费由会员凑份子,再由炉主挨家挨户收份子。中元会时有很多供品,在拜完地官等神明后,这些供品会作为福分返回给信众。其中的法事有混元道坛、本地法事、城隍庙诵经团诵经、铁罐施食科仪。③

"庆赞中元"的活动延续至今,如前所述,在商业街区如牛车水、很多住宅区的附近多有设置祭台及供品,祭拜的时间一般是在农历七月初一、十五和三十日。④

在道观,三元节是重要的神明圣诞日。约建于 1870 年的真人宫与龙山亭、介谷殿及万仙庙 4 间庙宇组成真龙宫,组成时间为 1970 年代,真人宫占据主导地位,真人宫中供奉三官大帝,三官有关的活动是在农历九月二十五日,是为"换取三官大帝镇宅平安旗"。⑤ 这则材料源于《众神的新联邦:以新加坡联合庙为

① 丁荷生、许源泰《新加坡华文铭刻汇编 1819—1911》(上),广西师范大学出版社,2017 年,第115 页。

② 丁荷生、许源泰《新加坡华文铭刻汇编 1819—1911》(上),广西师范大学出版社,2017 年,第115 页。

③ 田野调查资料:采访人课题组成员,被采访人吉博士、黄道长,时间 2019 年 8 月 2 日,地点新加坡三清宫、韭菜芭城隍庙。

④ 田野调查资料:采访人课题组成员,被采访人吉博士、黄道长,时间 2019 年 8 月 2 日,地点新加坡三清宫、韭菜芭城隍庙。

⑤ 苏庆华《马新华人研究:苏庆华论文选集》,联营出版(马来西亚)有限公司,2009 年,第 184页。

探讨中心》,论文中提到的最近的时间是 2007 年,也就是说在 2007 年以前有"换取三官大帝镇宅平安旗"的活动。但是,课题组在 2019 年调查时,真龙宫的神明千秋日目录表内已经有天地水三官的庆典活动,"2019 年 2 月 19 日(农历正月十五)天官千秋日,2019 年 8 月 15 日(农历七月十五)地官千秋日,2019 年 11 月 11 日(农历十月十五)水官千秋日"。① 其中的原因还有待于进一步的田野调查。

韭菜芭城隍庙有三元节的道场。上元节、下元节的活动有庙戏演出、歌台,以及非常重要的拜太岁活动。中元节仪式分为两场:一是农历七月十三日作中元普度,历时 4 个小时,由全真派黄信诚道长和诵经团共同完成。仪式过程包括请救苦天尊,上表,招魂,诵经,闻法,铁罐施食,这一仪式过程不对外开放。二是农历七月十五日,白天由新加坡正一派混元道坛陈国显道长主持"中元普度"仪式,晚上则举行"中元会标福物"活动。② 这两场仪式都在韭菜芭城隍庙的庙埕里举行,临时戏台被拆除留出一大片空地,搭建起"放焰口"所需的三座祭坛:主坛、灵坛、大士坛。主坛正中供奉城隍神像,后面是三清道祖的画像,左侧是纸扎的"大士爷"彩绘像,右侧是"逍遥阁",放置床铺、灶台、厕所,床铺上有赌具、香烟、啤酒等,这是为孤魂野鬼所设。大士爷彩绘像为坐像,面貌凶悍,传说大士爷是鬼王,统辖阴间众鬼。因大士爷面貌凶恶,人们对鬼又有恐惧心理,于是就用观音这种慈悲的化身来安抚和控制鬼王,以消除人们对鬼王的惧怕。所以一般在大士爷头上都有一个小小的观音像。③ 另外"标福物"活动在新加坡中元节时非常兴盛,每年中元节都会在中元宴会上进行标福物。所谓福物是指具有宗教意义且寓意美好的物件。类似于拍卖过程,由主持人给出底价并"喊标",中元会的会员自由出价,价高者得福物。因福物寓意美好,得福物者会将其带回家,待下年中元会时再将标福物的钱交给中元会,作为中元会的基金。④

在三清宫,中元节时有三天道场,时间是农历七月二十三至二十五日,对信

---

① 田野调查资料:庙宇千秋日介绍资料,摘抄人课题组成员,时间 2019 年 8 月 3 日,地点新加坡真人宫。
② 徐李颖《九十春秋——新加坡韭菜芭城隍庙史记》,韭菜芭城隍庙联谊会,2007 年,第 109 - 111 页。
③ 徐李颖《九十春秋——新加坡韭菜芭城隍庙史记》,韭菜芭城隍庙联谊会,2007 年,第 109 - 111 页。
④ 徐李颖《九十春秋——新加坡韭菜芭城隍庙史记》,韭菜芭城隍庙联谊会,2007 年,第 112 页。

众开放,超度善男信女的祖先、往生灵魂,程序包括请水、招关、张榜、设招、破地狱、渡桥、诵三官经、救苦经,为幽科超度科仪。①

除了节日期间的仪式之外,节日的歌台演出,是集行为、景观、语言叙事为一体的娱神形式,一方面是对传统的传承,另一方面也是顺应时代的创新。在农历七月一整月的时间里,每天都有歌台演出,而且当地的报纸如《新明日报》和《联合晚报》会提前登出节目预告,告知大家当晚和第二天晚上歌台的时间和地点,以下是调查期间收集到的部分歌台信息的汇总,即表7-3:

表7-3 新加坡农历七月歌台演出时间表(部分)

演出时间	歌台	地点	乐队	司仪
农历七月初一(2019年8月1日)	丽星娱乐制作—狮城八海宫中元会	淡滨尼45街大牌490B(特别来宾:明珠姐妹)	飞鹰	王雷
	晓英娱乐制作	美世界中心	X4	林伟华
	城市购物中心—中元会之夜	城市广场(7:30开始)	飞航	奇贤
农历七月初二(2019年8月2日)	丽星娱乐制作——煤气部中元会	圣诺哥道26号(特别来宾:明珠姐妹)	飞鹰	林茹萍 王雷
	旅者歌台	裕廊西51街大牌509	旅者	珍妮
	晓英娱乐制作	美世界中心	X4	Irene Lee
	美星娱乐制作	新民路大牌22	达人	许琼芳
	情花歌台秀	裕廊西52街大牌52B	梦者	皓皓
农历七月初三(2019年8月3日)	丽星娱乐制作—洛阳阿伯同乡中元会	永安路大牌362对面草场(特别来宾:明珠姐妹)	大班	奇贤
	旅者歌台	裕廊海港路27A	飞鹰	承泽
	旅者歌台	后港大牌157(特别来宾:黑人伟宗)	旅者	吕伟伦

---

① 田野调查资料:采访人课题组成员,被采访人吉博士、黄道长,时间2019年8月2日,地点新加坡三清宫、韭菜芭城隍庙。

(续表)

演出时间	歌台	地点	乐队	司仪
	无招牌歌台秀——红山巷中元会	红山 3 巷大牌 1004 旁	四季	刘心玲
	荣华娱乐制作	宏茂桥 4 道大牌 628	骑士	陈诗婷
	群星娱乐制作	KB1 - 加基武吉 3 道	珍霓	王雷
	528 歌台秀	宝发西路	X4	黄碧华
	528 歌台秀	振瑞路大牌 51/52 广场	金韵	梁爱瑜
	划越娱乐制作（精义舞台秀）——帝国科教中心中元会	加基武吉 3 路 30 号	X4 城士	蓝天　陈凯晴
	圣尼卡舞台秀	淡滨尼 12 街大牌 161	白狗骨	李宝恩
	星马艺人歌台　中元会 50 周年	友诺士地铁旁边（下午 4 时开始）	白狗骨、飞航	陈建彬、刘心玲、曾泳恒（上半场司仪）皓皓、杨珺婷、婷婷（下半场司仪）
农历七月初四（2019年 8 月 4 日）	旅者歌台	厦门街熟食中心	白狗骨	阳光可乐
	旅者歌台		飞鹰	王雷、李佩芬
	旅者歌台		旅者	宝贝姐妹
	情花歌台秀		梦者	小雅雅
	荣华娱乐制作	云南园　特别来宾：张嘉凌　黄裔婵（6:30pm 开始）	威乐斯	皓皓、冯高美
	精义舞台秀—兴忠宫之夜	宏茂桥 10 道第 408 座	新蚱蜢	吕伟伦、许琼芳、刘玲玲
	528 歌台秀	武吉甘柏 5 道 3 街大牌 372/374	X4	杨珺婷、梁爱瑜

（续表）

演出时间	歌台	地点	乐队	司仪
	义顺南超级星期日歌台秀	MPC@ Khatib（卡迪地铁站对面）	大班	陈建彬/林茹萍
	无招牌歌台秀—金文泰中心巴刹中元会	金文泰3道大牌448旁（7点开场，特别嘉宾：温婉婵、黄清元、宝岛顶尖舞群）	新蚱蜢	刘玲玲、陈建彬
	无招牌歌台秀—八达中元会	裕廊西42街大牌406旁	飞鹰	皓皓、李佩芬
	旋音歌台—森林商业中心中元会	雅柏街六马路	白狗骨	珍妮
	精义舞台秀—关忠坛之夜	宏茂桥大牌207	大班	王雷、阳光可乐

资料来源:2019年8月1日至4日新加坡《新明日报》《联合晚报》。

在农历七月期间,《新明日报》《联合晚报》每天都会以一个版面的内容来报道歌台的情况,同时为歌台做出预告。歌台成为一些人在七月的主要娱乐方式。在传统中,三元节演庙戏,具有娱神的功能。歌台也继承了这一传统,歌台观众席的第一排或前几排是不坐人的,要留给祖先、好兄弟。歌台属于无彩排的演出,其间有很多的笑料,观众在欢笑中度过中元节。歌台的高峰时期是在农历七月二十四日,会有30台以上的歌台同时在新加坡的不同地点演出。[①]

可见,三元节一方面呈现了中华文化在新加坡的本土化,另一方面也使得中华文化在新加坡有所传承与发展。尤其是"庆赞中元",以行为叙事的方式成为新加坡华人共享的文化盛宴。同时也将中国人的品德传承下去,真诚供奉祖先是我们中国人的慈悲之心,也是地官大帝的宽容包容的胸怀,是善意、孝道、感恩的表现。[②]

四、文化认同

文化认同是谱系形成的重要因素之一,没有文化认同,就不可能有时间上的

---

① 《农历七月二十四最旺　全岛乐队不够用》,新加坡《联合晚报》,2019年8月2日。

② 田野调查资料:采访人课题组成员,被采访人黄道长,时间2019年8月2日,地点新加坡韭菜芭城隍庙。

延伸,也不会有空间上的扩展,以及族群对文化的传承,也就不会出现语言、物象、行为、媒体等方面的叙事。

三官文化的认同是以华人为中心的,第一代华人移民因在祖国受到传统文化的影响,其倾向性认同几乎没有问题,但是在华人移民的后代成长起来之后,他们中有些人对三官文化的认同就从倾向性转向为尊重和理解。从 1980 年到 2010 年,"反映在人口普查数据上,新加坡华人信仰传统宗教的人数,在华人总人口数中所占的比例,呈现出持续下降的趋势"。[①] 对于文化的发展来说,族群的认同是非常重要的,尤其是倾向性认可,直接决定了文化的存亡。当倾向性认可的群体越大,文化就越兴盛,反之,文化则有消亡的危险。文化认同还包括尊重与理解。在总人数一定的情况下,尊重与理解的人数越多对于该文化的发展越不利,在总人数不变的情况下,尊重与理解的人数增加,倾向性认可的人数就会下降。就三官文化来说,倾向性认可越多,对其发展就越有利;尊重与理解的旁观者越多,对其发展就越不利。因此,三官文化在新加坡的文化认同呈现出这样的特点,对包括三官文化在内的中华传统民间文化的倾向性认同的人数少于尊重或理解式认同的人数。

不过华人群体也注意到这一变化,道教在新加坡的进一步发展即是明证。1979 年新加坡三清道教会成立,1990 年新加坡道教总会成立,1996 年新加坡道教协会成立。2006 年,出版《新加坡道教总会会员名录》,宫庙会员 70 名,个人会员 98 名,共计 168。2008 年 12 月,新加坡道教学院正式成立。截至 2013 年 5 月,"新加坡道教总会"会员共有 479 个,为发展青年信徒,新加坡道教总会成立了青年团,并建立了英文网站。[②] 在道教总会的会员中,就有供奉三官大帝的,如玉皇宫、真人宫、三清宫等。可见,新加坡道教界已经注意到应该发展属于华人的传统宗教。这也促进了三官文化在新加坡的发展,三清宫于 2003 年开始供奉三官大帝即是如此。这一变化的结果,即倾向性认同的人数有望增加。

除了上述的族群谱系之外,还有形式谱系,其是文化认同形成与巩固的重要基础。从文化认同的角度看,语言叙事与物象叙事是信众在日常祭拜神灵以及神诞日所要讲述的神话故事,有利于巩固认同;而对于非信众,通过语言叙事和物象叙事了解神明,形成对该神明的尊重与理解,有可能实现倾向性认可。行为叙事包括两方面:一是对神明的日常祭拜,二是神诞日对神明祭拜的仪式过程。

---

① 林琳《当代新加坡华人宗教信仰研究》,云南大学硕士论文,2015 年,第 38 页。
② 林琳《当代新加坡华人宗教信仰研究》,云南大学硕士论文,2015 年,第 38 页。

每年三次的神诞日有助于巩固信众的文化认同,有利于非信众进一步认识与理解相关神明,实现华人的倾向性认同。

另外,华人与祖籍家乡的互动也是文化认同的表现,华人张让生在祖籍地中国福建宁化石壁捐款建三官庙等即是如此,1987 年到 1995 年近十年的时间里,有很多海外客家人回宁化探亲,新加坡的客家华人张让生到宁化石壁寻根,捐款募款修复张氏家庙及三官庙等古代建筑。① 宁化石壁三官庙的修复说明客家华人对三官的认同。

总之,三官文化在新加坡的谱系的形成,离不开认同。

第四节　三官文化在东亚和东南亚其他国家的发生发展

就目前的资料来看,在东亚的日本、朝鲜半岛,东南亚的泰国、印度尼西亚等,天地水三官更多是以配祀神的身份出现。②

一、三官文化在东亚

1. 三官文化在日本

三官文化在日本一方面与道教传入后与当地文化相融合有关,另一方面与民间移民的带入有关。首先,道教在魏晋以后传入日本,到唐宋两朝,道教在日本得到进一步传播。随着道教的进入,道教与日本的民间信仰相结合,促进道教的本土化发展。三官文化在这一过程中,进入日本,形成三官文化的本土化,如阴阳道中的天曹地府祭,该祭祀要供奉冥道十二神,其中有天地水三官。"天曹地府祭"曾有着重要的地位,即取代日本传统的"大尝祭",成为一项重要的国家礼仪。③ 由此可见,在日本的传统中,天地水三官已然为日本民众所认同,成为其重要的神明之一。

其次,海洋移民将民间三官文化带入日本,主要是在长崎。长崎有很多来自中国的海洋移民,如三江帮(据三江会所碑记载称,三江者江南、江西、浙江是

---

① 余达忠《旅游时代的文化叙事:闽西的客家化进程和客家符号的建构》,广西师范大学出版社,2018 年,第 139 页。

② 吴智刚《21 世纪海上丝绸之路与妈祖文化》,广东旅游出版社,2017 年,第 118 页。

③ 孙亦平《道教在日本》,南京大学出版社,2016 年,第 291 页。

也)、①福州帮、漳泉帮、广帮等,他们在长崎建造的庙宇有兴福寺、崇福寺、福济寺、广州寺,合称为"唐四寺",供奉家乡神明如妈祖、观音、关公等,配祀三官大帝。② 兴福寺由江西吉安人欧阳云台于 1615 年创建,主祀妈祖,配祀关帝和三官大帝。③ 崇福寺又称为福州寺,1629 年,由福州的王引、何高材、魏之琰、林仁兵卫等倡议集资,在高野平乡创建。④ 崇福寺内设妈祖堂主祀妈祖,配祀三官大帝。⑤ 该庙在当时还成为凝聚在日华人人心的重要场所。1637—1658 年,恰值清初,福州人为躲避清政府的压迫,很多人移居长崎,每年都有一天以该寺为中心举办庙会,人们在庙会中,亲友得以团聚,乡党得以相聚。⑥ 明末清初,中国商船进出长崎港都会举行送迎神灵的仪式,将船上供奉的妈祖、观音、关帝、三官大帝神像迎入佛寺,供奉在妈祖棚内;到商船返航中国时,再举行仪式将神像送回船上,这些神灵在长崎的供奉是通过兴福寺、崇福寺、福济寺三个佛寺轮流来实现的,延续到日本幕府后期。⑦ 这说明福济寺也供奉三官大帝。另外广州寺同样供奉三官大帝。⑧ 不过,尽管历史上三官大帝曾因华人而进入长崎,但是其在长崎是否还有遗存,还需要进一步的田野调查。

2. 三官文化在朝鲜半岛

朝鲜半岛包括朝鲜、韩国,因二者有着相同的历史,故放在一起阐述。

三官文化在朝鲜半岛的情况是以时间谱系呈现的。根据朝鲜学者李能和的研究,崇拜三官的五斗米教在中国唐朝时期已经进入朝鲜半岛,"李能和曰:《三国遗事》云:武德、贞观间,国人争奉五斗米教。唐高祖闻之,遣道士,送天尊像来,讲《道德经》,王与国人听之。五斗米教之入来也,高句丽国人欢迎,而争奉之者钦"。⑨ 后至唐朝末年朝鲜的崔致远,十二岁到中国,十八岁考中进士,有着较

① 池步洲《日本华侨经济史话》,上海社会科学院出版社,1993 年,第 224 页。
② 王荣国《海洋神灵:中国海神信仰与社会经济》,江西高校出版社,2003 年,第 199 页。
③ 詹石窗总主编《百年道学精华集成第 2 辑·神仙信仰卷 6》,上海科学技术文献出版社,2018 年,第 411 页。
④ 华侨华人百科全书·社区风俗卷编辑委员会《华侨华人百科全书·社区民俗卷》,中国华侨出版社,2000 年,第 55 页。
⑤ 李天锡《海外与港澳台妈祖信仰研究》,华夏出版社,2008 年,第 24 页。
⑥ 《华侨华人百科全书·社区民俗卷》,中国华侨出版社,2000 年,第 55 页。
⑦ 王荣国《海洋神灵:中国海神信仰与社会经济》,江西高校出版社,2003 年,第 199 页。
⑧ 上海侨史学会编《上海侨史论集 4》,上海华侨历史学会,1998 年,第 182 页。
⑨ (朝鲜)李能和辑述,孙亦平校注《朝鲜道教史》,齐鲁书社,2016 年,第 27 页。

好的汉文修养,曾撰写《三元斋词》,说明其对道教的认同与传播。① 在文人撰写的青词中也有上中下三元的内容,如《上元青词》《神格殿中元醮礼三献青词》《下元醮三献青词》。在李朝时有三元醮与三界醮,"太宗十四年甲午冬十月甲申夜,雷电风雨震龙仁金岭驿,北山松宿鸟多死,遣代言徐选于昭格殿,因下元醮,以禳之。世宗二年庚子春正月甲寅,是夕,值上元,行三界大醮于昭格殿,而以宗庙大享,当省牲宰杀"。经文《九天应元雷声普化天尊说玉枢宝经》亦传入朝鲜,当人们生病时,会请盲人诵念该经,该经中就提到三官。

二、三官文化在东南亚

1. 三官文化在泰国

在泰国,三官文化是以"天官赐福"的形式存在的,主要分布在华人聚集的地区,一些庙宇中会配祀天官,如陶公府城有古灵寺,主祀如来佛祖,配祀天官等神明;也拉府城的也拉庆佛寺,主祀佛祖,配祀天官等。② 普吉岛也有庙显示与三官的联系,"庙多建在村前、路边。村子是看不出中国的模样了,庙肯定是中国庙——牌位是汉字:天官赐田"。③ 泰国南部的素叻他尼有五帝庙,供奉三元五帝,据段立生、郑允飞的注释,认为是三皇五帝。④

2. 三官文化在印度尼西亚

三官文化在印度尼西亚主要分布在雅加达与三宝垄地区。雅加达的历史上华人曾创建很多民间庙宇,其中就有三元宫。⑤ 雅加达的灵应寺,为华人寺庙,1960 年由彰华大师创建,供奉黄帝、惭愧大师等,寺内尚有三元宫、地藏殿等建筑物。⑥ 在该庙创建后,一段时期内有供奉三元大帝。由此可知,雅加达的华人曾供奉三官大帝。现在是否供奉,还需进一步的资料积累。

---

① (朝鲜)李能和辑述,孙亦平校注《朝鲜道教史》,齐鲁书社,2016 年,第 50 - 51 页。

② 陈仲玉《泰南四府华人的神庙与善堂》,周伟民主编《琼粤地方文献国际学术研讨会论文集》,海南出版社,2002 年,第 355 页。

③ 蒙飞《泰国·温润的微笑》,广西民族出版社,2006 年,第 139 页。应是"天官赐福",鉴于该书的原文如此,尊重原文,故直接引用为"天官赐田"。

④ 华侨华人百科全书·社区风俗卷编辑委员会《华侨华人百科全书·社区民俗卷》,中国华侨出版社,2000 年,第 372 页。

⑤ 华侨华人百科全书·社区风俗卷编辑委员会《华侨华人百科全书·社区民俗卷》,中国华侨出版社,2000 年,第 466 页。

⑥ 华侨华人百科全书·社区风俗卷编辑委员会《华侨华人百科全书·社区民俗卷》,中国华侨出版社,2000 年,第 467 页。

有中国学者在探讨中国文化在印度尼西亚的传播与变迁时,提到印尼三宝垄地区华人的三官文化,"三宝垄华人的民间信仰主要有这样几种:二是社区监护神,这些神主要包括福德正神、城隍爷、拿督公、三官大帝和二郎神等。至于三官大帝,其神龛在许多庙宇中随处可见。四是个人命运神信仰,从三宝垄华人社会来看,个人命运神灵首先是福神,包括福星、赐福天官等"。① 由此可见,印度尼西亚三宝垄地区华人的三官文化形态较为丰富,有三官文化,还有"天官赐福"的福神形象。

根据学者的研究,印尼华人中,祖籍福建的人数最多,占华人总数的一半;广东次之,约占 35％;还有海南、广西、江苏、浙江、山东、湖北、台湾地区等共约占 15％。印尼华人多集中在大中城市,如雅加达、泗水、棉兰、北干巴鲁、三宝垄、坤甸(庞提纳克)、锡江(马卡萨)、巨港、万隆及邦加槟港等地。② 如上述,既然在雅加达和三宝垄有着三官文化的形态,那么在其他城市可能也有华人崇拜三官,但是具体情况还需资料的积累与实地调查。

综上所述,三官文化在日本、朝鲜半岛等东亚国家,泰国、印度尼西亚等东南亚诸国均有所传播,但有一定的区别。在泰国和印度尼西亚,三官崇拜尚未成为除华人外的族群的信仰;而在日本和朝鲜半岛的情况有所不同,至少从唐朝始,三官文化已经进入日本,历史悠久,在一定程度上融入了当地文化,还获得除华人之外的当地人的认同。

～小 结～

三官文化在东南亚、东亚各国的兴盛程度不及关公、妈祖,但是三官是道教以及民间文化中非常重要的神明之一,其在中国诞生并不断发展,随着道教的传播,移民的迁徙进入东南亚、东亚国家。随着道教的流传,三官文化已经融入日本、朝鲜半岛、越南的文化中。随着华人移民的迁徙,三官文化在马来西亚、新加坡、印度尼西亚、泰国、越南、日本、朝鲜、韩国等东南亚、东亚诸国华人间流传,有华人的地方就有三官崇拜。三官文化已然成为东南亚、东亚诸国华人的共同信仰。

---

① 郑一省《汉文化在印度尼西亚的传播与变迁——以印度尼西亚三宝垄市为例》,中华文化学院编《中华文化与华人华侨》,学习出版社,2015 年,第 155 页。
② 刘新鑫、李婧、(印尼)梁孙逸《印度尼西亚大众传媒研究》,中国传媒大学出版社,2015 年,第 18 页。

在越南,一方面三官文化与当地的母道教信仰相融合,产生"三府共同",三官的生日三元节成为高台教的庆典;另一方面三官文化在华人移民中流传。在马来西亚,三官文化始终是华人的重要信仰之一,每年三官诞辰是很多华人及其庙宇的重要庙庆活动。在新加坡,由于华人占总人口数量的70%以上,约有5座庙宇供奉三官大帝,华人其他庙宇中也有三官圣诞庆典活动,地官诞辰"庆赞中元"早已成为新加坡华人农历七月的组成部分。在泰国、印度尼西亚等国的华人也有供奉三官大帝。在东亚的日本和朝鲜半岛,三官文化已经融入他们的文化中,成为其文化的一部分。

由此可见,三官文化是东亚、东南亚共同的信仰,因其天地水的特性,赐福、赦罪、解厄是人类共同的愿望,天地水三官文化谱系形成的过程,正是文化认同的过程,天地水三官能够成为构建中华文化认同的重要内容之一,也是实现"一带一路"中民心相通的基础之一。

结　　论

本书以三官文化为中心,研究其谱系与认同。通过七章的探讨得出如下结论:

一、三官文化谱系中内含传统文化的一体多元性

在文化一体下,从东汉至 1949 年,三官文化在全国形成了一定的传播模式,即每个地区会形成一个较为稳定的传播中心,以实现地区间的传播。这一模式的形成,与上行下效相关,明朝成化至万历、清朝皇太极至乾隆时,两朝皇室的推动促进三官文化在全国的传播,最终,三官文化遍布全国。

中国的多元文化博大精深,文化的统一性保障了文化的多元性,没有统一,没有一体,多元也就无从谈起。[①] 在三官文化流传的过程中,无论是道教三官还是民间三官,有种向心的力量,通过地方文化解释三官文化,形成三官文化的多种形态,实现了二者的融合。三官文化谱系是共性与个性的统一。有着地域特色的不同形态的三官,是文化个性的表现,这些三官又有着共同的内核,以此将不同地域有着地方特色的三官文化连接起来,形成三官文化谱系,形成文化的共同体。

二、少数民族对三官文化的认同有着不同的表现

在西南、华南少数民族地区,不同民族间如羌族、瑶族、彝族、白族、壮族、土家族、毛南族、布依族、苗族、侗族等形成了关于三官文化的谱系与倾向性认同。在华东,福建漳州漳浦的畲族自宋朝以来崇拜天地水三官,形成以畲汉两族共同供奉、和谐相处的局面,并发展为当地三官文化的中心。在东北地区,满族在明清两朝统治者的影响下,形成天地水三官文化谱系与倾向性文化认同。在西北的回族、维吾尔族以及西北、西南的藏族地区,明清时期形成以汉族为信仰群体、

[①] 田兆元《神话叙事与社会发展研究》,陕西师范大学出版总社,2019 年,第 118 页。

以汉族聚居区为分布空间的三官文化谱系，以及来自其他民族的理解式认同。

三、1949 年以后三官文化谱系呈现出延续、断裂、恢复与发展的态势

从 1949 年到 1966 年，道教三官文化得到政府的理解与尊重，谱系得到延续；从 1967 到 1976 年，三官文化谱系呈现断裂的状态；1976 年以后，"宗教信仰自由政策"成为国家处理宗教问题的基础，自此之后，三官文化逐渐恢复；从 1977 年到 2001 年，三官文化谱系在政府的理解与尊重以及地方百姓的倾向性认同下得到恢复和延续；从 2002 年至今，在中共中央提出"引导宗教与社会主义社会相适应"的观点后，党和国家领导人对这一观点做了进一步的诠释，以及文化政策方面如非物质文化遗产等的促进，实现了官方对包括三官在内的民间文化的理解与尊重，以及民众对三官文化的倾向性认同的加强，使得三官文化的谱系得到进一步发展。1949 年以来在港澳台地区三官文化的认同一直存在。

20 世纪 80 年代以后，城镇化成为社会发展的主要内容之一，深刻影响着三官文化的谱系，尤其是 2012 年"一带一路"倡议提出后，进一步加速和深化了城镇化的进程，也促使侧重土地的城镇化转向了重视人的城镇化。土地城镇化对于道教体系内的尤其是历史、文化、科技价值较高的三官宫观影响较小，一般来说，政府会将其列入文物保护单位，并由道士进行管理，即使因市政需要也会整体拆迁或易地重建，还以旅游业为中心实现三官文化的经济与认同功能。土地城镇化主要影响民间三官文化，因其注重城市空间范围的扩大，而挤占三官庙宇的空间，民间三官文化谱系则呈现出断裂的状态。新型城镇化则强调以人为本，注重民众的需要，民间三官文化的功能遂凸显出来，延续其文化认同的功能。

四、台湾三官文化谱系是中国三官文化谱系的重要组成部分之一

从康熙时期开始，闽粤移民将三官文化带入台湾，至乾隆时期，在高雄、台南、台中、桃园、台北等地均有了三官崇拜，至清朝晚期三官文化遍布台湾。在这一过程中，从南到北三官呈现出多样化的特点，从台湾南部的天地水三官、唐葛周三官、尧舜禹三官、天地人三官、陈王孙三元等到台湾北部的天地水与尧舜禹三官，这是闽粤移民带入并传播的结果，更是不同族群认同的结果，是不同族群之间为解决现实矛盾而做出的共同选择，且族群的人口数量是决定供奉神明的关键性因素，当闽南人尤其是漳州人占据多数时，其所供奉的全国性神祇三官就成为各个族群认同的对象。台湾与福建三官文化的联系最为紧密，形成福建为根、台湾为枝和叶的谱系联系。

五、三官文化在东亚东南亚的谱系与文化认同发展的曲折性

三官文化在东亚、东南亚的传播有两个层面，一是随着道教的传播而进入，如日本、朝鲜半岛、越南等，二是在古代海上丝绸之路的影响下由闽粤移民带入，如新加坡、越南、马来西亚、印度尼西亚、泰国等。一般情况下，东亚、东南亚是以天地水三官崇拜为中心。三官文化由道教徒带入某国，其进入时间多在宋朝之前，会与当地文化相融合，实现本土化。而三官文化由华人移民带入某国的时间多在清朝末期，且多保持一定的独立性。在东亚、东南亚各国的流传过程中，形成有华人的地方就有三官崇拜的局面，三官不仅是华人解决争端时所面对的神灵，还是人们盟誓时所面对的神灵。尽管如此，在当下，三官文化在东南亚、东亚各国的谱系呈现出断裂、缓慢恢复并延续的状态。要面对的现状是华人年轻一代对三官文化的倾向性认同的人数在降低，而尊重式认同的人数在上升。

可见，三官文化是中国乃至于东亚、东南亚的共同信仰，发源于中国，在中国发展后，随着道教的传播而流传，随着华人移民走向世界。因其天地水自然崇拜以及赐福、赦罪、解厄功能的普适性，并在文化认同的过程中形成中国＋东亚＋东南亚国家的天地水三官文化谱系。天地水三官能够成为构建中华文化认同的重要内容之一，也是实现"一带一路"中民心相通的基础之一。

参 考 文 献

一、古籍

[1] (西晋)陈寿《三国志·魏书》,中华书局,1982 年。

[2] (南朝梁)宗檩著、姜彦稚辑校《荆楚岁时记》,岳麓书社,1986 年。

[3] (南朝梁)萧子显《南齐书》,中华书局,2019 年。

[4] (宋)范晔《后汉书》,中华书局,1965 年。

[5] (北齐)魏收《魏书》,中华书局,2017 年。

[6] (唐)魏征《隋书》,中华书局,2019 年。

[7] (唐)徐坚撰《中国古典名著选·初学记》上,京华出版社,第 127 页。

[8] (唐)韩鄂《岁华纪丽》,故宫博物院编《故宫珍本丛刊》第 484 册,海南出版社,2001 年。

[9] (唐)房玄龄等《晋书》,中华书局,1974 年。

[10] (唐)高彦休《唐阙史》卷下,《太清宫玉石像》。

[11] (宋)孟元老撰,王云五主编《东京梦华录》,商务印书馆,1936 年。

[12] (元)秦子晋编纂《新编连相搜神广记》前集,阙名撰《绘图三教源流搜神大全》,上海古籍出版社,1990 年。

[13] (明)田艺蘅撰、朱碧莲点校《留青日札》,上海古籍出版社,1992 年。

[14] (清)李钟珏著、许云樵校注《新加坡风土记》,南洋书局有限公司,1947 年。

[15] (清)陶保廉著、刘满点校《辛卯侍行记》,甘肃人民出版社,2000 年。

二、专著

[1] 全国人民代表大会民族委员会办公室编《广西大瑶山瑶族社会历史情况调查·生活习俗文化宗教部分》,1958 年。

[2] 蔡平立编著《澎湖通史》,众文图书股份有限公司,1979 年。

[3] (日)福井康顺等监修,朱越利译《道教》第 1 卷,上海古籍出版社,1990 年。

[4] 黄永年主编《古代文献研究集林》第 2 集,陕西师范大学出版社,1992 年。

［5］ 汪毅夫《客家民间信仰》,福建教育出版社,1995年。

［6］ 葛剑雄等《中国移民史》,福建人民出版社,1997年。

［7］ 张泽洪《道教斋醮科仪研究》,巴蜀书社,1999年。

［8］ 陈耀庭《道教在海外》,福建人民出版社,2000年。

［9］ 张晔编著《东南亚华侨华人历史与现状》,旅游教育出版社,2001年。

［10］ 陈始发《新中国宗教政策的历史考察》,中国经济出版社,2001年。

［11］ 段渝《巴蜀文化与汉晋文明》,李诚主编《巴蜀文化研究》第1期,巴蜀书社,2004年。

［12］ 芈一之《西宁历史与文化》,辽宁人民出版社,2005年。

［13］ 费泳《南北朝佛教艺术研究》,四川美术出版社,2006年。

［14］ 吴亚魁编《江南道教碑记资料集》,上海辞书出版社,2007年。

［15］ 萧霁虹《云南道教史》,云南大学出版社,2007年。

［16］ 任玉贵、李国权编著《丹噶尔历史渊薮》,中国文史出版社,2007年。

［17］ 徐李颖《九十春秋——新加坡韭菜芭城隍庙史记》,韭菜芭城隍庙联谊会,2007年。

［18］ 李天锡《海外与港澳台妈祖信仰研究》,华夏出版社,2008年。

［19］ 赵春晨、郭华清、伍玉西《宗教与近代广东社会》,宗教文化出版社,2008年。

［20］ 张泽洪《文化传播与仪式象征:中国西南少数民族宗教与道教祭祀仪式比较研究》,巴蜀书社,2008年。

［21］ 张明学《道教与明清文人画研究》,巴蜀书社,2008年。

［22］ 郑晓云《文化认同论》,中国社会科学出版社,2008年。

［23］ 卿希泰、詹石窗《中国道教思想史》,人民出版社,2009年。

［24］ 黎志添、游子安、吴真《香港道教:历史源流及其现代转型》,中华书局香港有限公司,2010年。

［25］ 晏可佳主编《中国宗教与宗教学》,上海人民出版社,2010年。

［26］ 段凌平《漳州与台湾关系丛书·漳台民间信仰》,厦门大学出版社,2011年。

［27］ 王丽《论清初盛京"皇家道院"三官庙》,中国紫禁城学会论文集第八辑(下),2012年。

［28］ 谭培根主编,涂志伟《台湾涉漳旧地名与聚落开发》,厦门大学出版社,2012年。

［29］段凌平《闽南与台湾民间神明庙宇源流》，九州出版社，2012 年。

［30］杨永福主编《云南瑶族口传非物质文化遗产提要辑录》，天津古籍出版社，
2013 年。

［31］张祝平《中国民间信仰的当代变迁与社会适应研究》，中国社会科学出版
社，2014 年。

［32］达力扎布主编《中国边疆民族研究》第 8 辑，中央民族大学出版社，2014
年。

［33］纪宗安、马建春主编《暨南史学》第 10 辑，广西师范大学出版社，2015 年。

［34］李恩涵《东南亚华人史》，东方出版社，2015 年。

［35］黄飞君《台湾宗教单元之社会动能研究———一个比较的视角》，上海人民出
版社，2016 年。

［36］拉巴平措、陈庆英总主编，喜饶尼玛、王维强编《西藏通史·清代卷》下，中
国藏学出版社，2016 年。

［37］林国平、钟建华主编《漳州民间信仰与闽南社会》，中国社会科学出版社，
2016 年。

［38］吴新锋《多元文化交流视野下的新疆世居民族民间文学研究》，暨南大学出
版社，2017 年。

［39］丁荷生、许源泰《新加坡华文铭刻汇编 1819—1911》（上），广西师范大学出
版社，2017 年。

［40］孙秋云《费孝通"中华民族多元一体格局"理论之我见》，尹绍亭《中南民族
大学学报人类学民族学文存》，云南人民出版社，2017 年。

［41］黄景春《中国宗教性随葬文书研究》，上海人民出版社，2018 年。

［42］田兆元《神话叙事与社会发展研究》，陕西师范大学出版总社，2019 年。

［43］蔡丰明主编《非物质文化遗产图谱编制理论与方法》，上海社会科学院出版
社，2020 年。

［44］范诚凤主编，雷伟平、张振国《三元文化研究》，上海文艺出版社，2010 年。

［45］雷伟平《上海三官神话与信仰研究》，中国言实出版社，2016 年。

三、论文

［1］熊传新《湖南湘阴县隋大业六年墓》，《文物》，1981 年第 4 期。

［2］张玉兴《张春及其〈不二歌〉———兼论沈阳三官庙与盛京皇宫之关系》，《清
史研究》，1992 年第 4 期。

［ 3 ］田兆元《论中华民族神话系统的构成及其来源》，《史林》，1996 年第 2 期。

［ 4 ］沈继生《泉州三官大帝宫的调查报告》，《泉州民间信仰》，1998 年总第
　　　15 期。

［ 5 ］田瑾《大慈延福宫述略》，《中国道教》，2001 年第 3 期。

［ 6 ］张泽洪《道教传入瑶族地区的时代新考》，《思想战线》，2002 年第 4 期。

［ 7 ］滕兰花、袁丽红《清代广西三界庙地理分布与三界神信仰探析》，《广西民族
　　　研究》，2007 年第 4 期。

［ 8 ］张维佳、余植《浅谈道教三官与民间信仰》，《大众文艺》（理论），2009 年第
　　　1 期。

［ 9 ］赖全《论道教三官文化及其宗教象征意义》，《宗教学研究》，2010 年第
　　　2 期。

［10］田兆元《城市化过程中的民间信仰遗产保护研究》，《华东师范大学学报》
　　　（哲学社会科学版），2012 年第 4 期。

［11］陈秋莲《浅议闽台文化认同及发展对策》，《新西部》，2013 年第 17 期。

［12］应巧艳《新型城镇化下台州市城市空间结构发展研究》，《特区经济》，2014
　　　年第 2 期。

［13］余红艳《走向景观叙事：传说形态与　功能的当代演变研究——以法海洞
　　　与雷峰塔为中心的考察》，《华东师范大学学报》（哲学社会科学版），2014
　　　年第 2 期。

［14］李卫青《祈愿：信仰仪式中现实心理与性灵感召之介——以青海民和新民
　　　乡三官殿玉清境洞阴大帝解厄仪式为个案》，《青海社会科学》，2015 年第
　　　3 期。

［15］游红霞《作为仪式美术的圣诞树：多元叙事与节日传承》，《民间文化论坛》，
　　　2016 年第 6 期。

［16］田兆元《民俗研究的谱系观念与研究实践：以东海海岛信仰为例》，《华东师
　　　范大学学报》（哲学社会科学），2017 年第 3 期。

［17］徐贵荣《台湾客家三官大帝信仰及其民俗探讨》，《嘉应学院学报》，2018 年
　　　第 9 期。

［18］陈志豪《清代台湾北部的三官大帝信仰源流小考——以新竹县新埔镇的大
　　　茅埔三元宫为例》，台湾师范大学《师大台湾史学报》，2018 年第 11 期。

［19］（日）川口幸大文，毕雪飞译《盂兰节与中元节——以广东省、珠江三角洲事
　　　例为中心》，《节日研究》，2019 年第 2 期。

［20］张泽洪、鄑蕊《瑶族与道教三元神的比较研究》,《宗教学研究》,2020 年第 4 期。

［21］严艳《17—19 世纪粤籍华侨华人民间信仰在越南的传播与流变》,《越南研究》,2020 年。

［22］韦凡舟《越南人信仰中的中越共同神研究》,广西民族大学硕士论文,2010 年。

［23］黄淑贞《桃园地区三官大帝庙宇楹联研究》,台北市立教育大学硕士论文,2010 年。

［24］林琳《当代新加坡华人宗教信仰研究》,云南大学硕士论文,2015 年。

［25］范雪莹《中华文化认同视域下的对台文化统战工作研究》,福建师范大学硕士论文,2015 年。

索　引

后　记

2008 年我开始走近三官文化,至今已有 16 年的时间,在此期间,在导师田兆元教授的指导下,与上海道教协会的张振国老师合作完成《三元文化研究》一书;在导师的指导下,完成博士论文《上海三官神话与信仰研究》,后经过修改,于 2016 年出版;2017 年"中国三官信仰的谱系与文化认同研究"获得国家社会科学基金一般项目立项,至 2022 年 6 月完成;2023 年,在上海交通大学出版社的支持下,项目成果几经修改,才有了本书的付梓出版。

在出版之际,我对于全国三官庙宇地理位置的确定,作简要说明:第一,根据"国家宗教事务总局"官网上"宗教基本信息查询系统"中的"宗教活动场所基本信息",确定了各地三官庙宇的地理位置;第二,将古籍文献中三官庙地理位置与现代地理位置进行比较,阅读相关地理文献,确定三官庙当下可能的地理位置,然后再在实地调查中修正;第三,根据学术研究成果如论文、专著等来确定三官庙宇的地理位置;第四,根据台湾"文化资源地理资讯系统",获得台湾三官庙的地理位置信息。

对于国外三官庙地理位置的确定在此也简单说明:第一,通过阅读国内外相关学者的著作、论文,碑刻文献,旅游博主的文章等发现有关三官庙的阐述;第二,国外相关网站,如新加坡道教总会、马来西亚一庙一路网等,获得三官庙地理位置的线索;第三,通过采访国外道观的道长、道教总会的会长等获得当地三官庙的信息。

在本书出版之际,我借此机会表达谢意。感谢学校以及学院领导的关心;感谢父母的支持、导师的指导、同门的帮助、爱人的携手与共、田野采访对象的帮助与合作;感谢上海交通大学出版社张呈瑞老师(本书的责任编辑),张老师的认真负责与专业水准,使我在书稿的多次修改中受益良多。

三官文化历经千年,其表现形式多样,内容丰富,如古籍文献中关于三官的经文、科仪、神话故事、诗词、楹联、碑刻等,值得付出一生进行研究。本书还有不足之处,希望读者多提宝贵意见,我将在以后的研究中予以修改。同时也希望更多的学者能加入三官文化的研究中,将三官文化更多的内容呈现出来。

雷伟平

2024 年 8 月 19 日